国家社会科学基金一般项目"他心问题的基础理论研究"
（项目编号：20BZX030）

国家社会科学基金重大项目"人工认知对自然认知挑战的哲学研究"
（项目编号：21&ZD061）

国家社会科学基金青年项目"认知科学哲学视域下的人工共情问题研究"
（项目编号：21CZX020）

心物一如

物理主义视域中的
心—身问题

王晓阳◎著

上海人民出版社

学 者 推 荐

多年以来，王晓阳围绕物理主义与意识这一哲学热点问题作了大量研究和思考，为他自己的相关主张提出了不少独特的论证；尤为可贵的是，在当今国内学术界内部讨论鲜少的环境里，他不避亲疏，不断与同行对话、争论，大大拓宽了对这一热点问题的研究视野。

——陈嘉映（首都师范大学哲学系教授）

"非主观心灵的物理主义"可以说是王晓阳的一枚学术标签。他不甘寂寞，不畏挑战，对心物关系这个亘古常新的难题穷追不舍长达十余年。我相信这不仅需要勇气，更需要提供解决方案并给出有力论证的心智能力：虽然你未必接受我的论断，但我一定追求概念清晰且能自圆其说。这本富有洞见的论文集，是一个展示了如何从基本问题出发，关注认知科学前沿、跨界做好哲学研究的精致样本。

——刘晓力（中国人民大学哲学院教授）

当代美国物理学家罗杰·彭罗斯说，人类的意识是不可计算的；当代澳大利亚哲学家大卫·查莫斯则说，意识问题是哲学上的"难问题"。当代中国著名科学家钱学森倡议,系统科学可以帮助我们解决思维科学中的意识难题。当代中国青年哲学家王晓阳则提出了解决传统"心—身问题"的新方案,即他的"非还原的物理主义"。这本文集就是他对这个新方案的集中阐述,从意识与心灵、物理与心理、他心与世界的关系中,系统探索了传统哲学以及当代哲学与认知神经科学中的"心—身问题",以独特的方式捍卫了当代心灵哲学中占主导地位的物理主义/唯物主义立场。文集观点新颖,论证翔实,分析到位,具有鲜明的哲学分析特征,特别推荐哲学专业人士、认知科学领域专家以及具有不同学科背景的普通读者阅读。

——江怡(山西大学哲学学院教授)

王晓阳教授的《心物一如——物理主义视域中的心—身问题》收集了作者十多年来的有关论文,这些论文既有深度又有可读性。其深度在于,论文直面心—身问题的关键性难点,对于当代前沿理论加以评介,并提出独到的见解和方案。其可读性在于,观点明确,条理分明,论证清晰,文字流畅,体现了分析哲学的特有风格。

自笛卡尔以降,心—身问题成为哲学的核心问题之一。在当今心灵哲学中,争论的焦点集中在物理主义和非物理主义之间。王晓阳持有一种温和的物理主义立场即非还原物理主义,虽然此主张早已有之,但他给出一种新颖的并有一定说服力的论证。无论你是否赞同他的结论,他的论证是富有启发性的,值得认真对待。

与作者的立场不同,本人持有非物理主义的主张,一边读着此书,一边产生一种冲动,即执笔撰文进行商榷。激发我的动力就是著名科学哲学家波普尔所说的"可证伪性",在波普尔看来,可证伪性是严谨学术理论的必备特征,也是科学与伪科学的分水岭。王晓阳的文章概念清晰,论证细腻,要么你被说服,要么你知道不服在哪里,从而激发与之辩论的欲望。

由于此书所收集的文章具有以上特点,对于热衷于哲学研究的读者来说是十分有益的。资深学者读之有清风拂面的感觉,有助于启迪新思路;初涉哲学者读之,算是一本深入浅出的入门书,有助于直奔主题,少走弯路。

——陈晓平(华南师范大学哲学与社会发展学院教授)

十多年前,王晓阳开始了关于意识问题的探究。今天,在这本充满智慧和启发性的论文集中,汇聚了他令人瞩目的研究成果。"心智状态与物理状态之间的关系"是一个传统哲学难题,想要推陈出新绝非易事,但王晓阳却向前迈了不止一步。

——何静(华东师范大学哲学系教授)

当代意识研究最核心的哲学问题在于如何在物理主义框架下说明意识的现象本质,本论文集是解答这一问题的有益尝试,为非还原物理主义的种种困难提供了诸多新的辩护。这项研究是极富学术意义的,既推进了传统的心—身问题研究,又为意识的形而上学、唯物主义的当代发展提供了新的思路。

——李珍(中山大学马克思主义学院教授)

心—身问题是当代心灵哲学的核心主题。这本论文集在意识难题、还原与非还原物理主义之争、心身因果性、他心等相关问题上都提出了别具一格的观点,展开了一幅色彩纷呈的问题地图。如果读者期待在这片历久弥新的论域读到一些不同凡响乃至颇具刺激性的观点,那么本书非常值得一读。

——刘畅(中国人民大学哲学院副教授)

心灵哲学可以被看成是当代哲学在语言哲学之后的新的"第一哲学",意识问题和物理主义问题则是心灵哲学中的核心领域和基础问题,前者处理心灵的根本特征,后者则意在确定所有关于心灵的有意义的思考的基本框架,也就是说,应有的限度和可以被允许的方法。晓阳兄自博士阶段开始就一直在这个问题领域中工作,而这本论文集,则体现他这十五年间对这个聚讼纷纭的领域的贡献。

虽然哲学家们常被按照先知、智者、启蒙者或者思想领袖来加以期待,但对于哲学家自己来说,思想却首先是一种工作。从这点上看,与专著相比,论文集也许反而是一种能够更好地体现这种"工作中的哲学家"的工作面貌的出版物。即使是对话题本身不感兴趣的读者,也可以从这本论文集中窥见哲学家"们"对思考工作——特别是当一个哲学家需要通过概念和逻辑分析来展开立论所需的理论空间的时候——应该达到何种标准所秉持的认知。

按照基本立场划分,晓阳兄应被归入物理主义"阵营"。不过,这个"阵营"里其实有两种人。一种认为"物理主义"这个框架本身已经是完善的,于是所需要的工作,就是对这个已经完善的框架作澄清和说明,以及按照这个既定的真理框架来一一分辨种种"意见"。晓阳兄则是属于另外一种,认为这个框架本身仍然有修正的余地,动机则应该是要尽可能地保留精神世界的丰富性和独特性(也许还有它的神奇和奇妙)。虽然这两种"路线"的工作难度大概难分上下,但后者在行进过程中遇到概念陷阱的可能性,却远远超出前者。从这个角度看,这本论文集其实也可以被看成晓阳兄十五年来的一个"跳(进又跳出)坑集锦"——不管是后来者还是旁观者,都可以在这里收获一份重要而精彩的记录。

——陆丁(首都师范大学哲学系　哲学博士)

献给珍慧

色不异空,空不异色,色即是空,空即是色,受想行识亦复如是。

——《摩诃般若波罗蜜多心经》

某种东西是哪一类对象,这由语法来说。

——维特根斯坦《哲学研究》

（陈嘉映译,商务印书馆 2016 年版）,第 373 节

序

　　这本论文集搜集了王晓阳教授 2008 年以来发表的有关意识、物理主义、心—身关系等研究课题的十七篇论文,其中有些是此前公开发表的论文的增补修订版。笔者与王晓阳教授相识多年,经常讨论切磋,也多次正式评议过他的观点、论证,因此受邀为他的论文集作序。

　　论文集中的论文按内容分成了三编。第一编属于意识研究,包括四篇论文,论文的首次发表时间从 2008 年跨越到 2019 年。这几篇论文从引介当代意识研究的一些问题以及提出王晓阳自己的初步观点开始,到最后一篇集中论述了王晓阳自己最新的对意识的物理主义观点,他称之为"非主观的心灵"。他的观点属于非还原物理主义。如果我理解不错的话,一方面他反对取消或彻底还原意识的激进物理主义,另一方面他又认为心灵并不具有人们常识中所说的主观性和私密性,因此他认为用科学方法可以探究心灵。这是一种保守的物理主义观点,是王晓阳在物理主义框架下为澄清与维护心灵的地位所作的很有益的尝试。这次四篇论文集中再版,相信会很助于展示他在这方面的思想发展的脉络。

　　论文集的第二编有十篇论文,主要探讨有关物理的其他一些问题,包括物理主义的缘起,回应反物理主义论证的策略,心—物因果性,亨普尔两难问题,以及物理主义版本的功能主义等。这些研究属于澄清有关物理主义的概念、观点,以及为物理主义作一般性的辩护,内容牵涉面较广,不乏王晓阳自己提出的新颖的观点和论证。这次集结再版,集中展示了王晓阳的物理主义研究的丰富内容。在这一编的倒数第二篇论文《物理主义不等于物理学主义》中,王晓阳提出了自己对亨普尔两难问题的回答。这篇论文曾在《认知科学》2021 年第 5 期发表的一个专栏中被选为靶子论文,国内数位学者包括笔者自己同期发表了论文,针对王晓阳关于亨普尔两难的观点、论证进行了争论。王晓阳对这些争论作了回应,这些回应目前也收录在这本论文集里。这种学术争论是国际哲学界进行学术研究的常态,可惜迄今为止在国内似乎还比较少见。希望王晓阳收录在此的论文及回应,可以让不了解情况的读者感受到正常的哲学学术争论是怎样的。

这本论文集中的第三编包括了三篇涉及其他研究课题的论文,它们展示了王晓阳研究兴趣的多样性。

王晓阳教授从攻读博士学位起就专注于物理主义与意识问题的研究,十多年来渐渐积累了一些自己提出的新颖的观点与论证,对这个研究领域作出了实质性的贡献。这本论文集较系统地展示了这些成果,这样集结再版,相信会很有助于推动国内对物理主义与意识问题的研究。

笔者认为,物理主义与意识问题是当代哲学中最核心的问题。历史上,科学的不断进步已经使得许多哲学问题渐渐转化为科学问题,从哲学这个学科剥离。当代认知科学的进展将极大地强化这个趋势,使得传统的语言哲学、心智哲学、认识论、行动哲学乃至科学哲学与伦理学中的许多问题,都成为需要通过假设大脑的认知体系结构来分析与澄清的认知科学问题,使得传统哲学的完全基于内省的思辨成为肤浅幼稚的研究方式。但意识问题由于其独特性有可能是个例外,有可能使得主要基于内省的研究还是不可或缺的,因此为传统哲学研究保留一席之地。而有关物理主义的争议其实是在于对整个科学知识的反思与评估,因此这种争议不是属于某个特别的科学分支,而是哲学研究的课题。王晓阳近二十年来正是坚持不懈地探索这些最根本性的、最核心的哲学问题。

近年来国内哲学研究也跟其他一些研究领域一样有追逐热点的倾向。物理主义与意识问题在数年前曾经是国内分析哲学界的研究热点之一,但近年来它似乎渐渐被其他一些热点课题替代。一个研究课题成为热点一般有其合理的原因,但既然做哲学,笔者相信我们还是更应该关注那些最核心的、最根本性的哲学问题。一个哲学研究课题失宠,常常是因为学者们发现对那个课题很难再说出什么新东西,然后迫于发表论文的压力,他们开始转向某个新的话题,因此产生新的热点。新的热点也许与根本性问题密切相关,但也经常不相关,或只是貌似相关。无论如何,像王晓阳这样花费近二十年时间坚持探索最根本性的哲学问题,笔者认为是非常值得赞赏的。这种坚持可能会有代价,可能会长时间提不出什么新的观点、论证,因此不能发表很多论文。但笔者相信这种坚持是值得的,而且希望国内学界能有鼓励这种坚持的学术风气。

最有效的鼓励应该就是用学术争论回应学者们对根本性问题的探讨。前面提到,王晓阳收录在这本文集中的一篇论文曾经被选为靶子论文,包括笔者自己在内的一些学者分别撰写论文参与了争论,王晓阳也分别作了回应。这样对哲学观点与论证进行争论应该是哲学研究的常态。国际上发表的哲学论文大部分都是在尝试反驳或改进其他人的观点、论证,许多像蒯因、刘易斯那样的名家的学生更是以反驳、改进自己老师的观点为己任。但这种正常的学术争论目前在国内还太少。部分原因可能是国内同行人数较少,其他学者可能都不了解你的研究,因此难以进行争论。但应该也有其他方面的原因,包括对争议太敏感,混淆了争议与贬低等等。其实,既然蒯因、刘易斯那样名家的观点、论证是哲学文献中最常见的批评靶子,争议完全不必意味着贬低。缺乏争论反而可能意味着其实没有人关注这项研究成果,这对于鼓励认真的学术研究当然是非常不利的。目前国内哲学界(至少是分析哲学界)多数学者已经超越了引介、评述国外思想这种研究模式,已经开始尝试独创性研究,尝试直接参与国际学者之间的学术争论。国内学者间的争论应该很有助于推动这种变化。希望王晓阳的这本论文集的出版会引发对他的各种观点、论证的进一步争论,会有助于推动国内哲学研究上一个新台阶。

叶峰

2023 年 1 月 15 日

目　　录

1

第三编　他心与世界

第一编

意识与心灵

论意识的认知神经科学研究及哲学思考

塞尔(John Searle)把目前针对意识的认知神经科学研究区分成如下两条进路:建构块进路(building-block approach)和统一场论进路(unified field approach)(Searle,2000)。这一区分目前得到学界的普遍认可。本文打算分别考察这两条进路的研究状况,比较各自的研究优势与不足,具体展示其在探索意识的神经相关方面所起的积极作用,并结合心灵哲学的相关思考,简要论证意识经验在目前认知神经科学框架下仍然得不到合理说明。

一、建构块进路

这是从事意识研究的大多数认知神经科学家采取的一条进路。它试图通过分别研究各种有意识的活动来定位各种意识经验产生时所对应的神经活动区域,即寻找特定意识的神经相关(the neural correlates of consciousness,ncc)。逐渐地搞清楚每一种不同的意识活动在大脑里的对应神经区域,再整合所有的研究结果,尝试拼凑出一幅关于意识的整体图画,即最终找到意识的神经相关(the Neural Correlates of Consciousness,NCC)。

3

建构块进路主要有三个研究分支:盲视(blindsight)、双目竞争(binocular rivalry)与完形转换(gestalt switching),以及视知觉神经相关(the neural correlates of vision)。下面简要介绍三个研究分支的情况:

1. 盲视。一般认为,V1区是视觉信号传递到大脑皮层的最初区域,因此如果V1区受损,那么这些丢失的信号必然会在患者形成的视觉意识中反映出来,即导致患者出现特定的视阈盲区。盲视患者是一些非常奇特的视觉系统受损病例,他们大脑皮层的视觉V1区受损而其余部分完好。但实验研究结果令人吃惊:盲视患者竟然能几乎正确地报道其视阈盲区内的特定事件(如,物体的轮廓、颜色、运动情况等)。可是如果询问盲视受试者是否看到实验物,他们一律回答没有看到,再询问如何得知盲区内实验物的情况,他们一律回答是猜测的。多次的实验研究显示"猜中"的准确率竟然非常之高,以至于完全可以排除纯粹依赖猜测的可能性(Weiskrantz, 1986)。关于盲视现象,目前学界还没比较一致的解释。以下是目前学界常见的两个解释:(1)分离说。尽管V1区是视觉信号传递到大脑皮层的最初区域,是形成视感觉的必要的区域,但可能并不是形成视知觉的必要区域。因此,受试者一方面说没有看到视阈盲区里的物体,另一方面又可以有关于该物体的特定视觉意识。尽管分离说似乎可以化解盲视的奇特之处,但是,由于一般认为视感觉是形成视知觉的必要前提,因此关键问题在于:如果不需要视感觉,那么视知觉究竟是如何形成的呢? 这是一个需要首先回答的问题,否则分离说难以令人满意。(2)补偿说。尽管视感觉是视知觉的必要前提,但是当V1区受损后,可能会出现别的补偿性通路,因此V1区可能并不会形成视知觉基本区。补偿说维护了视感觉与视知觉不可分离的传统观点,但是仍然面临两个麻烦:①目前还没出现比较有力的实验支持存在这种补偿性通路。②即使存在补偿性通路,仍然难以解释为何患者没有视感觉而有视知觉的奇怪现象。要之,建构块论者认为,通过对盲视的研究,有望更深入地了解视感觉与视知觉的形成机制以及两者之间的关系。

2. 双目竞争与完形转换。(1)双目竞争。通过立体镜将两个差别较明显的视觉刺激同时分别呈现给受试者的左右眼,如st1 是五条水平的平行线,st2 是五条垂直的平行线。那么受试者将交替地知觉到 st1 或者 st2,而不会是一个新的刺激图像(比如格子图案)。这种现象就仿佛 st1 和 st2 总是相互竞争着要被受试者意识到一样。(2)完形转换。让受试者看一些特别的两可图(如鸭兔图),受试者将交替知觉到两个不同的图形,而不会同时知觉到这两者。要之,双目竞争和完形转换这两类实验的相似点在于:外部刺激不变,随着受试者注意力的变化,其意识经验交替变换。目前不少研究者常借助无损伤脑成像术(如fMRI)来进一步研究在双目竞争和完形转换实验中受试者大脑皮层的变化。此外,有时也用裂脑(split-brain)受试者来作为对照组。通过对比正常受试者和裂脑受试者在双目竞争及完形转换实验中的不同反应,来探测意识的机制(Gazzaniga,2000,p.1299)。

3. 视知觉神经相关。一些认知神经科学家试图借助各种神经科学技术,特别是神经影像和神经解剖学的方法,来直接追踪和精确定位特定视觉现象的神经相关。要之,三者均坚持建构块进路的基本预设,选取特殊的意识活动,再设计相应的实验,试图寻找其特定的 ncc。区别在于:盲视,双目竞争及完形转换偏重神经病理、认知能力等神经机制层面的研究,视知觉神经相关则偏重神经生理或解剖结构等层面的研究。

二、统一场论进路

目前只有少部分认知神经科学家采取统一场论进路。尽管具体研究方案不一，但是他们一般坚持以下两点基本预设：1.NCC是脑内大量神经元相互协作而体现出来的一种整体态；2.各种不同的ncc只是这个整体态的不同体现。

统一场论进路主要有两个研究分支：偏重电生理学层面的研究，以及偏重NCC的整体定位。下面简要介绍两个研究分支的情况：1.偏重电生理学层面的研究。利纳斯（R. Llinas）和他的研究团队在这方面成绩显著。他们提出一种同步振荡假说（synchronized oscillatory activity hypothesis，SOAH）（Llinas et al.，1998）。SOAH关键之处有二：（1）电生理学实验研究表明，一旦丘脑皮质系统出现40赫兹的神经元同步振荡时，意识便产生了，因此他们认为NCC是一种丘脑皮层系统中大量神经元40赫兹频率的同步振荡。（2）意识是被感觉调转而成的，不是因之而生的（Llinas et al.，1998，p.1841）。意识被认为是大脑的"内在"状态，而不是感觉刺激的一个"反应物"，感觉刺激的作用仅仅在于调转一个先前存在的意识（preexisting consciousness），而非创造一个新的意识。2.偏重NCC整体定位，埃德尔曼（G. Edelman）和托诺尼（G. Tononi）等人是这方面的主要代表。他们提出了一种动态核假说（dynamic core hypothesis，DCH）（Tononi and Edelman，1998）。（1）他们认为，不应把NCC定位于某些特定种类的神经元类型的活动，而应定位于大量神经元群间的共同活动。（2）这样的神经元群体被称为一个"功能簇"（functional cluster）。（3）功能簇并没有遍布于整个大脑，而是集中在丘脑皮质区域，对应于该区域大量同步的神经元活动。(4)功能簇的存在,是由一种叫作"再进入"(reentry)的神经系统机制所保证的。(5)功能簇内部大量的神经元群之间相互竞争,又因再进入机制而趋于一致,而且内部的神经元群受外部输入信号的影响,并非一成不变的。因此功能簇并不占据丘脑皮层系统中某个固定位置,总是处在变动之中,被形象地称作"动态核"。(6)因此DCH认为,NCC是丘脑皮层的再进入神经网络系统与环境相互作用时,所体现出来的既统一又高度分化的一种"动态核"。一旦出现动态核,受试者就会报道有某种意识经验(Edelman and Tononi, 2004, pp.164—171)。(7)借用处理系统复杂性的数学方法来度量动态核内部神经元群的复杂性,从而给出了一种关于意识的量化研究方案(参见 Edelman and Tononi, 2004, pp.187—201)。不难发现,相对于电生理学研究分支,NCC整体定位研究分支具有如下优势:不仅可以容纳电生理学研究分支的结论,而且能给出一种关于意识活动的量化研究方案,从而进一步刻画了意识与非意识之间的区别,并可以具体解释不同意识经验间的差异。

三、两条进路之比较

1. 建构块进路的主要特点、优势和劣势。(1)主要特点。这是一种传统的实验研究进路,强调神经解剖学、神经病理学、神经影像学,以及电生理学等传统实验研究方法,常常通过设计各种具体的实验,来寻找和检验 ncc 和 NCC;受试者常常是人或者猴类。(2)优势。易于开展研究,实验结果便于检验,较少争议。(3)劣势。①基本预设存在较大争议。建构块论者起初认为,ncc 或 NCC 可能是某种最小的特定神经回路,然而众多认知神经科学实验研究显示,当任一有意识活动出现时,丘脑皮层系统中广泛分布的大量神经元都会出现普遍兴奋(Baars，2003，Table 1，p.49)。②难以处理捆绑问题(binding problem)。关于这一点需另文论述。

2. 统一场论进路的主要特点、优势和劣势。(1)主要特点。这是一种非传统的研究进路,除了上述传统的实验研究方法之外,主要具有如下两个特点:①特别注重利用数学方法建立合适的模型来处理大量的神经元之间的协作过程。②与人工智能关系密切,常基于传统的实验研究来设计程序,利用计算机模拟和检验特定的神经系统网络运作模式。(2)优势。①统一场论进路的基本预设较合理,目前得到了大量实验的支持。②可以避免捆绑难题。(3)劣势。①局部解释力弱于建构块论者。②需要进一步精确化理论模型。

3. 展望。近年来建构块进路和统一场论进路相互结合的趋势愈发明显。除了上面已经提到的,统一场论进路一直在借用建构块进路的研究成果,建构块论者也在积极吸收统一场论进路的研究成果并修正自己的方案。如,克里克(F. Crick)和柯克(C. Koch)最近提出了一种关于意识活动的简单印象假说(snapshot hypothesis，SSH)(参见 Crick and Koch，2003，p.122)。SSH 已经在很多方面类似于 DCH。最近,针对恒河猴和人类的一项脑神经影像学实验研究表明,脑内存在一个进化保守的功能结构(参见 Vincent et al.，2007)。该神经回路的发现暗示我们:脑内很可能也存在一个能够成为 NCC 的非局部神经回路。若果真如此,那么建构块论者和统一场论者的基本预设都不是完全正确的。我猜测随着以后研究工作的深入,经过一些必要的调整后,两者很可能会达成某种共同见解。比如,NCC 是广泛分布于丘脑皮层中的体现出整体功能态的一种特定神经回路。

四、小　结

经过上述比较至少可得出三点结论：1.目前看来，建构块进路与统一场论进路的基本研究方法并不冲突，研究成果可以互参。关键区别在于：两者对 NCC 的理解不同，对刺激信号的理解也不同。2.目前统一场论进路更具有研究优势，特别是埃德尔曼和托诺尼这一分支的研究。3.认知神经科学关于意识的研究主要集中在寻找 NCC。然而这些经验研究并没有触及意识经验的主体性（subjectivity）/私密性（privacy）难题。如，克里克等建构块论者曾一度对主体性意识经验持有强还原主义的立场（参见 Crick，2004），最近态度则相对比较谨慎，认为目前神经科学还无法处理主体性意识经验，但是关于 NCC 和 ncc 的研究或许能帮助我们进一步澄清上述难题（参见 Crick and Koch，2003，p.119）。埃德尔曼和托诺尼等统一场论者曾把主体性作为意识的一个基本特征接受下来（参见 Edelman and Tononi，2004，p.173）。

值得一提的是，最近统一场论者企图以一种动态核高维分辨说（the theory of high-dimensional discrimination，THDD）来消除主体性困扰（参见 Edelman，2003，pp. 5520—5521）。THDD 认为动态核具有某种高维分辨能力（参见 Seth et al.，2006，p.10080），即能够在核心变动的过程中造成某些高阶差别，而感受特质（qualia，即意识经验）就是这些高阶差别的后继产物（Edelman，2003，p.5523）。然而有理由认为，THDD 并不能成功地消除感受特质的主体性困扰。主要理由有二：第一，由于现阶段技术条件的限制，至今还没任何可靠实验能支持动态核具有这种高阶分辨能力。埃德尔曼也承认这一点（参见 Edelman，2003，p.5523）。因此该解释还是一种纯粹的理论猜测。上述"感受特质就是由这些高阶差别所构成的后继产物"这一表述是含混不清的。"后继"过程究竟是如何实现的？这一过程的神经机制如何？埃德尔曼并没有给出清晰的回答，只是寄希望于未来的科学研究来提供答案（参见 Edelman，2003，p.5523）。可见，埃德尔曼在这里持有的是一种类似于心灵哲学里的取消主义立场。第二，THDD 认为感受特质是动态核的一种现象转换，尽管两者之间不是一种因果关系，但是感受特质能够始终一贯地反映核的变化。由于感受特质的变化与核的变化是一致的（coherent），那么只要对于两者在神经系统里被引发的真实原因不产生混淆，为了沟通的便利，在某些情况之下，我们可以用描述感受特质的现象语言来替换动态核的神经术语（Edelman，2003，p.5523）。不难看出，埃德尔曼在这里采取的是一种类似当代心灵哲学中概念二元论的思路。因此，THDD 实际上是一种糅合了取消主义和概念二元论的感受特质解释。然而这两种思路目前均被认为不能有效消除私密性带来的困扰（Balog，2007）。最近我尝试将特定的哲学概念考察法与认知神经科学中最新研究成果相结合，设计了一种对付私密性的复合方案，详细论述参见我的博士学位论文。限于篇幅，这里不展开论述。

总之，相对于建构块进路，统一场论进路（特别是 NCC 整体定位研究分支）的基本预设更加合理，研究方案的包容性也较强。但现在断定孰对孰错似乎为时过早，甚至最新的研究状况显示，两者将来有可能会进一步结合。此其一；其二，尽管认知神经科学的发展大大推进了我们关于 NCC 的认识，但是上述研究表明：长期困扰心灵哲学的意识经验的主体性/私密性难题，在目前认知神经科学的意识研究框架中仍然得不到有效解决。

参考文献

Baars，B. J.，How Brain Reveals Mind：Neural Studies Support the Fundamental Role of Conscious Experience，*Journal of Consciousness Studies*，10，No. 9—10，pp. 100—114，2003.

Balog，K.，Phenomenal Concepts，Unpublished，on the web at http：//pantheon. yale. edu/％7Ekb237/Web％20publications/OxfordReview.pdf，2007-3-21.

Crick，F.，Koch，C.，A framework for Consciousness，*Nature Science*，6，pp.119—126，2003.

Crick，F.，Koch，C.，Consciousness and Neuroscience，*Cerebral Cortex*，8，pp.97—107，1998.

Edelman，G.M.，Naturalizing Consciousness：A Theoretical Framework，*PNAS*，100，pp.5520—5524，2003.

Gazzaniga，M. S.，Cerebral Specialization and Interhemispheric Communication：Does the corpus callosum enable the human condition? *Brain*，123，pp.1293—1326，2000.

Llinas，R.，Ribary，U.，Contreras，D.，Pedroarena，C.，The neuronal basis for consciousness，Phil. Trans. R. Soc. London Ser. B353，pp.1841—1849，1998.

Searle，J. R.，consciousness，*Annu. Rev. Neurosci.*，23，pp.557—578，2000.

Seth，A. K.，Izhikevich，E.，Reeke，G. N.，Edelman，G. M.，Theories and Measures of Consciousness：An Extended Framework，*PNAS*，103，pp.10779—10804，2006.

Tononi，G.，Edelman，G. M.，Consciousness and Complexity，*Science*，282，pp.1846—1851，1998.

Vincent，J. L.，Patel，G. H.，Fox，M. D.，Snyder，A. Z.，Baker，J. T.，Van Essen，D. C.，Zempel，J. M.，Snyder，L. H.，Corbetta，M.，Raichle，M. E.，Intrinsic Functional Architecture In The Anaesthetized Monkey Brain，*Nature*，Vol.447，No.3，pp.83—86，2007.

Weiskrantz，L.，Blindsight：A Case Study and Implications，New York：Oxford UP，1986.

［英］弗朗西斯·克里克：《惊人的假说：灵魂的科学探索》，汪云九、齐翔林、吴新年、曾晓东译校，湖南科学技术出版社2004年版。

［美］杰拉尔德·埃德尔曼、［美］朱利欧·托诺尼：《意识的宇宙：物质如何转变为精神》，顾凡及译，上海科学技术出版社2004年版。

本文首次刊发于《自然辩证法研究》2008 年第 6 期

当代意识研究中的主要困难及其可能出路

一般认为,感受特质(quale)是当代意识研究中的核心难题。我们觉得,感受特质迟迟得不到解决的主要原因是,与之相关的各项研究工作几乎都遭遇到了如下三个困难:

困难 1:无法对感受特质下一个严格的定义。(非分析性)

困难 2:感受特质是一类无法还原的心理事件。具言之,以能否被公共地检测为标界,我们得以区分出了两类不同的事件:物理事件和心理事件。而且,作为某种心理事件的感受特质无法被还原成物理事件。(非还原性)

困难 3:感受特质为意识活动的主体所独有。因此,感受特质就不仅拒绝任何科学的检测而且也拒绝任何理性的分析。(私密性/主体性)

可以说,任何对感受特质的有意义探究都无法一并回避上述三个困难。而且不难发现,困难 3 是导致其他两个困难迟迟无法得到妥善解决的关键原因。①因此,如何摆脱私密性的困扰(困难 3),将真正关系到我们能否解决感受特质这一难题。然

---

① 简言之,因为私密性,我们觉得感受特质是某种无法还原的心理事件(困难 2)。同样地,对于无法经由科学检测和理性分析的事件,我们无法对其下一个能够得到公认的严格定义(困难 1)。

而,当前学界对感受特质的研究状况却十分令人担忧。这主要表现为如下两点:其一,目前绝大多数研究工作集中在对困难1和困难2的探讨上;其二,对待困难3,学界常常表现出如下两种态度:要么作为一个不容置疑的常识而接收下来,要么作为一个不值得考察(或无法考察)的问题而抛弃。这种重前者(困难1和困难2)而轻后者(困难3)的普遍研究状况,自然导致目前有关感受特质的学说林立,争论不休,但是感受特质难题却始终困扰着我们。

如何摆脱这种不利局面,以推进我们对感受特质及其相关问题的深入研究? 我认为,处理好困难3是关键。本文第三部分的论述将表明:私密性乃是一种普遍存在于我们研究工作中的误解。这一误解正是导致感受特质长期得不到妥善解决的思想根源。因此,如何澄清私密性误解,并在此基础之上,进一步找寻一种研究感受特质的可行方案,将成为本文尝试解答的两个目标问题。

一、意识研究中的两个基本立场

自内格尔(Negel,1974)的蝙蝠论证(bat argument)和杰克逊(Jackson,1982,1986)的知识论证(knowledge argument)提出以后,感受特质日益明显地引起学界关注。什么是感受特质? **一般认为,感受特质是任何个体(individual)在有意识地经历某事件的过程中,产生的一些与此事件有关的特殊感受,并且,这些感受是无法经由公共观测的一种主体(subject)感觉经验。**换言之,这是只有意识主体本身才能经验到的独特性质。因此,这种独特的主体感觉也常常被称为私密感受(private sensation)。比如,当一段音乐响起,某人觉得很美妙。我们可以观察到他的种种行为举止,还可以通过种种公共手段和仪器测量他体内种种生理变化以及大脑中特定神经元的活动状况等物理信息,但是他所体验到的那种"美妙的"心理感受,却无论如何不能经由任何公共手段来测量。这种美妙的感受可称为一种私密感受。目前存在不少与这种私密感受类似的表述,如私人经验(private experience)、现象意识(phenomenal consciousness)、意识经验(conscious experience)、关于意识的困难问题(hard problem of consciousness)等等。

因对上述定义的理解不同,当今学界分化为两大阵营:一元论(monism)和二元论(dualism),各自内部亦有诸多不同学说。要之,前者大多倾向于某种本体论上的物理主义一元论解释。他们相信一切事件都是物理事件。但是感受特质因其主观特征似乎拒绝任何客观的物理研究手段。后者认为,既然感受特质拒绝客观的科学研究,那么理应认可其为本体论上不受物理规则约束的心理事件。此其一;其二,尽管两派针锋相对,纷争不断,却一致具有如下这点共同特征:只是围绕"感受特质是什么"这个问题提出了各种解释,对于"感受特质究竟是如何产生出来的"这样一个机制问题几乎没有作出任何实质性的论述。简言之,上述两派针对的尽是些关于感受特质的"what"问题,而非"how"问题。我们的观点恰恰相反:在应对感受特质带来的困扰时,不应始终关注"what"问题,而是应先把目光集中到"how"问题上来。下面的论述将会表明:对"how"问题的探究越深入,对"what"问题的解答将越令人满意。

二、处理困难1和困难2的认知神经科学建构理论

当前认知神经科学界对感受特质产生时脑机制的研究工作

取得了不少重要进展。其中，统一场论者提出的动态核假说（dynamic core hypothesis，DCH）尤其值得我们关注。下面将具体介绍这一假说。

在开始有关 DCH 的论述之前，需要特别说明的有两点：其一，始终记住以下两个基本观点很可能是有益的：1.DCH 探讨的是当受试者具有任一感受特质时的脑神经系统活动机制；2.DCH 认为，任一感受特质的神经相关（the neural correlates of quale）都是广泛分布于丘脑皮层系统中的大量神经元相互协作的特殊机制，而不是脑的局部区域神经元活动机制或特定神经回路。前者称为"关于 qualia 的心脑假设"，它使得 DCH 和关于感受特质的实体二元论区别开来；后者称为"关于 qualia 的统一场论假设"，它使得 DCH 和关于感受特质的建构块论区别开来。①其二，以下对 DCH 的论述将主要围绕三个问题而展开：1.DCH 如何解释感受特质产生时的神经机制？2.对于我们构造关于感受特质的操作性定义（针对困难 1）和定量化研究方案（针对困难 2），DCH 有何具体益处？3.作为一种纯认知科学建构理论，DCH 的局限性在哪？换言之，DCH 为何不能处理困难 3？

DCH 的基本观点如下：1.每一种可以被有意识地分辨出来的感受特质都分别对应于一种丘脑皮层系统中许多不同的神经元功能簇（functional cluster of neurons）之间的相互协作；2.这些彼此独立的神经元功能簇通过相互协作形成一个更大的具有整体功能的统一体（参见 Edelman，2003，p.5522）；3.这种协作

---

① 塞尔（Searle，2000）把当代认知神经科学关于意识的研究分为如下两条研究进路：统一场论进路（unified field approach）和建构块论进路（building-block approach）。这一区分得到学界的普遍认可。目前这两条进路的最大区别在于：统一场论进路认为，感受特质的神经相关是脑内（主要是丘脑皮层系统）大量而广泛分布的神经元经由特殊方式相互协作而体现出一种整体功能态，并不一定是脑内某个固定的神经回路；建构块论则认为，感受特质的神经相关是脑内某种固定的神经回路。

是由神经元功能簇之间的再进入（reentry）机制来保证的（参见
Edelman and Tononi，2004，pp.138—139）；4.通过再进入机
制，众多不同的功能簇瞬间被整合成一个相互协作的统一体，并
使得这个统一体与脑中其余活动的神经元之间区分出某种明显
的功能性边界①；5.需要注意的是，这个统一体只是在特定的相
互作用过程（再进入活动）中呈现出来的。因此，这种统一体在
空间上具有广泛分布性（经由再进入机制，广泛分布于丘脑皮层
系统中的众多功能簇被整合为一个统一体），在时间上具有不断
变动性（随着功能性边界外的输入信号的变化，构成统一体的功
能簇的数目和种类也相应发生变化，因此统一体总是处于变动
之中。换言之，统一体并不占有脑中某个特别的位置或区域。
这是与建构块论的关键区别之一）。所以，这种统一体被形象地
称为"动态核心"；6.神经影像学研究表明：再进入机制体现为不
同神经元功能簇之间快速而强烈的交互作用；而动态核心则体
现为在某个极短时间内（大约几分之一秒）大量神经元之间的某
种同步发放现象。神经解剖学研究表明：丘脑皮层系统中确实
存在大量并行的神经元交互联结，这为神经元间再进入活动得
以实现提供了必要的神经基质支撑（参见 Edelman and Tononi，
2004，p.140）。基于这种再进入机制之上的大规模计算机仿真
实验也表明：建立起瞬时的全局相干过程是完全可能的（参见
Lumer et al.，1997a，pp.207—227；1997b，pp.228—236）。

　　下面具体探讨某种感受特质产生的神经机制。以红色为
例。当给予正常受试者某种刺激时，受试者可以接收到无数信
息，比如：颜色、亮度、位置、形状、持续时间等等。其丘脑皮层系

---

　　① 当这种整合过程实现时，处于统一体中的神经元之间的相互作用要比它们与处于
统一体外的神经元之间的相互作用强得多，因此得以区分出某种功能性边界。参见
Edelman and Tononi，2004，p.198。

统(thalamocortical system，TCS)中会短暂出现许多不同频率的神经元功能簇兴奋区。但是，当某一特别强烈的输入(比如，关于 red1 的视觉刺激)经由特定的通道传递到 TCS 中，形成某个特定的兴奋区 N1 时，N1 就会同时向与它连接的大量神经元发放特定频率的电信号(S1)，凭借再进入活动，使得 TCS 中广泛分布的大量不同神经元功能簇在大约几分之一秒内由非同步发放状态迅速整合为一种与 S1 几乎同频率的整体发放态。这样，在 TCS 中就形成一个"动态核心"。这个动态核心往往包括皮层感觉区域和运动区域里大量的神经元功能簇。对于特定受试者而言，此刻就会产生一种有关 red1 的特殊感受(redness1)。具言之，因为动态核心是由大量具有不同功能的神经元簇构成的，所以该受试者不但可以有意识地感受到 redness1，而且能够有意识地区分 redness1 不同于其他的感受特质。[①]当这种同步发放过程利用再进入活动波及语言区域时，该受试者就可以报道"意识到有一种关于特定红色的感受特质"。因此，DCH 认为任何感受特质都是基于某个动态核心内部的一种高级整合和高级分化过程(highly integrated and highly differentiated)。[②]

---

① DCH 认为产生感受特质的两个必要条件是：(1)每一种特定感受特质都有一个与之对应的功能簇；(2)与感受特质对应的功能簇必须位于动态核心内部。这样，该受试者才能意识到此感受特质并能够与其他不同的感受特质区分开来。换言之，一个动态核心与一种有意识活动对应，而核心内部特别兴奋的一个特定功能簇则能说明该受试者(具有上述有意识活动的受试者)为何此时意识到一种特殊的感受特质，参见 Edelman and Tononi，2004，pp.199—201。

② 这里涉及意识活动的两个基本特征：整合性(integration)/统一性(unity)与分化性(differentiation)。对于任何正常的意识活动而言，两者缺一不可。简言之，任何一个特定的时刻，可以有无数种可能的意识状态(无意识活动的多样性)，但是有意识的意识活动(比如意识到自己有关于红色的特定感受)只能是一种(有意识活动的单一性)。意识活动的这两种基本特征保证了个体在每一时刻只具有一种统一的有意识活动，又为从一种有意识活动转换到另一种有意识活动提供了必要的基础(有意识活动的串行性/选择性)。在本文第三部分，我还将详细地阐述关于意识活动的这些重要特点。此外值得一提的是，为了进一步定量化探讨意识活动，DCH 还常常用复杂性(complexity)来替代分化性。复杂性刻(转下页)

　　不难发现,DCH 关于感受特质的神经机制解释不仅是建立在大量的认知神经科学实验基础之上的,而且是一种定量化的研究方案。下面简略阐述这种定量化研究方案的框架(参见 Tononi and Edelman,1998；Edelman,2003；Seth et al.,2006)。由于 TCS 中存在大量功能各异的神经元簇,因此,可以通过数学方式建立一种 N 维的神经空间(Neural Space,以下简称 NS),其中的每一维(n1)可用一个特定的神经元功能簇来表示。这样,任何一个特定的 quale(Q1)都可以通过 NS 中的特定坐标点一一对应标示出来(通过不同维度上各自不同的坐标值共同确定一个 NS 中的坐标点)。①换言之,DCH 利用处于动态核心内部的所有不同神经元功能簇的整体活动构造出了一个 N 维的神经空间,任何一种特定的感受特质对应着一种特定的整体神经状态,这种状态可以经由 N 维神经空间中的一个点来确定(Edelman and Tononi,2004,p.200)。

　　然而,感受特质的私密性特征(困难 3)一直困扰着统一场论者。起初,私密性被统一场论者作为一个意识的基本特征接受

(接上页)画的是可能意识状态的分化程度及其之间的一种可度量关系。DCH 常用神经复杂度(neural complexity, CN)(一种对神经系统复杂性的数学度量)来判断一个神经系统能否产生有意识活动。换言之,是否具有一定的相对复杂性(relevant complexity),是任何神经系统能否产生某种具有统一特征的有意识活动的必要前提。具体处理一个神经系统复杂度的数学分析过程,参见 Tononi, Edelman, 1998；Tononi, 2004。

　　①　需要提醒的有四点:(1)鉴于 TCS 中不同神经元功能簇的数目众多,N 应该是一个很大的数目,譬如在 103 到 107 之间；(2)任何不属于特定动态核心内的神经元活动都不可能放在特定 NS 中来考察,因为它们没有一个统一的神经活动过程作为基础；(3)通过这种方式,我们就可以利用处于 N 维神经空间中点与点之间的距离来解释为何两个 quale 之间比较相似,而与第三种 quale 之间差别较大(比如:两种关于不同颜色的 quale,与一种关于形状的 quale)；(4)处于再进入动态核心内部的任何小小的变动都会很快(几分之一秒内)导致整个核心从一种状态切换到另一种状态。这样,DCH 就可以具体解释个体如何实现从意识到一种 quale 很快转换到另一种 quale。比如,个体看着闪烁的霓虹灯,随着灯光的变化,一会儿意识到红色,一会儿又意识到绿色等等。详细论述参见 Edelman and Tononi, 2004, pp.196—208；Tononi, 2004。

下来(参见 Edelman and Tononi，2004，p.173)。最近,他们则企图用一种动态核高维分辨说(the theory of high-dimensional discrimination，THDD)来消除这一困扰。简言之,统一场论者认为动态核具有某种高维分辨能力(参见 Seth et al.，2006，p.10080),即能够在核心变动的过程中造成某些高阶差别,而感受特质就是由这些高阶差别所构成的后继产物(参见 Edelman，2003，p.5523)。但是我认为,THDD 并不能成功消除私密性难题,主要理由有二:第一,由于现阶段神经生理学和神经影响学等技术条件的限制,目前还没有任何可靠实验能支持动态核具有这种高阶分辨能力。[①]因此,该解释实际上还是一种纯粹的理论猜测。换言之,尽管特定感受特质与特定的动态核密切相关,但是感受特质并不等于动态核。因此,上述"感受特质就是由这些高阶差别所构成的后继产物"这一表述是含混不清的。"后继"过程究竟是如何实现的? 这一过程的神经机制如何? 统一场论者并没有给出清晰的回答,只是寄希望于未来的科学研究来提供答案(参见 Edelman，2003，p.5523)。可见,在这里统一场论者实际上所持有的是一种类似于心灵哲学里的取消主义立场(参见 P. M. Churchland，1996；P. S. Churchland，1996；Dennett，1996);第二,更重要的一个理由是,感受特质具有主体性/私密性特征,而 DCH 无法应付这个难题。埃德尔曼意识到了这个难题,并试图解决它。他解释说,感受特质是动态核的一种现象转换,尽管两者之间不是一种因果关系,但是感受特质能够始终一贯地反映核的变化,甚至进一步表示,由于感受特质的变化与核的变化是一致的(coherent),因此只要对于两者在神经系统里被引发的真实原因不产生混淆,那么在某些情况之下,为

---

① 实际上埃德尔曼也承认这一点,参见 Edelman，2003，p.5523。

了沟通的便利,我们甚至可以用描述感受特质的现象语言来替换动态核的神经术语(参见 Edelman,2003,p.5523)。不难看出,埃德尔曼在这里采取的是一种类似当代心灵哲学中概念二元论的思路(参见 Loar,2002;Papineau,2002)。由此可见,THDD 实际上是一种糅合了取消主义立场和概念二元论的感受特质解释,而这两种思路目前均被认为不能有效消除私密性带来的困扰(参见 Balog,2007;我的博士论文中也有详细论述,可以参考)。

那么,统一场论者究竟可不可以摆脱私密性困扰? 我认为可以。关键是要设法消除一种普遍存在的关于私密性的误解。下面,我将尝试结合当代认知神经科学的某些研究成果和特定的哲学分析方法来消除这种误解。

三、处理困难 3 的复合消解方案

我打算通过对以下三个语句进行特定方式的考察,来具体展示和剖析个体产生不同感受特质时的意识活动。

语句 A:我正在听一段欢快的莫扎特小提琴协奏曲。

语句 B:我正在听一段欢快的莫扎特小提琴协奏曲。

语句 C:我正在听一段欢快的莫扎特小提琴协奏曲。

首先考虑一个问题:上面各句中的着重号起什么作用? 一种回答是:语句 A 中的着重号,特别标示出存在一个"意识活动的实施者——我"(以下简称 I)。语句 B 中的着重号,特别标示出存在一种"特定的意识活动——听"(以下简称 C1)。语句 C 中的着重号,特别标示出存在一个"意识活动的被指向者——莫扎特小提琴协奏曲"(以下简称 O)。[①]

---

① 这里,I 是指意识活动的主体(subject)而不是指现实存在着的某个个体(转下页)　　21

接着考虑另一个问题:利用着重号标示的 I 或 O 从何而来?先考察 I 从何而来。我认为,I 是在对 C1 的一种关注中凸显出来的。[①]不难发觉,这里实际上存在两个不同层面的意识活动:首先是 C1;其次,出现对 C1 的一种关注,即对"听莫扎特小提琴协奏曲这一意识活动"的一种有意识关注(以下简称 AT1)。AT1 旨在询问这样一个问题:谁在听? 正是在对这个问题的追问过程中,I 凸显出来了(意识活动选择听的实施者)。因此,这儿有一种不同于 C1 的意识活动,可以称作"意识活动 2"(以下简称 C2)。换言之,个体通过对 C1 的一种有意识关注(AT1)的过程中,形成了一个不同于 C1 的 C2,并且在同一过程(C2)中,个体意识到"有一个意识活动的主体 I 存在"(这里是指"听莫扎

(接上页)(individual)。同样地,O 表示意识活动的产物,而不是指某种现实存在物。简言之,我们强调 I 或 O 均依赖特定意识活动而存在,而非某个可以独立于任何意识活动的存在物。因此也可以这样认为,只有在认识论层面谈论 I 或 O 才有意义。

① "关注"和"凸显"是本节中的两个关键词。"关注"表达了意识具有某种选择性的基本能力。具言之,"关注"一词表达了意识活动具有选择性(selectivity),即意识活动能够有意识地选择对象或事件。因此,意识活动的每一种不同选择(每一种不同的有意识活动)就意味着一种不同的关注。这种意识的选择能力与认知心理学里关于选择性注意(attention)机制的研究是一致的(参见 Solso et al.,2005,pp.82—100;Ward,2004,pp.81—98)。针对恒河猴的认知神经科学研究进一步显示,选择性视觉注意的脑神经机制可能根源于丘脑皮层内大量竞争性细胞集群之间的竞争(参见 Desimone,Duncan,1995)。特别地,细胞群之间快速的再进入活动、丘脑内的网状核和腹侧神经束很可能在这种集群竞争过程中起了关键的作用(参见 Edelman and Tononi,2004,pp.207—208;Crick,Koch,2003)。"凸显"表达了当一种意识活动选择某个对象或者事件时,此对象和事件就能够被从事该意识活动的个体以某种特别的方式有意识地觉察到(即在该意识活动中呈现出某种与此对象和事件相关的呈现物)。目前至少有两种不同的认知神经科学理论可以解释凸显的机制:一种是上节提到的统一场论者的 DCH;另一种是建构块论者提出的前—后脑协作假说(the front-back brain interaction hypothesis),也常被称为小矮人假说(the hypothesis of the homunculus,HH)。简言之,HH 认为前后脑是皮层中大致以中央沟为界所划分出的两个区域。由于前后脑之间的相互协作,才产生了有意识活动(受试者才有意识经验)。其中,前脑起着关键性的主导作用。以视觉意识形成为例,后脑视觉区域把接收到的各种视觉信号经由丘脑传入前脑,引起前脑顶部神经束兴奋,再激活腹侧神经束产生出注意效应(attentional effects),使得经丘脑传来的信息得以被综合处理。特定的视觉有意识活动就在这一信息综合处理过程中产生了(受试者意识到某种特定的视觉意识经验)。如果这些综合信息再被传递到与语言有关的区域,特别是额叶,则受试者就能够报道"正意识到某种视觉意识经验"(详细论述参见 Crick,2004,p.92;Crick,Koch,2003)。

特小提琴协奏曲的主体")。这样就回答了 I 从何而来的问题。同样地,对于 O 从何而来的问题,我们可以尝试作类似分析。首先,我在听莫扎特小提琴协奏曲,这是一种听音乐的意识活动 C1;其次,出现对 C1 的另一种有意识关注(以下简称 AT2)。AT2 旨在询问这样一个问题:听什么? 正是在对这个问题的追问过程中,O 凸显出来了(意识活动选择听的被指向者)。因此,这儿又有另一种既不同于 C1 也不同于 C2 的意识活动,可以称作"意识活动 3"(以下简称 C3)。换言之,个体通过对 C1 的另一种有意识关注(AT2)过程,形成了一个不同于 C1 的 C3,并且在同一过程(C3)中,个体意识到"有一个意识活动的指向者'O'存在"(这里是指"莫扎特小提琴协奏曲")。

通过上述分析,现在我们可以明白 I 和 O 是如何分别被个体意识到的(即 I 或 O 从何而来)。但是,仍有一个困惑没有得到解决:上述三个语句中"欢快的"这个短语所要标示的那种感觉从何而来? 换言之,"欢快的感觉"这种感受特质(以下简称Q1)从何而来? 回答很简单:Q1 是在 C3 过程中而非 C2 过程中被个体意识到的。因为在 C1 存在的前提下,如果没有 C2,个体通过 C3 仍然可以清楚意识到 Q1(仅仅对特定音乐的聆听,会产生欢快的感觉,此时完全无需意识到听音乐的主体)。反之,在C1 存在的前提下,如果没有 C3,很难想象个体仅仅通过 C2 就可以意识到 Q1(仅仅对听音乐主体的关注,完全忽视特定音乐,很难想象这种单一关注可以产生欢快的感觉)。①

---

① 这里值得提醒的有三点:第一,Q1 也不可能在 C1 中出现。因为 Q1 是被个体有意识地意识到的,即 Q1 一定出现于某种有意识的意识活动中。而 C1 不是一种有意识的意识活动,仅仅是一种"纯粹地听的活动";第二,严格地说,探讨 Q1 和 O 在认识论层面上的关系如何是一个没有什么意义的问题。因为我们认为,个体觉察到 O 的意识过程与觉察到Q1 的意识过程实际上是同一个意识过程(C3)。换言之,任何关于 O 的有意识呈现过程就是关于 Q1 的呈现过程,反之亦然。第三,至于 Q1 与 I 的关系如何这一问题,将涉及对感受特质私密性难题的具体处理过程,我们随后就会考察。

通过上述的这种分析，我们实际上得到如下 4 个结论：1.I
是在意识活动 C2 中凸显出来的。此凸显得以发生的必要条件
是，存在 AT1。2.O 是在意识活动 C3 中凸显出来的。此凸显得
以发生的必要条件是，存在 AT2。3.Q1 是在意识活动 C3 中产
生出来的。4.如果把 C1 当作某种一阶的无意识活动，那么
C2 和 C3 就是两种既与 C1 密切相关又不同于 C1 的二阶的有意
识活动。

前三个结论不难理解，对于结论 4，需要多说几句。其一，如
果我们认可 C1 是一种纯粹听的无意识活动，而 C2 和 C3 分别是
对 C1 的两种不同关注的有意识活动，那么显然 C1 既不同于
C2 也不同于 C3。其二，在何种意义上，可以认为 C2 不同于
C3 呢？ 一种回答是：由前面的分析已知：(1)C2 是意识活动的
个体对 C1 的一种关注过程（AT1）；(2)C3 是该意识活动的个体
对 C1 的另一种关注过程（AT2）；(3) AT1 不同于 AT2，因为
AT1 使得个体意识到 I，AT2 使得该个体意识到 O/Q1。因此，
C2 不同于 C3；其三，即使承认 C2 不同于 C3，我们似乎仍然没有
排除这样一种情况：存在一种特别的意识活动（以下简称 C4）可
以容许 AT1 和 AT2 同时并存其中。换言之，I 和 O/Q1 是否可
能在 C4 中同时呈现出来呢？ 我认为，这是一个我们不得不认真
考虑的问题。因为，如果我们不能排除 C4 存在的可能性，那么
将无法妥善解决困难 3。这么说的理由何在？

请先回顾一下以上关于感受特质的传统描述性定义。不难
发现，其中对感受特质私密性的描述，关键在于以下两点：它为
该意识主体所拥有；它无法经由公共检测。注意，这两点共同维
护着传统的私密性感受特质。前面一点仿佛表达了意识主体与
感受特质之间存在某种独特的"拥有"关系。放在上述听音乐的
情境中来考虑就是，I 与 Q1 之间具有某种"拥有"关系。但是，

如果仅仅坚持 I 和 Q1 之间的某种特别联系,我们将不会真正遭遇到感受特质私密性的困扰。因为,我们完全可以为这种"拥有"关系找到各种令人满意的公认解释。然而一旦结合后面一点来考虑,感受特质就立刻成为一个真正的棘手难题。因为,如果认可感受特质拒绝任何公共检测,再加上感受特质为意识主体所拥有的特殊关系,那么得出感受特质私密性将是再自然不过的事情了。但是在何种情况下,感受特质才能"无法经由公共检测"呢? 一种可能的回答是,当且仅当 I 和 Q1 同时出现于一个有意识活动(C4)中。换言之,当且仅当 I 和 Q1 同时处于一个意识活动中,并且这一意识活动始终拒绝其他主体的介入时,Q1 才称得上是一种合格的私密性感受特质(凭借其具有的和 I 之间的独特关系)。①要之,当且仅当 C4 存在,传统的感受特质私密性问题(困难 3)才可能成为一个有认知意义的棘手难题。因为只有在此前提下,才能够有意义地坚持:I 与 Q1 之间有某种特殊的拒绝公共检测的"拥有"关系。

据此,如果我们把私密性关系当作某种 I 与 Q1 之间的独特关系(R),并且其他意识主体(I2)和 Q1 之间不可能具有 R,那么 C4 不存在的情况仅有三种:1.若 I 和 Q1 不能同时出现在一种有意识活动中,则 C4 不存在,R 不存在;2.若 I、Q1、I2 三者同时出现在一种有意识活动中,则 C4 不存在,R 不存在。3.若出现两个以上的意识主体与 Q1 同时出现在一种有意识活动中,则 C4 不存在,R 不存在。这就意味着:如果 C4 不存在,那么 I2 和 Q1 之间就可能建立另一种独特关系(R2),由于 R2 与 R 在认识

①　值得一提的是,前面我们实际已经排除了一种 I 和 Q1 通过同一个有意识活动过程呈现的可能情况。但这只是排除了 I 和 Q1 在神经空间上完全重叠这样一种可能情况(即排除掉两者是同一个有意识活动过程产物的可能情况),还未能排除两者在时间上同步出现的可能情况(如果两者能同步呈现,那么就会有两者部分重叠同步呈现或完全分离同步呈现的两种情形)。不久就会看到,两者在时间上同步的可能情况是如何被排除掉的。

论上完全可以具有同样的地位,那么就难以保证 R 在认识论上的唯一性地位。一旦这种非唯一性的情况出现,我们就将不能再把 R 称为一种合格的私密性关系了。换言之,如果 R2 能够存在,就意味着 I2 对 Q1 进行的检测和 I 对 Q1 进行的检测在认识论上具有同样的有效性。这无疑会导致 Q1 不能逃避公共检测,那么就再也谈不上什么私密性了。因此,这样就表明:如果 C4 不存在,R 一定不可能存在,即 C4 是 R 存在的必要条件。反言之,只有 C4 存在才能有效阻止 I2 的干扰(即排除 R2),从而保证 R 能被称为一种合格的私密性。①因此可以说,C4 才是一直困扰我们的感受特质私密性存在的必要前提。但是,据我所知,当前几乎所有对感受特质的研究工作都没有打算考虑或者仔细考虑 C4 存在的可能性。这很可能是当我们面对感受特质时始终处在无奈与困惑之间的真正原因。因此,如果我们始终不打算事先排除掉 C4 存在的可能性,那么任何对困难 3 的解决方案都将是难以令人满意的。

那么,C4 可能存在吗? 我的回答是否定的。因为如果 C4 存在的话,将和关于有意识活动的一条基本原则相冲突。这一原则就是"有意识活动的串行原则"(the serial principle of consciousness,SPC)。②这一原则说的是:任何拥有正常意识活动能力个体的有意识活动总是一个接一个发生的。换言之,对一个具有正常意识活动能力的个体而言,任何时刻都不可能有两种或两种以上不同的有意识活动同时发生。目前,已有大量

---

① 请注意,我并不打算反对日常意义上的私密性。从语言层面上来讲,我没有反对任何一种具有"我有某种私密感受"这类形式的日常表述。我打算质疑的仅仅是这一表述的认知意义。

② 与之相关的还有一条"无意识活动的并行原则"(the parallel principle of unconsciousness,简称 PPU)。这一原则说的是:对于任何拥有正常意识活动能力的个体而言,每一时刻总可能存在着多个同时进行的无意识活动。

的认知心理学和认知神经科学的实验结果从不同角度证实了
SPC 的合理性（参见 Crick，2004，pp.63—73；Edelman and
Tononi，2004，pp.28—30）。下面以目前认知心理学/认知神经
科学中常见的两组对照实验，来具体阐述 SPC。①

实验一（正面实验）：双眼竞争（binocular rivalry）和双眼融
合（binocular integration）（参见罗跃嘉：《认知神经科学教程》，
第 314—326 页；Edelman and Tononi，2004，p.30）。

通过立体镜将两个不同的视觉刺激（st1，st2）同时分别呈
现给受试者的左右眼。（1）双眼融合。如果 st1 和 st2 很相似，
比如 st1 和 st2 是两个不匹配的图像，但是两者只是在水平方向
上有一点位移，那么受试者意识到的将是由这两个图像综合产
生的一个新的刺激图像（st3），仿佛两个图像融合产生了一个新
的图像。（2）双眼竞争。如果 st1 和 st2 差别很大，比如 st1 是五

---

① 这里需要说明三点：（1）采取对照实验是经验科学研究中较常见的一种方法。通过
对照实验，往往可以找到实验对象的一组必要条件。这里，我们试图确立 SPC 是意识活动
的必要原则。（2）范鲁伦和柯克的研究表明，尽管我们大多数人直觉上认为视知觉（visual
perception）活动是连续（continuous）的，但是已有的实验数据并不能支持这一点。而且他们
倾向于认为，视知觉活动是分离的（discrete）。因为电生理学方面的实验结果显示，当受试
者有意识观察运动物体时，其丘脑皮层系统会相继出现不同频率段的振荡。这暗示了很可
能存在某种能够支持视知觉分离活动过程的神经基质（neural substrate）（参见 Van Rullen
and Koch，2003）。克里克和柯克也指出，目前对运动的有意识感知（conscious perception of
motion）实验的研究显示，受试者有意识地观察连续运动的物体时，与其对应的特定神经元
群只会相继出现固定频率的兴奋活动，而不会出现一种连续变动频率的兴奋活动（参见
Crick and Koch，2003b，p.122）。不难发觉，上述两篇文献均暗示了视觉有意识活动分离说
很可能是对的。我国学者也有类似的观点：通过考察阅读眼动现象的实验研究结果，唐孝威
和孙复川提出了一种关于脑内信息加工过程的时间不连续性假说（hypothesis of
discontinuity of information processing in the brain）（参见唐孝威、孙复川：《脑内信息加工的
不连续性假说》，第 53—54 页）。因此我们有理由相信：SPC 很可能是一条约束视觉有意识
活动的原则。（3）以下列举的实验都是视觉方面的，但这并不意味着 SPC 仅仅针对视觉意
识有效。本文第四节提到，目前科学界常常把针对视觉意识的研究作为意识研究的突破口。
因为除了研究便利等等原因之外，绝大部分研究者都相信关于视觉意识的最基本的研究成
果，同样也适用于其他种类的意识（参见 Crick and Koch，2003b，p.119；Crick，2004，
pp.207—208）。因此我们进一步倾向于认为，SPC 乃是一条能够约束所有有意识活动的基
本原则。

条水平的平行线,st2 是五条垂直的平行线。那么受试者将交替地知觉到 st1 或者 st2,而不可能产生一个新的知觉(比如,一种关于格子图案的知觉)。这种现象就仿佛 st1 和 st2 总是相互竞争着要被受试者意识到一样。

　　简单分析:1.双眼竞争实验从正面表明了 SPC 原则的合理性;2.双眼融合实验从正面表明了与 SPC 密切相关的另一个有意识活动原则——有意识活动的整体性/统一性原则(the integration principle of consciousness,IPC);3.IPC 是说每一个有意识活动都是一个整体,不可能分割为两个或者两个以上独立运作的有意识活动。因此,如果有两个或者两个以上的有意识活动要发生,就只能一个接着一个地发生(否则就与 IPC 冲突)。这就得到 SPC。同样,如果 SPC 保证了有意识活动是一个接着一个发生的,那么,每一次发生的有意识活动都必然是一个不可分割的整体(否则就与 SPC 冲突)。这就得到 IPC。可见,IPC 和 SPC 分别从两个不同角度刻画了有意识活动的基本特征。

　　实验二(反面实验):裂脑(split brain)人与正常人双重视觉任务(dual task)对比实验(参见 Carter,2006,pp.67—73;Gazzaniga,2000,p.1299)。

　　在一个有关某种经过特殊设计的视觉任务实验中,通过特定的方式让裂脑受试者的左右半脑各意识到一个简单的视觉问题(由于胼胝体被切断,左右半球不会交换信息,因此保证了这两个视觉问题的分离),裂脑受试者能很好地解决这种双重任务;但是另一方面,在同样的测试条件下,对于胼胝体完好的正常受试者来说,他们几乎无一例外地做得很糟。为什么会这样呢? 一种解释是,因为联系左右半脑的胼胝体未被切断,所以正常受试者非但不可能把通过上述方式分别呈现给左右半脑的同样视觉问题当成两个独立的、并行的任务来处理,而且他们无一例外地总是把呈现给左右半脑的不同视觉信息组合成一个单独的问题来处理。结果任何一个正常受试者都会发现,这样一个组合的问题对于自己来说是无法解决的。①

简单分析:1.裂脑受试者可以出色地完成单个正常受试者无法完成的双重任务表明,裂脑人可以同时进行两种有意识活动;2.这就从反面论证了正常受试者有意识活动的 SPC。

经过上述分析,我们倾向于认为:SPC 是一条合理可接受的有关有意识活动的基本原则。因此,一旦我们接受了 SPC,就同时表明了 C4 不可能存在。由于 C4 是私密性得以可能的必要前提,C4 不存在,私密性的感受特质也就不可能存在。至此,从原则上来讲,有关感受特质以及由此而生的种种麻烦不应该再继续困扰我们了。这同时也意味着:我们现在面对的已不再是一些理论难题,而仅仅是一些技术问题。

四、私密感受论证

作为总结,我将给出一种论证私密性感受特质(私密感

---

① 借助裂脑人与正常人双重视觉任务对比实验,我想要说明的是:裂脑受试者两手可以同时绘出特定的视觉任务。但是,对于正常受试者来说,却无法两手同时绘出。但是,因为传统的认知心理学实验常基于受试者的口头报告以及对受试者的行为反应进行观察,所以观察结果往往具有不精确性。然而,现在已经可以利用神经影像学等先进的神经科学技术,来对实验过程中受试者的神经系统活动情况进行同步观测以进一步精确化实验结果(实际上,目前对于意识的科学实验研究,也是常常将传统认知心理学的研究方法和先进的神经科学技术结合起来进行)。例如,利用 fMRI(磁共振机能成像术)的同步研究可以进一步发现:在从事双重视觉任务时,正常受试者单独处理每一个任务时的特定脑区不再兴奋,而是出现另一个兴奋区;裂脑受试者在单独处理每一项任务时的兴奋区,在处理双重任务时仍然兴奋,并且不会出现另外的兴奋区。换言之,利用 fMRI 的同步研究进一步表明:在双重任务过程中,尽管正常受试者无法完成特定任务,但是其意识活动仍是统一的(处理两个单独任务与处理双重任务分别显示皮层中依次出现三个不同的单一兴奋区),而裂脑受试者在该实验中同时具有两种独立运作的有意识活动(单独任务与双重任务均显示皮层中位置几乎不变的两个特定兴奋区)。进一步论述参见 Ward,2004,pp.20—21。

受）不存在的私密感受论证（private sensations argument,
PSA）。PSA 的论证结构如下：

1. 私密性（privacy）表示的仅仅是特定意识主体（I）和特定感受特质（Q1）之间存在的一种独特关系（R），并且其他意识主体（I2）与 Q1 之间不可能具有 R。

2. 由 1.可得，当且仅当 R 存在，私密性感受特质才可能存在。

3. 存在一个有意识活动（C4），使得个体（K）在 C4 中能够并且只能够同时意识到 Q1 和 I，R 才可能存在。

4. K 在一个有意识活动（C2）中意识到 I，而在另一个有意识活动（C3）中意识到 Q1。

5. 由 SPC 可知，对 K 而言，C2 与 C3 是两个不可能同时出现的有意识活动。

6. 由 4.和 5.可得，不可能存在 C4，使得 K 在 C4 中同时意识到 Q1 和 I。

7. 由 3.和 6.可得，R 不可能存在。

因此，

8. 由 2.和 7.可得，私密性感受特质不可能存在。

还有什么好担心的呢？现在应该有理由相信：一旦采取了这样一条哲学消解和认知建构的神经哲学（neurophilosophical）复合进路，我们就能够摆脱私密性带来的困扰。[①]而且，一旦采取了这样一条复合进路，同时也就表明：在应对传统心—身问题带来的种种麻烦时，我们不仅可以坚持一种本体论层面的自然主义一元论，而且保持一种语言表述上的清晰一致也是完全可行的。

[①] 不难发觉，一种处理感受特质的可能方案就是：利用 PSA 消解困难 3，再借助 DCH 处理困难 1 和困难 2。

参考文献

Balog，K.，Phenomenal Concepts，Unpublished，on the web at http：//pantheon. yale. edu/％7Ekb237/Web％20publications/OxfordReview.pdf，2007.

Churchland，P. M.，the Rediscovery of Light，*Journal of Philosophy*，93，pp.211—228，1996.

Churchland，P. S.，the Hornswoggle Problem，*Journal of Consciousness Studies*，3，pp.402—408，1996.

Crick，F.，Koch，C.，A framework for Consciousness，*Nature Science*，6，pp.119—126，2003.

Dennett，D.，Facing Backwards On the Problem of Consciousness，*Journal of Consciousness Studies*，3，pp. 4—6，1996.

Desimone，R.，Duncan，J.，Neural mechanisms of selective visual attention，Annu. Rev.，*Neurosci.*，18，pp. 193—222，1995.

Edelman，G. M.，Naturalizing Consciousness：A Theoretical Framework，*PNAS*，100(9)，pp.5520—5524，2003.

Eysenck，M. W.，Keane，M. T.，Cognitive Psychology，New York：Psychology Press Ltd，2005.

Gazzaniga，M. S.，Cerebral Specialization and Interhemispheric Communication：Does the corpus callosum enable the human condition? *Brain*，123，pp.1293—1326，2000.

Jackson，F.，Epiphenomenal Qualia，*The Philosophical Quarterly*，32(127)，pp.127—136，1982.

Jackson, F., What Mary didn't Know, The Journal of Philosophy, 83(5), pp.291—295, 1986.

Loar, B., Phenomenal States (Second Version), in Chalmers, D., ed., Philosophy of mind: Classical and Contemporary Readings, New York: Oxford University Press, 2002.

Lumer, E. D., Edelman, G. M. and Tononi, G., Neural Dynamics in a Model of the Thalamocortical System. I: Layers, Loops and the Emergence of Fast Synchronous Rhythms, *Cerebral Cortex*, 7, pp.207—227, 1997.

Lumer, E. D., Edelman, G. M. and Tononi, G., Neural Dynamics in a Model of the Thalamocortical System. II: The Role of Neural Synchrony Tested through Perturbations of Spike Timing, *Cerebral Cortex*, 7, pp.228—238, 1997.

Negel, T., What Is It Like to Be a Bat? *The Philosophical Review*, 83(4), pp.435—450, 1974.

Papineau, D., Thinking About Consciousness, New York: Oxford University Press, 2002.

Searle, J. R., Consciousness, Annu. Rev. *Neurosci*, 23, pp.557—578, 2000.

Seth, A. K., Izhikevich, E., Reeke, G. N. and Edelman, G. M., Theories and Measures of Consciousness: An Extended Framework, *PNAS*, 103, pp.10779—10804, 2006.

Tononi, G. and Edelman, G. M., Consciousness and Complexity, Science, 282, pp.1846—1851, 1998.

Tononi, G., An Information Integration Theory of Consciousness, *BMC Neuroscience*, 5, p.42, on the web at http://www.biomedcentral.com/1471-2202/5/42, 2004.

Van Rullen，R. and Koch，C.，Is Perception Discrete or Continuous? *TRENDS in Cognitive Science*，7（5），pp.207—213，2003.

Ward，A.，Attention：A Neuropsychological Approach，Psychology Press，2004.

［英］弗朗西斯·克里克：《惊人的假说：灵魂的科学探索》，汪云九、齐翔林、吴新年、曾晓东译校，湖南科学技术出版社2004年版。

［美］杰拉尔德·埃德尔曼、［美］朱利欧·托诺尼：《意识的宇宙：物质如何转变为精神》，顾凡及译，上海科学技术出版社2004年版。

［英］丽塔·卡特：《大脑的秘密档案》，洪兰译，台湾：远流出版事业有限公司2006年版。

［美］罗伯特·索尔所、［美］金伯利·麦克林、［美］奥托·麦克林：《认知心理学》，北京大学出版社2005年版。

罗跃嘉主编，姜扬、程康副主编：《认知神经科学教程》，北京大学出版社2006年版。

唐孝威、孙复川：《脑内信息加工的不连续性假说》，《应用心理学》1999年第5期，第53—54页。

王晓阳：《意识研究：一项基于神经生物学立场的哲学考察》，中山大学2008年博士论文。

本文首次刊发于《自然辩证法通讯》2010年第1期

意 识 之 谜

一、引言：意识研究中的两大进路与两类问题

意识(consciousness)问题在当代西方哲学中占据着重要地位，也属于这个世纪人类试图攻克的科学难关之一。无论是一些基本的哲学论题(如心—身问题、他心问题、人格同一性、指称问题、自我知识等)，还是一些前沿的交叉领域(如脑科学、认知语言学、认知心理学、人工智能、人工生命等)，都与之密切相关。可见，意识问题具有不容忽视的基础性、交叉性和前沿性。

不难发现，当代关于意识问题的主流研究工作大抵分化为如下两大进路：偏重经验研究的认知科学进路，以及偏重概念分析和论证的哲学进路。按照当代著名哲学家查莫斯(David Chalmers)的看法，这两大进路各自面对和能够处理的乃是不同类型的问题。在其1995年发表的一篇引用率极高的关于意识研究的标志性文献《面对意识问题》("Facing Up to the Problem of Consciousness")中①，查莫斯指出，意识研究中的**全部**问题可被划分为如下两大类：一类是意识易问题，即那些能够依据其在

---

① 截至2017年7月7日，通过谷歌搜索显示，该文献被引用次数已高达2 631次。这在哲学类文献中相当罕见。

例如，如果自由意志（free will）与脑中特定的神经活动（即神经相关项）之间总是具有相关关系，那么该神经相关项在脑中的哪个具体位置呢？又如，尽管普遍认为（尤其是认知科学界），自由意志与特定的脑神经系统之间具有相关关系，然而自由意志究竟是脑神经系统所产生的，还是并非生成于脑而是"外来的"呢？换句话说，似乎如下这种（形而上学）二元论情形是可能的：自由意志甚至全部意识活动其实都是某种独特的"外来物"。这些"外来物"并不是脑神经系统或身体其他部位的产物，甚至它们压根不属于物质世界，而是一些非物质的（immaterial）东西，且仅仅附着在特定的脑神经系统之上。这种可能的情形能否被合理地排除掉呢？

仔细考虑一下不难发觉，尽管困难各式各样，但无外乎以下两大类：一类是原则上有答案的。例如，依据有关经验证据来对那些关于自由意志神经相关项的各种认知神经科学理论的真假进行判断，或者依据理论自身的解释力和理论预设的简洁性来对相互竞争的理论进行优劣权衡。另一类则是原则上没有答案的。例如，一个令人困惑的事情是，为何特定的脑神经活动总是与特定的意识活动之间具有相关性？我想不到有什么特别的理由能阻止该困惑的出现。然而，对于那些已然接受"心灵活动与脑神经活动之间具有相关关系"这一心脑假设的研究者来说，似乎（原则上）又难以解释这个困惑。①因此，我建议，在意识研究

---

① 事实上，当代绝大多数关注意识问题的哲学家和科学家均持有如下信念：意识活动与脑神经活动密切相关。这个信念也成为了当代认知科学界的一条基础的工作假设——心脑假设。当然，一个接受心脑假设的认知科学家完全可以宣称，自己并不对心脑假设感到困惑。但这里的要点不在于是否**实际上**有人对心脑假设感到困惑，而在于对心脑假设感到困惑似乎是**可能的**。因此有理由相信，一旦有人问"为何特定的脑神经活动总是与特定意识活动之间具有相关性"这个问题，那些已然接受心脑假设的研究者们似乎就难以对此问题给出**直接**解答。这里也许有人会立刻提出反对。因为似乎已有大量的经验证据或严格的实验研究证实了心脑假设的合理性。我的看法恰恰相反！完全不可能有任何实验研究或（转下页）

中,可以把那些原则上有解答的理论困难,称为"关于意识的问题"(the problems of consciousness),而把那些原则上永远无法解答的理论困难称为"关于意识的困惑"或"意识之谜"(the puzzles of consciousness)。

易问题是可以解答的,这一点似乎不难理解。因为,虽然存在各种类型的易问题,学界处理易问题的方案也是千差万别,但不可否认的是,与前人相比,如今我们对某些类型的易问题(如记忆的机制,推理的过程等等)的解答已经相当不错。而且几乎没有人会反对,我们有望最终能获得关于各类易问题的令人满意的解答。与易问题相比,学界虽然普遍觉得难问题很棘手,但是无论是科学界还是哲学界,已经出现了不少处理难问题的方案,尽管目前这些方案无一例外地仍然富有争议。事实上,除了极少数神秘主义者或不可知论者(如 Mcginn,2004)之外,学界目前似乎并没有多少人愿意认可难问题原则上不可解。可见查莫斯(1995)的观点还是有道理的,即无论是易问题还是难问题,都是有答案的(至少原则上如此)。因此我们应当有理由相信,难易问题都属于"关于意识的问题"。

限于篇幅和主旨,下面本文并不打算为某个有关意识易问题或难问题的观点进行辩护,也不打算继续探讨学界关于意识难易问题的整体研究状况,而是打算考察如下这个问题:**是否确如查莫斯所宣称,难易问题的区分已然穷尽了我们关于意识的全部议题?** 在我看来,这个问题的答案是否定的。以下的论述将会表明,有一些关于意识的议题既不同于易问题,也不同于难问

(接上页)经验观察为心脑假设的合理性提供有效辩护。理由就是,任何实验研究或经验观察充其量只能涉及脑神经及其相关的物质层面。任何实验研究或者经验观察既不可能**直接**观测到意识活动,也不可能对意识活动和脑神经活动之间是否相关关系进行**直接**测量,因此可以断定,原则上不可能出现能为心脑假设进行有效辩护的经验证据。

题。由于它们原则上是没有答案的,因而应该属于"意识之谜"。

三、意识之谜

上文提到,尽管目前关于意识问题的研究课题各种各样,研究方案也是千差万别,但几乎所有的研究工作无一例外地都是围绕着难问题或者易问题而展开的。在这一节,我打算具体论述三个意识之谜,并且表明,当前关于意识研究的几乎所有类型的理论或多或少都会遭遇到这三个意识之谜(对于不同的意识理论而言,遭遇到的也不一样,可能是一个或两个或全部),因而它们不应当被我们忽视。①这三个"意识之谜"依次是:

谜 1:为什么特定的意识状态可以充当因果角色? 或者更一般地说,为什么存在心理因果关系?

谜 2:为什么特定的功能性物理状态与特定的意识状态之间总具有某种相关关系?

谜 3:为什么特定的物理状态(如脑神经系统)会导致意识的出现,而不仅是纯粹的物理状态?

先来看谜 1。不难理解,谜 1 乃是几乎所有关于意识**易问题**研究的一个基本预设。因为,如果不承认(一般地)心理因果关系,或不认为有特定的心理状态(如特定的信念状态)能充当某种因果角色,且可以被用来解释特定的行动,那么我们将无法有意义地从事任何易问题研究。换句话说,我们只有先接受某些意识活动/心理状态之间,或者某些意识活动/心理状态和某些

---

① 需要说明的是,在本文中,我只讨论三个特定的意识之谜。在我看来,由于这三个意识之谜关切到目前几乎所有主流的意识研究理论,因此应当引起我们的重视。但这并不是意味着,意识之谜有且仅有本文所言这三个。对于某些并非主流的特殊的意识理论而言,或许还存在不同于本文所言的其他的意识之谜。

非意识活动/非心理状态之间存在特定的心理因果关系,那么所有的有关这些活动/状态之间关系的解释才是有意义的。但是很明显,"为什么某些意识活动/心理状态之间存在心理因果关系"这一点,并未有任何直接的解释。由于谜1关注的是某些意识活动/心理状态所具有的心理因果关系,因此,谜1可称为**"意识的心理因果性之谜"**(the puzzle of mental causation of consciousness)。

再看谜2。尽管查莫斯指出,意识经验或感受质这些心理状态非常特殊,因为它们无法依据其在特定的因果链条中所充当的"因果角色"来对其给出某种功能性的解释。但是,同时他又指出,意识经验或感受质与特定的功能性物理状态——尤其是特定的脑神经状态——之间具有**相关性**(correlation)。实际上,今天几乎所有从事意识研究(无论是针对易问题还是针对难问题)的学者都承认这一点:特定的意识活动(无论是带有感受质的意识活动还是不带有感受质的意识活动)和特定的生理—物理状态之间具有相关关系或相关性。不难理解,这是一个"很宽松"的主张,也是一个目前几乎得到了普遍接受的工作假设。①但是问题在于:为什么意识活动或心理活动一定非要和生理—物理活动之间具有某种相关关系呢? 首先,我们似乎完全可以像笛卡尔那样,想象一个没有任何物理—生理基础或相关对应物的纯粹意识活动,这至少是可以"融贯地想象的"(coherently conceivable),因为这似乎并不违反任何逻辑约束。其次,如果这种情况是可以想象的,那么这种情况在形而上学上应该也是可能的。因此结论就是,意识活动和生理—物理活动之间不具

①　例如,当前认知神经科学界针对意识的研究,正是基于这样的工作假设(也可称为"心脑假设")。基于这一工作假设,最终要在神经系统中为每一种意识活动找到一个"意识的神经相关物"(neural correlate of consciousness)。关于当前认知神经科学对"意识相关物"研究状况的详细论述,可参见笔者2008年的博士论文。

有相关关系,这一点至少是可能的。但是,我们今天关于意识的研究(无论难问题还是易问题)工作普遍预设了这种相关关系。如果上述关于意识活动和生理—物理活动两者之间的可分离论证是合理的,那么很明显,意识活动和生理—物理活动之间存在相关关系的普遍预设就不是不可怀疑的。对此怀疑(即对于该相关关系的怀疑),我们似乎难以直接回应(参见本书第 37 页注释①)。与谜 1 相比,谜 2 关注的"视野"更宽,不再局限于"心理因果关系",而是关注更一般的"相关关系"。因此,谜 2 可称为**"意识的相关性之谜"**(the puzzle of correlation of consciousness)。

最后看谜 3。如果可以设想一个没有任何生理—物理与之相关或对应的纯粹意识活动,那么反过来,我们似乎也可以设想一个没有任何心理或意识活动与之相关或对应的纯粹生理—物理活动。换句话说,我们似乎完全可以设想一个在生理—物理活动层面和我们这个世界 W1 完完全全一模一样的可能世界 W2,只是可能世界 W2 中的一切存在物完全没有任何心理或意识活动。实际上,查莫斯的僵尸论证(zombie argument)就是基于这个可设想情况所构造出来的一个论证。①尽管对于僵尸论证目前存在大量争议,但是在我看来,一个明显的事实就是:首先,僵尸及其所处的可能世界是完全可设想的,因为完全可以融贯地设想这个情形。在这一点上,我同意科瑞(Tim Crane)的观点(Crane,2001,Chapter 3,Section 29)。其次,僵尸或者可能世界 W2 至少是形而上学可能的。因为,没有充足的理由表明,W2 世界不可能存在。这里有一个常见的反对意见需要注意:如

---

① 需要注意的是,查莫斯的僵尸论证构想的是一个在物理层面和我们世界一模一样但是却缺乏现象意识或感受质的僵尸或僵尸世界。谜 3 与之不同之处在于:谜 3 问的是,一个物理层面和我们世界完全一样却没有任何意识活动(既包括那些带有感受质的意识活动也包括那些不带有感受质的意识活动)的世界是否可能存在? 因此查莫斯所设想的情形只是这里所设想情形的一个特例。

果认为可能世界 W3 是我们这个世界 W1 的一个在微观的或基础的物理层面完全一样的"最小"复制品,那么再借助(形而上学上的)随附性原则(若微观的或基础的物理层面上不可分辨,则**必然地**其他层面上也不可分辨),就可以得出:W3 的其他特征或属性也应该和 W1 完全一样。这种观点也被称为最小物理主义(minimal physicalism)。①如果最小物理主义观点是合理的,那么就可以排除 W2 形而上学存在的可能性。但是问题在于,上述辩护中借助了一条随附性原则:若在微观的或基础的物理层面上不可分辨,则**必然地**在其他层面上也不可分辨。然而,这个原则乃是一个基本的形而上学预设,似乎是无法再获得进一步解释的。因此,如果随附性原则的合理性本身得不到解释,我们为什么一定要接受最小物理主义呢?②公正地讲,如果随附性原则的合理性得不到解释,那么我们似乎也没有充足的理由反对如下观点:一个在物理层面和我们所处的世界 W1 完全一样但是缺乏任何心理或意识活动的可能世界 W2,是形而上学上不可能的。也就是说,我们似乎排除不掉可能世界 W2 存在的可能性。换句话说,如果 W2 的确有可能存在,那么一个挥之不去的困惑就是:为何我们居于其间的可能世界 W1 中竟然有着如此丰富多彩的意识活动,而不是一个仅有纯粹的物理活动或物理现象的物质世界? 不难看出,对此困惑,我们似乎也难以直接作出回应。③由

---

① 按照莱布尼茨"不可分辨皆同一"的原则,如果 W1 和 W3 不可分辨,那么两者将数目上同一(numerical identity),即 W1 和 W3 是同一个可能世界。

② 严格地说,这里说的主要是强随附(strong supervenience),而不是弱随附或其他。关于随附性的讨论是一个独立的话题。限于篇幅和主旨,暂不涉及。有兴趣者,也可参考我们关于随附性的更详细论述(王晓阳、王雨程:《无律则一元论再思考——关于心一身殊型同一论与心一身随附性的一个新想法》,第 51—59 页)。

③ 对于意识采取某种取消论(eliminativism)立场的研究者很可能对此不会感到困惑。事实上,他们甚至不会承认有任何关于意识的困惑。但试图对一切意识活动采取取消论的观点毕竟太极端,有理由相信绝大多数意识的研究者都是不会接受的。其实,取消论自身也面临一些难以克服的困难,有兴趣者可参见王晓阳:《心一身问题与物理主义》,第 4—7 页。

于谜 3 关注的是,为何一个物理的世界中竟然存在意识活动或心理活动而不是仅有纯粹的物理活动或现象,因此,谜 3 可被称**为"意识的存在之谜"**(the puzzle of existence of consciousness)。

四、结论与启示

查莫斯所提出的意识易问题可解,意识难问题原则上也应当可解(除了极少数秉持神秘主义或不可知论观点的研究者之外,至少目前学界绝大多数研究者并不认为难问题原则上没有答案),而上节所述的三个意识之谜似乎原则上都不可解。稍稍考虑一下不难发觉,当前关于意识的各种理论或多或少都会遭遇到这里所说的意识之谜(对于不同的意识理论而言,遭遇到的也不一样,可能是一个或两个或全部)。因此,现在我们似乎面临如下这个绕不过去的问题:对于任何一个意识理论而言,如果不得不承认意识之谜(一个或两个或三个)的存在,那么该理论是否就因此而成为一个有缺陷的理论呢?我的回答是,不会。理由就是,对于意识之谜,我们可采取某种折衷主义的立场:接受意识之谜的存在,承认无法直接解释意识之谜,但是需要解释"意识之谜从何而来"或者"为何存在意识之谜"。

对于"意识之谜从何而来"或者为何有"意识之谜"这类问题,我的看法是,意识之谜似乎中立于当前关于意识研究的绝大多数科学理论或哲学理论或两者的复合理论,而且似乎是这些理论关于意识的解释或研究的共同起点。如果我们打算接受这些理论中的某一个,那么我们就不得不一并接受该理论的起点或前提,而且我们也应该明白,在任何理论的内部,该理论的起点都是无法获得进一步解释的。我们没有理由不容许关于意识的某个具体理论与该理论起点处的"意识之谜"和谐共存。

43

因此结论就是，虽然对于任何一个意识理论而言，都不得不承认有其无法解释的意识之谜，但这并不意味着该理论一定就是有缺陷的。上述三个意识之谜的存在不仅不会对于目前的意识研究工作构成阻碍，恰恰相反，它们成为了当前绝大多数意识理论共同的起点。作为起点，意识之谜深深扎根在形而上学层面。如果我们希望对意识问题的思考能够更加深入，那么就不应该继续忽视它们。在我看来，意识之谜的存在一直在启示我们：任何关于意识的具体理论都将不得不受制于特定的形而上学框架。①

参考文献

Chalmers, D., "Facing Up to the Problem of Consciousness"[J], in *the Journal of Consciousness Studies*, 2(3), pp. 200—219. URL：http://www. philoscience. unibe. ch/documents/kursarchiv/WS06/chalmers_facing.pdf，1995.

Crane, T., Elements of Mind：An Introduction to the Philosophy of Mind, Oxford University Press, 2001.

Kim, J., Philosophy of Mind (Third Edition), New York：Westview Press, 2011.

Levine, J., Purple Haze：The Puzzle of Consciousness, Oxford University Press, 2001.

Mcginn, C., Consciousness and its objects, Oxford：Clarendon Press, 2004.

---

① 对意识之谜所在形而上学框架的考量和评估，不但会推进我们关于意识问题的更深入思考，而且会有助于我们构造出更加合理和有效的关于意识难易问题的理论。但这已超出本文讨论范围，需另文论述。

Tononi, G., An Information Integration Theory of Consciousness, *BMC Neuroscience*, 5, p.42, on the web at http://www.biomedcentral.com/1471-2202/5/42, 2004.

Tononi, G., Consciousness as integrated information: A provisional manifesto, *The Biological Bulletin*, 215(3), pp.216—242, 2008.

Tononi, G., Integrated information theory of consciousness: An updated account, *Archives Italiennes de Biologie*, 150(2—3), pp.56—90, 2012.

Tsuchiya, N., "What is it like to be a bat?" —a pathway to the answer from the integrated information theory, *Philosophy Compass*, 12(3), p.e12407, on the web at http://onlinelibrary.wiley.com.sci-hub.bz/doi/10.1111/phc3.12407/full, 2017.

王晓阳:《论意识的认知神经研究及哲学思考》,《自然辩证法研究》2008 年第 6 期,第 33—36 页。

王晓阳:《心—身问题与物理主义》,《自然辩证法通讯》2015 年第 4 期,第 1—14 页。

王晓阳、王雨程:《无律则一元论再思考——关于心—身殊型同一论与心—身随附性的一个新想法》,《自然辩证法通讯》2013 年第 3 期,第 51—59 页。

本文首次刊发于《自然辩证法通讯》2018 年第 10 期

非主观的心灵

一、导　言

我们生活在一个科学昌明的时代。运用科学来探究未知并解释一切，蔚然成风。在哲学的历史舞台上，与之相呼应的是物理主义（physicalism）的兴起。[①]若从维也纳小组核心成员纽拉特（Otto Neurath）1931 年明确提出"物理主义"开始算，其正式登场不足百年，然而物理主义却被普遍认为体现了"时代精神"，"成为了当今占统治地位的科学世界观"（朱菁、卢耀俊：《从唯物主义到物理主义》，第 1 页）。

物理主义者们普遍对科学抱有好感。虽然有些现象看上去似乎是难以获得科学解释的，但是绝大多数物理主义者仍乐观地相信，原则上，科学——尤其是理想的物理学（ideal physics）——应当可以解释世间的一切，哪怕现有的科学还做不到这一点。由于这一信念得到当前绝大多数物理主义者的认同，因此我们可以将它称为物理主义的一条基本原则，可称之为"完备

---

① 早期物理主义与当今物理主义之间存在明显差异。对早期物理主义的梳理，可参见王晓阳的《从私人语言论证到物理主义纲领：维特根斯坦与维也纳学派》。对当今物理主义及其相关问题的梳理，可参见 Elpidorou, A., 2017, pp.1—21; Stoljar, D., 2018。

性原则"（the completeness principle）（以下简称"完备性"或 CP）。①

然而，并非所有人都如此乐观。一些反对者认为，某些习以为常的直觉与完备性之间存在着明显冲突。尤其是涉及心灵活动时，这种冲突愈发明显。他们指出，心灵活动/心理状态具有如下一个显著的特征：心灵活动/心理状态似乎是以一种的独特的方式直接（immediately）呈现给其拥有者（owner）/主体（subject）或被其拥有者/主体所直接认识，却不能直接呈现给其他主体或被其他主体所直接认识（Lycan. W. G.，1990，p.112）。这个特征被称为**"心灵的主观性"**（the subjectivity of mind）（以下简称"主观性"）。②

对于我们中的大多数而言，心灵具有主观性特征似乎是一个相当素朴的直觉。但问题是，如果心理状态只能直接呈现给其主体（即拥有者）而非其他认知主体，那么心理状态就是（认识论上）主观的。我们知道，科学方法本质上是一种客观的

① 注意：物理主义所谓的"完备性"不是形式逻辑中逻辑的完备性，而是物理主义者们普遍相信科学（尤其是理想物理学）原则上可以解释一切。完备性原则在当今的物理主义者们中间十分普遍，参见 Poland，J.，1994；Armstrong，D. M.，1997；Loewer，B.，2001，pp.37—56；Powell，J.，2006，pp.25—60。关于完备性的更详细论述，也可以参看王晓阳的《如何应对"知识论证"》。

② 注意三点：（1）尽管目前大多数关于心灵主观性的研究文献针对的是现象性的心理状态/现象意识/意识经验。但有理由相信，主观性特征不仅限于现象性心理状态，而应当是**某些**心理状态所共同具有的一个特征。这里的"某些心理状态"，不仅包括现象性的（phenomenal）心理状态，也包括意向性（intentional）的心理状态（Nagel，T.，1986，pp.15—16）。（2）大多认为，具有主观性特征的心理状态应当是有意识的（conscious）心理状态，即这些心理状态需要能被（这些心理状态的拥有者）内省到，因而无意识的（unconscious）心理状态一般不被认为具有主观性的特征。这是当前关于心灵主观性研究的一个基本前提。本文以下的讨论默认这个前提。但需要指出的是，并非所有学者都接受这个前提（Neisser，J.，2006，pp.1—14；Neisser，J.，2017，pp.41—53）。限于篇幅，本文就不此展开论述。（3）尽管莱肯（W. Lycan）本人并不赞同关于"主观性"的这个说法（Lycan，W.G.，1990，pp.109—130），但这并不妨碍我们借助这个说法来对"主观性"展开讨论（实际上莱肯也是这么做的）。此外，我们仍有理由相信，这个说法其实可以成为关于主观性的一个恰当理解。下面我很快会给出解释（参见本文下一条注释）。

(objective)研究手段,只适用于来研究那些(认识论上的)客观事物。心理状态若具有主观性则超出了科学研究的适用范围,因而(原则上)我们就不可能有关于心灵的科学。可见,物理主义的完备性原则与我们关于心灵具有主观性的素朴直觉之间似乎是相冲突的。因此,在反对者看来,如果尊重心灵具有主观性这一素朴直觉,那么我们就不得不放弃完备性。然而,对于绝大多数物理主义者而言,放弃完备性就如同宣告自身立场的失败。可见,如何应对主观性是个绕不过去的问题,物理主义者需要对此作出有效回应。

虽说目前的回应各种各样,但是,在我看来,大多可归入如下两类:激进主义和保守主义。前者试图拒斥或取消掉主观性这一直觉,从而化解完备性所遭受到的威胁。而后者则试图在尊重主观性直觉的同时来维护住完备性。下文打算先梳理这两类回应,指出各自目前所面临的核心困难,然后尝试继续为保守主义作辩护。大致思路如下:首先,在以下两节里(第二、三节),我将依次论述激进主义和保守主义,分析两者目前面临的主要问题和核心困难。我将指出,之所以这两类回应目前都不能令人满意,一个关键因素在于:一直以来我们都缺乏关于心灵主观性的恰当理解。因此,在第四节里,我将对心灵主观性进行深度分析,澄清一个关于主观性的长期误解。我将论证,一旦澄清了这个误解,那么就不但可以继续推进保守主义方案,而且有望为我们开启一个理解心灵的新视角:心灵既不是主观的(subjective),又不是客观的,也不是主体间的(intersubjective),而是非主观的(non-subjective)。在最后一节里,我将作出总结,并简要探讨值得我们进一步思考的问题。

二、激进主义

如上所述,在一些学者看来,如果主观性是心灵的本质特征,那么科学方法原则上就不能用来研究心灵。换句话说,如果原则上不可能对心理状态进行科学上的或物理上的描述,那么完备性原则自然就是错误的。对此,物理主义者给出的回应尽管多种多样,但均可以归入激进主义和保守主义这两类。

在对这两类回应展开论述之前,我们先回顾一下主观性特征或许是有益的。依据本文开头的说法,"心灵的主观性"是指,心灵活动/心理状态似乎是以一种的独特方式直接呈现给其拥有者/主体或被其拥有者/主体所直接认识,却不能直接呈现给其他主体或被其他主体所直接认识(Lycan. W. G., 1990, p.112)。基于这个说法,可以构造一个定义来更精确地刻画(心灵的)主观性:

主观性＝df 心理状态 M1 具有主观性,当且仅当,如下两种情形都被满足或其中之一被满足:1.除了特定的主体 S 之外,M1 不能**直接呈现**给其他任何主体 S*;2.除了特定的主体 S 之外,M1 不能被其他任何主体 S* **直接认识**。

从以上定义,不难看出,主观性被理解成了主体 S 与 M1 之间的一种特殊关系。有理由相信,这是关于主观性的一种恰当理解。[①]不难看出,该定义刻画了主观性的两个重要特征,值得我

[①] 提醒两点:1.在关于主观性的讨论中,把"主观性"解释成"第一人称视角"(the first-person perspective),似乎成了一种常见做法。然而,这个常见做法充其量只是一个比喻的说法而已,它的含义其实并不清晰。如果我们继续追问,什么是"第一人称视角"呢? 很容易想到的一个回答如下:"第一人称视角"就是只能从特定主体 S 的角度去观看,而不能从其他主体 S* 的视角去观看(如 Nagel, T., 1974, pp.435—450)。不难看出,这个常见回答其实就是把"第一人称视角"解释成了"特定的关系",即某个特定的心理状态 M1 仅仅只能被特定主体 S 观看到,而不能被其他任何主体 S* 观看到。可见,我们应当有理由相信,(转下页)

们注意:第一,它是直接的,即 S 直接认识到 M1 或 M1 直接呈现给 S。第二,它是"不均等的"(non-equal)。由于 M1 只对于 S 来说是直接的,而对于其他主体 S* 则不是直接的。因此,并非对于所有的主体而言,M1 都均等地(equally)呈现,或被均等地认识。

下面来看激进主义的回应。针对主观性的威胁,激进主义的回应是直接地加以拒斥。目前有两个常见的激进主义方案。第一个常见方案是,关于心灵的取消论(eliminativism)(Churchland,P. S.,1986;Dennett,D,1991)。[①]它试图通过取消所有的心理状态,来消解掉主观性威胁。因为如果心灵根本不存在,也就无所谓心灵的主观性了。此外,在取消论者看来,不仅心灵不存在,而且那些用以描述心理状态的常识心理学(folk psychology)术语,也会随着科学的进步而逐渐被从科学理论的词汇表中剔除出去,最终则会被科学心理学(scientific psychology)所取代。"正如一旦我们发现了燃烧的化学机制(氧化作用)以及生命体的新陈代谢机制,'燃素'或者'活力'这样的概念就立刻过时了,从而应被从我们的科学理论词汇体系中清除掉一样,类似

(接上页)与"第一人称视角"这种常见做法相比,把主观性理解成"某个主体和某个心理状态之间的独特关系"乃是关于"主观性"的一个更恰当理解。2.把主观性作为关系来理解("关系说"),在当前关于主观性的讨论文献中也不罕见,可参见(Neisser,J.,2017,pp.41—53;Guillot,M.,2016,pp.23—53;O'Conail,D.,2019,pp.325—341)。对此("关系说")的争议,目前主要有二:(1)形而上学上,主观性的依据(grounding)究竟是外在关系(external relation)(Campbell,J.,1999,pp.89—104;Peny,J.,2002)还是内在关系(internal relation)(Levine,J.,2001;Kriegel,U.,2009;Velásquez,R.J.,2011,pp.39—49;Zahavi,D.,Kriegel,U.,2015.)。(2)认识论上,主观性关系究竟是一种还是多种(Neisser,2006,2017;Guillot,2016)。

① 值得提醒的是,作为一种特定类型的物理主义,取消论并不仅限处理主观性威胁,它可被用来回应诸多与物理主义相关的论题(如现象意识、心-身问题、知识论证、心理因果性等等)。这里只是说,基于取消论的基本立场,我们可以构造一个处理主观性威胁的激进主义方案。以下提到的第二个激进主义方案,以及下一节将论述的保守主义回应也是类似的考虑。

地,常识心理学中的心理词汇/概念和心理描述/知识最终也逃脱不了这样的'被取消'命运。"(王晓阳:《心—身问题与物理主义》,第 5 页)

取消论主要面临如下两个问题:1.有违大多数人的直觉。直觉上,大多数人不会否认心灵的存在,对于那些具有现象特征的心理状态(即现象感受。例如,看到成熟西红柿所获得的鲜活的红色感受)更是如此。现象感受往往被认为是一种原初感受(raw feels)。理由就是,只要主体 S 处在特定的经验 E 中,就可以直接经验到现象感受 q,即 q 在 E 中直接呈现给 S。因此,S 并不需要借助任何其他的证据或标准,仅仅凭借自身特定的经验就可以确认何时具有 q。因此,如果取消论者试图直接否认现象感受的存在,那么显然有违我们大多数人有关的直觉。2.类比不当。不仅如此,我们也常常用常识心理学术语或现象概念来描述现象感受,并且获得关于现象感受的知识。这种知识被认为是一种亲知的知识(knowledge by acquaintance),也是一种可以仅凭借经验而获得直接辩护(immediate justification)的知识。这种知识完全不同于那些描述"燃素或活力"的知识。后者不是亲知的也不是能仅由经验获得直接辩护的,而是一种描述的知识(knowledge by description)。因此,取消论者将心理学词汇类比于燃素或活力这样的常识词汇,显然是不恰当的。[①]可见,在这两个问题获得令人满意的解决之前,取消论还不算是一个合理的解决方案。

激进主义的另一个常见方案是,仅取消心灵的拥有者(主体),但不一定取消心灵(心理状态)。[②]因此,这种方案可以称为

---

① 关于取消论及其问题的更详细分析,可以参见(王晓阳:《心—身问题与物理主义》,第 4—6 页)。

② 最极端的取消论不仅取消心灵,也试图取消心灵的拥有者(主体)。

"关于主体的取消论或关于自我的反实在论"。在自我的反实在论者看来,如果不存在拥有这些心理状态的主体(即自我),那么心理状态自然也就不可能只向该主体(即自我)直接呈现或只被该主体(自我)所直接认识到了。再依据上述关于主观性的定义,就可以得出,即便存在心灵(即各种各样的心理状态),我们也不能认为心灵(即这些心理状态)具有主观性。然而,由于"人们对于自我的实在性持有相当强烈而自然的直觉"(张含:《自我是幻觉吗——回应关于自我的反实在论》,第 1 页),因此关于自我的反实在论即使尊重了我们关于心灵的实在性的直觉,却明显违背了我们关于自我的实在性的直觉。①

综上所述,不难明白,我们真正需要的其实是,对作为一种特殊**关系**(relation)的主观性给出一个合理解释。这个合理解释似乎不能够通过取消位于该关系"两端"的**关系项**(relatum)——主体和心灵——而得到。②因为对于该关系项的取消,至多只能使得我们"绕开"主观性直觉,不需要对此加以解释而已。问题是,主观性直觉当然不会因为我们的绕行而就此消失。因此,更加负责任的一种考虑应该是,在尽可能尊重关系项(主体和心灵)的前提下,直接面对关系本身(主观性),并尝试给出一个合理解释。下一节要介绍的保守主义回应,正是基于这样的考虑。

---

① 按照张含的梳理,当前学界关于自我的反实在论有三个常见观点,分别是:休谟主义的自我反实在论、基于认知神经科学的自我反实在论,以及丹尼特的自我反实在论。张含的分析表明,这三种观点并不能令人信服地否认自我的实在性,限于本文篇幅主旨,不展开介绍,有兴趣者可参考张含的《自我是幻觉吗——回应关于自我的反实在论》。

② 形而上学上,就外在关系而言,对于关系项的解释并不蕴含或等同于对关系的解释。就内在关系而言,对关系项的解释等同于对关系的解释。问题是,主观性的依据究竟是不是一种内在关系,目前学界未有定论。因此,除非激进主义能够事先说明,主观性的形而上学依据是某种内在关系,否则我们就没有理由相信,通过取消主观性关系的关系项(主体和心灵)就可以一并取消掉主观性关系。据我所知,激进主义者们似乎从未给出这样的形而上学说明。此外,如果本文第四节的分析是合理的,那么就将表明,如果主观性关系具有某种形而上学依据的话,那么这个依据很可能不是内在关系,而是某种外在关系。

三、保守主义

与激进主义不同,保守主义试图在尊重心灵主观性直觉的同时来维护住物理主义完备性原则(CP)。尽管不同的保守主义者的具体做法会有所差异,但一个总的原则是,通过协调主观性和完备性之间的张力,从而达到两者兼而有之。目前有两个常见的保守主义方案:一个是表征主义(representationism),另一个是现象概念策略(phenomenal concepts strategy)。

先来考察表征主义。在当今心灵哲学和认知科学领域,表征主义是一个广为人知的理论,其要点有二:其一,心灵是一个具有意向性(intentionality)特征的表征系统。表征主义者们普遍认为,心灵或意识具有意向性的本质特征,即对于某个主体 S1 而言,S1 所拥有的任何心理状态或意识活动 M1 必定都是"关于某物"(about something)O1 的状态。这里的"关于"就是一种"意向关系"(intentional relation),这里的"某物 O1"就是这种意向关系的一个关系项,也被称为"意向对象"(intentional object)。而另一个关系项则是拥有 M1 的特定主体 S1。换句话说,在表征主义者们看来,"S1 在意识活动 M1 中意识到了 O1"这句话的意思就是,当且仅当,处于 M1 中,O1 向 S1 呈现出来了(be presented for S1)。因此,O1 也被称为 M1 的表征内容(representational content)。其二,表征内容不在心灵之内,而在心灵之外。在许多表征主义者看来,M1 其实不过是 O1 的"载体"(vehicle)(Dreske, F., 1995;Tye, M., 1995, 2002, 2009)。具体来说,作为表征内容,尽管 O1 好像是在特定的意识活动(M1)中呈现出来的,但是,其实 O1 既不位于意识活动(M1)之中,也不是某种意识活动(M1)所具有的(内在的)心理属性,而是位于意识之外的物理世界中的某物所具有的(外在的)物理属性。并且,由于心理状态或意识活动总是**关于**某物的(即意向的),因此,当 S1 觉察到(be aware of)O1 的时候,S1 其实只不过是**经由 M1**(through M1)觉察到了 O1,而非**在 M1 中**(in M1)觉察到了 O1。可见,O1 其实是 **M1 之外的**(out of M1)。换句话说,主体 S1 一旦对仿佛在自身心理状态 M1 中呈现出来的某个东西 O1 进行觉察的时候,应当立刻就会明白,自己的这种觉察活动其实已经"穿过了"M1 而"触及了"M1 之外的某个东西。因而,在这些表征主义者看来,我们的心灵其实是"透明的"(transparent)! 这个看法也被称为"透明性论题"(the transparency thesis)。

透明性论题备受表征主义者的青睐(Dreske, F., 1995; Tye, M., 2002, 2009; Harman, G., 1990, pp.31—52),最早可以追溯到摩尔(G. E. Moore)对观念论的(idealism)批判(Moore, G., 1922, pp.1—30)。正如当代著名的表征主义者泰(Michael Tye)所言:"知觉经验是透明的,这是个被广泛接受的观点"(Tye, M., 2009, p.117)。通过泰给出的"画廊中的挂毯"这个例子,我们或许能更形象地了解这个论题:当你在某个画廊里盯着一条挂毯看的时候,你会发现"你觉察到的不过是你自己之外的某个东西(即挂毯),而出现在你当下经验中的种种感受,也不过是部分挂毯的属性而已。然而借由这些属性,你才得以主观地或现象地觉察到了那条挂毯(对你而言)是个啥样子"("You are aware of something outside you—the tapestry—and of various qualities that you experience as being qualities of parts of the tapestry, and by being aware of these things you are aware of what it is like for you subjectively or phenomenally".)(Ibid.)。

总结一下:由于心灵具有意向性,因而可以看作是一个表征系统,又由于心灵是"透明的",因而其表征内容不在心灵之内,而在心灵之外。这就是表征主义的核心想法。[①]不难理解,如果表征内容是心灵之外的某些物理属性/物理状态 P,那么依据 P 在物理世界中所扮演的特定因果角色,(原则上)就可以给出关于 P 的物理解释。

然而,严格说来,P 其实只是心灵的表征内容,并不是心灵本身。因此对心理内容或心灵的表征内容的物理解释似乎并不等同于对心灵的物理解释。换句话说,如果心灵是一个表征系统,那么,对心灵的(完整的)解释**至少**应当由以下两部分构成:一部分是对**表征内容**的解释,另一部分则是对**表征方式**的解释。[②]

给出关于表征内容的物理解释并不困难(至少原则上可能),真正的困难在于后者。在不少学者看来,表征主义者(原则上)无法物理地解释**现象性的心理状态**的表征方式。换句话说,当主体 S 处在某种现象性心理状态 p2 中时,该心理状态的表征内容总是以一种**现象的**模式(表征方式)呈现给 S。而对于这种**现象的呈现模式**(表征方式),似乎(原则上)无法给出物理的解释。[③]

表征主义者也许会反驳:如果现象性心理状态 p2 的全部内

---

① 学界对于"心灵的表征主义理论"的理解并不一致,目前存在多个不同版本的心灵的表征主义理论。这些版本之间尽管有所差异,但均具有刚刚提到的这两个共同特点(意向性与透明性)。相关的详细论述,可以参见 Lycan, W. G., 2008。

② 艾尔特(Torin Alter)指出,某些版本的表征主义(弱表征主义)会认为,对某些心理状态(现象性心理状态)**完整的**物理解释还应当还包括一些非表征的现象属性(nonpresentational phenomenal properties)(Alter, T., 2007, p.72)。

③ 在批评杰克逊(Frank Jackson)关于知识论证(knowledge argument)的表征主义方案时,艾尔特亦提出类似看法。在谈到现象性心理状态时,他指出(强)表征主义所理解的表征内容只是一种被表征属性(represented property),而不是表征属性(representational property)。被表征属性是心灵之外的特定的物理对象所具有的物理属性,而表征属性则是一种现象的呈现模式(a phenomenal manner of presentation),即对于特定主体而言,(现象学心理状态的)表征内容以一种现象的方式呈现出来(Alter. T., 2007, p.73)。

容都是外在的物理属性 p1(p1＝p2)，那么只要对于 p1 进行物理地解释，不就已经是一个**完整的**物理解释了吗？至于表征方式或现象的呈现模式只不过是一种呈现方式而已，并不需要加以物理地解释。因为，我们需要物理地解释的是那个被表征的"东西"（即物理属性 p1），而不是那个"东西"（p1）如何被表征的方式。

有理由相信上述说法是成问题的。理由就是，现象的呈现模式并不是一个无关紧要的呈现方式，而是在固定(determine)"p1 何以能以如此这般的方式向 S 加以呈现"这一过程中扮演了一个必不可少的（认识论层面的）角色。其所扮演的这个角色也被称为"固定性的角色"(determining role)(Alter, T., 2007)。表征主义者的确需要对这个"固定性的角色"加以物理地解释，否则我们就难以明了如下困惑：为啥 p1 向 S 现象地呈现出来的竟然是 p2，而不是其他不同的现象感受(p3)呢？为啥感受总是如此这般稳固不变，而不是变来变去（一会儿 p2 一会儿 p3 或一会儿又是其他）甚至完全消失呢？

仍以"画廊中的挂毯"为例。当 S 在观看画廊中的挂毯时，S 此时产生了一种鲜艳的感受。依据表征主义，鲜艳的感受不是 S 的内心状态的属性，而是挂毯所具有的物理属性 p1。表征主义可以物理地解释 p1，但是问题在于：为何 p1 在 S 看来是鲜艳的而不是灰蒙蒙的呢？表征主义者也许会继续求助于神经科学来回答这个问题。例如，表征主义者或许会说，之所以挂毯在 S 看来是鲜艳的而不是灰蒙蒙的，是因为 S 脑中特定的脑神经回路 n1 而非 n2 被激活了。也许已有大量的相关研究表明，当 n1 被激活时，受试者往往会报道自己体验到了鲜艳的感受，而当 n2 被激活时，则会报道自己体验到了灰蒙蒙的感受。然而，不难明白，上述表征主义式的回答充其量只解释了 S 产生鲜艳感受时**与之相对应的**神经机制(n1)。然而,对于 P 所导致的神经机制(n1)的解释,显然不是一个关于感受"何以如此而非其他"的解释:为何 n1 一旦激活,p1 在 S 看上去就是如此这般的鲜艳,为啥看上去不是灰蒙蒙的? 或者,S 此刻压根没任何感受这种情况为啥不可能发生呢?①

　　表征主义者或许还会继续反驳:承认无法物理地解释现象的呈现模式,但是坚持认为(原则上)仍可能给出一个关于现象呈现方式的(非物理的)合理解释。换句话说,我们并不能从"无法**物理地解释**现象的呈现模式"推出(imply to)"无法**合理地解释现象模式**"。因此,只要物理地解释了表征内容,如能再加上提供一个关于现象呈现方式的合理解释,哪怕这个解释不是物理的解释,表征主义方案就仍然有可能行得通。

　　有理由相信,这个反驳依然无效。理由就是,这个反驳会和表征主义关于物理知识完备(CP)的基本理解相冲突。具体而言,表征主义者普遍认为,物理知识是完备的知识体系(CP)的意思就是,从物理知识可以**先天地衍推出**(*a priori* entail)关于任一现象感受 p2 的现象知识。从物理知识可以先天地衍推出关于 p2 的现象知识,也被称为"先天衍推论题"(*a priori* entailment thesis,APET)。换句话说,表征主义者普遍认同,CP 为真,**当且仅当** AEPT 为真(CP↔APET)(Jackson,F. 1998)。因此,如果关于现象的呈现模式的解释不是一种物理解释(可称之为现象知识),那么就不可能由物理知识先天地衍推出这种现象知识,即 APET 就为假。APET 为假,则 CP 为假。由此可见,表征主义的确需要对于现象的呈现模式加以**物理地**解释。

---

　　① 也不是一个关于"特定感受与特定神经机制之间为何会有某种对应关系存在"的解释:为啥鲜艳的感受与神经机制 n1 之间竟然有着某种对应关系,为啥鲜艳感受不是与 n2 之间相对应,或者为啥感受与神经机制之间就不可以没有对应关系呢?

不难发现,表征主义试图将主观性直觉"保存在"现象的呈现模式(或表征方式)这个维度上。就此而言,一方面,我们可以认为表征主义是一种保守主义的回应,因为主观性在其(有关现象感受的)理论之中依然占有一席之地。另一方面,正是由于现象感受无法在表征主义的理论框架下得到**完整的**物理解释(因为无法物理地解释现象呈现模式),因此有理由相信,表征主义还不算是一个成功的关于 CP 与主观性的兼容论方案。①

下面来看现象概念策略(phenomenal concepts strategy)。②一些学者认为,现象概念策略受到众多物理主义者青睐的一个主要原因在于,如果它一旦成功,那么就能提供一个关于现象性心理状态的直接的物理解释(direct physical explain)(Chalmer, D., 2007, p.172)。③以劳尔版现象概念策略为例(Loar, B., 1997, pp.597—616),劳尔认为,之所以主体 S 感觉到自己具有

---

① 可以换一种方式来阐释表征主义的困难:假定一个名叫玛丽的超级天才得以掌握了**全部的**物理知识,那么她应该可以做到,无需其他,**仅凭借已**掌握的物理知识就可以**先天地衍推出**关于现象性心理状态的知识(Jackson, F., 1982, 1986)。问题是,由于现象的呈现模式是一种仅对于特定主体 S 而言的呈现模式,因而是主观的。S 仅由某种现象呈现模式而获得的关于某种心理状态的表征内容的现象知识当然也是主观的。又由于主观的知识与客观的物理知识之间有一条(认识论上的)"解释鸿沟"(explanatory gap)(Levine, J., 1983, pp.354—361),因而玛丽不可能**仅**由物理知识先天地衍推出现象知识。

② 现象概念策略近年来备受物理主义青睐,常被物理主义者用来处理各种与物理主义相关的问题。因理解有别,目前也存在多个不同的现象概念策略版本,本文依据的是目前影响最为广泛的一个版本——劳尔(Brian Loar)版现象策略(Loar, B., 1997, pp.597—616; Balog, K., 2009, pp.292—312)。关于各个不同版本现象概念策略的详细论述可以参见(Stoljar, D., 2018; Chalmers, D., 2007, pp.167—194; Stoljar, D., 2005, pp.296—302)。对劳尔版现象概念策略的进一步分析,也可参见王晓阳:《论现象概念——解析当前物理主义和反物理主义争论的一个焦点》《后天物理主义与解释鸿沟——B.劳尔版现象概念策略的拓展分析》《后天物理主义与解释鸿沟——B.劳尔版现象概念策略的拓展分析(第二版)》。

③ 在这里所引论文的相关段落中,查莫斯(David Chalmers)并没有直接说关于"现象性心理状态的一个直接的物理解释",而是说关于"意识的一个直接的物理解释"(a direct physical explain of consciousness)。但是从上下文可以断定,这里的"意识"就是指现象意识(phenomenal consciousness),即现象性的心理状态。值得提醒的是,在当代心灵哲学众多相关文献中(包括这里所引的这篇文献),除非做特别说明,一般情况下,说到"consciousness"就是指"phenomenal consciousness"。

某种现象性的心理状态,不是因为在 S 之外存在某种不同于物理属性 p1 的心理属性 p2,而是因为 S 使用了现象概念 c2 来进行指称活动。正是因为 c2 所具有的某种(认识论上的)本质特征(the nature future of phenomenal concepts)使得 S **仿佛**以为,除了 p1 之外,还存在 p2。其实世间真实存在的只有物理属性(包括 p1)。劳尔进一步指出,对于 c2 所具有的这个本质特征**有可能**给一个物理解释。具体来说,在劳尔看来,现象概念 c2 的指称物(referent)其实是物理属性 p1,但是在运用 c2 的过程中,S 直觉上会**仿佛**以为自己正用 c2 指称某种现象属性 p2(即 S **仿佛**觉得,自己好像正在用 c2 来指称某种向自己呈现出来的现象属性 p2)。为什么会这样呢?劳尔继续解释道,那是因为 S 此刻脑中的某个神经回路 n1 被激活了(be activated)。一旦 n1 被激活,S 立刻就会感觉到 p2。n1 如何被激活的呢?那是由 p1 所致(p1 cause n1)。由于 p1 激活 n1 是纯粹的物理—生理—神经过程,因而 S 无法经由内省的方式觉察到这个物理过程。S(此刻)能够觉察到的是,一种现象感受 p2 正(在某种心理活动中)向自己呈现出来,并且同时,S 用特定的现象概念(c2)来指称这个感受(p2)。

总之,在劳尔看来,如下情形是**可能**的:p1 激活 n1,S 运用现象概念 c2 来指称 p2,以及 p1 通过一种独特的现象呈现模式(phenomenal mode of presentation)向 S 呈现出来(即 p1 经由这种模式让 S 现象地觉察到了 p2),这三者其实是**同时进行**的,并且从形而上学上讲只是**同一个物理过程**而已。尽管 S 无论如何觉察不到这一点(即三者是同一个过程),但是在劳尔看来,我们并不能从逻辑上事先排除掉这三者其实就是同一个物理过程这种形而上学可能性。①

----

① 这个(形而上学上)可能的物理过程可以看作是一个因果事件序列,可以这样来刻画这个事件序列:在 t 时刻,S 之外的一个物理事件 a(借助于属性 p1),因果地导致了(cause)S 脑神经系统中的另一个物理事件例示出属性 n1(at t, a cause b by virtue of $p1$ and $n1$)。

　　的确,对于 S 而言,即使现象地觉察到了 p2,也不能由此推出(imply to)p2 有可能真实存在。因为认识论上/现象上的可觉察性并不衍推(entail)形而上学上的可能性。举例来说:我的确看到一个魔术师穿墙入室,但并不能由此推出真实情况的确如此。真实情况有可能是,那个魔术师通过某种物理的手段(例如,特殊的光线和舞台背景),巧妙地欺骗了我的眼睛。其实,我觉察到的那个魔术师穿墙入室的情况并未真实发生,真实发生的一切只是物理的—生理的—神经过程而已(尽管我没有觉察到甚至无法觉察到这整个过程)。魔术师只是利用了我的认知过程的某种特征"欺骗"了我。就此而言,劳尔的说法是合理的:正是由于现象概念具有某种本质特征,S 才**仿佛以为** p2 也真实存在,而真实的情况**有可能是**只存在物理属性(包括 p1 以及脑神经回路 n1 等等)。

　　但这儿有一个很关键的问题:如果现象感受 p2 其实是某个物理属性或物理状态 p1 通过一种非偶然的呈现模式(即现象的呈现模式)向某个主体 S 现象地呈现出来的,那么劳尔版概念策略似乎就有责任对这种现象的呈现模式加以物理地解释。否则,如果这种现象呈现模式的机制得不到物理的解释,那么我们(包括 S)就始终会有如下一个关于现象状态的本质(the nature of phenomenal states)的困惑:为啥 p1 向 S 现象地呈现出来的竟然是 p2,而不是其他不同的现象感受(p3)呢? 为啥感受总是如此这般恒定不变,而不是变来变去(例如,一会 p2 一会 p3 或一会又是其他)甚至完全消失呢? 撇开形而上学的可能性不谈,这些令人困惑的情况至少都是可以(无矛盾地)加以想象的。换句话说,现象的呈现模式在固定"p1 以如此这般的方式向 S 加以呈现"的过程中的确扮演了一个必不可少的(认识论层面的)固定性角色。因此,现象概念策略似乎也需要对这个固定性角色加以物理地解释。正如查莫斯所言:劳尔版现象概念策略既然假定了现象感受是在某个非偶然的呈现模式(即现象的呈现模式)中向某个主体呈现出来的,那么对于这个假定,劳尔就有责任提供一个物理主义说明,即物理地解释"一个物理系统的神经状态是如何在一种非偶然(noncontingent)的呈现模式中向一个主体呈现自身的",然而劳尔对此并没有给出一个物理主义的说明(Chalmers,D.,2007,p.192)。

细心的读者应该立刻会发现,现象概念策略在此几乎遭遇到了与上面提到的表征主义方案一样的难题。然而,有理由相信,这个难题对于表征主义方案可能是致命的(如前所述),而对于劳尔版现象概念策略或许并非如此。[①]下面容我简要说明。

先看表征主义。如前所述,表征主义普遍接受先天衍推论题(APET)。由于表征主义普遍认为,APET 是 CP 的充要条件(CP↔APET),因此**仅当**能够提供关于现象的呈现模式的物理的解释时,表征主义才有可能是一个成功的关于 CP 与主观性的兼容论方案。问题是,表征主义似乎无法给出这样的物理解释,因此表征主义还不是一个成功的关于 CP 与主观性的兼容论方案。

再看劳尔版现象概念策略。首先,与表征主义不同,劳尔版现象概念策略并不接受 APET,而是承认在两种知识(现象知识和物理知识)之间的确存在一条认识论上的解释鸿沟。[②]其次,劳

---

① 意思就是,对于坚持意向性论题和透明性论题的那些表征主义者们而言,这个难题是绕不开的,而对于劳尔版现象概念策略则不一定构成困扰。

② 不难明白,解释鸿沟与 APET 不兼容,所以,既然劳尔版现象概念策略接受解释鸿沟的存在,就不可能同时承认 APET。但是劳尔认为,即便现象知识与物理知识之间存在一条解释鸿沟,也不能由此推出这两种知识之间仅仅存在某种(认识论上的)偶然的联系。基于对作为一种识别概念(recognitional concept)的现象概念自身特征的细致分析,劳尔指出,现象知识和物理知识之间其实存在一种概念上的必然联系(conceptual necessity)。只不过这种概念上的必然,既不是形而上学的必然,也不是逻辑上的必然,而是一种后天(转下页)

尔版现象概念策略也不认为 APET 是 CP 的**充要条件**（CP↔
APET），而是认为 APET 是 CP 的**充分条件**（APET→CP）。正
是基于这两点区别，劳尔版现象概念策略可以做到既承认两种
知识之间存在一条（认识论上的）解释鸿沟，同时又认为，即便解
释鸿沟存在也不能**必然**推出 CP 就是错误的。因为解释鸿沟的
存在充其量只能表明，CP 与 APET 之间并不存在逻辑上的等价
关系。换句话说，APET 有可能只是 CP 成立的**充分条件**，而不
是**充要条件**（王晓阳：《如何解释"解释鸿沟"——一种最小物理
主义方案》，第 9—14 页）。

　　具体来说，劳尔认为，当且仅当经由某个现象的呈现模式，S
才能产生某种（对他自身而言的）真切的感受。换句话说，当且
仅当 S 在运用某个现象概念 c2 来进行指称活动的时候，S 才现
象地觉察到 p2。之所以 S 此刻觉察到 p2，乃是由正被 S 运用的
现象概念（c2）自身所具有的某种认识论特征所造成的，p2 仅仅
是在 S 运用 c2 的过程中形成的，对于 S 而言，直觉上，c2 的指称
物（referent）好像是 p2，但一种（形而上学层面的）**可能情形**是：
p2 并不是真实存在的，真实存在的只有物理属性，并且某个物
理属性 p1 其实才是 c2（事实上）的指称物。与表征主义不同，劳
尔认为，物理主义不应当接受 APET。在劳尔看来，S 不可能借
助任何物理知识（即由物理概念构成的命题体系）**先天地衍推出**
关于 p2 的现象知识（即由现象概念构成的命题体系），因此这两
种知识之间的确存在一条认识论上的解释鸿沟。然而即便解释

（接上页）必然（*a posteriori* necessity）。而且，这种后天必然也不同于克里普克（Saul
Kripke）意义上的后天必然（Kripke, S., 1980），而是一种被劳尔称为自成一格的（*sui
generis*）后天必然（Loar, B., 1997, pp.597—616；2003, pp.77—96）。限于篇幅，不再展开
论述，有兴趣者也可以参见我的详细分析（王晓阳：《后天物理主义与解释鸿沟——B.劳尔版
现象概念策略的拓展分析》，第 91—103 页；《后天物理主义与解释鸿沟——B.劳尔版现象概
念策略的拓展分析（第二版）》，第 200—224 页）。

鸿沟存在,也不能由此推出 CP 就**一定是**错误的! 因为解释鸿沟的存在充其量只是表明,CP 与 APET 之间并不存在逻辑上的等价关系,换句话说,由于 APET 只是 CP 为真的**充分条件**(APET→CP),因此即便 APET 为假,CP 依然**有可能**为真。

综上所述,不难明白,劳尔版现象概念策略有两个密切相关的核心主张:第一,对于某个主体 S 而言,现象感受只是因(认识论层面)特定的现象呈现模式所致,并不能由此进一步推出(形而上学层面)**必定**存在某种不同于物理属性的心理属性(即现象可觉察性并不能必然衍推出形而上学可能性)。因此,在形而上学层面,世间真实存在的属性**有可能仅是**物理属性;第二,认识论层面有两类不同的概念/知识(物理概念/知识和现象概念/知识),并且两者之间的确存在一条认识论上的解释鸿沟,然而"解释鸿沟存在着,只是反映出作为我们这种类型的认知生物(包括 S)的一种认知情境,它的存在使得我们可以(不同时地)以两种不同的视角来了解这个世界。而这并不妨碍物理知识的完备性(CP)"(王晓阳:《后天物理主义与解释鸿沟——B.劳尔版现象概念策略的拓展分析》,第 100 页)。

可以将上述核心主张概括为:形而上学一元,认识论二元。也就是说,形而上学上只存在一种属性——物理属性,但认识论上却有两种不同的概念(现象概念和物理概念)或两套不同的知识(现象知识和物理知识)。可见,一方面,由于(形而上学上)只存在物理属性,物理知识当然可以描述世间存在的一切,因而CP 为真。另一方面,又由于(认识论上)有一条解释鸿沟,因此APET 的确为假。然而,从 APET 为假,我们并不能推出 CP **一定**为假。因为前者(APET)只是后者(CP)的充分条件,而非充要条件。

必须承认,劳尔版现象概念策略的确没有给"现象的呈现模式"一个物理主义说明,或者说,的确没有物理地解释现象状态,但由此直接推出的应该是 APET 是错误的,而不是物理主义的 CP 原则是错误的。理由就是,APET 只是 CP 的充分条件。因此即便 APET 为假,CP 仍然**有可能**为真。CP **可能**为真,则物理主义**可能**真。对于劳尔来说,这就已经达到目的了。因为劳尔版现象概念策略的目的是,为物理主义**可能**为真这一点提供辩护(Loar, B., 1997, p.614;王晓阳:《后天物理主义与解释鸿沟——B.劳尔版现象概念策略的拓展分析》,第 98 页)。

可见,"无法物理地解释现象呈现模式"这个难题对于表征主义方案可能是致命的,而对于劳尔版现象概念策略则并非如此。在劳尔看来,物理主义者既不需要物理地解释为啥存在解释鸿沟(因为物理主义与解释鸿沟可以兼容),也不需要物理地解释现象性心理状态或现象的呈现模式(因为无法物理地解释这一点也**不一定**会威胁到 CP 原则),只要坚持该策略,物理主义就依然**可能**为真。对于那些(因不恰当理解而)强加给物理主义的所谓责任(Chalmers, D., 2007, pp.296—302),则没有必要非得给出一个物理解释或物理主义说明才行。

然而,很可能有人会继续追问:没必要**物理地解释**现象呈现模式,并不意味着没必要**解释**现象呈现模式。因为,如果我们不解释"一个物理系统的神经状态是如何在一种非偶然的呈现模式中向一个主体呈现自身的"(Chalmers, D., 2007, p.192),那么一系列深奥难明的困惑就会始终缠绕着我们:为什么 n1 一旦出现,S 就会有某种现象性的经验,而不是没有任何现象性经验呢? 假如说某个神经状态 n1 经由一种非偶然的呈现模式,让主体 S 体验到某种恒常不变的现象感受 p2。那么对于其他主体 S* 而言,同样是 n1 出现,情况也会一模一样吗? S* 体验到的也是同样的感受 p2,还是有所不同? S* 的感受也是恒常不变的吗⋯⋯

至此,一方面,我们应当相信,现象概念策略方案的确优于表征主义方案,因为它(原则上)可以既尊重我们关于心灵主观性的直觉,同时又维护住 CP。另一方面,我们也应当承认,现象概念只是巧妙地绕开了与现象的呈现模式有关的那些困惑。然而,这些困惑如团团云雾般始终笼罩着心灵,并不会因为不需要提供物理的解释就消失无踪。我们需要拨开云雾,方能看清真相。因此要成为一个令人满意的方案,就仍需要对现象的呈现模式给出合理解释(否则我们的困惑不会消失),哪怕这个解释可以不是物理的解释。

应该如何解释现象的呈现模式呢?在我看来,对此的任何一种合理解释都应当包含如下三个论题:(1)论题 1:恒常性(constancy)。现象的呈现模式为何是一种非偶然的呈现模式?或者说,它是如何扮演某种固定性角色的,即它如何能够"使得某个神经状态 n1 总是以一种**恒常不变**的方式被主体 S 觉察到"?换句话说,为何一旦某个神经状态 n1 被激活,主体 S 就会**恒常不变地**体验到某种现象感受 p2 呢?可见,我们需要一个有关这种"恒常性"特征的合理解释。(2)论题 2:现象性(phenomenality)。为何一个物理系统的神经状态 n1 被激活,竟然可以呈现出某种现象特征?或者说,为啥某个特定的物理状态一旦出现,就会随之出现某种现象特征?似乎完全可以无矛盾地想象如下认识论情境:一个在物理层面和我们的世界 W1 完全一样,但是却没有任何现象特征的一个可能世界 W2。暂且不管 W2 是否形而上学上可能存在,这种认识论情境似乎是可以设想的。因此,我们不仅要说明现象性特征**从何而来**,也需要说明现象性特征**何以如此**。(3)论题 3:主观性。对于某个主体 S 而言,如果神经状态 n1 通过一种非偶然的呈现模式 m1 向 S 直接呈现(从而使得 S 获得了现象感受 p2),但是由于现象的呈现模式总是朝向**某一个**主体的直接呈现,而非(认识论上均等地)朝向**多个**主体的直接呈现,即现象的呈现模式(以及现象感受或经验内容)是主观性的。因此 S 会有如下困惑:如果相似的神经状态 n1 被激活,n1 是否也**以一样的**现象呈现模式 m1 向其他主体 S* 呈现呢? 换句话说,如下这种认识论情境是可能的:对于 S 和 S* 而言,相同的物理—神经状态 n1 被激活(这可以凭借观察来证实),并且各自的经验内容(即现象感受)也是恒常不变的(这可以凭借内省来确认),但各自的经验内容(即现象感受)并不相同,即 S 经验到的是 p2,而 S* 经验到的却是 p3。因为,无论是通过内省还是通过观察,S 似乎都无法确定 n1 是否也**以一样的**现象呈现模式 m1 向 S* 呈现。对于 S* 而言,也是如此。可见,只要认为现象的呈现模式是主观性的,那么在此模式中所呈现出来的现象感受就也是主观性的,那么上述这种认识论情境就是完全可能的。①如果无法合理地排除这种可能,那么我们就不能保证同样的感受可以被那些具有相同认知能力的主体所共同经验到,哪怕每一个这样的主体各自经验到的感受始终是恒常不变的。

有理由相信,尽管这三个论题密切相关,然而要合理地解释论题 1 和 2(恒常性和现象性)这两个论题,需要事先有一个关于论题 3(主观性)的合理解释。也就是说,相对于恒常性和现象性这两个论题,主观性似乎具有某种解释上的优先地位。理由如下:首先,要合理地说明恒常性论题,S 不仅要说明,对于 S 自己而言,一旦 n1 被激活,现象感受 p2 为何恒常地呈现,还要说明,同样是 n1 被激活,对于其他主体 S*,情况是否也是如此。其次,要合理地说明现象性论题,S 就不仅要说明,对于 S 自己而

---

① 例如,心灵哲学里面著名的"颠倒光谱论证"(inverted spectrum)探讨的就是这种情况(Shoemaker, S., 1982, pp.357—381)。

言,一旦 n1 被激活,为何会感受到 p2,同样是 n1 被激活,对于其他主体 S*,情况是否也是如此。因此,如果现象的呈现模式是主观性的,那么 S 就始终只能内省到 n1 朝向 S 自己的现象呈现的方式 m1,而无法内省到 n1 朝向 S* 的现象呈现的方式。

可见,作为一种保守主义方案,现象概念策略尊重主观性直觉,承认 S 的确只能内省到自身的心理状态,而无法内省到其他主体 S* 的心理状态。因此,即使 S 能给出关于论题 1 和论题 2(恒常性和现象性)的合理解释,这些解释很可能也是不完整的。①然而,如果现象概念策略无法**完整地**解释论题 1 和论题 2,那么,即便现象概念策略的确为物理主义提供了一个有效辩护(如,劳尔版现象概念策略为物理主义**可能**为真这一点的确提供了有效的辩护),那么它仍不能算是一个令人满意的关于主观性和 CP 的兼容论方案。

于是,这就使得现象概念策略陷入了一个令人尴尬的两难境地(dilemma):如果坚持主观性,那么现象概念策略似乎注定难以成为一个令人满意的兼容论方案(因为只要坚持主观性,似乎就难以给出关于论题 1 和论题 2 的**完整**解释);而如果放弃主观性,那么就如同宣告自身的失败(因为放弃主观性,现象概念策略就不算是一个兼容论方案了)。

我们现在似乎走到了一个岔路口:如果采取激进主义,就意味着选择一条(主观性与 CP 的)非兼容论进路。为此付出的代价是,我们关于主观性的直觉得不到应有的尊重(关于心灵的取消论,关于主体的取消论);如果采取保守主义,就意味着选择一条兼容论进路,我们关于主观性的直觉的确被保留住了。为此付出的代价却是,主观性及其相关论题(恒常性、现象性)要么得

---

① 因为在承认主观性的前提下,S 给出的关于论题 1 和论题 2 的解释,很可能只是关于 S 自己心理状态的解释,而不是关于 S* 的心理状态的解释。

不到**物理的**解释(表征主义),要么得不到**完整的**解释(现象概念策略)。因此,要么是一个失败的方案(表征主义),要么注定难以成为一个令人满意的方案(现象概念策略)。

不难理解,无论是选择以上两条进路中的哪一条,物理主义者都不会感到舒坦。那么还有别的选择吗?似乎容易想到的另一个可能选择是,干脆放弃CP。但是,放弃CP是一个过于冒险的做法。因为CP是物理主义的一条基本原则,放弃CP很可能直接导致物理主义的失败。当然,放弃CP也不一定会导致物理主义的失败,但是同样也没有充足的理由表明,放弃CP会是一个更好的选择。[①]因此,在我看来,更稳妥的做法不是放弃CP,而是对现有方案进行清理,找出症结所在,看看能否找到摆脱困境的方法。毕竟,无论是激进主义进路还是保守主义进路,目前看来还都不算是"死胡同"。

综上所述,现在应该有理由相信,相对于激进主义,保守主义方案更加合理。因为我们有着丰富多彩的心灵活动,以及心灵活动仅仅"为我所见",乃是大多数人所共同具有的直觉。这样的直觉应该得到应有的尊重,也的确需要给出合理解释。无论是心灵的取消论还是主体的取消论,对于上述直觉都采取了直接拒斥或取消。尽管各有侧重,但都过于"简单粗暴",而且其具体论证过程也存在各种问题(例如,类比不当、主体的实在性等等)。表征主义则试图"外化"我们的心灵,将(内在的)心理内

---

① 值得提醒两点:(1)麦金(Colin McGinn)所辩护的自然主义/物理主义很可能就是这样一种放弃CP的做法。简言之,麦金认为,尽管形而上学层面一切都是物理的,但是由于我们的认知能力的有限性,因而我们不可能认识到形而上学层面全部的物理事实。有兴趣者,可以参见麦金的有关论述(McGinn, C., 1991, 1999)。(2)放弃CP,也许有助于物理主义摆脱亨普尔两难(Hempel's dilemma)的长期困扰。但是在我看来,这样做是十分冒险的,因为有可能导致物理主义的失败,况且在不放弃CP的前提下,目前物理主义也有多种应对亨普尔两难的有效方案,有兴趣者,可以参见梅剑华的《亨普尔两难:如何表述物理主义》的相关论述。

容理解为（外在的）物理属性的一种特殊的表征，进而通过解释表征内容（即物理属性）来尝试对心灵给出物理的解释。表征主义方案或许可以较好地处理意向性的心理状态，但是困难在于，对于现象学心理状态来说，表征主义方案似乎行不通。因为现象的呈现模式无法得到物理的解释。如果无法物理地解释现象的呈现模式，那么表征主义就无法做到在维护主观性的同时，确保 APET 不遭到破坏。由于，对表征主义者来说，APET 是 CP 的充要条件，因此，如果 APET 遭到破坏，那么势必导致 CP 也一并无以为继。由此可见，表征主义很可能是一个失败的兼容论方案。与表征主义不同，现象概念策略并不接受 APET，即便 APET 遭到破坏，CP 仍**可能**为真。因此，现象概念可以做到在维护主观性的同时，使得 CP 并不因此而**必然**遭到破坏。就此而言，现象概念策略要优于表征主义，因为前者的确成功地为 CP 与主观性的兼容论提供了辩护，而后者很可能做不到这一点。但问题是，尽管现象的呈现模式不需要物理地解释，但是仍需要一个合理解释，而现象概念策略无法做到这一点，因此尚且无法令人满意。

四、非主观的心灵

上节提到，相对于恒常性和现象性，主观性具有某种解释上的优先地位。因此，如果能有一个关于主观性直觉的合理解释，那么就有可能帮助保守主义（尤其是现象概念策略）摆脱困境。下面就来看看，为啥我们总是觉得心灵具有主观性。

先回忆一下关于主观性的通行定义（见本文第二节开头）。正如上文所言，这个通行定义刻画了主体 S 和心理状态 M1 之间所具有的一种特殊认识论关系。依据该定义，这种特殊关系至少具有以下两个本质特征:(1)直接性(immediacy)。主观性关系是**直接**的,即 S 直接认识到 M1 或 M1 直接呈现给 S。(2)不均等性(nonequality)。主观性关系是"不均等的"。由于 M1 对于 S 来说是直接的,而对于其他主体 S* 则不是直接的。因此,并非对于所有的主体而言,M1 都均等地呈现,或被均等地认识到。

现在来看为啥我们会有主观性的直觉。请考虑这幅熟悉的图景:心理状态 M1 似乎总是发生在某个(物理的)大脑内部或某个(物理的)身体 B1 内部,在这个身体 B1 内部似乎也"寓居着"一个主体 S(不管这个 S 是物理的还是非物理的),并且 S 可以毫不费力地直接观察到 M1。在 B1 之外,也存在着其他主体 S*。然而,尽管能观察到 B1 的种种物理状态(如,行为举止或生理特征等等),S* 却无论如何做不到像 S 那样直接观察到 M1。为啥呢? 直觉上好像觉得是因为,S* 在 B1 之外,而 S 在 B1 之内。于是,相对于 B1 之外的那些其他主体,B1 之内的 S 仿佛具有一种认识论上的"特权":**有且仅有** S 可以在认识论上毫无障碍地**直接通达** M1。仿佛是在 B1 之内有一条专门为 S 铺设的特许"通道",只有寓居在这个身体 B1 之内的"主人"S 才有权使用这条特殊通道。经由该通道,S 可以毫无障碍地直接观察到 M1。于是,我们自然会认为,M1 具有认识论上的不均等性,即 M1 对于 S 来说是直接可观察的(因为 M1 和 S 共同寓于 B1 之内),而对于其他主体 S* 则不是直接可观察的(因为 S* 处在 B1 之外)。由于 M1 可以被 S 直接观察到却不能被 S* 直接观察到,因此我们自然就会进一步以为,(发生在 B1 之内的)心理状态 M1 其实就是被(B1 之内的)主体 S 所私自(private)拥有的心理状态,即 M1 **属于** S,S 是 M1 的**私自拥**有者。

以上这幅熟悉的图景正是主观性这一概念的根源所在。[①]可以说，这幅图景早已深深扎根在我们的文明之中。它也使得很多人深信，心灵是一个丰富多彩的内在世界，拥有它的人仿佛就拥有了一个精美别致的私家园林，只有他自己可以徜徉其间尽情欣赏……

这幅图景尽管是如此地熟悉和自然，然而，有理由相信，其中隐藏着一个根深蒂固的错误。正是这个错误使得我们以为心灵具有主观性特征（其实不然）。下面来看看错误究竟隐藏在哪。

在我看来，这个错误是由于我们没有搞清楚"观察"（observe）一词的（哲学）用法所致。[②]具体来说，我们没有注意到"观察到一个物理对象（如杯子）"和"观察到一个心理状态（如疼痛）"，这两句话中"观察"一词的用法其实不一样。先考虑杯子。杯子是典型的物理对象，杯子不会因为我们的观察有所变化（否则就是一件神奇的事情）。杯子的任何物理属性都不会因为我们的观察有所改变。换句话说，杯子的（物理）属性并不依赖于我们的观察。这应该是一个众所周知的常识。再来看疼痛。与杯子不同，疼痛是典型的心理对象或心理状态。对于处在疼痛中的人而言，疼痛是鲜活真切的，那种鲜活真切的质感（quality）是一种现象特征（phenomenal feature），而且也是疼痛的本质属性。否则，若没有这种现象特征，还算什么疼痛呢？问题是，疼痛的现象特征总是朝向某个主体呈现的，总是某个主体感到疼痛。不管疼痛是否依赖于某个主体，确定无疑的是，疼痛的现象特征一定要依赖于某个主体特定的观察或经验。也许，不同的主体所经验或观察到的自己内在的疼痛的现象特征不一样。但是，仅就疼

---

① 它也是致使他心问题（other minds problem）深奥难明的一个根源。

② 或者用维特根斯坦的话来说，我们始终没弄明白"观察"一词的深层语法。

痛的现象特征而言,现象特征无疑就是某个主体所经验到的那个样子(否则就不是现象特征了)。换句话说,疼痛的现象特征总是依赖于主体特定的观察或经验。

可见,对于不依赖于主体特定的认知状态的物理对象/属性而言,我们使用的是"观察"一词的**原初**用法,而对于依赖于主体特定的认知状态的心理对象/属性而言,我们使用的其实是"观察"一词的一种**派生的或类比的**用法。因此我建议,对于心理对象,我们使用"觉察"(be aware of)一词或许更合适。

一旦澄清了"观察"一词的用法,并作出上述区分(观察与觉察)之后,我们就应该明白,实际情况应该是,由于心理状态要依赖于主体特定的认知状态,因此对于 S 而言,之所以在某个时刻 t 觉察到某个心理状态 M1,是因为 S 正处在某种认知状态 C1 中,而 S* 之所以觉察不到 S 在 t 时刻的心理状态,不是因为发生在某个身体 B1 之内的疼痛就是该身体中的 S 私有的(因而 S 可以直接通达,而 B1 之外的 S* 则不行),而是因为 t 时刻的 S* 根本没有处在 C1 中!尽管 t 时刻的 S* 也许正在观察某个身体或某个大脑。[1]

举个例子。假定张三在 t 时刻正感到牙疼 pain1,牙医李四经过检测发现张三口腔中特定部位发炎了,并通过脑成像仪进一步发现,炎症部位引起了张三脑中特定的痛觉神经回路 n1 被激活了(所以张三感到 pain1)。这个时候(t),李四看到的只是病人张三的各种物理生理指标,并没有看到张三的 pain1。如果有人因此说,pain1 是直接呈现给张三的,并没有直接呈现给李四,这当然是对的。但是,这恰恰不是因为 pain1 是张三私有的,

---

[1] 这时候(t 时刻),S* 正处在另一种认知状态 C2 中(C2 在功能上有别于 C1),并且有可能 S* 正具有一种不同的心理状态 M2(M2 有可能是一种在现象上有别于 M1 的心理状态)。

或者张三具有某种认知特权，因而只有张三可以觉察到 pain1，
而是因为，t 时刻的李四脑中相应的痛觉神经回路 n1 并没有被
激活，所以李四当然不会有牙疼 pain1（尽管李四一直在检测张
三的各种生理物理指标）。一旦李四脑中的 n1 也被激活，我们
没有理由不认为，李四很可能也会体验到类似的牙疼 pain1（哪
怕李四口中相应部位并没有出现类似炎症）。因为我们有理由
相信，（不同受试者 A 和 B）类似的神经结构被激活，那么（A 和
B）就会出现有类似的心理状态。大量的经验研究（例如医学和
神经科学等）使得我们认为，接受这一信念远比否认它更为合
理。①这个信念甚至已经成为了当代医学（以及认知神经科学）研
究中一个被普遍接受的基本工作假设。不难想象，要是缺少了
这条基本假设，当代的医学和认知神经科学（以及与之相关的经
验科学）的绝大部分研究要么根本无法有效开展，要么其结果就
是没有意义的。②

　　可见，正是由于我们被"观察"一词的表层语法所误导，从而
没有留意到心理对象/状态与物理对象/状态之间的一个重要区
别，即前者要依赖于主体特定的认知过程，而后者则不需要，因
此才会生成以上那副错误的图景，误以为主体可以像观察物理
对象那样观察心理对象。又由于心理对象具有直接呈现的特

---

　　① 不难看出，命题"类似的神经结构（或物理状态）被激活，则会出现有类似的心理状
态"，既不是分析真的（analytic true），也不是先天真的（a priori true）。但是，该命题是否后
天真的（a posteriori true），又是否是克里普克意义上的后天真？学界对此存在争议。本文
以上也提到，劳尔认为是，而且是不同于克里普克意义上的一种自成一格的后天真命题
（Loar, B., 1997, pp.597—616）。有兴趣者，也可以参见我的详细分析（王晓阳：《后天物理
主义与解释鸿沟——B.劳尔版现象概念策略的拓展分析》，第 91—103 页；《后天物理主义与
解释鸿沟——B.劳尔版现象概念策略的拓展分析（第二版）》，第 200—224 页）。
　　② 请注意：类似的神经结构（或物理状态）被激活，则会出现有类似的心理状态。但是
反过来，如果出现有类似的心理状态，则并不一定表明类似的神经结构（或物理状态）被激
活。因为心理状态可多重实现（multiple realization）。下面很快会讨论多重实现，这里暂且
不谈。

征,因此也就误以为,心理对象直接呈现给予的主体在认知上也应该具有某种"特权",因而也是该心理对象的唯一"主人",即心理对象是该主体私有的。由此就可以进一步推出结论,心理对象/状态具有一种认知上的不均等性。可见,一旦我们弄清楚了"观察"一词的深层语法,就立刻会看穿这幅虚妄的图景,同时也会明白,心理对象并非私有的。

我们通过直接分析主观性的通行定义也能得到一样的结论。依据主观性的通行定义,如果心理状态 M1 具有主观性,那么 M1 就是向主体 S 直接呈现的,并且 M1 具有认知上的不均等性。换句话说,如果 M1 是主观的,那么 M1 就会具有直接性特征和不均等性的特征。

先来看直接性特征。这个特征似乎是自明的(self-evident)。因为,主体 S 只要稍加反思很容易觉察到,心理状态的确是直接向 S 自身呈现的。对于 S 而言,这是一个清楚明白的事实。

再来看不均等性特征。它明显不如直接性那么清楚明白,因为不均等性不仅涉及 S 自身与 M1 之间的关系,还涉及其他主体 S* 与 M1 之间的关系。首先,S*、以及 S* 与 M1 之间的关系,都没有直接向 S 呈现(即 S 不可能通过内省觉察到这两者),因此对于 S,不均等性并不是一个清楚明白的事实。其次,即便 S 觉察到 M1,由此也不能推出(imply to)"S* 没有觉察到 M1"。并且,S 通过内省就可以发现,S 自己也没有觉察到"S* 没有觉察到 M1"。因此,无论是通过内省还是通过观察,S 所获得经验都不能够确保 S 是 M1 的唯一的拥有者。不难明白,S 通过其他的认知途径(无论是演绎的还是归纳的)也不足以确保这一点。可见,我们并没有充足的理由相信,M1 只对于 S 是直接的,而对于其他主体 S* 则不是直接的。因此这就表明了,M1 并不具有不均等性。如果 M1 并不具有不均等性,那么再依据否定后件律(*Modus Tollens*),就可以推出结论,M1 不是主观的。换句话说,心灵并不具有通常意义上的主观性。①

于是,如下这个情景就是**可能的**:对于每一个拥有 M1 的主体而言,M1 都是直接呈现的。换句话说,尽管 M1 直接向 S 呈现,但是并没有被 S **私自占有**,而是对于那些与 S 具有**功能上**(functionally)相同的认知过程的每一个主体而言,M1 都是**一对一地**直接呈现的。②就此而言,无论是心理状态 M1 还是物理状态 P1,其实都具有认知上的均等性。对于每一位 P1 的认知者而言,只要他们具有类似的认知能力,(原则上)P1 都可以均等地被认知到(**观察**)。而对于每一位 M1 的认知者而言,只要他们处在功能上相同的认知过程之中,M1 也都可以均等地被认知到(**觉察**)。但是请注意,尽管在认知上都是均等的,但是我们仍有如下一个强烈的直觉:物理状态 P1 不依赖于它的认知者,而心理状态 M1 却要依赖于它的认知者。换句话说,我们之所以

---

① 在分析传统的哲学中,已有不少关于主观性的批判文献。早期三个比较典型的例子,一个是维特根斯坦对私有感觉的分析,可以参见维特根斯坦在《哲学研究》中关于"视觉房间"的有关讨论([德]维特根斯坦:《哲学研究》,上海人民出版社 2001 年版,第 185—186 页),另一个是斯玛特(J. J. Smart)对感受与大脑之间关系的分析(Smart, J. J., 1956, pp.141—156),还有一个是马尔卡姆(Norman Malcolm)对主观性的日常语言分析(Malcolm, N., 1988, pp.147—160)。新近的工作,可以参看 Guillot, M., 2016, pp.23—53;O'Conail D., 2019, pp.325—341;Neisser, J., 2017, pp.41—53。此外,基于当代认知神经科学的研究成果,我也曾经论证过,通常意义上的主观性或私密性(privacy)并不存在,有兴趣者可以参见我的相关论述(王晓阳:《当代意识研究中的主要困难及其可能出路》《论私密性》)。以上这些文献分别从不同的角度来质疑主观性的传统理解。限于篇幅不再一一介绍。此外,值得一提的是,我在本文中给出的关于主观性的分析既不同于以上这些方案,也不需要预设物理主义或其反对者的立场(并不偏向任何一方),因而可以说是一个"中立的"(neutral)分析。当然,我的结论与以上这些方案基本上也是一致的。

② "功能上相同的认知过程"的意思就是,同一种认知功能可以在不同的物理基质上得以多重实现(multiple realization)。这是福多版功能主义(functionalism)的一个基本前提(Fodor, J., 1968)。可以这样来界定:A 和 B 是两个功能上相同的认知过程,当且仅当 A 和 B 扮演了相同的因果角色(play the same causal role)。例如,人的眼睛和猫狗的眼睛(甚至某种智能机器人的眼睛)在物理—生理结构上明显有所不同,但是如果都能完成同一项视觉任务(比如,从一堆杂物中找出同一块骨头),那么我们就可以说,尽管物理基质有别,但它们都成功实现了同一种视觉认知功能,因而是功能上相同的(视觉)认知过程。

认为 P1 是客观的,并不仅仅因为,在认识论层面,P1 是均等的,还因为,在形而上学层面,P1 被当作一类不依赖于特定的认知活动而存在的事例(entity)。与之不同的是,尽管在认识论层面,M1 也可以是均等的,然而在形而上学层面,M1 的存在却要依赖于特定的认知活动。因此,在通常的意义上(即我们通常认为"P1 是客观的"这种意义上),我们并不认为 M1 是客观的。换句话说,心灵并不具有(通常意义上的)客观性。

现在问题来了。如果心灵既不是主观的,也不是客观的,那么心灵究竟是怎样的呢?也许,自然会想到的一个回答是,心灵是主体间的(intersubjective)。但是,在我看来,这个回答并不准确。理由就是,首先,按照我们对于"主体间性"(intersubjectivity)的通常理解,主体间性被当作一个具有社会认知意义的概念。它强调的是,通过社会沟通或者言语交流,不同的主体之间对于某件事情的看法最终可以达成一致性的理解。这里,"某件事情"既可以是某个物理现象,也可以是某个社会现象,还可以是某个心理现象。换句话说,通常意义上,我们只关注主体间性的认知意义,并不关注这个概念的形而上学依据(grounding)。然而,以上关于心理状态与主体之间关系的分析已经明显触及了形而上学层面。具体来说,既然 M1 的存在要依赖于特定认知者,那么我们完全可以继续追问:这里的"依赖"究竟是什么意思?换句话说,只有通过形而上学层面的进一步分析,我们才有可能为 M1 和它的认知者之间的"依赖"关系找到最终的合理依据。

其次,如果上文关于主观性的分析是合理的,那么我们就更应该有理由相信,心灵具有多重实现性。换句话说,不仅同一物种的不同个体,甚至不同物种间的许多个体都可以具有同一种心理状态。这里的"心理状态"不仅包括意向性的,也应当包括现象性的。例如,我们不仅会认为人类个体会感到疼痛,也会认为猫狗等哺乳动物也可以感受到同样的疼痛,章鱼和蝙蝠也可以。甚至,来自遥远星系的硅基结构的高级智慧生命应当也可以。当然,对多重可实现性目前仍存在争议,不过它确实很符合我们许多人的日常直觉。而且,实际上,心理状态具有多重可实现的特征,目前也已经为众多学者所接受。

如果我们认可心灵是多重可实现的,那么主体间性这个概念显然**不足以**解释"为何某些心理状态能在不同物种或事物之间多重可实现"。实际上,我们的确跟章鱼以及蝙蝠不处在相同的社会认知情境之中,甚至也无法进行有效的交流。[①]未来的硅基外星智慧生命更是如此,我们显然目前还不清楚它们是否存在。即便它们有可能存在,目前也不知道如何与之沟通。此外,在那些相信泛心论(panpsychism)的学者看来,原子、山川河岳和宇宙星球等无机物或无生命的物体也统统具有心灵。甚至在一些泛心论者看来,某些心理状态不仅可以被我们经验到,同样也可以被某些无机物或无生命的事物经验到。因而,多重可实现性的适用范围很可能要比主体间性宽广得多。换句话说,我们有理由相信,主体间性蕴含(imply to)多重可实现。也就是说,如果一种心理状态是主体间的,那么它一定是多重可实现的。反之则不然:如果一种心理状态是多重可实现的,那么它并不一定是主体间的。

具体来说,一方面,除非心理状态 M1 满足一些"额外条件",M1 才有可能成为主体间的(否则 M1 有可能只是多重可实现的,但却不是主体间的)。依据主体间性的通行理解,有理由

---

① 尽管我们和蝙蝠生活在同一个世界,尽管我们也可以竭尽所能地去研究蝙蝠的行为并与之尝试进行各种方式的沟通,甚至原则上也可以给出关于蝙蝠声纳系统的运作原理的**完整**物理解释,但是我们仍然无法想象,这个世界在蝙蝠感觉起来究竟是什么样子的(Negel, T., 1986)。

相信,这些额外条件应当**全部都是**可规约化的,因而也是可获得公共理解的。它们可以是某些约定俗成社会习俗,也可以是某些默认的行为规范,也可以是某些通行的言语规则等等。

另一方面,至今为止并没有充足的理由使得我们相信,我们的内省能力可以**一览无遗地**觉察到自己心灵的**全部**特征。因而,我们也就不能排除如下这种可能情况:我们实际上具有某些无法被我们自己内省到或觉察到的特殊心理状态 M2。①如果我们无法觉察到 M2,那么也就不可能找到 M2 所必须满足的(全部)可归约化条件。因此,哪怕 M2 是可多重实现的,也一定不是主体间的。

如果以上分析合理,那么,一方面,我们现在应当明白,主体 S 的确可以直接认知到"内在的"心灵,就此而言,心灵的确具有认知上的"直接性"。但由此并不能进一步推出,S 所认知到的心灵就是自己的"私有物",即被 S 认知到的心灵也具有认知上的"不均等性"。可见,心灵不是主观的。另一方面,我们现在也应当明白,心灵当然更不是客观的,也**不一定**是主体间的。因而称之为"非主观的"(non-subjective),也许才比较合适。

五、结论与遗留问题

是时候来作个总结了。物理主义者普遍相信(原则上)科学可以解释一切(CP)。但是我们大多数人直觉上却觉得心灵具有主观性,而科学手段只适用来研究客观事物,因而(原则上)心灵似乎无法获得科学的解释。因此,为了坚持完备性原则(CP),物理主义需要回应主观性论题。对付主观性的两类常见物理主

---

① 因为,(认知上的)不可觉察并不蕴含(形而上学上的)不可能。

义回应分别是,激进主义和保守主义。如果采取激进主义,就意味着选择一条(主观性与CP的)非兼容论进路,为此要付出的代价是,我们关于主观性的直觉得不到应有的尊重(关于心灵的取消论,关于主体的取消论);如果采取保守主义,就意味着选择一条兼容论进路,我们关于主观性的直觉被保留住了,为此要付出的代价却是,主观性及其相关论题(恒常性、现象性)要么得不到**物理的**解释(表征主义),要么得不到**完整的**解释(现象概念策略),因而要么是一个失败的方案(表征主义),要么注定难以成为一个令人满意的方案(现象概念策略)。可见,无论是选择以上两条进路中的哪一条,物理主义者都不会感到舒坦。当然,物理主义者也可以通过放弃CP来继续为自身立场辩护,但这无疑是种过于冒险的做法,很可能会直接导致物理主义的失败。本文建议一个更为稳妥的做法:在坚持CP的前提下,澄清有关主观性的一个误解,从而继续为兼容论进路(即保守主义)做辩护。本文第四节的分析表明,心灵的确具有"直接性"的特征,但不具有"不均等性"的特征。因此,心灵并不是主观的。此外,不应把这种关于"主观性"的澄清混同于激进主义。激进主义对主观性直觉采取了一种"简单粗暴的"的取消策略,完全没有尊重我们的有关直觉,况且主观性论题也不会因此而消失。本文的澄清工作则是通过扫除掉不必要的误解(扫除掉"不均等性"特征),进而使得我们的直觉更加清晰合理(保留"直接性"特征)。

一旦作出上述澄清,我们就不应该再被主观性论题所困扰了,但是要成为一个令人满意的兼容论方案,物理主义者就仍需要对现象性论题和恒常性论题给出合理解释。以上的论述表明,对于恒常性论题,依据现象概念的识别(recognitional)特征,是有望得到一个合理说明的(Loar,B.,1997,pp.597—616;2003,pp.77—96)。但是对于现象性论题,似乎仍然难以在现有的理论框架内(无论是激进主义还是保守主义)得到合理说明。①

真正深奥难解的困惑在于:一个物理的系统为何竟然具有现象特征?或许,这是身处在科学昌明时代里的我们所遭遇到的"最困难问题"(the hardest problem)了。本文的论述显示,至今为止我们尚不清楚,能否以及如何在物理主义的框架内合理地解释这个最困难问题。但是,我们现在应当清楚的是,如果物理主义不打算仅仅止步于成为一个(原则上可以)自圆其说的理论,而是更希望成为一个令人满意的哲学理论,成为我们这个时代的"科学世界观",那么就必须合理地解释心灵的现象特征。然而,要合理地解释心灵的现象特征,物理主义者就不能够继续在认识论的层面驻足不前,而是应该勇敢地迈向形而上学层面作更深层次的思考。因为只有深入形而上学层面,才有可能为任何一个关于物理系统的现象特征的说明,以及任何一个关于非主观的心理状态(心灵)与客观的物理状态(身体)之间关系的说明,找到最终的合理性依据。②

参考文献

Alter, T., "Does Representationalism Undermine the Knowledge Argument?", Alter, T., Walter, S. (Eds.) *Phenomenal Concepts and Phenomenal Knowledge: New Essays on Consciousness and Physicalism*, Oxford: Oxford University Press, 2007, pp.65—83.

---

① 在现有的框架内,关于主体的取消论、表征主义,以及现象概念策略都难以解释现象性论题。关于心灵的取消论通过取消了心灵,试图不提供关于现象性论题的任何解释,但这个做法显然不会令人满意。

② 从形而上学层面对物理主义及其相关问题进行深入探讨,也是目前学界的热点和难点,有兴趣者可以参考 Elpidouou, A. 2017, pp.1—21。

Armstrong, D. M., *A World of States of Affairs*. Cambridge: Cambridge University Press, 1997.

Balog, K. "Phenomenal Concepts", McLaughlin, B., Beckernan, A., Walter, S. (Eds.) *Oxford Handbook in the Philosophy of Mind*, Oxford: Oxford University Press, 2009, pp.292—312.

Campbell, J., "Immunity to error through misidentification and the meaning of a referring term", *Philosophical Topics*, 1999, 26(1&2), pp.89—104.

Chalmers, D., "Phenomenal Concepts and the Explanatory Gap", Alter, T., Walter, S., (Eds.) *Phenomenal Concepts and Phenomenal Knowledge: New Essays on Consciousness and Physicalism*, Oxford: Oxford University Press, 2007, pp.167—194.

Churchland, P. S., *Neurophilosophy: Toward a Unified Science of the Mind/Brain*, Cambridge, MA: The MIT Press, 1986.

Dennett, D. *Consciousness Explained*, New York: Little, Brown and Company Publisher, 1991.

Dowell, J., "The Physical: Empirical, Not Metaphysical", *Philosophical Studies*, 2006, 131, pp.25—60.

Dreske, F., *Naturalizing the Mind*, Cambridge, MA: The MIT Press, 1995.

Elpidorou, A., "Introduction: The Character of Physicalism", *Topoi*, 2017, 3, pp.1—21.

Fodor, J., *Psychological Explanation*. New York: Random House, 1968.

Guillot, M., "I me mine: On a confusion concerning the

subjective character of experience", *Review of Philosophy and Psychology*, 2016, 8(1), pp.23—53.

Harman, G., "The Intrinsic Quality of Experience", *Philosophical Perspectives*, 1990, 4, pp.31—52.

Jackson, F., *From Metaphysics to Ethics: A Defense of Conceptual Analysis*, Oxford: Clarendon Press, 1998.

Jackson, F., "Epiphenomenal Qualia", *The Philosophical Quarterly*, 1982, 32(127), pp.127—136.

Jackson, F., "What Mary Didn't Know", *The Journal of Philosophy*, 1986, 83(5), pp.291—295.

Kriegel, U., *Subjective consciousness: A self-representational theory*, Oxford: Oxford University Press, 2009.

Kripke, S., *Naming and Necessity*, Cambridge, MA: Harvard University Press, 1980.

Levine, J., *Purple haze: the puzzle of consciousness*, Oxford: Oxford University Press, 2001.

Levine, J., "Materialism and qualia: the explanatory gap", *Pacific Philosophical Quarterly*, 1983, 64, pp.354—361.

Loar, B. "Transparent Experience and the Availability of Qualia", Smith, Q., Jokic, A. (Eds) *Consciousness: New Philosophical Perspectives*, Oxford: Oxford University Press, 2003, pp.77—96.

Loar, B., "Phenomenal States (Second Version)", Block, N., Flanagan, O., Guzeldere, G. (Eds.) *The Nature of Consciousness: Philosophical Debates*, Cambridge, MA: The MIT Press, 1997, pp.597—616.

Loewer, B., "From Physics to Physicalism", Gillett, C.,

Loewer, B. (Eds.) *Physicalism and Its Discontents*, Cambridge: Cambridge University Press, 2001, pp.37—56.

Lycan, W. G., "Representational Theories of Consciousness"[EB/OL]. https://plato. stanford. edu/entries/consciousness-representational/, 2018-4-12.

Lycan, W. G., "What is the 'Subjectivity' of the Mental", *Philosophical Perspectives*, 1990, 4, pp.109—130.

Malcolm, N., "Subjectivity", *Philosophy*, 1988, 63, pp.147—160.

McGinn, C., *The Mysterious Flame: Conscious Minds in a Material World*. New York: Basic Books, 1999.

McGinn, C., *The Problem of Consciousness*. Oxford: Basil Blackwell, 1991.

Moore, G., "The refutation of idealism", Moore, G. E. (Ed.) *Philosophical Studies*. London: Routledge and Kegan Paul, 1922, pp.1—30.

Nagel, T, "What is it like to be a bat", *Philosophical Review*, 1974, 83(4), pp.435—450.

Nagel, T., *The View from Nowhere*, Oxford: Oxford University Press, 1986.

Neisser, J., *The Science of Subjectivity*, London: Palgrave Macmillan Publisher, 2015.

Neisser, J., "Unconscious Subjectivity", *Psyche*, 2006, 12(3), pp.1—14.

Neisser, J., "What Subjectivity Is Not", *Topoi*, 2017, 36, pp.41—53.

O'Conail, D., "Subjectivity and Mineness", *Erkenntnis*,

2019，84(2)，pp.325—341.

Perry，J.，*Identity*，*personal identity*，*and the self*，Indianapolis：Hackett Publishing，2002.

Poland，J.，*Physicalism*：*The Philosophical Foundations*. Oxford：Oxford University Press，1994.

Shoemaker，S.，"The Inverted Spectrum"，*Journal of Philosophy*，1982，9 (7)，pp.357—381.

Smart，J. J.，"Sensations and Brain Processes"，*The Philosophical Review*，1959，68(2)，pp.141—156.

Stoljar，D，"Physicalism"，https：//plato.stanford.edu/entries/physicalism/. 2018-4-12.

Stoljar，D.，"Physicalism and Phenomenal Concepts"，*Mind and Language*，2005，20(2)，pp.296—302.

Tye，M.，*Consciousness Revisited*：*Materialism without Phenomenal Concepts*. Cambridge，MA：The MIT Press，2009.

Tye，M.，*Ten Problems of Consciousness*，Cambridge，MA：The MIT Press，1995.

Tye，M.，"Representationalism and the Transparency of Experience"，*Noûs*，2002，36，pp.137—151.

Velásquez，R. J.，"Materialism and the Subjectivity of Experience"，*Philosophia*，2011，39，pp.39—49.

Zahavi，D.，Kriegel，U.，"For-me-ness：What it is and what it is not"，Dahlstrom，D. O.，et al. (Eds.)*Philosophy of mind and phenomenology*：*Conceptual and empirical approaches*，London：Routledge，2015，pp.36—53.

梅剑华：《亨普尔两难：如何表述物理主义》，《自然辩证法通讯》2014 年第 6 期，第 1—6 页。

王晓阳:《从私人语言论证到物理主义纲领:维特根斯坦与维也纳学派》,《学术月刊》2014 年第 11 期,第 13—21 页。

王晓阳:《当代意识研究中的主要困难及其可能出路》,《自然辩证法通讯》2010 年第 1 期,第 8—16 页。

王晓阳:《后天物理主义与解释鸿沟——B.劳尔版现象概念策略的拓展分析(第 2 版)》,《中西哲学论衡》2015 年第 4 期,第 200—224 页。

王晓阳:《后天物理主义与解释鸿沟——B.劳尔版现象概念策略的拓展分析》,《世界哲学》2013 年第 4 期,第 91—103 页。

王晓阳:《论私密性》,梅剑华(主编):《自我问题研究》,首都师范大学出版社 2019 年版,第 186—204 页。

王晓阳:《论现象概念——解析当前物理主义和反物理主义争论的一个焦点》,《逻辑学研究》2010 年第 3 期,第 91—109 页。

王晓阳:《如何解释"解释鸿沟"——一种最小物理主义方案》,《自然辩证法研究》2012 年第 6 期,第 9—14 页。

王晓阳:《如何应对"知识论证"——一种温和物理主义观点》,《哲学动态》2011 年第 5 期,第 85—91 页。

王晓阳:《心—身问题与物理主义》,《自然辩证法通讯》2015 年第 4 期,第 1—14 页。

[德]维特根斯坦:《哲学研究》,陈嘉映译,上海人民出版社 2001 年版。

张含:《自我是幻觉吗——回应关于自我的反实在论》,《自然辩证法通讯》2017 年第 6 期,第 1—7 页。

朱菁、卢耀俊:《从唯物主义到物理主义》,《自然辩证法通讯》2013 年第 3 期,第 1—7 页。

本文首次刊发于《自然辩证法通讯》2019 年第 8 期

第二编

物理与心理

从私人语言论证到物理主义纲领：
维特根斯坦与维也纳学派

一、引言：一场关于"新思想"优先权的争论

1932 年夏，卡尔纳普（Rudolf Carnap）在维也纳学派（the Vienna Circle）的机关刊物《认识》上发表了一篇题为《作为科学的普适语言的物理语言》的论文（以下简称《语言》）。[①]在这篇文献中，卡尔纳普正式宣布自己的一个新思想诞生了。这个新思想就是"物理主义"（Physicalism）。在卡尔纳普看来，物理主义体现为如下这个纲领性主张：

> 由于所有的陈述——无论是原录语句（protocol），还是与原录语句相关联的由系统的假说所组成的科学系统中的陈述（the scientific system consisting of a system of hypotheses related to the protocol）——都可被翻译为（be trans-

① Carnap, R., Die Physikalische Sprache als Universalsprache der Wissenschaft, *Erkenntnis*, 1932, vol.2, nos. 5—6, pp.432—465, p.452. 此文的一个卡尔纳普修订版本被布莱克（Max Black）译成英文并加了一个介绍，作为一本小册子出版，而且换了个较通俗的名字"科学的统一"（The Unity of Science）（Carnap, R., *the Unity of Science*, trans. with an intro. by Black, M., London: Kegan Paul, Trench, Trubner & Co. Ltd., 1934）。

lated into)物理语言(physical language)而非别的语言,因此物理语言是一种可以作为全部科学的通用语言的普适语言(The physical language is therefore a universal language and, since no other is know, the language of all Science)。[1]

这里的"全部科学",是指具有**认知意义**(cognitive meaning)的各门学科知识的最大集合,既包括形式科学(如逻辑学、数学等),也包括自然科学(如物理学、生物学、心理学等),甚至还包括(具有认知意义的)人文社会科学(如哲学、社会学、历史学等)。但是请注意,在此纲领关照下,由于传统的形而上学命题尽是些无法被翻译为物理语言因而在**认知上**无意义(cognitively nonsense)的伪命题(pseudo-propositions),因此卡尔纳普呼吁,我们必须首先清除掉传统的形而上学命题,才能推进各门学科知识的整合,从而实现"科学的统一"(the unity of science)或"统一科学"(unified science)的终极目标。

这是卡尔纳普发表的首篇关于物理主义的论文。史料显示,在《语言》一文即将刊出之前,已引发了激烈的争论。[2]有趣的是,争论竟然主要不是针对其内容的(什么是物理主义),而是针对其优先权的(谁才是最先提出了物理主义的人)。

首先是维特根斯坦(Ludwig Wittgenstein)提出了强烈抗

---

① Carnap, R., *the Unity of Science*, trans. with an intro. by Black, M., London: Kegan Paul, Trench, Trubner & Co. Ltd., 1934, p.93.

② Uebel, T., "Physicalism in Wittgenstein and the Vienna Circle", in Gavroglu, K., Stachel, J. and Wartofsky, M. W. eds., *Physics, Philosophy, and the Scientific Community: Essays in the philosophy and history of the natural sciences and mathematics In honor of Robert S. Cohen*, Kluwer Academic Publishers., 1995, p.334; Stern, D., "Wittgenstein versus Carnap on Physicalism: a reassessment", in GAP. 6 Workshop on Rudolf Carnap, 2006, pp.18—25, on the web at http://philsci-archive.pitt.edu/2860/.

议。维特根斯坦先写信给石里克（Moritz Schlick）（1932 年 5 月
6 日），具体列举了《语言》一文中哪些地方大量使用了他的思想
成果，但令人愤怒的是，卡尔纳普在文中竟然对其重要思想来
源——维特根斯坦——**只字不提**。在通信中，维特根斯坦宣称，
他对《语言》一文中所涉及的如下几点拥有优先权："物理主义观
念，实指定义和假设的思想，内容的说话方式和形式的说话方式
的区分。"①石里克承担起调查这件事情的任务，大概 2 个月之后
（7 月 10 日），石里克写信给卡尔纳普，详细列举了《语言》一文中
至少有如下四处应该感谢维特根斯坦：1.关于哲学的本质的论
述；2.关于实质定义的论述；3.关于自然规律和假设的论述；4.借
助形式的说话方式来消除伪问题（pseudo-problems）。②在 7 月
17 日给石里克的回信中，卡尔纳普辩解道，在关于物理主义的
问题上，他之所以没有提及维特根斯坦，是因为"维特根斯坦毕
竟没有处理过（deal with）物理主义问题"③。而在石里克将卡尔
纳普答复的复印件寄给维特根斯坦后，维特根斯坦在给石里克
的回信中（8 月 8 日）则愤怒地回应：

　　虽然"物理主义"这个名称令人不快，但是认为我没有
处理过物理主义问题这种说法是不对的。与我写作整个
《逻辑哲学论》时一样，对于这个问题的处理，我采取了同样

---

① ［奥］鲁道夫·哈勒著，韩林合译：《新实证主义》，商务印书馆 1998 年版，第 258 页。

② Hintikka, J., "Ludwig's Apple Tree: On the philosophical Relations between Wittgenstein and the Vienna Circle", in Stadler, F. ed., *Scientific Philosophy: Origins and Developments*, Kluwer Academic Publishers, 1993, p.36; Stern, 2006, pp.20—21.辛迪卡（Jaakko Hintikka）认为，石里克在这封信所列举的四点"应感谢而没有感谢"之处，很可能并不仅仅是石里克本人的看法。因为在石里克给卡尔纳普回这封信之前，石里克与维特根斯坦很可能已经商量过将要回信的内容，并得到了维特根斯坦本人的授意或认同（Hintikka, 1993, pp.36—37）。

③ Hintikka, 1993, p.35; Stern, 2006, p.25.

简洁的方式。[It is not true that I have not dealt with the question of "physicalism" (albeit not under this— dreadful—name) and with the same brevity with which the entire *Tractatus* is written.]①

8月20日,维特根斯坦终于写信给卡尔纳普(并附上了8月8日给石里克的那封信),谴责"卡尔纳普是精神窃贼"②。有理由相信,这一事件最终导致了维特根斯坦和卡尔纳普两人关系的彻底决裂。维特根斯坦的强烈抗议和优先权要求,引发了学界诸多关注,但说法不一。如:戴蒙德(Cora Diamond)认为,由于卡尔纳普"捡起了"(pick up)《逻辑哲学论》中3.343节中所表述的"互译性原则"(the principle of intertranslatability),并将这个原则作为他1932年宣布的物理主义新思想的核心,因此维特根斯坦的指责是恰当的。③斯特恩(David Stern)则认为,虽然《逻辑哲学论》的3.343节陈述了物理主义的"互译性原则"④,但是仅由互译性原则这一点不足以表明,《逻辑哲学论》时期的维特根斯坦青睐物理主义。而且有证据显示,即使维特根斯坦青睐物理主义,他所理解的物理主义也不同于卡尔纳普。⑤辛迪卡也认为,维特根斯坦的上述说法并不足以表明,在《逻辑哲学论》中,维特根斯坦究竟是认同还是反对物理主义⑥,而且他进一步认为,在《逻辑哲学论》中维特根斯坦即使涉及物理主义,也不是

---

① Stern, 2006, p.25.

② 《新实证主义》,第258页。

③ Diamond, C., "Does Bismarck Have A Beetle in his box? The Private Language Argument in the Tractatus", in Crary, A., and Read, R., *The New Wittgenstein*, New York: Routledge, 2000, p.279.

④ Stern, 2006, p.27, note 74.

⑤ Stern, 2006, p.27; Uebel, 1995, pp.337—343.

⑥ Hintikka, 1993, p.39.

卡尔纳普《语言》一文中提出的那种物理主义。①在写给石里克的上述第一封信中（1932 年 5 月 6 日），维特根斯坦说，卡尔纳普《语言》一文中提出的物理主义实际上是他（维特根斯坦）在 1928 年才产生的一个新想法。②此外，斯特恩、辛迪卡和马力恩（Mathieu Marion）分别对 1930 年左右的维特根斯坦手稿——尤其是《哲学评论》（Philosophical Remarks）——进行了考察，得出几乎一致的结论：在 1929 年底到 1930 年初——大概在 1929 年 10 月——维特根斯坦的确经历了一次从《逻辑哲学论》中的旧观点向物理主义新立场的思想转变。③

接着，纽拉特（Otto Neurath）也抱怨，虽然在《语言》一文的一个详细的脚注中，卡尔纳普认为"纽拉特的提示在'所有重要之点上都被证明是富有成果的'，'完全证明了'他的观点。而这个观点就是物理主义"④，但是事实上，他（纽拉特）才有拥有"新思想"（物理主义论题）的优先权。因为在《语言》一文刊出之前，纽拉特 1931 年已经发表了三篇有关"物理主义"的论文（甚至其中一篇的篇名就叫"物理主义"）。⑤

此外，维也纳学派的一位学生成员耐德（Heinrich Neider）也向"新思想"提出了优先权要求。耐德不止一次宣称，在一次谈话中（当时纽拉特也在场），他通过一个论证指出了卡尔纳普的

---

① Hintikka，1993，pp.40—41.

② ibid.，p.39.

③ Hintikka，1993，p.31，p.35；Stern，D.，*Wittgenstein on Mind and Language*，New York：Oxford University Press，1995，pp.136—140，chapter 5.2；Stern，2006，pp.28—29；Marion，M.，*Sraffa and Wittgenstein：Physicalism and Constructivism*，Review of Political Economy，2005，vol.17，no.3，p.391.

④ 《新实证主义》，第 259 页；Carnap，1934，p.74，note 1.

⑤ 这三篇论文分别是："Physicalism：the Philosophy of the Viennese Circle" "Physicalism"和"Sociology in the Framework of Physicalism"。均被收录在纽拉特的论文集中（Cohen，R.S. and Neurath，M. eds. and trans.，Otto Neurath：Philosophical Papers，1913—1946，D. Reidel Publishing Company，1983）。

《世界的逻辑结构》一书中现象主义(phenomenalism)进路的关键困难。这个论证给了卡尔纳普决定性的启示,最终促成卡尔纳普放弃了现象主义而转向物理主义。①据尤贝尔(Thomas E. Uebel)考证,这次谈话大概发生在 1929 年 10 月或是更早,远早于《语言》一文的发表。②

后来(1935 年)石里克竟也向卡尔纳普指出,实际上早在 1918 年《普通认识论》(the General Theory of Knowledge)的第一版中,他就已经提议并辩护了**某种版本**的物理主义(a version of physicalism)③,并在随后的第一届世界统一科学大会(巴黎会议)上公开表明了自己的这个观点。④在同一时期卡尔纳普与纽拉特的通信中,卡尔纳普认可了石里克的说法。并且表示,由于竟然没有注意到石里克的相关重要工作,他感到"意外和十分尴尬"⑤。但纽拉特并不认同卡尔纳普的妥协,拒绝接受石里克的优先权要求。⑥

目前有众多学者关注到了这场"优先权"争论,但尚未形成一致看法。⑦需要说明的是,在这里提到这个争论,并不意味着我也打算加入"优先权"的考证和裁断之列,而只是想表明,虽然对优先权的归属问题未有定论,但是"发生争论"**这件事情本身**足以显示出维特根斯坦和维也纳学派的三位核心成员(以及其他成员)之间的一个重要共识:他们无疑都认可了或认可过一个共同的纲领——物理主义。我觉得对这个共识不难理解,否则就

---

① Uebel, 1995, pp.335—337, note 51; Stern, 2006, p.29.

② Uebel, 1995, p.337.

③ Schlick, M., *General Theory of Knowledge*, trans. by Blumberg, Albert E., New York/Wien: Springer-Verlag, 1974, p.295; Stern, 2006, p.30.

④ Uebel, 1995, p.346.

⑤ Uebel, 1995, p.345, note 97, note 98.

⑥ Uebel, 1995, p.346, note 104.

⑦ Uebel, 1995, p.327, note 1.

很难解释他们为什么要争物理主义的优先权。**我倒认为,我们真正应该关心的是如下两个问题**:第一个问题是,驱使他们不约而同地提出并聚集到物理主义纲领之下的关键因素是什么? 第二个问题是,在这个共同的纲领之下,他们各自的理解或解释又有何异同? **对这两个问题的解答,构成了本文的主旨。**换言之,这两个问题也是本文的目标问题。我打算在本文随后部分来处理它们,第二节处理第一个,第三节则处理第二个。

当然,任何理论的创立或纲领的提出,都有其特定的时代背景和思想渊源,物理主义也不例外。①简言之,对于这些早期的创立者而言,之所以提出物理主义,与他们对待哲学和科学的态度密切相关:在哲学上,他们希望和传统哲学(尤其是传统的形而上学)划清界限,主张哲学首先应该是一种"澄清和阐明的活动"。这个哲学主张的具体体现就是,运用由弗雷格、罗素和维特根斯坦等人开创的逻辑分析和概念分析的技术来清除传统的形而上学命题。经过这样的技术处理之后,我们会发现传统的形而上学命题其实都是些认知上无意义的伪命题,因而不属于我们的知识体系。可以说,这个主张也鲜明地呈现出了当代西方哲学"语言转向"的本质特征。另一方面,在科学上,他们则主张"科学的统一"。这个科学主张的具体体现就是,构造或寻找一种普适语言,使其成为所有各门科学共同的概念框架(conceptual framework)、逻辑纽带(logical connections)或语言基础(linguistic basis)。

尽管有众多研究显示,这些早期的创立者对于上述哲学主张和科学主张的理解均存在着严重分歧(很快会论述这些分歧),然而正是由于对新逻辑技术的运用以及对于普适语言的寻

---

① 一个详细的历史背景介绍,参看《新实证主义》,第 1—7 章。

求,使得他们不约而同地共同关注到一个焦点论题:描述认知者**自身**所具有的意识经验(conscious experience)的陈述或语言。由于自身的意识经验具有主体性(subjectivity)、直接性(immediacy)和现象性(phenomenality)的本质特征,因此相应地,描述自身意识经验的陈述被认为具有如下本质特征:不可错的(incorrigible)、原初的(primary)和私人的(private)(即描述自身意识经验的陈述只有具有特定意识经验的认知者本人能够使用或理解)。因此由这样的陈述所构成的语言体系,也常被称为现象语言(phenomenal language)或原初语言(primary language)或私人语言(private language)。

近年来,私人语言与物理主义(尤其是早期的物理主义)之间的关系问题,已引起了一些学者的关注。[①]下面,我将基于这些前期研究来作进一步的拓展考察:在下一节里,我打算先重构在早期物理主义者那里出现的几个不同版本的私人语言论证(private language argument)(以下简记为 PLA),并论析关于私人语言的思考何以能将他们汇聚到物理主义纲领之下(本文的第一个目标问题)。接着在第三节里,我将进一步分析,不同版本的 PLA 又会具体造成关于物理主义纲领理解上的怎样的分歧(本文的第二个目标问题),以及这些早期的分歧又将在多大程度上影响了我们今天关于物理主义的理解。

需要事先说明一下,下面会涉及**四个不同版本的** PLA:分别是耐德—卡尔纳普版本的私人语言论证(以下简记为 NCPLA),维特根斯坦版本的私人语言论证(以下简记为 WPLA),纽拉特版本的私人语言论证(以下简记为 NPLA),以及石里克版本的私人语言论证(以下简记为 SPLA)。

---

① Uebel, 1995, section 7;Stern, 2005, pp. 26—30;Marion, 2005, pp. 391—394;《新实证主义》,第 253 页。

二、私人语言论证：物理主义纲领创立的内在驱动

尽管维特根斯坦后期著作《哲学研究》（*Philosophical Investigations*）中的私人语言论证已为我们所熟知，然而据尤贝尔考证，早期物理主义者——不管是维特根斯坦，还是维也纳学派的几位核心成员（卡尔纳普、纽拉特、石里克）——实际上都有各自不同的 PLA，而且"不同版本的私人语言论证支持不同的物理主义概念"①。因此对不同版本 PLA 的事先了解，将有助于我们理清有关早期物理主义的真实含义。下面我先依据相关文本，分别重构出四个不同版本的 PLA 并加以比较分析，进而考察这四个 PLA 究竟分别支持怎样不同的物理主义概念。

1. 耐德—卡尔纳普版私人语言论证（NCPLA）：

（1.1）私人语言仅由那些描述言说人 S1 自身心理感受的陈述所组成。

（1.2）描述自身心理感受的陈述都是主观的（subjective）陈述。

（1.3）任何主观的陈述都不可能是**主体间可证实的**（intersubjectively verifiable）（Uebel，p.335）。

（1.4）当且仅当一个陈述是主体间可证实的，它才有可能成为（becomes）或被翻译为（is translated into）或被还原为（is reduced to）统一科学的普适语言中的一个陈述。

（1.5）由（1.2）（1.3）（1.4）可得，描述自身心理感受的陈述都不可能成为或被翻译为或被还原为统一科学的普适语言中的一

---

① Uebel, 1995, p.343.

个陈述。

因此,

(1.6)由(1.1)(1.5)可得,私人语言不是统一科学的普适语言的一个子集。

2. 维特根斯坦版私人语言论证(WPLA):

(2.1)私人语言的语词指称(refer to)只有言说人 S1 自己能够知道的东西,指称 S1 的直接的私有的感受。因此,另外一个人 S2 无法理解这种语言。①

(2.2)任何有认知意义的语言,无论是涉及指称还是理解,都需要公共的标准(public criteria)。

(2.3)由(2.2)可得,如果私人语言是一种有认知意义的语言,那么 S1 使用私人语词的任何指称活动,也需要公共的标准。

(2.4)任何具有公共标准的指称活动都是具有主体间性的(intersubjective)语言活动。

(2.5)任何具有主体间性的语言活动,都不仅能被该语言的某个言说者或使用者所理解,也能被该语言的其他言说者或使用者所理解。

(2.6)由(2.3)(2.4)(2.5)可得,如果私人语言是一种有认知意义的语言,那么除了 S1,其他言说者 S2 也能理解这种语言。

(2.7)由(2.1)(2.6)可得,私人语言不是一种有认知意义的语言。

(2.8)当且仅当一种语言具有认知意义,使用其语词进行的

---

① Wittgenstein, L., *Philosophical Investigations* (*2nd Edition*), trans. by Anscombe, G. E. M., Blackwell Publishers Ltd. 1958, pp.88—89, §243;[德]维特根斯坦著,陈嘉映译,《哲学研究》,上海人民出版社 2001 年版,第 135 页,第 243 节。

言说、指称和理解等言语活动才是可能的。

(2.9)由(2.1)(2.7)(2.8)可得,关于私人语言,不仅 S2 无法使用其语词进行言说、指称和理解,甚至连 S1 本人也无法使用其语词进行言说、指称和理解。

(2.10)言说(或理解)一种连言说者本人都无法言说(或理解)的语言,逻辑上是不可能的。

因此,

(2.11)由(2.9)(2.10)可得,私人语言逻辑上不可能。①

3. 纽拉特版私人语言论证(NPLA):

(3.1)统一科学的普适语言及其子集中的任何陈述,描述的只是某种"我们从物理学里得知的时—空次序"(the spatio-temporal order, the order that we know from physics)。②这种时—空次序可以"经由逻辑和数学中的符号序列来表达"(can be expressed by sign sequences in logic and mathematics)。③

(3.2)当且仅当一个陈述描述的是这种时—空次序,它才具有主体间性。④

(3.3)由(3.1)(3.2)可得,统一科学的普适语言及其子集都具有主体间性的特征。

(3.4)在现实中,任何一种具有主体间性语言的使用标准或交流规则的制定和形成,都与特定的社会团体活动密切有关,因

---

① 就我所知,维特根斯坦本人并未提出"私人语言论证"这种说法,也没有明确给出一个 WPLA。而且,目前学界关于 WPLA 的理解不仅存在众多分歧,甚至出现多个不同版本。这里给出的只是我关于 WPLA 的理解。我相信我的理解基本上可以体现出 WPLA 的关键之处。我关于 WPLA 的更具体的分析,参见王晓阳:《"私人语言论证"论证了什么?——维特根斯坦私人语言论证的一种简明解析》,《自然辩证法研究》2010 年第 5 期,第 14—18 页。

② Cohen and Neurath, p.54.

③④ ibid., p.62.

此统一科学的普适语言也具有社会性的特征。

【社会性与主体间性兼容(compatible)】

(3.5)私人语言仅由那些描述言说人 S1 自身心理感受的陈述所组成。

(3.6)依其定义,任何心理感受(包括自身的和他人的)都与时空次序无关,或位于时空次序之外,或不具有时空属性。

(3.7)由(3.2)(3.4)(3.5)(3.6)可得,私人语言既不具有主体间性也不具有社会性特征。

(3.8)言说人 S1 对于自身心理感受的任何变化的检查(check)都离不开主体间性的标准(如钟和尺)。或者说,对于任何一个指称自身心理感受的语词(如蓝色感的、硬感的、刺耳的)的有效使用和有意义言说(speak meaningfully),都不得不借助或使用具有主体间性的语言。①

因此,

(3.9)由(3.7)(3.8)可得,私人语言是不可能的。

4. 石里克版私人语言论证(SPLA):

(4.1)世界的基础构件无一例外地都属于同一种类型(type)的实体/实在(reality)。②

(4.2)作为一类独特的认知者,我们有两套不同的用来指称

---

① Cohen and Neurath, p.55; pp.96—97.

② 有明显证据显示,石里克支持这种一元论形而上学。他说"我们完全相信,宇宙中所有的质——一切存在——就它们都能通过量的概念形成为知识来说,都属于同一种存在(all the qualities of the universe ——all being whatsoever ——are of one kind in so far as they can be made accessible to knowledge by means of quantitative concepts)。在这个意义上说,我们欢迎一元论。只有一种实在(only *one* kind of reality),也就是说,我们在原则上只需要一种概念系统(we need in principle only *one* system of concepts to know all the things of the universe)来认知宇宙中的一切事物。并不存在不适合这一系统的其他种类的任何事物"(Schlick, 1974, p.326; M. [德]石里克著,李步楼译:《普通认识论》,商务印书馆 2005 年第 1 版,第 393 页)。

或描述实在的概念系统或语言:心理的和物理的。[①]

（4.3）**全部**实在原则上都能被自然科学的时—空的量的概念系统（即**物理学**的概念系统）来指称或物理语言所描述。而其中只有**部分**实在能被心理概念所指称或心理陈述所描述。[②]

（4.4）由（4.3）可得,凡是能被心理概念所指称或心理陈述所描述的实在,都能被物理的概念所指称或物理陈述所描述。

（4.5）如果实在被物理概念所指称或物理陈述所描述,则称之为物理对象（object）；如果实在被心理概念所指称或心理陈述所描述,则称之为心理对象、心理状态（state）或心理感受（sensation）。[③]

（4.6）私人语言仅由那些描述言说人 S1 自身心理感受的陈述所组成。

（4.7）由（4.5）（4.6）可得,描述言说人 S1 自身心理感受就是（is the same as）描述被某些心理概念所指称或心理陈述所描述的实在。

因此,

（4.8）由（4.2）（4.6）（4.7）可得,私人语言是可能的。

---

① 《普通认识论》,第 374—375 页。

② 同上,第 356—358 页。

③ 石里克将这种"同一个实体（即直接经验到的实体）可以被两种不同概念（心理学的概念和物理学的概念）来标示"的观点（one and the same reality——namely, that which is the immediately experienced——can be designated both by psychological concepts and by physical concepts）,称为"心—物平行论"（psychophysical parallelism）（Schlick, 1974, p.310;《普通认识论》,第 375 页）。他特别强调,他所说的心—物平行论或心理—物理的平行论是"基于纯粹的认识论的理由"得出的,"不是一种形而上学的平行论;它不是（像盖林克斯那样）指关于两种存在（being）的平行论,也不是关于一种实体有两种属性（像斯宾诺莎那样）的平行论,也不是关于同一种'本质'的两种形式的现象的平行论（像康德那样）。而是两种概念系统（即一方面是心理的概念系统,另一方面是物理的概念系统）之间的认识论的平行论（epistemological parallelism）"（Schlick, 1974, p.301;《普通认识论》,第 364 页）。

　　下面简要分析和比较上述四个 PLA。首先,我们来考察四个 PLA 的差异之处。第一,从整体思路或论证立场上看,我们可以将四个 PLA 分为如下三类:反对私人语言的——NPLA 和 WPLA;支持私人语言的——SPLA,以及不支持也不反对私人语言的——NCPLA。不难理解作出这样三类区分的理由。要言之,1.NPLA 和 WPLA 得出几乎完全一致的结论,即私人语言是不可能的。两者的区别仅在于,WPLA 的论证力度要强于NPLA(前者认为私人语言**逻辑上**不可能,而后者只是认为私人语言不可能)。2.由于 SPLA 明显是一个为私人语言可能性辩护的论证,因此不同于 NPLA 和 WPLA。3.NCPLA 的结论则只是私人语言不适合作为统一科学的普适语言,但我们并不能仅由 NCPLA 的这个结论进一步推出私人语言究竟可能还是不可能。可见,在有关私人语言的论证中,与上述三个 PLA 都不相同,NCPLA 所采取的乃是一种"中立的"立场。第二,从具体论证过程或关键论据上看,上述四个 PLA 也各不相同。要言之,1.NCPLA 关键论据在于,提出作为一种普适语言,必须要具有**主体间可证实性**的特征,而私人语言或现象语言却是主体间不可证实的,因此私人语言不是一种合格的普适语言。2.WPLA的关键论据在于,提出当且仅当具有某种**公共标准**,一种行为或现象才能被称作语言活动,才能获得有认知意义的理解。因此一种本质上不具有公共标准的语言,在逻辑上是不可能的,即私人语言逻辑上不可能。3.NPLA 的关键论据在于,提出一切语言活动(无论是物理语言还是私人语言)都具有**主体间性**的特征,即离不开具有主体间性的标准。然而依其定义,私人语言却是一种不具有主体间性的语言,因此私人语言是不可能的。4.与前三者相比,SPLA 有两个明显的不同之处:(1)SPLA 支持私人语言是可能的;(2)SPLA 明确区分出两个层面——形而上学层面和语言层面。在形而上学层面，SPLA 坚持一种实体一元论（substance monism），认为世界的本体基础或基本构件仅是一种终极实在（only one kind of ultimate reality）。在语言层面，SPLA 则坚持一种**纯粹认识论意义上**的心物平行论（psycho-physical parallelism）或概念二元论（conceptual dualism）。即 SPLA 认为，作为认知者或概念使用者，我们可以用两类不同的概念系统或言说方式（心理的和物理的）来标记或指称**形而上学上的同一个**（one and the same）终极实在。并且解释了，构成世界的那些物理对象和心理感受/对象各自的**认识论**形成过程（即什么是物理对象/状态，什么是心理对象/状态/感受）：物理对象就是被物理概念所标记或指称的实在，而心理对象则是被心理概念标记或指称的实在。因此，作为构成世界（world）的那些物理对象和心理对象，仅"存在于"认识论层面，或概念的使用过程中。它们（心理对象和物理对象）仅仅构成了（对象）世界，但不构成世界的本体基础，因为它们（心理对象和物理对象）不是终极实在（或终极实在的一部分）。①

其次，我们来考察这四个 PLA 有何共同之处。尽管上述四个 PLA——无论是整体思路或论证立场，还是具体论证过程或关键论据——之间的差异很明显，但不难看出，在**语言层面**，这四个 PLA 都支持或可引申出一个几乎一致的结论：**物理语言是普适的**。②因此我认为，一个似乎合理可接受的看法就是：正是因

---

① 在石里克看来，"物理世界**正是**用自然科学的量的概念系统来标示的世界（The "physical world" *is* just the world that is designated by means of the system of quantitative concepts of the nature sciences）"（Schlick，1974，p.301；《普通认识论》，第 364 页）。而心理世界则是用心理学的概念系统来标示的世界。

② 这里留有两个值得进一步考虑的问题：第一个问题是，维特根斯坦所理解的"物理语言"究竟是什么语言；第二个问题是，维特根斯坦所理解的"物理语言"是否可以**无一例外地**说尽全部实在。对于第一个问题，我认为**需要注意如下一个重要区分：前期维特根斯坦和过渡时期的维特根斯坦所理解的"物理语言"不同于后期维特根斯坦所理解的"物**（转下页）

为这个一致的结论(物理语言是普适的),所以我们应该将维特根斯坦和维也纳学派的上述核心成员一并归入物理主义的阵营。这样做也会使我们能够更恰当地理解(本文第一节所介绍的)那场有关物理主义优先权的争论。下面我来进一步解释这个看法。

三、物理主义：一致与分歧

在解释之前,需要先回顾一下本文开头提到的关于物理主义的定义,那就是"所有的(科学)陈述都可以翻译为物理语

(接上页)**理语言"。**因为文本显示,前期和过渡时期的维特根斯坦所理解的"物理语言"和卡尔纳普在《语言》一文中所说的物理语言十分类似。可以说,是一种满足可翻译原则的"物理学词汇"(the vocabulary of physics)。在这一点上,我们有理由认为前文所提到戴蒙德的判断是有一定道理的(Diamond, 2000, p.279)。由于某些原因(也许是为了与维也纳学派,特别是卡尔纳普等人进一步划清界限。这个问题需进一步考证,但已超出本文论述范围),后期维特根斯坦则几乎不再提到"物理语言"这种说法,而是转而常提"日常语言"这种说法。但是**我们有理由认为,后期维特根斯坦关于"物理语言"的理解实际上"隐藏在"他关于日常语言的说法之中。**即后期维特根斯坦**所理解的"物理语言"**其实就是一种"用以言说物理对象而非感觉材料的日常的语言"(the everyday language which spoke of physical objects, not sense-data),即"日常的物理语言"(everyday physicalistic language)。因此,后期维特根斯坦所理解的"物理语言"既不是卡尔纳普所说的"物理学的'系统的语言'"("system language" of physics)(Uebel, 1995, p.339),也不是石里克所说的可以用来标记全部实在的一种精确的和量化的物理学概念系统(《普通认识论》,第 356—358 页)。在这一点上,后期维特根斯坦与纽拉特的看法更为靠近。因为纽拉特所说的物理主义的语言"并不是什么新鲜玩意儿,而是类似于那种素朴的儿童和成人所日常使用的事物语言"(Cohen and Neurath, 1983, p.66)。在纽拉特看来,使用这种"物理的日常语言"(physicalist everyday language)乃是为了如下这个坚定的目的(set purpose):对这种语言的使用,会使得我们获得一种清晰的言说方式(a clean manner of speech)。其中,任何令人高度迷惑的"感觉欺骗"词汇(the highly confusing term "sense deception")都不将再出现(ibid., p.64)。可见,纽拉特所提倡的乃是一种广义的"物质的—事物—语言"(material-thing-language),而非仅局限于"物理学的词汇"(the vocabulary of physics)(Cat, J., *The Unity of Science*, in *Stanford Encyclopedia of Philosophy*, on the web at http://plato.stanford.edu/entries/scientific-unity/2013-09-02)。对于第二个问题,我的看法是,上述分析显示,尽管前期、过渡时期和后期的维特根斯坦关于"什么是物理语言"的具体理解发生了一个明显的变化,但是我们仍有理由认为,无论前期、过渡期还是后期,维特根斯坦始终没有放弃他关于"物理语言是一种可以无一例外地说尽全部实在",即"物理语言是普适的"这种观点。

言……因此，物理语言是一种可以作为全部科学的通用语言的的普适语言"①。这是卡尔纳普给出的关于物理主义的早期定义，实际上也成为了维也纳学派用以推进其"统一科学"事业的一个重要纲领，即"物理主义纲领"。

稍稍观察一下不难发现，作为一个"语言学论题"(linguistic thesis)，该纲领实际上也是一个十分"宽松"的检验指标，因为它**仅**从语言层面规定或解释了什么是物理主义，似乎并未(实质性地)涉及任何语言之外的其他维度(如形而上学维度)。也就是说，仅依据上述定义，我们有理由认为，一个观点 x 被认为是一个合适的物理主义观点，**当且仅当** x 同意物理语言具有普适性。

对此，有人可能会立刻提出如下异议：尽管物理主义纲领可以被看作一个语言学论题，然而很明显，在上述关于物理主义定义的引文中，除了"物理语言具有普适性"这个规定(可称之为"普适性规定"，以下简记为规定 1)之外，还有两个关系到物理语言的其他规定：一个是"所有科学陈述都可以被翻译为物理语言"，可称为"可翻译性规定"(以下简记为规定 2)。另一个是"物理语言可以作为全部科学的共同语言基础"，这称为"科学的语言基础规定"(以下简记为规定 3)。因此，如果一个观点 y 仅同意规定 1，而不同意规定 2 和规定 3 中的一个或全部，我们似乎还不能将 y 称为一种合适的物理主义观点。因为上述定义显示，规定 1 只是成为物理主义的一个**必要条件**，而非**充分必要条件**。因此，当且仅当一个观点 z 一并同意规定 1、规定 2 和规定 3，z 才算得上是一个合适的物理主义观点。对此异议，我的回应是，如果我们仔细考察规定 1、规定 2 和规定 3，则会发现三者之间存在一个根本的区别。而这个区别将使得我们完全有理由认

---

① Carnap, 1934，p.93.

为,规定 2 和规定 3 并不能算作成为物理主义的必要条件,只有规定 1 才是成为物理主义的充分必要条件。为什么这么说呢? 因为在我看来,上述异议忽略了一个十分关键的事实:规定 2 和 3 中都使用的同一个模态词"可以"。而这个模态词在规定 1 中并未出现。由此可见,规定 2 和规定 3 充其量只能是成为物理主义的两个**可能性**约束条件(可能条件),而非**必然性**约束条件(必要条件)。也就是说,严格地讲,遵照上述物理主义定义,只要一个观点**同意**规定 1,我们就应该将它称作一种合适的物理主义观点,**并且**,只要一个观点**不同意**规定 1——不管它同意再多的其他规定——我们都不应该将它称作一种合适的物理主义观点。可见,规定 1 的确是成为物理主义观点的充分必要条件。

现在我们应该明白,首先,如果我们严格按照上述物理主义的定义,无论维特根斯坦还是维也纳学派的上述几位核心成员,都理应被归入物理主义阵营。其次,上文显示,在几乎同一时期,由于维特根斯坦和维也纳学派的那几位核心成员都关注到了私人语言问题,虽说各自关于私人语言的论证立场和论证过程明显不同,但他们无疑都一致地认识到了物理语言具有普适性。因此不难理解,当卡尔纳普突然宣布自己的物理主义新思想时,难免要引发一场优先权争论了。最后,除了关于物理语言普适性问题和优先权的争议之外,我们也应该注意到如下这个重要事实:尽管维特根斯坦和上述几位核心成员一致同意物理语言具有普适性,但是他们之间关于物理主义的具体理解实际上存在着明显差异甚至严重分歧。① 通过上节对四个不同版本 PLA 的分析,我们已经看到一些关于物理主义理解上的早期差

---

① 甚至,维特根斯坦本人在前期、过渡时期和后期关于物理主义的理解也存在着一个明显的变化。详见本书第 103 页注释②。

异或分歧。

　　下面,我们简要考察一下这些早期的差异或分歧在多大程度上影响了我们今天关于物理主义的理解。首先,NCPLA 认为私人语言是主体间不可证实的,因而不能成为普适语言,但是仅由这一点并不能推出私人语言是不可能的(物理语言则是主体间可证实的,因而可以成为普适语言)。因此,如果要将物理语言用来作为一种统一科学的语言,那么就需要将那些不具备普适性特征的语言或陈述"翻译成"或(弱一点说)"还原成"物理语言。一旦我们找到某种合适的翻译规则或桥接规律,那么这种在语言或理论层面的翻译或还原过程就能实现。仅就语言层面或认识论层面而言,今天的还原物理主义(reductive physical-ism)——除取消主义(eliminativism)外,无论是行为主义(be-haviorism)、类型同一论(type identity theory)、分析的功能主义(analytical functionalism),还是(强)随附物理主义(strong su-pervenience physicalism)——都普遍地遵从这种"可翻译"或"可还原"的想法,即认为在心理的陈述和物理的陈述之间存在心理—物理转换规则或桥接规律。其次,NPLA 的关键是揭示出不具有主体间性的私人语言是不可能被有效使用的,而且具有主体间性的语言有且仅有一种,那就是描述时—空秩序的物理语言。但是 NPLA 又指出,这种物理语言的使用规则或标准是在使用特定的语言团体的社会实践活动中形成和变化的——科学活动也被看作是一种社会实践——因此物理语言也具有社会性特征。可见,纽拉特所认为的物理语言并**不局限于**物理学词汇,而是剔除了令人困惑的"感觉词汇"之后的日常事物语言。这种观点一方面对私人语言或现象语言采取了一种"取消"的立场,另一方面又将用来作为统一科学的语言看作是一种仅描述了时—空秩序的广义的日常的—社会的—事物语言,而非狭义的物理学语言。[①]不难发现，WPLA 和 NPLA 坚持着类似的物理语言观（有且仅有一种语言，即日常的—社会的—事物语言）（参见本书第 103 页注释②），两者的主要区别则在于论证力度有所不同。今天，我们似乎找不到跟这种物理语言观相对应或类似的物理主义观点。最后，与上述三种 PLA（NCPLA、NPLA 和 WPLA）相比，SPLA 有如下两个显著的不同：第一，在语言层面，又可进一步区分为两小点：（1）认为私人语言或现象语言是可能的。但同时又认为物理语言是普适的，可以用来作为统一科学的共同语言基础。（2）认为心理概念和物理概念之间有桥接规律或翻译规则，这是**可能的**。因为特定的心理概念（如疼痛）和特定的物理概念（C—神经激活）之间**有可能存在一种类型同一**（type identity）关系，即经由经验科学的研究来发现和确认这种同一关系不是不可能的。[②]如果心理概念和物理概念之间有可能是类型同一关系，那么心理概念和物理概念之间就有可能有桥接规律或翻译规则。第二，SPLA 有明显的形而上学一元论立场。以上论述显示，无论是 NCPLA、NPLA 还是 WPLA，都没有预设或暗示特别明显的形而上学立场，然而 SPLA 却明显预设了，世界的本体基础是一种终极实在。物理语言和心理语言则是描述同一类终极实在的两种不同的方式。而世界中的所有对象（既包括物理对象也包括心理对象/感受）无一例外地都是经由具体的陈述或概念所描述或标记的实在。可见，除了与上述三种 PLA 就物理语言具有普适性这一点具有共识之外，SPLA 还坚持着一种十分独特的语言观：语言层面的概念虽是

---

① 但是这又不同于今天标准的取消主义（eliminativism）对于感觉词汇或现象语言的看法。今天标准的取消主义观点认为，我们所用的感觉词汇是日常哲学（folk philosophy）中的词汇。但是随着科学的进步，这些感觉词汇终因过时（out date）而被抛弃，更精确的科学词汇将会替代它们。

② 参见《普通认识论》，第 362、384—389 页。

二元的(心理的和物理的),然而二元概念(心理的和物理的)之间则**可能是**类型同一的。很明显,在这一点上(语言或认识论层面),今天的类型同一论几乎完整地保留了这种概念二元的基本构想。①

本文首次刊发于《学术月刊》2014 年第 11 期

---

① 在形而上学层面,今天的物理主义与早期物理主义相比有很大的变化。如上所述,除了石里克版本的物理主义(SPLA 所支持的物理主义)外,早期的物理主义都没有明显的形而上学立场。而今天的物理主义除继承了古老的唯物主义传统之外,还在不断吸收当代科学(尤其是基础物理学、现代宇宙学、神经科学等)的研究成果,因此有非常浓重的形而上学和经验科学的双重色彩。总之,物理主义的形而上学基础是一个很重要的问题,但已超出了本文论述范围,需另文论述。

论现象概念

——解析当前物理主义与反物理主义争论的一个焦点

一

在心灵哲学的领域中,物理主义(physicalism)与反物理主义(antiphysicalism)的争论一直十分激烈。限于篇幅,本文并不打算详细梳理这些争论,而是着力考察被众多物理主义者看好的概念二元论(conceptual dualism)。简言之,概念二元论一方面坚持本体论层面只有一种事实(fact),另一方面又认为关于该事实的知识可有两种:物理知识(physical knowledge)和现象知识(phenomenal knowledge)。构成物理知识的是物理概念(physical concept),构成现象知识的是现象概念(phenomenal concept)。由于这两种知识间不存在任何桥接规律(bridge law),因此不能相互还原(irreducible)。本文打算首先分析现象概念引起关注的主要原因。其次,本文参考最新的研究文献,对现象概念的三个基本特性进行考察,概述了物理主义和反物理主义围绕现象概念而进行的主要争论;在此基础之上,本文试图归结出一条约束现象概念与其指称之间关系的硬信念原则(hard belief principle, HBP)。最后,本文还简略探讨了围绕现象概念的争论对于我们理解物理概念带来的一些可能影响。

二

现象概念最初很可能是为了应对杰克逊(Frank Jackson)知识论证(knowledge argument)对物理主义的攻击而被提出来的(Jackson，F.，1982，pp.127—136；1986，pp.291—295)。知识论证说的是，设想某人(比如玛丽)从出生起就被关在一间房子里，一切摆设和布置都是黑白色的。玛丽可以通过一台黑白电视机(或书本等)学习各种(广义)物理学知识，当然也包括各种关于颜色的光学和神经学知识。杰克逊问：假使玛丽学会了全部的物理学知识后被释放出来，看到真正的西红柿时，会有什么不同感受？根据我们的直觉，一般会认为玛丽将感到惊讶。杰克逊指出，这种惊讶可能是由以下两个因素导致的：第一，当看到真正的西红柿时，玛丽获得了一个全新的感受(sensation)，这是一个玛丽在黑白房间里完全没有体验过的感受。第二，由于物理主义的一条基本信念是：物理知识具有完备性(completeness)，即物理知识是关于一切事实的知识，然而，即使玛丽掌握了全部物理知识，她也无法描述这个新感受。因此杰克逊认为物理主义是错误的。知识论证引发了物理主义和反物理主义之间形形色色的争论。其中，概念二元论是目前众多物理主义者在应对反物理主义攻击时常采取的一种立场。一般认为，劳尔在《现象状态》(phenomenal states)一文中对知识论证的回应，让人们开始关注到概念二元论。劳尔认为，本体论层面的事实只有一种，被放出来后的玛丽实际上学到的只是一种新知识，即被放出来前的玛丽学会的只是关于西红柿的物理知识，被放出来后的玛丽又学会了关于西红柿的现象知识。全新的感受只是被放出来后的玛丽在运用特定现象概念来指称西红柿这个事实的过程中,西红柿对于被放出来后的玛丽的一种现象呈现模式(phenomenal mode of presentation)。①因此,即使被放出来前的玛丽没有上述全新感受,也没有现象知识,但是物理主义者仍然可以坚持物理知识是关于全部事实的知识。这样看来,概念二元论似乎可以化解上述反物理主义关于物理知识完备性的攻击。但是这里存在一个疑问:如何能说这两种概念指称的是同一个事实呢? 劳尔注意到了这一点。他试图借助格式塔心理学的研究成果来解答这个问题。他认为,根据格式塔心理学的研究,我们知道,如果让受试者观看某种两可图(如鸭兔图),则受试者对于同一物理图形将交替出现两种有意识的知觉,因此受试者对于同一个物理图形可有两种不同的描述(即"这是一幅关于鸭子的图形",或者"这是一幅关于兔子的图形")。劳尔认为,这表明受试者对于同一图形具有两种不同的识别能力(recognitional capacity)。他又进一步指出,由于我们具有某些特殊的识别能力,因此能够用两种不同的概念指称同一个事实,即现象概念和物理概念实际上是指称同一些属性(the same properties)的两种不同的识别概念(recognitional concept)。②换句话说,劳尔

---

① 下文对现象呈现模式有详细论述,出于写作原因,这里暂不展开。

② 这里需要提醒两点:1.劳尔这里用"同一些属性"的意思是指"属性集合体",即现象概念和物理概念所共同指称的事实。2.对于概念二元论来说,"现象属性"和"物理属性"的本体论地位是不同的。概念二元论认为,事实只有一个,属性也只有一类,而在语言层面却有两类相互独立的概念。因此,现象属性是某人(比如玛丽)应用现象概念来指称特定事实的时候,作为该现象概念的指称仿佛具有的一种"特殊属性"。换句话说,这时候玛丽正在体验着某种现象经验,该现象经验仿佛是由上述事实本身所具有的一种"现象属性"所激发的(be activated)。简言之,在概念二元论看来,现象属性不具有本体论上的独立地位,而是仅在玛丽应用现象概念的指称活动中才存在(详见本文第五部分提到的构成说明)。物理属性则有两层意思:(1)从本体论层面来说,物理属性是事实本身具有的唯一一类属性,或者事实是物理属性的集合体(劳尔在此想表达的就是这层意思)。(2)从语言的使用层面来说,概念二元论者认为,现象属性仅存在于玛丽应用现象概念的指称活动中,因此是一种主观属性(subjective property),而物理属性被认为可以独立于任何指称活动,因此是一种客(转下页)

认为现象概念和物理概念之间是一种格式塔转换关系 现象概念和物理概念指称相同,但又是格式塔式不可还原的(irreducibly gestalt)的两种概念(参见 Loar, B., 2002, p.298)。

我们认为,劳尔的上述处理方案至少存在如下两个缺陷:不当类比(false analogy)和现象概念的奇特性(the peculiarity of phenomenal concept)。正是这两个缺陷引发物理主义与反物理主义之间关于现象概念的激烈争论(参见 Balog, K., 2007, pp.12—18)。先说不当类比。在两可图观察实验中,尽管图形不变,但受试者对图形的知觉交替改变,即受试者实际上是通过两种不同的知觉方式知觉到同一个物理图形的,而不同的视知觉方式实际上激活(activate)的是脑中不同的神经回路而不可能是同一神经回路。因此从本体论层面而言,受试者关于两可图的不同描述方式应该分别对应着两个不同的物理状态(即两个不同的事实)。比如:在鸭兔图实验中,当受试者知觉到"鸭"时,对应的物理状态是"该图形的物理状态和激活的特定神经回路"(以下称为"物理状态1"),当受试者知觉到"兔"时,对应的物理状态是"该图形的物理状态和另一个激活的特定神经回路"(以下称为"物理状态2"),随着受试者交替报道"知觉到鸭"或"知觉到兔","物理状态1"和"物理状态2"也随之交替出现。要之,从本体论层面而言,两可图实验表明受试者其实是两种物理状态(事实)对应两种不同描述方式,而概念二元论却要求受试者是一种物理状态对应两种不同描述方式(即一个事实对应两种知识)。可见,两可图实验并不满足这种类比需求。因此,劳尔借用格式塔心理学中关于两可图的研究成果来解释现象概念

(接上页)观属性(objective property)。但是,帕皮纽(Papineau, D., 2002)等人指出,概念二元论从语言层面的这一区分看似合乎常识,其实也是有问题的,参见本文第五部分结尾处提到的"主客视角困惑"。

和物理概念之间关系的类比论证是不能成立的。为避免此缺陷,目前概念二元论者尝试从认知机制(Carruthers,P.,2004,pp.316—336)和语义结构(Balog,K.,2006;Loar,B.,2002;Papineau,D.,2002;2007)两个层面来重新解释概念(包括现象概念和物理概念)和其指称之间的关系。详见本文第五部分的相关论述。

三

现象概念的奇特性主要体现为三个方面:1.孤立性(isolatism)。查莫斯(David Chalmers)设想了一种在生理—物理层面和人类完全一样,但是却没有任何意识经验(conscious experience)的僵尸(zombie)(Chalmers,D. J.,1996)。亚布罗(S. Yablo)(Yablo,S.,1999)和布洛格(K.Balog)(Balog,K.,1999,pp.497—528)等人在回应僵尸论证(zombie argument)的过程中,揭示出了这一点。2.指称物在场(the present referent)。当且仅当特定指称活动正在发生时,思想者运用现象概念来把握(grasp)其指称物才是可能的。①3.首尾相接(ouroboros)。现象概念和它的指称(reference)之间具有如下一种奇特的关系:现象概念是一种特殊的识别概念,它的指称是在运用现象概念的指称活动中被构成的(be constituted)。这个特征在固定(fix on)一个现象概念指称的过程中起着十分关键的作用。(参见Balog,K.,2007,pp.15—17)

先分析孤立性。僵尸论证能从两个层面来攻击物理主义,

<hr>

　　① "思想者"(thinker)是指使用概念来指称特定事实的有意识活动者。

大致思路如下:从本体论层面攻击,或者从知识论层面攻击。①先说前者,从本体论层面而言,由于僵尸是可以想象的,依据一条从可想象性(conceivability)可以推出(entail)可能性(possibility)的基本原则,则僵尸可能存在。我们知道,按照僵尸论证中对僵尸的定义:僵尸是一类在物理层面和人完全一样,只是缺乏意识(consciousness)的创造物(creature)。又由于物理知识只能描述物理事实,而按照上述对僵尸的定义,意识并不属于物理层面(即,意识不是一种物理事实),因此我们无法给出关于意识的物理知识,可见,物理知识并不是关于全部事实的知识。再说后者,从知识论层面而言,若承认现象知识,则概念二元论就有责任提供关于"现象知识为何存在"的物理解释,然而,即使掌握全部物理知识也无法判断包含现象概念的陈述的真假。因此,"现象知识为何存在"这一点无法获得物理解释(关于从知识论层面来攻击的进一步论述,参见下文的"知识鸿沟")。一些反物理主义者据此认为,以上两个方面均表明了物理主义是错误的。(参见 Chalmers, D. J., 1996;2007)

针对反物理主义者借助僵尸论证从上述两个方面来攻击物理主义,概念二元论者的回应大致有以下三种:回避方案[Gendler, T. and Hawthorne, J. (eds), 2002;黄益民:《心灵哲学中反物理主义主要论证编译评注》,第 16—22 页]、同一方案(Papineau, D., 2002)和消解方案(Balog, K., 1999, pp.497—528; Yablo, S., 1999, pp.3257—3262)。前两种方案目前存在较大争议,而消解方案则被不少人看好。限于本文篇幅和主题,下面

---

① 相对于直接从本体论层面的攻击,目前许多反物理主义者更热衷于从知识论层面入手来攻击物理主义(但这么说并不意味着这些攻击仅仅试图局限在知识论层面。对这些反物理主义者而言,从知识论层面的攻击很可能仍然是为了最终"过渡到"对本体论层面的攻击)。下文会谈到查莫斯(Chalmers, D. J., 2007)最近提出的"知识鸿沟"。这是从知识论层面来攻击物理主义的僵尸论证的一个进化版本。

仅简单介绍消解方案（对前两种方案的论述，参见王晓阳：《意识研究：一项基于神经生物学立场的哲学考察》，第 50—52 页）。亚布罗（Yablo，S. 1999，pp.455—463）和布洛格（Balog，K.，1999，pp.497—528）分别提出应对僵尸威胁的消解方案（尽管两人在具体论证过程和技术上存在差异，但是都试图借用维特根斯坦私人语言论证的基本思路来消解僵尸的威胁）。[①]该方案的大致思路如下：首先指出，对任何现象概念的使用都是一种第一人称的直接使用（the first-person direct use）。再进一步指出，任何一种第一人称的使用都预设了该种使用与某些可公共观察的行为（物理行为）之间有某种联系，而这些物理行为为概念的第三人称使用（the third-person use）提供了公共的标准。最后认为，只要承认这种与标准有关的联系（criterial connection），那么就可以排除掉僵尸存在的可能情况（参见 Balog，K.，1999，p.500；2007，p.7）。可见，消解方案的关键在于：指出现象概念是一种从第一人称视角直接使用的概念，而僵尸论证中对现象概念的使用却采取了（至少预设了）第三人称的视角。由于公共标准缺失，僵尸实际上只是对现象概念的一种不恰当使用而生的误解，这样就可以消解掉僵尸论证的威胁。不难察觉，消解方案具有两面性：一方面，这体现出了一种语义上升（semantic ascent）的处理技巧：既避开了可想象性与可能性之间的纷争，又能够解除僵尸论证的威胁。另一方面，这一消解方案却揭示出现象概念的一个奇怪特征——孤立性。因为现象概念乃是一种只能从第一人称视角去把握和使用的概念，缺失与物理世界（或物理概念）的任何联系。换句话说，由于第一人称的视角排除掉了任何其他主体有效使用和把握特定现象概念的可能性，因此，

---

① 对维特根斯坦私人语言论证的论证策略及论证结构的具体分析，可以参考王晓阳：《"私人语言论证"论证了什么——维特根斯坦私人语言论证的一种简明解析》，第 14—18 页。

这种具有主体性特征的现象概念也可以被称为一种私密的现象概念(private phenomenal concept)。对此,查莫斯有一个最新回应。他指出目前几乎所有概念二元论者都面临一个"两难抉择"(dilemma)(参见 Chalmers, D. J., 2007, pp.172—179)。简言之,查莫斯先确立一个概念二元论者普遍可以接受的前提:相信人类具有感受(意识经验),而且认为有一种关于人类感受的论题 C (thesis C)。其次,若僵尸存在,根据僵尸不具备人类感受这个前提,则对一个僵尸物理主义者(zombie physicalist)来说,C 不是一个物理论题。又由于僵尸世界(zombie world)与现实世界(actual world)在物理上完全一样,因此对物理主义者(physicalist)来说,C 也不是一个物理论题;另一方面,若僵尸不存在,则对于物理主义者来说,C 是一个物理论题,但若是这样的话,C 就无法解释关于人类感受的知识处境(epistemic situation)了。这里"关于人类感受的知识处境"的意思是:概念二元论者认为,具有两种概念上相互独立(不可还原)的关于人类感受的知识(即现象知识和物理知识)。因此概念二元论者面临如下一个两难抉择:要么接受 C 不是一个物理论题;要么接受 C 是一个物理论题,但无法解释关于人类感受的知识处境。无论选择哪一个(仅有这两个选项),查莫斯认为都将表明物理主义是错误的。选择前者,意味着直接承认关于人类感受的知识是非物理知识,因此物理主义是错误的;选择后者,意味着承认关于人类感受的知识处境没有物理主义解释,因此物理主义也是错误的。或者弱一点说,即使这样的知识处境对物理知识是描述全部事实的知识这一点不构成致命威胁,但至少也表明了物理知识是"有缺陷的"。因为无法解释关于人类感受的知识处境。这样,查莫斯就再次使得概念二元论陷于一种新的困境。这种关于感受的知识处境,也被查莫斯称为一种"知识鸿沟"

(epistemic gap)。列文(Joseph Levine)(Levine，J.，2007)也表达了类似观点:由于概念二元论相信关于同一种感受存在现象和物理两种解释,并且也相信现象解释是通过亲知(acquaintance)方式获得的,这与物理解释的获得方式不同。然而关于亲知的实质性(the substantivity of acquaintance),以及亲知知识和非亲知知识之间的实际差异,不可能有任何通过非亲知方式获得的物理解释。因此概念二元论实际上面临一个无法应付的"解释鸿沟"(explanatory gap)。

四

下面分析指称物在场。当我们考察现象概念和物理概念如何把握(grasp)特定指称物的时候,发现两者有这样一个明显的区别:从本体论层面而言,当我们用一个物理概念来把握一个物理事实时,这个物理事实并不位于特定思想者的有意识活动中,而是位于思想者的该意识活动之外。然而,当我们用一个现象概念来把握特定指称物的时候,这个指称物(不管是不是一个物理事实)必定与思想者特定的有意识活动密切相关,并且该指称物一定在场(at present)。①例如,思想者可以用"牧羊犬"(Y)这个物理概念来指称某种四足哺乳类动物(Y*),Y* 显然外在于 Y 的思想者的意识活动,而且 Y* 即使不在场,也丝毫不影响上述指称活动,我们都可以理解思想者在说什么,因为我们总能找到某种公共标准来把握到 Y*。②以上的分析甚至对于某些指称

---

① 这里,"在场"(at present)的意思是:当且仅当在现在时态(present tense)中,为应用现象概念的思想者本人所具有,并且不为其他思想者(other thinkers)所具有。以下的具体分析会使我们明白这一点。

② 为了论述的需要,我将用大写字母代表现象概念或物理概念,用大写字母加上上标"*"或者"**"来代表现概念或物理概念的指称物。以"我现在经验到某种疼痛"(转下页)

非现实世界存在物的概念同样有效。比如,飞马、当今法国国王等等。因为我们可以在某些可能世界里找到他们的指称物,所以这些概念的指称物不仅外在于思想者的意识活动,而且不需要这些非现实世界的存在物在场,我们仍然可以找到公共标准来实现成功交流与指称。但是,当思想者用"红质"(redness)这个现象概念来指称自己的某种意识经验(conscious experience)F^*时,不管 F^* 是什么,它必定在场。否则,这一指称过程是不可能实现的。换句话说,对于思想者本人而言,F^* 必定是某种正在被经验着的感受,而不可能是某种曾经经验过或将要经验到的感受。因为,如果思想者试图用"三年前所经验过的某种疼痛 P"这个短语来指称自己三年前经验过的某种感受 P^{**},那么实际上他此刻正在经验的**只能是**"此刻的疼痛 P"这个短语所指称的自己此刻的感受 P^*,而非 P^{**}。类似地,如果思想者试图用"一种期待已久的香味 G"这个短语来指称自己过去所期待的某种感受 G^{**},那么实际上他正在经验的也**只能是**"此刻的香味 G^*"这个短语所指称的自己此刻的感受 G^*,而非 G^{**}。

上述有关现象概念的指称物在场特性的论述,很可能会引起如下一种疑问:如果现象概念的指称物具有在场性特征,那么对于一个"当下并没有某种特定现象感受的思想者"来说,在使用包含过去时态以及某个现象概念的短语时,该短语中的现象概念的指称物究竟是什么呢? 例如,"我三年前曾经验过某种疼痛 P"。这是一个包含现象概念"疼痛"P 和过去时态"三年前"的

(接上页)和"我三年前曾经经验到某种疼痛"这两个现象概念语句为例。在前一句中,用 P 代表现象概念"某种疼痛",用 P^* 代表"我现在经验到某种疼痛"这个包含现象概念的现在时态语句中 P 的指称物。在后一句中,用 P^* 代表现象概念"某种疼痛",用 P^{**} 代表 "我三年前曾经经验到某种疼痛"这个包含过去时态的语句中 P 的指称物。类似地,在"我正坐在书桌旁"这个包含物理概念的语句中,用 Z 代表物理概念"书桌",用 Z^* 物理概念 Z 的指称物的

语句。假定存在一个使用该语句的思想者并且他本人当下并没有经验到 P*，那么，P 这个现象概念的指称究竟是什么呢？一种看似自然的回答是：尽管该思想者当下没有经验到 P*，但是只要该思想者具备某种"回忆能力"，那么他就能回忆起自己三年前曾经经验过的 P**。因此，P 的指称物应该是该思想者三年前的 P**。我认为，这种"回忆说"是有问题的。因为我们可以继续问：该思想者如何能够确定自己的回忆过程没有出错呢？这应该是一个不能回避的问题。然而，该思想者似乎又不可能找到任何可以用来确定自己的回忆是否正确的公共标准的。①因

---

① 关于不能找到标准这一点，可能会有如下两种异议：（1）第一种异议。对于思想者本人而言，他也许可以通过记笔记的方式来做到这一点（找到标准）。例如，在 t1 时刻，当该思想者经验到 P* 时，他就立即在笔记本上把这种疼痛感受记录下来，他可以用"在 t1 时刻，我有一种疼痛感 P"这个现象概念短语来记录自己 t1 时刻的那种疼痛感受 P*。当该思想者 t2 时刻又有 P* 出现时，他又立即在笔记本上把这种感受记录下来，这次他用"在 t2 时刻我有一种疼痛感 P"这个现象概念短语来记录自己 t2 时刻的同样的疼痛感受 P*，以此类推，每当该思想者有 P** 出现时，他都可以用语句"在 tn 时刻，我有一种疼痛感 P"（n 可以是任何一个自然数）来记录下自己当时的那种疼痛感受 P*。因此，在 t1 以后的任何时间，只要该思想者查找该笔记上的记录，似乎都可以确定是否同一种感受 P* 又出现了。然而我认为，这种说法并不符合实际的情况。因为实际情况是，对于一个当下并没有经验到 P* 的该思想者而言，他在笔记本上能查到的只是一条条"在 tn 时刻，我有一种疼痛感 P"（n 可以是任何一个自然数）这样的语句。尽管对于该思想者而言，这些语句毫无疑问是有关 P* 在不同时刻出现时的一条条如实的记录，但是，显然，如果该思想者此刻确实并没有经验到 P*，即使他此刻可以使用"我此刻有一种疼痛感 P"这样的语句，他显然也是不可能明白该语句中 P 究竟指称的是什么。换句话说，对于此刻没有经验到 P* 的思想者而言，任何有关感受 P* 的文字等记录都是毫无帮助的。（2）第二种异议。借助物理仪器（比如，十分先进的脑扫描仪）来记录下每一次出现 P* 时，该思想者的脑神经状态。假定对于特定的思想者而言，当他经验到 P* 出现时，相对应的该神经状态为 N1。以后，只要脑扫描仪显示该思想者脑神经状态为 N1，则可以断定该思想者又经验到 P*。这种借助物理仪器的方法似乎为思想者本人（以及其他思想者）确定某种感受（如 P*）是否存在或再现，找到了评判的公共标准。我同意这种说法，但是提醒三点：（1）同意这种说法的一个必要前提是，我们必须接受一个意识活动与神经活动之间具有"相对应关系"的假设。即，特定的意识活动 M 总是对应特定的神经状态 N。这条"心物对应关系假设"也是认知界关于意识的科学研究工作中的一个最基本假设。我目前接受这个假设，但据我所知，并不是所有人都愿意接受这个假设。例如，前面已经介绍过的"僵尸论证"，以及休梅克（shoemaker）（Shoemaker, S., 1982, pp. 357—381）的"颠倒光谱"论证（the inverted spectrum）正是挑战这条基本假设的。（2）即使接受"心物对应关系假设"，并且借助先进的物理仪器最终可以找到判断感受是否再现的标准，我认为继续承认现象概念的指称物具有在场性这个特征仍然是合理的。理由如下：首先，假定（转下页）

为"回忆起一种过去的感受"这个过程是一个完完全全的私人的过程。这儿我们需要区分两种不同类型的"回忆":感受回忆和事情回忆。"回忆起一种过去的感受"(感受回忆)完全是一个私人的过程,并不存在任何判断这种感受回忆过程是否正确的

(接上页)当一个思想者说"我三年前曾经经验过 P"这个过去时态语句时,P 指称 P*,并且同时,我们借助脑扫描仪发现,该思想者的神经状态为 N1。再假定该思想者说"我此刻正经验着 P"这样一个现在时态语句时,P 指称 P*,并且同时,我们借助脑扫描仪又发现,该思想者此刻的神经状态也为 N1。由于在上述两种情况下,借助脑扫描仪发现,该思想者的神经状态实际并没有发生任何变化(都是 N1),按照上述"心物对应关系假设",我们有理由认为,对于该思想者而言,在包含 P 的过去时态(三年前)语句中和包含 P 的现在时态语句中,P 的指称物是同一的,即 P* = P**(因为按照心物对应关系假设,P* 对应于 N1,并且 P** 也对应于 N1,又因为 N1 = N1,所以 P* = P**)。其次,考虑思想者此刻没有经验到 P* 这种情况。我们可以用一个包含 P 的否定语句 S 来表述这种情况(有关现象概念否定语句的分析,可以参见王晓阳:《意识研究:一项基于神经生物学的哲学考察》,第 56 页,注释 43)。S: I don't feel P. 这个否定句 S 实际上有两层意思:S1: I feel Q. 以及 S2: I feel nothing at all. 前一句(S1)的意思是"我此刻正经验到一种有别于 P 的 Q"。这显然是一个包含现象概念 Q 的现在时态语句,其中 Q 的指称物是 Q*,Q* 是在场的。后一句(S2)的意思是"我此刻没有经验到任何感受"。对于 S2,我认为至少可作如下两种理解:S2′: I have not any feel at all. 以及 S2″: My feel doesn't change at all. S2′的意思是"我此刻没有任何感受"。S2″的意思是"我此刻的感受(假定为 P)并没有发生任何的变化"。S2′体现了思想者坚持认为自己此刻没有任何 feel* 这样一种情况。这意味着,在 S2′中,现象概念 feel 没有任何指称物,即思想者对现象概念 feel 的应用是无效的。因此,S2′是无意义的(nonsense)。我们还可以换一种方式来理解 S2′:若我们相信,任何运用现象概念的指称活动都是一种有经验感受的意识活动,那么就不可能存在一种没有任何经验感受的现象概念指称活动。然而,S2′却是对这样一种不可能存在的指称活动的表述,因此 S2′是无意义的。对于 S2″"我此刻的感受 P 并没有发生任何的变化"这样一个现在时态语句,P 的指称物 P* 显然是在场的。总之,上述分析表明,对于一个宣称自己此刻没有感受 P* 的思想者而言,他的感受状态有且仅有如下三种:〈A〉他此刻的感受是一种不同于 P* 的 Q*,Q* 是在场的;〈B〉他对于现象概念 feel 的使用是一种无效的使用,因为这是一种没有任何经验感受的现象概念指称活动,在这里,现象概念仅仅是作为一个毫无认知意义的符号,被思想者提及了;〈C〉尽管这里可能被认为存在一个"现在的感受 P 和过去的感受 P 的比对过程",因为 S2″("我此刻的感受 P 并没有发生任何的变化")也可以被理解为"我现在的感受 P 和以往的感受 P 是一样的"。但是显然,这种感受比对过程得以可能的一个必要前提是,思想者必须接受"心物对应关系假设",并且借助物理仪器。另一个必要前提就是,思想者此刻的感受 P* 必须是在场的。(3)以下关于"回忆说"和"感觉比对过程"的分析,并不考虑接受"心物对应关系假设"和借助任何先进的物理仪器的那种罕见情况。因为刚刚的分析已经表明,即使考虑那种罕见情况,继续坚持现象概念指称物在场性这个特征仍然是合理的。所以,不再赘述。以下着重分析的是,在仅仅凭借自身的回忆、想象、内省等意识活动的情形中,思想者运用现象概念,以及把握现象概念的指称物的常见过程。我将考察这些日常生活中十分常见的过程是否真的可行。

公共的标准。而"回忆起一件客观的事情"(事情回忆)尽管也是一个只能靠思想者自身来完成的一个过程。但却能够找到判断思想者本人对于该客观事情的回忆是否正确的公共标准。因为客观事情的参与者往往并不只有思想者一人,可能还有其他的参与者。所有这些参与者(包括思想者本人)关于该客观事情的描述都具有同等的认知效果。再说,关于该客观事情的发生很可能也存在着各种的客观记录(比如文字、声音、影像等等)。简言之,"感受回忆"是一个完全私人的过程,既缺失人证,也缺失物证,没有判断正确与否的标准;而"事情回忆"尽管也只能靠个体来完成,却往往可以找到人证和物证,有判断正确与否的标准。退一步说,即使 P 的指称物是思想者三年前的 P**,上述分析已经表明,"回忆说"是无法合理地解释这一点的。那么,关于"P 的指称物是思想者三年前的 P**"这个回答,是否存在别的解释呢? 这是一个关键的问题。因为,如果存在别的合理解释,那么"P 的指称物是思想者三年前的 P**"这个回答仍然有可能是正确的(暂不考虑物理仪器等情况)。在为上述回答寻找可能合理的解释之前,让我们来考察另一个相关的问题:为什么 P 的指称物既可以是 P*(在包含现在时态的现象概念短语中),也可以是 P** 呢(在包含过去时态的现象概念短语中)? 举例说明,对于一个具备正常认知能力的人(王五)而言,如果他此刻不小心被水果刀割伤了手指,他既可以说"我现在经验到一种疼痛感 P",也可以说"对了,我想起来了! 我三年前曾经经验过这种疼痛感 P"。在这个王五的例子中,前一个语句(仅仅是现在时态)里面,P 指称的是王五当下的一种疼痛感受 P*。后一个语句(过去时态)里面,P 指称的似乎是王五三年前的一种疼痛感受 P**。但是一个语句中还包含一个感叹句"对了,我想起来了!"这个感叹句似乎暗示这里存在一个"快速地"比对过程:王五割伤了手指,当下经验到 P*。王五三年前也曾经历过同样或类似的事情(即割伤手指这类事情),当时(三年前)经验过 P**。在王五的意识中,他似乎快速地将 P* 和 P** 比对了一下,发现两者(P*,P**)原来是一样的,因此,他才恍然地说出"对了,我想起来了! 原来我曾经经验过这种疼痛感 P"。这里,对于王五而言,"P 既可以指称 P*,也可以指称 P**"的原因是,两者(P*,P**)是一样的。然而我们的问题是:仅仅凭自己的意识活动,王五如何能确定两者(P*,P**)是一样的呢? 在这种情况下,王五并没有借助任何外在的评判标准。他凭借的仅仅是自己内在的意识活动。也就是说,仅仅凭借自身的内省意识活动,王五就认为 P* 和 P** 是一样的。换句话说,感受同一的判断(如,P* = P**)既不同于数学命题或逻辑命题等价的判断,也不同于有关外部世界的经验命题是否言说的是同一事实的判断,因为实际上,王五完全不可能找到判断他的两个感受(P*,P**)是否同一的任何外在的公共标准。尽管如此,但在现实生活中,王五似乎仍会坚信自己的两种感受(P*,P**)是一样的。在现实生活中,如果王五是一个具备正常认知能力的人,并且我们相信在王五跟我们说话时,他正处在一种和我们这些听者相似的意识情形的状态,那么我们中大多数人应该会认可王五的这种说法。并且,作为具备正常认知能力的思想者,我们也常常会像王五那样说话。每天,我们都会运用各种现象概念语句来比对自身的两种感受之间的异同点,也会频繁地比较自身与他人之间感受的异同。在我们的日常生活中,这种"感受比对"过程是如此自然和频繁地发生着。尽管从实际的认知活动发生的层面而言,这种"感觉比对"过程是没有任何判断的标准的,但由于这一过程在我们的日常生活中是如此地常见,我们似乎也不能把它仅仅当成一种毫无价值的活动而拒斥,或者干脆当成一种普遍的幻觉(illusion)。对此,我的建议是这样的:对于"感受比对"过程,我们不能仅仅局限于从认知层面揭示它是如何运作的,还需要对这种在日常生活中频频出现的现象给出某种令人满意的解释。我能想到的一种解释就是,从日常的生活层面讲,"感受比对"过程呈现出的是人们运用现象概念的一种日常模式,在这种日常模式当中,思想者的"回忆"能力(以及想象、内省等意识能力)似乎起了很关键和重要的作用。然而从认知活动上讲,由于标准的缺失,思想者试图只借助"回忆"等意识能力来操作的"感受比对"的过程,乃是一件"不可能完成的任务"。换句话说,现象概念的日常运用模式只是一种人们在日常生活中表达经验感受的"习以为常的做法"而已,真实的认知过程并不是这样发生的。换句话说,从认知活动的层面讲,对于一个坚信自己"关于自己过去的经验感受"的言说是有意义的,并且具备正常认知能力的意识清醒的思想者而言,他运用现象概念来把握指称物的过程只可能是在当下发生的。也就是说,在包含过去时态和现象概念的语句中,不但思想者运用现象概念把握指称物的过程是一个当下发生的过程,而且该语句中现象概念的指称物也一定是当下的。这种说法实际上也是前面有关现象概念的"在场性"特征的另一种描述。

上面详细分析了包含过去时态和现象概念的语句。为论述的完整,下面简要说一下其他情况(如,包含将来时态的现象概念语句,包含想象情景的现象概念语句等等)。需要先提醒一下,由于上面对包含过去时态和现象概念的语句的论证,基本上也适用于下述情况,限于篇幅,下面我就不再分别一一论证(有兴趣者,可以自己参考对包含过去时态和现象概念的语句的论证来做类似的分析)。

124　　　包含将来时态的现象概念短语,至少可以区分出如下两种情况：(1)如果某种感受 W* 尚未出现，思想者却试图用"将要经验到的一种从未经验过的恐怖感"这一短语来指称 W*，那么这是不可能的。因为实际上这个短语没有任何指称。(2)如果某种感受 V* 正在出现或"曾经出现过"，思想者却试图用短语"将要经验到一种和现在正在经验的感受一样的感受"或短语"将要经验一种过去经验过的感受"来指称某种将来的感受 V**，那么实际上他正在经验的都只是"此刻出现的感受"这个短语所指称的他此刻的感受 V*，而非 V**。还有一种想象的情况需要注意。例如，某人(思想者)一直爱吃红烧肉。但是由于某种原因(比如：猪肉价格飞涨加上生活拮据)，好久没舍得吃红烧肉了。现在没有红烧肉吃，只能想象一下红烧肉的美味。在这种想象情况下，如果思想者试图用"想象的红烧肉的美味"这个短语来指称他过去品尝过的某种红烧肉的美味 H**，那么实际上他正在经验的也只是"我正在经验的红烧肉的美味"这个短语所指称的他此刻的感受 H*，而非 H**。换句话说，在"我正在想象的红烧肉的美味"和"我正在经验的红烧肉的美味"这两个短语中，现象概念"红烧肉的美味"的指称物同一。布洛格还提到一种将现象概念运用于他人的想象情形(参见 Balog，K.，2007，pp.4—5)。比如，我觉得他正在经验一种和我过去经验过的疼痛感一样的疼痛感 L**。在这种想象的情况下，指称物 L** 似乎不在场，其实不然。我们可作如下分析：(1)如果我认为自己确实成功地指称到 L**，那么就意味着，我不得不相信他此刻的疼痛感 L** 就是我过去经验过的那种疼痛感 L**。(2)根据上述对包含过去时态的现象概念短语的分析，可知"我过去经验过的疼痛 L"和"我正在经验着的疼痛 L"这两个短语中，现象概念 L 的指称物同一。(3)根据(1)和(2)，"我觉得他正在经验一种和我曾经经验过的疼痛感一样的疼痛感 L"和"我正在经验一种疼痛感 L"这两个短语中，现象概念 L 的指称物实际上也应该是同一的。可见,即使在这种关于他人的想象情况中,现象概念的指称物也是在场的。

综上所述,我们可以得出三个重要结论:第一,以上的分析显示出现象概念在应用于不同情境中(各种时态,以及回忆、想象等等)都具有一个共同特征:任何思想者在固定(fix on)包含非现在时态、想象、回忆以及他者(other thinkers)等类似词汇的现象概念语句的指称时,实际上不得不以只包含该思想者本人和现在时态这两种词汇的现象概念语句的指称活动作为唯一可靠依据。我们可以把这个特征称作现象概念应用的"硬信念原则"(hard belief principle,HBP)。第二,现象概念的指称物总是在场的。HBP 正是体现了这一点。因此也可以说,HBP 是一条约束现象概念与其指称物之间关系的基本原则。第三,指称物的在场意味着现象概念本质上具有一种主体性特征(subjective character)。因为,指称物在场表明了思想者应用现象概念的指称活动乃是一种第一人称视角(first-person perspective)的指称活动。否则,如果是第三人称视角的指称活动,就不一定需要指称物在场了。[①]

五

最后分析首尾相接。尽管思想者(比如 John)常常用疼痛 P

[①] 对现象概念应用于各种情况的分析都表明:指称物在场是现象概念有效应用的一个必要前提。限于篇幅,本文只能简单展示现象概念应用的几种基本情况,其他复杂情况可做类似处理。此外值得一提的是,目前学界存在一种对现象概念应用的二元区分。比如,区分现象概念的第一人称用法(first-person use)和现象概念的第三人称用法(third-person use)(Papineau. D.,2007,pp.133—140),或区分现象概念的基本应用(basic application)和非基本应用(non-basic application)(Balog,K.,2007,pp.3—5)。借助以上对指称物在场特性的分析,我论证了这种应用二元区分是不必要的,参见王晓阳:《意识研究:一项基于神经生物学立场的哲学考察》,第 56 页,注释 44。

这个现象概念来指称自己当下的某种特定疼痛感受 P*，然而如何理解这里的 P*，是非常关键的。换句话说，如果把 P* 当成一种不同于物理属性的现象属性，那么就成了属性二元论。如果把 P* 当成一种不同于物理实体的现象实体，那么就成了实体二元论。这两种观点都会宣告物理主义的失败。无论如何，概念二元论是不会接受对于 P* 的上述理解的。按照前面第一部分的介绍，我们不难理解，对于概念二元论来说，无论是物理概念还是现象概念只能指称物理事实。因此，这儿现象概念 P 的指称物也一定是某种物理事实（比如，某种神经状态 N*）。那么，如何来解释 P，P*，以及 N* 这三者之间的关系呢？一些概念二元论者给出了"构成说明"（constitutional）来解释三者的关系：当且仅当 John 正在经验一种疼痛感 P* 时，John 才能够（有意义地）运用现象概念 P 来指称 N*。这个解释体现出了现象概念和其指称物之间具有一种比因果关系（causal relation）和追随关系（tracking relation）更加亲密的构成关系（constitutional relation）（参见 Balog，K.，2007，p.15）。也就是说，概念二元论认为，现象概念是一种特殊的识别概念。思想者运用现象概念（如 P）来把握指称物（N*）的过程，就是对在此把握过程中出现的现象状态（phenomenal state）（即，经验感受 P*）的一种特殊识别活动。可见，在构成说明的解释下，具有本体论地位的只是 N*，P* 仅仅是 N* 的一种呈现模式，是 N* 在思想者 John 的特定意识活动的一种"现象呈现物"。对于 John 来说，P 的指称物似乎是 P*，在他的特定的意识中，P* 似乎是"实实在在存在的"，但实际上 P* 只是 N* 在这种意识活动中的一种现象呈现模式而已，并不具有任何本体论的地位。换句话说，一个现象概念对一个特定指称物的把握过程就是该指称物的一种现象呈现过程，而思想者当下经验到一种现象状态的过程就构成了上述指称物的现象呈现过程。例如,从一个角度而言,当一个思想者应用现象概念"红色"(red)来指称某个"红色物体"(red object)时,"红色"就是"红色物体"的一种现象的呈现模式。从另一个角度而言,在应用现象概念"红色"来指称"红色物体"的过程,该思想者当下经验到一种现象状态"红质"(redness)的过程就构成"红色物体"的上述现象模式的呈现过程(即构成了思想者应用上述现象概念"红色"的指称活动过程)。可见,**思想者应用现象概念"红色"的指称过程,"红色物体"对于思想者的呈现过程,以及思想者经验到现象状态"红质"的过程实际上是同一个过程**。有鉴于此,一些概念二元论者也指出,现象概念与其指称物之间实际上具有如下一种特别关系:对于每一个指称特定事实(如,神经状态 N^*)的现象概念 P 而言,P 的指称(如疼痛感受 P^*)是在思想者正在应用 P 指称 N^* 的活动中被构成的(be constituted)。简言之,任何现象概念 P 的指称**总是**包含在(involve in)应用 P 的指称活动中,并且**仅在**该指称活动中被构成。这个特征在固定一个现象概念的指称过程中起着非常关键的作用。而这种解释也被称为关于现象概念与其指称之间关系的一种构成说明(constitutional account)。(参见 Balog,K.,2006,pp.15—17)有时,也被形象地称为现象概念和其指称之间的一种首尾相接(ouroboros)关系。(参见 Balog,K.,2006,p.15,注释 43)

目前构成说明被认为可以较好地处理一些概念二元论者迫切需要解决的问题。[①]比如,语义稳定性(semantic stability),即现象概念能独立于任何实际的语境而指称相同的现象属性的一种特征。构成性说明给出的解释是:由于这些现象属性只是在应用现象概念的特定指称活动中被构成的,因此这些现象属性

---

　　① 布洛格详细梳理这些问题,参见 Balog,K.,2006,pp.8—9。

自然与外部因素不相关。又比如,特定种类现象判断的不可错性(the infallibility of certain kinds of phenomenal judgments),即思想者对于自己当下经验的某些现象判断不可能出现错误。构成性说明给出的解释是:某些现象判断中的现象概念的指称是思想者运用上述判断中的现象概念的指称活动中被构成的。换句话说,思想者在上述指称活动中的当下经验构成了上述现象概念的指称,而该指称则成为此现象判断的唯一依据。因此,只要该判断者相信自己确实正在有效地使用上述现象概念,那么上述现象判断对于该判断者而言就是不可错的。另一方面,构成说明目前也面临众多悬而未决的难题。其中最紧迫的有两个(参见 Balog, K., 2006, pp.17—18):一个难题是,构成关系的具体机制如何。即,构成关系究竟是怎样决定一个现象概念的指称的。[①]另一个难题是,构成说明似乎无法解释很多物理概念。比如,我们一般认为物理概念"狗"(D)显然不是由"狗"(D*)这种动物构成的。我们认为,第一个难题可能不会对采取构成说明的物理主义者构成威胁。因为,尽管目前还不清楚,但是可以把构成说明中涉及认知机制的部分划给认知神经科学、认知语言学等学科去研究,把涉及语义机制的另一部分划给语

[①] 需要说明两点:(1)这里的"机制"至少可以理解为如下两种意思:一是指认知能力(cognitive faculty)。即从认知科学层面探究思想者究竟具备怎样的认知能力才能有效应用现象概念来指称特定的现象状态。比如,Carruthers(Carruthers, D. J., 2004, pp.316—336)提出一种关于认知机制的高阶理论(Higher Order Theory),试图重新解释 Loar 提出的识别能力。另一个意思是指语义结构(semantic structure)。即从语言使用的层面探究现象概念和其指称之间的语义结构究竟怎样,并与物理概念和其指称之间的语义结构进行比较。比如,帕皮纽(David Papineau)(Papineau, D., 2002)和布洛格(Balog)(Balog, K., 2006)等人提出了关于现象概念和其指称之间语义机制的引用说明(quotational account)。(2)布洛格认为,引用说明能进一步解决构成说明目前面临的一些麻烦,所以有望从语义层面为概念二元论提供一种关于现象概念和其指称之间构成关系的物理主义辩护(参见 Balog, K., 2006, pp.25—33;2007)。布洛格同时也承认,无论是构成说明还是引用说明,目前似乎均难以对付上文提到的"知识鸿沟"(Chalmers, D. J., 2007)和"解释鸿沟"(Levine, J., 2007),以及下面即将提到的"主客视角困惑"(参见 Balog, K., 2006, p.18)。

言学和语言哲学等学科去研究。近年来许多概念二元论者的研究工作正是从认知科学和语义学这两个层面展开的(Balog, K., 2006; 2008; Carruthers, P., 2004, pp. 316—336; Loar, B., 2002; Papineau, D., 2002; 2007)。这些研究工作表明,机制难题很可能不会对物理主义框架造成致命冲击(参见上文有关"机制"的注释)。限于篇幅,这里不展开论述。第二个难题才可能对这些物理主义者构成威胁。因为这里存在着一个难以回避的"主客视角困惑"(the puzzle of objective-subjective perspective, POSP)。具言之,现象概念的应用是一种主观视角的应用,因此现象概念的指称被认为是"不确定的指称"(indeterminate reference)。另一方面,物理概念的应用是一种客观视角的应用。因此物理概念的指称被认为是"确定的指称"(determinate reference)。比如,我们可以用物理概念"金星"(J)来指称"金星"(J*)这个物体。一般认为,金星(J*)是一个客观存在的事实。这里的"客观"(objective)是指相对于所有的观察者而言,金星(J*)这个物体是一个独立于(independent)其中任何一个观察者认知系统而存在的事实。因此可以说,"金星"(J)这个物理概念的指称是"确定的"。这里"确定的"的意思是,对于所有试图指称金星(J*)这个客观存在事实的思想者而言,"金星"(J)这个物理概念的指称是独立于其中任何一个思想者的特定指称活动的。根据前面对现象概念指称物在场以及首尾相接的分析,我们应该明白现象概念的指称仅在思想者特定的指称活动中被构成。因此相对于物理概念,现象概念的指称是"不确定的"。然而,实际上并不存在任何能脱离概念应用者的中立视角,所谓客观视角其实只是一种众多主观视角的组合视角而已。因此

POSP 可以表达为:物理概念具有确定性的客观指称究竟是如

何通过一个个具有不确定性的主观指称活动而被固定下来的呢?[①] 由此可见,POSP 不仅揭示出采纳构成说明的物理主义者也面临着一个潜在的主体性威胁,而且进一步提示我们需要对语言哲学里指称固定等问题进行更深入地思考。[②]

六

上述对现象概念及其指称物关系的探讨,使我们发现:在语言交流和使用过程中,任何一个物理概念/物理词项(physical term)的使用和理解的公共/客观标准,实际上是由众多主观视角共同确立下来的。[③]换句话说,一方面我们了解到,物理词项的使用过程是一种由众多具有主体性的语词使用活动"共同组合"而成的;另一方面我们又认为,物理词项有确定指称,并且我们对物理词项往往能够达成一致理解和有效交流。这是因为物理词项都具有公共标准。因此,POSP 的困惑也可以表达为:公共/客观标准究竟是如何通过众多具有主体性的语词使用活动而被确立下来(are established)的? 在最近的一篇文章里,我专

---

① 黄敏首先让我意识到 POSP(私下谈话),后来我才看到了类似的表述。例如,帕皮纽认为,采取构成说明的物理主义者不得不应对的一个难题是:客观属性的确定指称是如何通过具有主体性的现象概念而取得的?(参见 Papineau, D., 2002, pp.175—228)。列文(J.Levine)也有相似看法:他指出现象概念是属于一种(具有主体性特征的)初始(primitive)概念,而物理概念最终不得不借助这些初始概念才能获得明确定义(参见 Levine, T., 2007, p.151)。布洛格有更详细的分析,她指出了这样一个语义难题(semantic problem):具有主体性的现象概念究竟是如何成功地指称那些能够被我和其他人共同分享的客观属性的? 这成为了众多物理主义者(特别是概念二元论者)目前面临的最困难问题(the hardest problem)(参见 Balog, K., 2007, pp.24—25)。

② 关于 POSP 以及相关论题的进一步探讨,也可参见我的博士学位论文第五、七、八章相关部分的内容(王晓阳:《意识研究:一项基于神经生物学立场的哲学考察》)。

③ 这里需要说明的一点是,在很多情况下,我们常常把公共性和客观性(objectivity)作为两个可以互换的语言表述。客观性是一个与我们一直探讨的主体性/主体性相对的概念,大致意思是:可以被公共检测的,具有公共标准的。

门分析了主体性（文中也称之为私密性 privacy）。我的分析表明，只要将一种特定的哲学分析方法和某些新近的认知神经科学研究成果结合起来，物理主义者是有可能化解掉主体性威胁的。（王晓阳：《当代意识研究的主要困难及其可能出路》，第 8—16 页）但是，即便化解掉主体性威胁，POSP 仍然在。因为，即便我们对物理概念的运用不是一种主体性的语词使用活动，但是物理概念所具有的确定性的指称的公共标准是如何被确立起来的？这仍然是一个悬而未决的问题。这儿可能存在如下一种反驳意见：既然主体性和客观性是基于同一区分的两个概念，如果主体性被消解了，这一区分也就消失了。那么，标准也就丧失了传统意义上的公共性特征。但是我认为这一回答并不能令 POSP 完全消失，因为我们还可以接着问：即使消除了上述主客区分，我们仍然相信语言的有效使用需要标准，那么这种标准究竟是如何确立的呢？物理词项究竟是如何获得确定性指称的？由此可见，POSP 实际上还体现了一种关于标准或确定性指称的困惑。

总之，我认为 POSP 可以分为两个困惑：主体性困惑和标准困惑。对于主体性困惑，我尝试设计了一种复合消解方案来处理它，限于篇幅，不再论述（可参见王晓阳：《当代意识研究中的主要困难及其可能出路》，第 8—16 页）。下面集中谈谈标准困惑。这里值得一提的是，标准困惑至少还可以再细分为如下两个，指称固定困惑和理解一致性困惑。指称固定困惑关注的是，物理词项是如何获得其确定指称的。理解一致性困惑关注的是，对于同一个物理词项或表达式，语言交流者们是如何达成某种一致性理解的。这两者实际上是从不同角度反映了标准困惑。出于论述的方便，下面只考察指称固定困惑。①

① 这里只考察指称固定困惑的另一个理由是：相对于理解一致性困惑，我觉得指称固定困惑可能更基本。

我们将通过一些具体例子来考察指称固定困惑。例如,用物理概念"金星"(J)来指称金星(J*)这个物体。一般认为,J*是一个客观存在的对象(object)。这里的"客观"(objective)是指相对于所有的观察者而言,J*是一个独立于其中任何一个观察者认知系统而存在的对象。因此也可以说,J的指称是"确定的"(determinate)。这里"确定的"意思是,对于所有试图指称金星J*的思想者,J的指称是独立于其中任何一个思想者的特定指称活动(referring)的。根据前面的分析,我们应该已经明白,现象概念的指称仅仅是在思想者特定的指称活动中被构成的。因此相对于物理概念,现象概念的指称是"不确定的"(indeterminate)。但是POSP暗示我们:似乎并不存在一个完全独立于任何思想者的特定指称活动。换句话说,一个对任何思想者的指称活动都保持中立的"物理概念固定其指称的过程"实际上只是一个假想的过程。实际的情况更像是这样的:任何概念(包括现象概念和物理概念)固定其指称的过程都不得不依赖于特定思想者的有意识的指称活动。这里可区分出两种情况:第一,现象概念依赖于某个唯一思想者当下的特定的有意识指称活动。例如,如果Sam用一个现象概念"胀痛"(O)来指称"自己头部某区域的一种当下经验感受(O*)"。那么在这种情况下,鉴于现象概念的指称物在场特征,Sam就是应用O时,必须预设的唯一一个合格的思想者。第二,物理概念也依赖于某些思想者特定的有意识指称活动。① 比如,如果Sam用一个物理概念"太阳穴"(T)来指称"人的头部两侧的特定的区域(T*)",那么在这种情况下。谁是T的合格思想者呢?一般认为,凡是能理解T在此

---

① 注意,不可能存在只依赖于唯一一个思想者特定的有意识指称活动的物理概念。因为即使现实情况是只有一个思想者在使用(或会使用)某个物理概念,那也是预设了有很多思想者可以使用该概念。

语境中意思的人都可以成为合格的思想者,Sam 当然算一个。但是请考虑这样一个问题:在什么情况下,我们才把一个人称为理解了 T 在上述语境的意思的合格思想者呢? 一种可能的回答是:只要这个人能够正确拣选出(pick out)上述语境中物理概念 T 的指称就行,即 T 的指称物 T*。一般认为,T* 显然是一个可以被公共观测到的物理对象。但是请注意,这里仍然可以继续追问下去:物理对象能够“被公共观测”究竟是什么意思呢? 在去除了主体性的威胁之后(参见王晓阳:《当代意识研究中的主要困难及其可能出路》,第 8—16 页)我认为一种可能的物理主义回答是:凡是具有类似生理物理结构的思想者的相同认知功能系统被激活了(be activated),他们就可以被认为“公共观测到了”同一个物理对象。以人类为例,当不同思想者的具有相同认知功能的神经回路被激活时,他们就会较一致地认为“意识到了某个物理事实”。尽管实际上摆在他们眼前的是许多不同的物理事实,但他们仍然会一致认为意识到的就是同一个物理事实。换句话说按照这种认知解释(cognitive explanation,CE),一个物理概念的指称之所以“被认为是确定的”的关键原因是,不同的思想者所具有的相同认知功能的神经回路被激活了。[①]

借助上述认知解释,我们还可以处理一些被认为“指称可能世界中的事实”的物理词项/概念。比如,“飞马”(H)这个物理概念。一般认为,现实世界中并不存在“飞马”(H)这种动物,但

[①] 具有相同认知功能这一点可以由神经系统所具有的简并性(degeneracy)特征来承担。所谓“简并性”是指,某些(本体论层面)不同的生理物理结构能够具有相同的功能、作用或输出的能力(ability)。因此我们可以说,某个物理概念之所以能够(被认为)具有“确定性”的指称,乃是因为在该物理概念的指称固定活动中不同思想者所具有的相同认知功能的(不同生理物理结构的)神经回路被激活了。简并现象在生物系统的诸多层次都可以见到。比如,基因网络、免疫系统、神经网络脑和进化本身等等。参见 Tononi, G., Spoms, O., and Edelman, G. M., 1999, p.3257;[美]杰拉尔德·埃德尔曼、朱利欧·托诺尼:《意识的宇宙:物质如何转变为精神》,第 100—101 页。

是按照某些可能世界指称理论,"飞马"(H)可以指可能世界中的一种动物 H^*。然而借助认知解释,我们可以考虑如下这个物理主义建议:把使用 H 的思想者的某种现实的物理状态(比如,神经状态 N^*)和引发 N^* 的特定刺激物(stimulus)S^* 所组成的现实世界中的那个物理事实体系,当作 H 的指称物 H^*。这个建议的一个好处在于:我们可以避开"可能世界"这个麻烦,仅在现实世界中就可以找到 H 的指称物。而且对于不同的思想者而言(如 Joe 和 Sam),即使刺激物不同(分别为 S_1^*,S_2^*),甚至神经状态也不完全一样(分别为 N_1^*,N_2^*),他们仍然可以一致地认为各自所使用的 H 的指称是同一的。这并不是因为在本体论层面,两人分别使用 H 把握的是同一个事实,而是因为在上述指称活动中,两人所具有的相同认知功能的神经回路被激活了。换句话说,尽管本体论层面,Joe 所使用的 H 的指称物是 H_1^*,Sam 所使用的 H 的指称物是 H_2^*,两者(H_1^*,H_2^*)并不相同,但是由于 N_1^* 和 N_2^* 是两个具有相同认知功能的神经回路,因此 Joe 和 Sam 才能一致认为各自使用 H 把握的是同一个物理对象 H^*。也就是说,在这种情况下,H 被两人认为具有同一个指称,并且 H 的指称也被两人认为是确定的。

这个物理主义建议也适用于指称"现实世界中的事实"的物理概念。仍以物理概念"金星"(J)为例。对于某个思想者 Joe 而言,J 的指称物是,某个特定的事实 F_1^* 以及由之激活的 Joe 脑中某种神经回路 N_3^*。对于另一个思想者 Sam 而言,J 的指称物则是,某个特定的事实 F_2^* 以及由之激活的 Sam 脑中某种神经回路 N_4^*。本体论层面,F_1^* 和 F_2^* 可能不相同,N_3^* 和 N_4^* 也可能不相同。因此对于 Joe 和 Sam 而言,J 的指称物很可能是不同的。甚至严格地讲,对于 Joe 还是 Sam 而言,他们的每一次指称活动实际上都会使得 J 具有不同的指称物。然而 J 却可以被两人一致认为具有同一个指称,且这个指称是确定的。上述建议可以很好地解释这种情况:因为在特定的指称活动中,Joe 被激活的神经回路 N_3^* 和 Sam 被激活的神经回路 N_4^*,具有相同的认知功能。换句话说,对 Joe 而言,仅在由 F_1^* 和 N_3^* 所引起的一个有意识的指称活动中,才构成了 J 的指称。对 Sam 而言,仅在由 F_2^* 和 N_4^* 所引起的另一个有意识的指称活动中,才构成了 J 的指称。由于 N_3^* 和 N_4^* 是具有相同认知功能的神经回路,因此两人才能认为,各自所使用的 J 的指称同一,并且 J 的指称也被两人认为是确定的。

至此我们应该可以得出两个结论:第一,物理概念的指称其实并不是"**确定的**",而是"**被认为是确定的**"。换句话说,我们通常所理解的"物理概念指称的确定性"恰恰是由思想者特定的认知机制来保证的。与一种基于群体共同信念(group common believes)之上的关于标准如何被确立起来的社会解释(social explanation,SE)不同,这是一种基于神经生理机制(neurophysiological mechanism)之上的认知解释(CE)。由于 CE 能够对指称固定现象给出机制说明,而 SE 只是依据一种言共同体(language community)假说而提出的解释,并不能进一步阐明语言共同体如何形成的内在机制。更为关键的一点是,即便我们能够为语言共同体假说找到某些历史学和人类学,甚至民俗文化等方面似乎令人满意的说法,但是严格说来,这些说法并不具备可重复检验性,而机制说明除了能接受重复检验之外,其可信度也更强。因此我认为,相对于 SE 而言,CE 更可取。①第二,以上

---

① 认知解释可能会面临如下一个"解释循环"的质疑:关于标准的认知解释的标准是另一种认知解释。换句话说,我们对于标准的认知解释的理解又需要另一个标准,而对这另一个标准又需要一种新的认知解释,一直可以这样解释下去。由此可见,CE 是一种具有循环论证结构的解释。对此,一种可能的回答是:这个质疑,社会解释(SE)同样也会(转下页)

关于物理概念指称固定困惑的分析显示,如果愿意接受上述物理主义建议(认知解释)的话,那么对于任何思想者而言,物理概念的指称不仅不能脱离思想者的特定指称活动,而且可以在特定的指称活动中形成。物理概念与其指称之间的关系,也可以被看作一种类似于现象概念与其指称之间的构成关系。这样看来,物理概念和其指称之间的关系原则上也能受 HBP 的约束。因此 HBP 可以是一条约束概念和其指称之间关系的普遍原则。①

参考文献

Balog, K., "Acquaintance and the mind-body problem", unpublished, on the web at http://pantheon.yale.edu/%7Ekb-237/Web%20publications/Acquaintance.pdf, 2006.

Balog, K., "Conceivability, possibility, and the mind-body problem", *The Philosophical Review*, 108(4), pp.497—528, 1999.

(接上页)面临。根本上说,这个循环其实是因预设了一种可以脱离实际研究情景的"上帝之眼"(God's eye)而造成的。在任何一个实际的研究情景中,我们只需要某种程度的解释就够了。随着情况的变化,我们完全可以用另一种认知解释(ce2)来替代一种认知解释(ce1),没有人认为这种替代会导致我们实际的研究工作失去任何意义。比如,在生物学领域,我们以往常基于林奈分类法给出灵长类与两栖类之间区别的表型解释,随着分子生物学的出现,现在常常采用一种基因解释,这两种解释都属于生物层面的解释,然而实际上并没有人忽略基因解释的价值。相反地,基因解释还可以对表型的形成机制进行再解释(而不是相反)。此外,当遇到两种解释相冲突的情况,我们一般会相信基因解释,可见基因解释比表型解释的可信度更强。这样的例子在当代考古学、人类学等等学科中也比较常见。对于同一遗迹可以找到两种不同的解释:文化历史解释和经验科学解释(常见的有 C14 测定、基因测序与比对分析等等),若两种解释发生冲突(结论不互相支持),我们则一般会将后者作为更可信的解释。限于篇幅,不再展开论述。

① HBP 可以重新表述为:思想者在固定任一概念 C 的指称时,实际上不得不以只包含该思想者本人和现在时态这两种词汇的概念 C 语句的指称活动作为唯一可靠依据。

Balog, K., "Hard, harder, hardest", unpublished, on the web at http://pantheon.yale.edu/%7Ekb237/Web%20publications/Hard,%20Harder.pdf, 2008.

Balog, K., "Phenomenal concepts", unpublished, on the web at http://pantheon.yale.edu/%7Ekb237/Web%20publications/OxfordReview.pdf, 2007.

Carruthers, P., "Phenomenal concepts and higher-order experiences", *Philosophy and Phenomenological Research*, 68(2), pp.316—336, 2004.

Chalmers, D. J., The Conscious Mind, Oxford University Press, New York, 1996.

Chalmers, D. J., "Phenomenal concepts and the explanatory gap", in T. Alter and S. Walter (eds.), Phenomenal Concepts and Phenomenal Knowledge: New Essays on Consciousness and Physicalism, Oxford University Press, 2007.

Gendler T. and Hawthorne J. (eds.), Conceivability and Possibility, Oxford University Press, New York, 2002.

Jackson, F., "Epiphenomenal qualia", *The Philosophical Quarterly*, 32(127), pp.127—136, 1982.

Jackson, F., "What Mary didn't know", *The Journal of Philosophy*, 83(5), pp.291—295, 1986.

Levine, J., "Phenomenal concepts and the materialist constraint", in Alter T. and Walter S. (eds.), Phenomenal Concepts and Phenomenal Knowledge: New Essays on Consciousness and Physicalism, Oxford University Press, 2007.

Loar, B., "Phenomenal States", in D. Chalmers (ed.), Philosophy of mind: Classical and Contemporary Readings,

Oxford University Press，New York，2002.

Loar，B.，"Phenomenal states"，*Philosophical Perspectives*，Vol.4，Action Theory and Philosophy of Mind，pp.81—108，1990.

Papineau，D.，Thinking About Consciousness，Oxford University Press，New York，2002.

Papineau，D.，"Phenomenal and perceptual concepts"，in Alter T. and Walter S.（eds.），Phenomenal Concepts and Phenomenal Knowledge：New Essays on Consciousness and Physicalism，Oxford University Press，2007.

Shoemaker，S.，"The inverted spectrum"，*The Journal of Philosophy*，79(7)，pp.357—381，1982.

Tononi G.，Sporns O.，and Edelman，G. M.，"Measures of degeneracy and redundancy in biological networks"，*Proceedings of the National Academy of Sciences*，USA，96(6)，pp.3257—3262，1999.

Yablo，S.，"Concepts and consciousness"，*Philosophy and Phenomenological Research*，59(2)，pp.455—463，1999.

程炼:《知识论证》(演讲稿,未刊出)，中山大学哲学系心灵哲学系列讲座之一,2007 年。

黄益民:《灵哲学中反物理主义主要论证编译评注》,《世界哲学》2006 年第 5 期,第 16—22 页。

黄益民:《知识论证与物理主义》,《社会科学战线》2006 年第 3 期,第 8—13 页。

[美]杰拉尔德·埃德尔曼,朱利欧·托诺尼:《意识的宇宙:物质如何转变为精神》,顾凡及译,上海科学技术出版社 2004 年版。

王晓阳:《当代意识研究中的主要困难及其可能出路》,《自然辩证法通讯》2010 年第 1 期,第 8—16 页。

王晓阳:《"私人语言论证"论证了什么——维特根斯坦私人语言论证的一种简明解析》,《自然辩证法研究》2010 年第 5 期,第 14—18 页。

王晓阳:《意识研究:一项基于神经生物学立场的哲学考察》,中山大学 2008 年博士学位论文。

本文首次刊发于《逻辑学研究》2010 年第 3 期

如何应对"知识论证"?
——一种温和物理主义观点

　　一般认为,在经过了两次转向(语言转向和心灵转向)之后,目前心灵哲学代替了语言哲学,在当代英美分析哲学的论域中,占据了一个中心的位置。本文关注的正是心灵哲学里的一个热点话题——知识论证(knowledge argument)。我们还知道,心灵哲学里两个重要的对立阵营是物理主义和反物理主义。而在两者的争论中,知识论证可说是最常见到的,被用来质疑物理主义的基本立场的反物理主义思想实验之一。面对知识论证的攻击,物理主义的回应也是各种各样(限于篇幅和主题,本文不可能对此一一介绍)。本文将要引介的是一种概念二元论(也称为"温和物理主义")的应对思路。这一思路正受到越来越多学者的关注或青睐(原因大概主要有二,下文将给出)。然而文献搜索显示,近年国内虽已有人初步介绍过概念二元论,但似乎尚未见到有专门探讨应对知识论证的概念二元论(conceptual dualism)方案的文献。[①]因此,鉴于知识论证本身的重要性,以及

概念二元论业已成为当前心灵哲学里物理主义的一个新动向，本文打算具体论析这一应对方案，同时针对物理主义也将作些相关的拓展性探讨。

换句话说，本文的大致思路是，在对知识论证的论证结构进行梳理的基础上，归结出知识论证的强弱两个版本。然后尝试借助概念二元论思路，分别给出相应的处理方案。本文的一个可能的创新点是，明确提出了物理主义的两层含义（即下文中的"物理主义的两项基本原则"）。这种提法和目前学界关于物理主义的一般理解有所不同。目前学界似乎将物理主义的含义聚焦在了本体论的层面。[②]下文相关论述将表明，区分出物理主义的两层含义不仅不是多余的，而且还有助于物理主义者理清思路，从而看清知识论证的错误究竟在哪（参见本文第三节）。在此基础之上，物理主义若再借助概念二元论思路，则可以（至少原则上可以）在知识论证层面阻截住反物理主义的攻击，而不至于使得战火进一步蔓延到本体论层面。

一、知识论证、物理主义与温和物理主义

从题目不难发觉，本文试图探讨两个相关论题：一个是"知识论证"，另一个是"温和物理主义"（moderate physicalism）。前者指的是心灵哲学一个十分著名的反物理主义思想实验（thought experiment），它是由澳大利亚国立大学哲学

（接上页）象概念——解析当前物理主义与反物理主义争论的一个焦点》，《逻辑学研究》2010 年第 3 期，第 91—109 页。

② Stoljar, D., Physicalism, in *Stanford Encyclopedia of Philosophy*, on the web at http://plato.stanford.edu/entries/physicalism/, 2001.

系的杰克逊(Frank Jackson)首先提出来的。①由于这个思想
实验试图从知识论层面着手来攻击物理主义的基本立场，因
此也被学界称为知识论证。可以说，自知识论证诞生之日
起，它给物理主义者带来的麻烦就从没有间断过。为了应对
知识论证的种种威胁，物理主义者提出了形形色色的方案。
近年来，有一个物理主义方案吸引了众多的目光，这个方案
就是"概念二元论"。

概念二元论之所以被看好，大概有如下两个主要原因：一个
原因是，它是在完全接受知识论证的前提的情况下，来为物理主
义进行辩护的一种方案。换句话说，相对于那些试图通过质疑
知识论证的前提来作回应的物理主义方案，概念二元论并没有
这么做，而是试图向我们表明，即使接受了知识论证的前提，也
不一定必然得出"物理主义是错误的"这样的结论。这体现出了
一种"借力打力"的策略。②另一个原因是，它提出了一项独特的
知识论原则(参见下文提到的原则3)。借助这个原则，物理主义
可以"巧妙地"在**知识论层面**阻截住知识论证的攻击，而不至使
战火进一步蔓延到**本体论层面**。因此，相对于在前提上纠缠，或
是在本体论层面与反物理主义"硬碰硬"的那些物理主义方案，
概念二元论的应对策略不但巧妙而且温和得多，可称作一种"温

① Jackson, F., *Epiphenomenal Qualia*, the Philosophical Quarterly, Vol. 32, No. 127, 1982, pp. 127—136, pp. 127—136; Jackson, F., *What Mary Didn't Know*, The Journal of Philosophy, Vol. 83, 1986, No. 5, pp. 291—295, p. 291, pp. 291—295, pp. 291—295, p. 293.

② 关于知识论证前提的不少讨论也值得关注。限于本文篇幅和主题，暂不涉及，相关论述可参见 Alter T., *the Knowledge Argument against Physicalism*, in Internet Encyclopedia of Philosophy, on the web at http://www.iep.utm.edu/know-arg/, 2005,以及 M. Nida-Rümelin, *Qualia: The Knowledge Argument*, in Stanford Encyclopedia of Philosophy, on the web at http://plato.stanford.edu/entries/the knowledge argument/, 2002。

和物理主义"。[1]

在对概念二元论及其应对知识论证的具体策略展开论述之前,需要介绍一下相关的背景知识,我们先从物理主义说起。

什么是物理主义?尽管学界关于物理主义的说法有一些不同的版本[2],但是在我看来,以下两点应该是所有版本的物理主义都可以接受的:第一点,世界上的一切事实都是物理的。第二点,任何一个掌握了全部物理知识的理性生物,(原则上)就拥有了关于世界上全部事实的知识。不难理解,前者说的是本体论层面,而后者说的则是知识论层面。我们可以将这两点称为"物理主义的两项基本原则":

原则 1(本体论原则 ontological principle):世间一切皆物(everything is physical)。

原则 2(知识论原则 epistemological principle):物理知识完备(physical knowledge is complete)。

简单解释一下,原则 1 说的是,从本体论层面而言,物理主义认为这个世界完完全全就是一个物理的世界(the world is entirely physical)。也就是说,世界上有且仅有一种事实(fact),即物理事实(physical fact)。因此物理主义认为,世界是一元的(monistic)。不难理解,原则 1 是一个本体论原则。原则 2 说的则是,在知识论层面而言,物理主义理解的物理知识(physical

---

① Dennett, D. C., *Consciousness Explained*, Boston: Little, Brown, and Co., 1991. Dennett, D. C., *What RoboMary Knows*, in T. Alter and S. Walter, eds., *Phenomenal Concepts and Phenomenal Knowledge: New Essays on Consciousness and Physicalism*, Oxford University Press, 2007.

② Stoljar, D., *Physicalism*, in *Stanford Encyclopedia of Philosophy*, on the web at http://plato.stanford.edu/entries/physicalism/, 2001.

knowledge)是一种关于世界上一切事实的知识。具体来说,物理主义理解的物理知识不是指物理学知识,而是指"一种具有宽泛的意义的知识。它应该包括全部的物理学、化学和神经生理学的一切知识,以及所有关于原因的和作为结果产生的关系的事实的知识,当然也包括具有功能性角色的知识"①。因此物理主义者认为,一个掌握了**全部**物理知识的人,理论上应该可以"说尽世间所有事",也就是说,物理知识体系被认为是一种**完备**的知识体系(complete knowledge system)。②不难理解,原则2是一个知识论原则。一般认为,这两项原则是任何一个物理主义者都必须坚持的基本原则,缺一不可。换句话说,如果有人不承认其中的任何一条(或者都不承认),那么也就不再算是一个合格的物理主义者了。③当然,除了坚持这两项基本原则不可动摇之外,不同派别的物理主义者也可以有属于自己的新原则。

对于概念二元论者而言,他们也有自己的新原则(原则3)。尽管这个原则常常不被一些物理主义者所认可(比如,同一论物

---

① Jackson, F., *What Mary Didn't Know*, The Journal of Philosophy, Vol.83, 1986, No.5, pp.291—295, p.291, pp.291—295, pp.291—295, p.293.

② 这里"全部"的意思是:空间上无所不包,时间上无所不至。关于"物理知识完备性"的进一步解释,可参考 Jackson, F., *What Mary Didn't Know*, The Journal of Philosophy, Vol.83, No.5, 1986, p.291, 注释1。

③ 这里需要提醒两点:(1)关于原则1的另一种表述是:everything supervenes on the physical(Stoljar, D., Physicalism, in *Stanford Encyclopedia of Philosophy*, on the web at http://plato.stanford.edu/entries/physicalism/, 2001)。限于篇幅,这里不展开讨论。(2)物理主义者都要坚持原则1目前几乎没有什么异议。但是,物理主义者是否也要一并接受原则2? 关于这一点目前仍存在着争议。这个争议的关键也许在于"完备性"这个概念。如果认为,物理知识(原则上)可以对(空间上无所不包并且时间上无所不至的)时空中一切的物理事实进行确定性的描述和预测,那么这体现了一种"较强的物理知识完备性"的观点。如果认为,物理知识(原则上)可以对(空间上无所不包并且时间上无所不至的)时空中一切的物理事实进行描述和预测,但是这种描述和预测**并不一定都是**确定性的描述和预测,那么这就体现了一种"较弱的物理知识完备性"的观点。由于,有些物理主义者并不认可前者(强完备性),但是几乎所有的物理主义者都可以接受后者(弱完备性),而本文坚持的正是这后一种较弱的物理知识完备性。因此,正是基于上面这个理由,我认为原则2也是物理主义必须坚持的一项基本原则。

理主义,取消论物理主义),然而正是这个原则 3,才使得概念二元论在这场由"知识论证"挑起的激烈论战中,显得格外醒目。**原则 3 是说,关于同一个事实的知识有且仅有两种,一种是物理知识(physical knowledge),另一种是现象知识(phenomenal knowledge)。并且,这两种知识之间由于不存在任何桥接规律(bridge law),因此不能相互还原(irreducible)。**[①]不难理解,原则 3 也是一条知识论原则,而且它是概念二元论所特有的。

下面简单解释一下原则 3。这需要从两种知识(物理知识和现象知识)说起。物理知识刚刚提过,不再赘述。这里主要说说现象知识。这是一种被认为只能通过亲知(acquaintance)的方式来直接获得的知识。换句话说,除了具有某种当下的特定现象经验的认知者本人之外,其他认知者是不可能学到这样的现象知识的。[②]因此,现象知识也常被认为是一种具有主体性特征

---

① 很多哲学家都曾有过概念二元论或类似想法。如,Davidson, D., *Mental Events*, In *Essays on Actions and Events*, New York: Oxford University Press, 2001; Loar, B., *Phenomenal States (Second Version)*, in Chalmers, D. J., ed., *Philosophy of mind: Classical and Contemporary Readings*, New York: Oxford UP, 2002; William Lycan, G., *Consciousness and Experiences*, Cambridge, MA: MIT Press, 1996; Horgan, T., *Jackson on Physical Information and Qualia*, Philosophical Quarterly, No.34, 1984, pp.147—152; McMullen, C., *Knowing What It's Like and the Essential Indexical*, Philosophical Studies No.48, 1985, pp.211—233; D. Pereboom, *Bats, Brain Scientists, and the Limitations of Introspection*, Philosophy and Phenomenological Research, No. 54, 1994, pp. 315—329; Tye, M., *Consciousness, Color, and Content*, Cambridge, MA: MIT Press, 2000 等等。尽管各自表述不同,但其核心思想以及应对知识论证的策略是一致的。限于篇幅,不能一一介绍。但是结合刚刚提到的原则 1、2 和 3,以及下文的论述,我们应该可以了解到概念二元论的核心思想及其应对策略。

② 关于认知者是否要具有某种"当下的"现象经验,才能够学会或有效使用特定的现象概念或现象知识这一点,学界目前存在着争议。例如,帕皮纽区分了现象概念的两种用法:第一人称用法(first-person use)和第三人称用法(third-person use)(Papineau, D., *Phenomenal and Perceptual Concepts*, in Alter, T. and Walter, S., eds., *Phenomenal Concepts and Phenomenal Knowledge: New Essays on Consciousness and Physicalism*, Oxford University Press, 2007, pp.133—140)。受到帕皮纽的影响,布洛格也作出了类似的区分(Balog, K., *Phenomenal Concepts*, Unpublished, on the web at http://pantheon.yale.edu/%7Ekb237/Web%20publications/OxfordReview.pdf, 2007)。在最近的一篇文

(subjective character)的知识，或私密的(private)知识，或第一人称的(the first-person)知识。

尽管概念二元论者认为，可以借助原则 3 来化解知识论证的威胁，但是有关原则 3 的各种各样质疑也从来没有间断过。例如，布洛格(K. Balog)总结了 9 个与原则 3 密切相关的问题。她称之为"任何有关的现象概念的理论迫切需要考虑的 9 个论题"[1]。又例如，查莫斯(David Chalmers)提出的知识鸿沟(epistemic gap)，以及列文(J. Levine)提出的一个新版本的解释鸿沟(explanatory gap)等等。[2]对于物理主义来说，这些质疑当然是需要认真对待的，但是鉴于这些质疑并不妨碍我们的主要任务(具体分析知识论证的论证结构，并初步介绍概念二元论应对知识论证的方案和策略)，因而，我将另文考察这些质疑，这里暂且不论。[3]下面我们就开始具体考察知识论证，然后再介绍概念二元论的应对方案和策略。

(接上页)章里，我论证了这种二元区分是不必要的(王晓阳：《论现象概念——解析当前物理主义与反物理主义争论的一个焦点》，《逻辑学研究》2010 年第 3 期，第 96—101 页)。

① Balog, K., *Phenomenal Concepts*, Unpublished, on the web at http://pantheon. yale. edu/%7Ekb237/Web%20publications/OxfordReview. pdf, 2007.

② Chalmers, D. J., *Phenomenal Concepts and the Explanatory Gap*, in Alter, T. and Walter, S., eds., *Phenomenal Concepts and Phenomenal Knowledge: New Essays on Consciousness and Physicalism*, Oxford University Press, 2007; Levine, J., *Phenomenal Concepts and the Materialist Constraint*, in Alter, T. and Walter, S., eds., *Phenomenal Concepts and Phenomenal Knowledge: New Essays on Consciousness and Physicalism*, Oxford University Press, 2007.

③ 有关这些质疑的详细论述，可以参见 Balog, K., *Phenomenal Concepts*, Unpublished, on the web at http://pantheon. yale. edu/%7Ekb237/Web%20publications/OxfordReview. pdf, 2007; Balog, K., *Hard, Harder, Hardest*, Unpublished, on the web at http://pantheon. yale. edu/%7Ekb237/Web%20publications/Hard,%20Harder. pdf, 2008。最近我也专文分析了概念二元论目前面临的几个核心难题，并提出了一些具体的处理建议，参见王晓阳：《论现象概念——解析当前物理主义与反物理主义争论的一个焦点》，《逻辑学研究》2010 年第 3 期，第 91—109 页；王晓阳：《当代意识研究中的主要困难及其可能出路》，《自然辩证法通讯》2010 年第 1 期，第 8—16 页。

二、知识论证错在哪儿?

知识论证是个有趣的思想实验,由于这个思想实验的主角是"黑白玛丽",因此知识论证也常被称作"黑白玛丽思想实验",其大意如下:设想某人(如玛丽)从一出生就被关在一间房子里,一切摆设和布置都是黑白色的。玛丽可以通过一台黑白电视机(或书本等)学习各种物理知识,当然也包括各种关于颜色的光学和神经生理学的知识。假使玛丽是一个异常聪明的天才,她竟然学会了全部的物理知识,并且有幸地被从黑白房子里释放出来了。杰克逊问:当走出黑白房子的玛丽第一眼看到真正的西红柿时,她会有什么不同呢? 杰克逊认为,根据我们大多数人都有的一种直觉,似乎会觉得玛丽这时将获得某种全新的感受(sensation),而这种全新的感受也会使得"被放出来后的玛丽"眼前一亮,随即惊讶地脱口而出:"哦,原来真正的西红柿是这样子的"! 换句话说,"被放出来后的玛丽"的这种"诡异"行为似乎表明:即使在黑白屋子里已经学会了全部的物理知识,"被放出来前的玛丽"也无法解释"当她看到真正西红柿时的那种感受",而正是这种感受让"被放出来后的玛丽"感到惊讶不已。如果我们觉得上述设想的情景是可能的,那么似乎可以得出这样一个结论:物理知识并不是关于全部事实的知识。因为令"被放出来后的玛丽"感到惊讶不已的情况(即"看到真正西红柿时的全新感受"),并不能被这种知识(即玛丽在黑白屋子里学到的全部的物理知识)所解释。由此不少反物理主义者提出,如果是这样的话,那么似乎就意味着原则 2 是错误的。如果原则 2 是错误的,那么即便原则 1 是正确的,物理主义也是错误的(因为按照我们开头所说,物理主义必须一并坚持原则 1 和原则 2 这两项基本原则,两者缺一不可)。①

开头已经提到,自知识论证诞生之日起,它给物理主义者带来的麻烦就从没有间断过。物理主义和反物理主义之间围绕知识论证的争论不但持久而且激烈,甚至后来杰克逊本人都被"吵晕",搞不清自己的立场了。②因此学界对知识论证的理解也各式各样,甚至关于知识论证的版本也不止一种。为避免不必要的误解,我选择了杰克逊认可的一个简洁版的知识论证。③他本人认为,这个版本是"有关知识论证的一个便利而准确（convenience and accurate)的表述"④。这个简洁版本将成为我们以下分析和讨论知识论证时的基本依据。

下面就是杰克逊本人给出的知识论证的这个简洁版本:

(1)(被放出来前的)玛丽知道关于别人的可以知道的一切物理知识。

(2)(被放出来后的)玛丽不知道关于别人的可以知道的一切知识(因为被放出来之后,她又学到了一些关于别人的知识)。因此,

(3)有一些关于别人的(以及她自己的)知识不是物理知识。

---

① Jackson, F., *Epiphenomenal Qualia*, the Philosophical Quarterly, Vol. 32, No. 127, 1982, pp. 127—136, pp. 127—136; Jackson, F., *What Mary Didn't Know*, The Journal of Philosophy, Vol. 83, 1986, No. 5, pp. 291—295, p. 291, pp. 291—295, pp. 291—295, p. 293.

② 杰克逊本人思想立场的变化历程,可以参考斯图加的相关梳理(Stoljar, D., *Physicalism*, in *Stanford Encyclopedia of Philosophy*, 2001, on the web at http://plato.stanford.edu/entries/physicalism/)。

③ Jackson, F., *What Mary Didn't Know*, The Journal of Philosophy, Vol. 83, 1986, No. 5, pp. 291—295, p. 291, pp. 291—295, pp. 291—295, p. 293.

④ Jackson, F., *What Mary Didn't Know*, The Journal of Philosophy, Vol. 83, 1986, No. 5, pp. 291—295, p. 291, pp. 291—295, pp. 291—295, p. 293.

我们来简单分析一下知识论证的论证结构。不难看出，(1)和(2)是知识论证的两个前提，(3)则是由这两个前提推出的一个结论。具体而言，(1)这个前提说的是"被放出来前的玛丽"所学会的知识的"质和量"两个方面。首先，在"质"的方面是指，"被放出来前的玛丽"所学会的是一种具有可习得性(acquirability)和公共性(mutuality)的物理知识。这一点应该不难理解：既然"被放出来前的玛丽"是通过(黑白色的)书本和显示器来了解关于别人方方面面的事情的，那么她所学到的关于别人的那些知识(物理知识)显然是一种具有可习得性的知识。因此其他人应该也可以学习这些知识(物理知识)，并且，我们应该可以找到种种公认(或有效)的标准(或依据)来判断玛丽以及其他人是否真的掌握(或部分掌握)了这些知识(物理知识)。可见，这种知识(物理知识)也是一种具有公共性的知识。其次，在"量"的方面则是指，"被放出来前的玛丽"学会的不是**部分的**物理知识，而是**全部的**物理知识。(2)这个前提则体现了一个"我们大多数人可以接受的直觉"。这个"直觉"就是，我们大多数人似乎觉得，即便玛丽在黑白房子里可以学会所有的关于别人的一切的物理知识，她似乎仍然不能够物理地解释(explain physically)"当她第一眼看到真正的红色西红柿时，所产生的那种'活生生的'红色的经验感受"。当然，她似乎也不能物理地解释别人的红色经验感受。这是一个关于"物理知识似乎不能解释经验感受"的直觉，有时也被称为"知识直觉"(knowledge intuition)。① 由(1)和(2)可以很自然地推出结论(3)。即，"关于红色感受的那些知识"似乎"逃逸出"了(escape)物理知识体系。

---

① Ludlow, P., Nagasawa, Y., Stoljar, D. eds., *There's Something about Mary: Essays on Phenomenal Consciousness and Frank Jackson's Knowledge Argument*, MIT Press, 2004, pp.2—5, Introductio.

公正地说，从以上的分析中，我们可以明确了解到的是，"被放出来后的玛丽"的知识状况的确发生了某种奇怪的变化，但我们确实没有明确了解到知识论证对物理主义的具体威胁到底是什么(也许我们可以隐约感到有些不对劲)。是的，不少反物理主义者(包括杰克逊本人)的确也没有止步于结论(3)，他们中的一些希望可以走得远些(弱版本)：

(4) 由(3)可得，物理知识是有缺陷的，因为"被放出来后的玛丽"不能(物理地)解释自己被放出来后看到真正西红柿时的经验感受。即，物理知识是不完备的。【质疑原则2】

因此，

(5) 物理主义是错误的。

还有一些反物理主义者则希望走的更远些(强版本)：

(6) 由(3)可得，"被放出来后的玛丽"所学会的新知识是一些关于非物理事实(non-physical fact)的知识。(由于物理知识只是关于物理事实的知识，并不是关于非物理事实的知识。因此"被放出来后的玛丽"学到的有关"看到真正西红柿时的经验感受"这个非物理事实的知识并不是物理知识。)

(7) 由(6)可得，世界上除了物理事实之外，还有一些非物理事实存在。即，世间并非一切皆物。【质疑原则1】

因此，

(8) 物理主义是错误的。

不难看出，上述弱版本和强版本的关键区别在于：前者质疑的是原则2，而后者质疑的是原则1。无论哪一个版本，对于物理主义者来说,都是难以接受的。那么如何借助概念二元论来摆脱上述两个版本所带来的困扰呢? 在回答这个关键问题之前,我们有必要先考察一下两个版本的共同之处。首先,两者的结论是一致的:物理主义是错误的。其次,尽管两个版本试图攻击的侧重点不同(弱版本质疑原则 2,强版本质疑原则 1),但是我们有理由认为,两者的出发点是一致的,都是从知识论层面开始发动进攻的。先看弱版本。(4)直接针对的就是"物理知识是完备的"这个原则,这显然针对的是知识论层面。再看强版本。由(3)并不是直接推出(7)的,而是经过了(6)这个步骤。但是请注意,若要由(3)推出(6),反物理主义者必须向我们表明**仅仅只可能**存在如下这一种情况:"被放出来后的玛丽"所学会的新知识不是一些关于"物理事实"的知识,而是一些关于"非物理事实"的知识。除此之外,没有其他的可能性。可以看出,这无论如何是一个已经涉及了"知识种类"的问题,而不仅仅是一个关于"事实种类"的问题。因此,采取强版本的反物理主义者应该先要考虑这个涉及知识论层面的"知识种类"问题,然后再来考虑本体论层面是否存在种种的非物理事实。这样的处理顺序似乎才比较得当。同样地,弱版本也面临一个无法回避的问题:由于物理主义必须坚持的是,物理知识是一种完备的知识体系,而不是物理知识是唯一的一种完备的知识体系。因此,即使"被放出来后的玛丽"学会的新知识不是物理知识,也不能由此**必然地**推出,物理知识是一种不完备的知识体系。因为不排除有如下一种可能的情况:关于世间一切事实,存在着并非一种完备的知识体系,而物理知识体系只是其中的一种。如果是这样的话,那么"被放出来后的玛丽"学会的那些非物理知识就有可能是属于另一种知识体系的知识。然而我们发现,弱版本并没有排除掉这种可能的情况。

三、结语：如何应对知识论证？

至此，一些人似乎已能隐约体会到概念二元论的回应策略了。下面分别针对反物理主义的强弱两个版本，再具体论述一下这种回应策略。不难理解，对于概念二元论来说，结论(3)充其量只是表明，"被放出来后的玛丽"第一眼看到真正西红柿时所学到的现象知识，只是一种不属于物理知识体系的知识而已。因此针对弱版本，一种可能的回应是：由结论(3)并不能必然地推出另一个结论(4)：物理知识是不完备的。换句话说，即使"被放出来后的玛丽"所学到的"关于红色感受的那些现象知识"逃逸出了物理知识体系，这些现象知识也不会对"物理知识是完备的"这个原则(原则2)造成致命的冲击，物理主义的原则2仍然可以坚持下去。因为，尽管"被放出来前的玛丽"，无法学到"看到真正西红柿时的现象知识"。但是被放出来之前，在黑白屋子里，玛丽所学到的那些"看到真正西红柿时的物理知识"，**仍然可以是**一种"'看到真正西红柿时'这个本体论层面的事实的完备的知识"。为什么可以这么说呢？因为按照概念二元论的观点，"被放出来后的玛丽"看到真正的西红柿时，她的视觉神经系统会出现相应神经回路，她会有各种行为表现(比如，面部肌肉和皮肤的变动，声带振动发出声音等等)，她似乎也获得了一种全新的感受。从认知神经科学的层面而言，这个感受可以被当作是与"被放出来后的玛丽"的脑神经系统的特定神经元群的变化**相对应**的。①我们知道，关于以

---

① 意识活动与脑神经活动之间至少具有一种"相对应关系"。这一点可以说是认知神经科学关于意识研究的一个"最基本的假设"。换句话说，在目前关于意识的认知神经科学研究领域，科学家正在寻找"意识的神经相关"（the neural correlates of consciousness, NCC），即所有类型的意识活动发生时都不可或缺的最小的神经结构。而这方面的（转下页）

上种种的本体论层面的事实（西红柿、神经回路、肌肉、声带、脑区神经元群等）的一切物理知识，"被放出来前的玛丽"在黑白屋子里面是完全可以学到的。那么，"被放出来后的玛丽"是否学到了什么新东西呢？概念二元论者认为，答案是肯定的。对于"被放出来后的玛丽"而言，当她第一眼看到真实西红柿的时候，她学到了一些关于西红柿的现象知识，这是一些不同于物理知识的新知识，是作为一个真实西红柿的**观察者本人**才可能学到的"亲知的知识"（acquaintance knowledge），这些新知识同样也是关于前面那些本体论层面事实的知识。身处于黑白房间里的玛丽，显然是不可能学到这种亲知的知识的。换句话说，当"被放出来后的玛丽"看到真正的西红柿的时候，在获得某种经验感受的同时，她也学到了关于这种感受的现象知识。①尽管这些现象知识似乎逃逸出了物理知识的体系，但是并不会"破坏"（destroy）物理知识体系的完备性。

　　针对强版本，一种可能的回应是：如果采取强版本的反物理主义者，既不能排除关于一切事实可以有两套完全不同的完备的知识体系这样一种可能的情况，又无法向我们表明，"被放出

（接上页）有价值的科学研究工作，都是基于这个"最基本假设"之上的。关于 NCC 及其相关的新近研究进展状况的论述，可参见王晓阳：《论意识的认知神经科学研究及哲学思考》，《自然辩证法研究》2008 年第 6 期，第 33—36 页。

　　① 　这里提醒两点：(1)如何处理"知识论证"中的现象概念（如，红色 red）和现象感受（如，红色的感质 redness）两者之间的关系，对于物理主义者来说，是非常关键的，这也成为了反物理主义者攻击概念二元论的一个关节点。物理主义者提出了多种方案来解释这两者之间的关系。比如，劳尔认为，现象感受 redness 是"放出来后的玛丽"在运用现象概念 red 来指称"真正的西红柿"这个事实的过程中，"真正西红柿"这个事实对于"放出来后的玛丽"的一种现象呈现模式（phenomenal mode of presentation）。后来，布洛格和帕皮纽等人把劳尔的这个方案精致化了。他们提出了关于现象概念和现象感受之间关系的构成说明（constitutional account），以及引证说明（quotational account）。相对地，反物理主义（如：Chalmers, D. J., Levine, J.）最近也提出了种种有力的质疑。有关的详细论述，可以参见王晓阳：《论现象概念——解析当前物理主义与反物理主义争论的一个焦点》，《逻辑学研究》2010 年第 3 期，第 91—109 页。

来后的玛丽"所学会的新知识的确**只是**一些关于非物理事实的知识。那么,既然如此,我们又有什么理由非要"匆忙地"接受"除了物理事实之外,世间还存在着非物理的事实"这样的反物理主义观点呢?

以上就是关于知识论证的概念二元论式的回答,同时也体现出一种温和物理主义的应对策略:在尊重一种"大多数人可以接受的知识直觉"的前提下,(原则上)可以在**知识论层面**阻截反物理主义的攻击。①

本文首次刊发于《哲学动态》2011 年第 5 期

---

① 最后仍值得一提的是,有的物理主义者认为,在围绕知识论证的论战中,试图直接攻击原则 1 的反物理主义者(如,实体二元论者等等)已经很少,双方交战的火力主要集中在原则 2 上(Balog, K., *Phenomenal Concepts*, Unpublished, on the web at http://pantheon. yale. edu/％7Ekb237/Web％20publications/OxfordReview. pdf, 2007, p. 2, 注释4)。还有些物理主义者则认为,不管反物理主义者想攻击的只是原则 2,还是始于攻击原则2,最终仍试图"过渡到"对原则 1 进行攻击(如:Alter, T., the Knowledge Argument against Physicalism, in *Internet Encyclopedia of Philosophy*, on the web at http://www. iep. utm. edu/know-arg/, 2005; Chalmers, D. J., *Consciousness and its Place in Nature*, on the web at http://consc. net/papers/nature. html, 2003, 注释8),只要采用某种概念二元论的方案,统统都能化解掉(如:Loar, B., *Qualia*, *Properties*, *and Modality*, Philosophical Issues Vol. 13, No. 1, 2003, pp. 113—129; Diaz-Leon, E., Defending the Phenomenal Concept Strategy, *Australasian Journal of Philosophy*, Vol. 86, No. 4, 2008, pp. 597—610)。然而,即使概念二元论真的能化解掉反物理主义提出的所有威胁,那么物理主义能否最终坚守住自己的立场呢(如何向人们表明物理主义是正确的)? 这似乎又是一个棘手的问题。如何处理这个难题,已超出本文范围,将另文论述。

如何解释"解释鸿沟"?
——一种最小物理主义方案

一、引　言

对大多数人而言,如下这个关于两种知识的区分(the distinction of two knowledge)近乎常识:

> 我们关于外部世界的知识,不同于我们关于内部心灵状态/意识经验(conscious experience)的知识。

对上述区分进行适当的逻辑处理后,可以得到一个更强的表述:

> 即使一个人能够知道关于外部世界的全部知识,仍然不能够**先天衍推出**(entail a priori)关于他自己以及其他人的内部心灵状态/意识经验(conscious experience)的知识。

在这两种知识之间,似乎总是存在着一个无法逾越的认知屏障(epistemological barrier)。在心灵哲学中,这个认知屏障也被称作解释鸿沟(explanatory gap)(Levine，1983)。[①]

本文将要论述一种处理解释鸿沟难题的现象概念策略(phenomenal concept strategy)(以下简记为 PCS)。近年来 PCS 既受到众多物理主义者的青睐(Horgan，1984；McMullen，1985；Loar，1990/97，2003a，2003b；Pereboom，1994；Lycan，1996；Tye，2000；Papineau，2002；Diaz-Leon，2008，2010，forthcoming；Balog，2009，forthcoming-a，forthcoming-b)，也被一些反物理主义者所关注(Chalmers and Jackson，2001；Stoljar，2005；Chalmers，2007；Levine，2007；Nida-Rümelin，2007；Sundström，2011；Goff，forthcoming)，并被认为是目前最有希望处理解释鸿沟难题的一种物理主义策略。

二、现象概念策略的三原则

不同的物理主义者对于现象概念策略的理解也不相同(Stoljar，2005)，但他们对于以下三点见解基本一致：

> OP：从本体论上看，PCS 捍卫的是一种本体一元物理主义。
>
> EP：从认识论上看，PCS 主张的是一种知识二元物理主义。
>
> MP：从方法论上看，PCS 采取的是一种防御性的(de-

[①] 解释鸿沟有多种不同的版本，这只是一种。列文(Levine，1983；1993；2001；2007)多次强调，解释鸿沟只反映出我们的知识论层面存在这样一个认知鸿沟，并没有直接表明在本体论层面有两种不同的实体。因此我们有理由认为，相对于物理主义和反物理主义的争论，解释鸿沟(可以)是中立的。甚至可以和物理主义兼容(compatible with physicalism)(Loar，1990/97，2003b；Diaz-Leon，2008，2010)。本文的论述也将表明这一点。

fensive)辩护方案。

这三点见解可依次称为 PCS 坚持的三条原则:本体论原则(ontological principle)(以下简记为 OP),认识论原则(epistemological principle)(以下简记为 EP),以及方法论原则(methodological principle)(以下简记为 MP)。

下面先简单介绍一下三原则,然后结合解释鸿沟,作进一步论析。OP 说的是,从本体论层面而言,PCS 认为世界是一个彻底的物理世界。也就是说,世界不仅是一元的(monistic),而且,有且仅有一种事实(fact)存在,即物理事实(physical fact)。其实,OP 也是物理主义的一条基本原则。因此 PCS 不可能不捍卫这条原则。但是 PCS 对于 OP 的捍卫,并不是通过**直接**解释"为何世界是一元的物理事实世界",而是通过提出一种二元知识论原则(EP)来化解解释鸿沟对 OP 可能带来的冲击。

EP 有三层含义。首先,我们可以有两种概念:一种是物理概念(physical concept),另一种是现象概念(phenomenal concept);前者构成了我们的物理知识体系,这是一种描述的知识(knowledge by description),因此也被认为是一种客观的(objective)或第三人称视角的(third-person perspective)知识,后者构成了我们的现象知识体系,这是一种亲知的知识(knowledge by acquaintance),因此现象知识被认为是一种只能从第一人称视角(first-person perspective)获得的主观的(subjective)知识。尽管物理概念/知识与现象概念/知识之间存在一个解释鸿沟,然而 PCS 却认为,对于物理主义来说,这种二元概念/知识区分是可以接受的,因为体现出了我们大多数人所具有的一种"知识直觉"(knowledge intuition)。(Ludlow, et al., 2004, pp.2—5,

Introduction）。其次，物理概念和现象概念均指称世界中的（物理）事实。物理概念构成了我们关于（物理）事实的物理知识，现象概念构成了我们关于（物理）事实的现象知识。[①]最后，即使承认现象概念/知识存在，也**不一定会**破坏物理知识的完备性原则。总之，前两层含义体现出一种知识二元原则（dual-knowledge principle）（以下简记为 DP），第三层含义，则体现出物理主义的另一条基本原则，即完备性原则（completeness principle）（以下简记为 CP）。[②]

从方法论层面看，PCS"关键并不是要为一个肯定的论题（即物理主义是正确的）进行辩护，而是要针对那些试图展示出上述肯定论题的反例的那些论证（即相关的反物理主义论证）进行反驳"（Loar，2003b，p.113），即"（PCS）是一种完全防御性的策略，它基于如下假定：我们有好的理由接受物理主义并能排除那些试图拒绝它（物理主义）的明显的理由"（Sundström，2011，p.269）。不少质疑 PCS 的反物理主义者，正是由于没有正确理解 MP，所以才要么误以为解释鸿沟对物理主义造成了致命的威胁，要么对于 PCS 提出了某些过分要求（如要求 PCS 直接辩护 OP 的合理性）。

---

① 直觉上我们觉得现象概念指称经验感受。因此，如果 PCS 不承认经验感受具有的本体论地位，PCS 就需要对这种直觉作出合理说明，还需要解释现象概念、经验感受，以及物理事实三者之间的关系。一种可能的解释，参见王晓阳：《论现象概念——解析当前物理主义和反物理主义争论的一个焦点》，第 91—109 页。

② 物理主义所理解的物理知识不是指物理学知识，而是指"一种具有宽泛意义的知识。它应该包括全部的物理学、化学和神经生理学的一切知识，以及所有关于原因的和作为结果产生的关系的事实的知识，当然也包括具有功能性角色的知识"（Jackson，1986，p.291）。因此物理主义认为，既然世界是一个完全由物理事实构成的世界，一个掌握了**全部**物理知识的人，（理论上）应该可以"说尽世间所有事"，即物理知识体系被认为是一种完备的知识体系（complete knowledge system）。这就是物理主义完备性原则（CP）的基本含义（王晓阳：《如何应对"知识论证"？——一种温和物理主义观点》，第 85—91 页）。

三、先天衍推论题与解释鸿沟

在对这些质疑进行回应之前,先考察一下它们产生的根源(解释鸿沟)是有益的。下面是一个利用解释鸿沟来质疑物理主义的论证(Argument1)[①]:

(1)假定 P 是一条关于可能世界 W 中全部事实的完备的物理真命题(a complete physical truth of all facts in the possible world W),q 是一条关于可能世界 W 中某一事实的现象真命题(a phenomenal truth of one fact in the possible world W)。

【derive from EP】

(2)如果物理主义是正确的,那么 P 是完备的。　　【CP】

(3)P 是完备的,当且仅当先天衍推论题(a priori entailment thesis,APET)为真。　　　　　【CP↔APET】

(4)如果 APET 为真,那么认知者 S 能够由 P 先天衍推出 q。

【APET→(P entail q a priori)】

(5)S 不可能由 P 先天衍推出 q。　　【explanatory gap】

(6)由(4)(5),APET 为假。　　　　　　*【modus tollens】*

(7)由(3)(6),P 是不完备的。　　　　　*【modus tollens】*

因此,

(8)由(2)(7),物理主义是错误的。　　　*【modus tollens】*

---

① 利用解释鸿沟来质疑物理主义的论证不止一种。有些论证实际上并未适当地运用解释鸿沟,参见列文(Levine,2001,2007)的梳理。Argument1 主要参照如下:Chalmers,1996;Jackson,1998;Chalmers and Jackson,2001;Stoljar,2005。我保留了他们利用 APET 和解释鸿沟来质疑物理主义的核心想法,但进行了重构,以便于讨论。

简单解释一下上述论证。(1)是对 PCS 的 EP 的表述。其中,DP 体现了我们的二元知识直觉;(2)说的是 CP;(3)中指出了——反物理主义者所认为的——CP 的充分必要条件是先天衍推论题(APET):如果 CP,当且仅当 APET。即 CP 和 APET 真值相等(CP↔APET)。APET 的意思是,如果 S 知道 P,那么就能先天衍推出一条关于可能世界 W 中任何事实的命题 R。由于 q 包含于 R,因此(4),APET 蕴涵(implies)P 能够先天衍推出 q(P entail q a priori)(Jackson,1998；Stoljar,2005);(5)是解释鸿沟的一种表述。反物理主义认为,对于物理主义而言,解释鸿沟与 APET 不可能同时为真。换言之,如果物理主义接受解释鸿沟为真,那么由(4)(5)运用否定后件律,则得到(6),即 APET 就为假;由于 APET 和 CP 真值相等,如果 APET 为假,那么 CP 就同为假(¬APET→¬CP)。即由(3)和(6),再次运用否定后件律,可以得出(7),物理知识是不完备的;由(2)(7),再一次运用否定后件律,则可以最终得出物理主义是错误的,即结论(8)。不难看出,整个论证中最关键的是(3)(4)(5)这三步。

先看(3)。反物理主义者之所以觉得 CP 当且仅当 APET(CP↔APET),可能与我们关于物质微观结构的一些科学发现有关。下面以液态水为例来作进一步说明。很久以来,作为生活中不可缺少的一种物质,我们都知道水具有流动性(liquidity)这样的宏观物理属性(下面简记为 L_{water})。随着无机化学的发展,我们了解到液态水是由 H_2O 这样的水分子按照特定方式构成的,而且构成液态水的水分子也具有特定微观物理属性(以下简记为 M_{H_2O})。[①]借助如下同一陈述(identification)来表述：

[①] 这里仅需考虑到 H_2O 这个层面,无需考虑更微观的结构或属性或其他情况。

$$(9) \quad K(M_{H_2O}) \wedge K(S_{H_2O}) \wedge K(N_{H_2O}) = K(L_{Water})$$

其中,等号左边,$K(M_{H_2O})$指关于水分子的微观物理属性知识,$K(S_{H_2O})$指关于水分子空间分布排列结构的物理知识,$K(N_{H_2O})$指关于特定体积(V)的水分子数量的物理知识。等号右边 $K(L_{Water})$ 是指,关于特定体积(V)的水的宏观物理属性的知识。任何正常的认知者 S 如能获掌握关于(9)中等号左边的 $K(M_{H_2O})$,$K(S_{H_2O})$,以及 $K(N_{H_2O})$,那么 S 就可以先天衍推出等式右边的 $K(L_{Water})$。换言之,我们觉得**完全可以**把水的宏观物理属性,解释成水的微观物理属性。我们无法想象,在这种解释过程中,会有什么可能被遗漏。我们也不觉得,关于 L_{Water} 的宏观物理属性知识和关于 M_{H_2O} 的微观物理属性知识之间,存在什么解释鸿沟。

不难看出,APET 完全适用于上述液态水的情况。实际上,在任何宏观物理属性知识之间,任何微观物理属性知识之间,以及任何宏—微观物理属性知识之间,APET 似乎都是适用的。据此,反物理主义者有理由认为,CP 为真,当且仅当 APET 为真。如果 APET 为真,那么依其定义,P 可以先天衍推出一条关于可能世界 W 中任何事实的命题 R。由于现象命题 q 是属于 R 的,所以,利用假言三段论(Hypothetical Syllogism),P 可以先天衍推出 q。即(P entails R a priori)$\wedge$(R→q)→(P entails q a priori)(读作:如果 P 先天衍推出 R,并且 R 蕴涵 q,那么 P 先天衍推 q)。这就是(4)。

然而(5)告诉我们,基于二元知识直觉的解释鸿沟似乎表明,APET 并不适用于 P 和 q 之间的关系。下面对心物同一命题的分析也能看到这一点。比如,随着科学(特别是认知神经科学)的发展,也许将来我们通过发现特定的意识经验(pain)和特定的脑神经活动(C-fiber stimulation)之间具有一种恒常对应关系。因此可以得到如下心物同一命题：

(10) $K_{\text{C-fiber stimulation}} = K_{\text{pain}}$

反物理主义者指出，我们之所以接受(10)，仅仅是基于经验科学研究的成果。然而，相关科学研究只限于神经系统的活动、受试者的报道、行为反应等等生理—物理层面。无论如何，任何科学研究都没有直接观察到意识经验本身！而且，我们似乎完全可以设想(10)为假的情形。如，当 c-fiber 兴奋时，S 不感觉到 pain，而感到瘙痒(itch)，甚至 S 完全没有任何感受的情形(僵尸至少是可想象的)。因此，没有理由认为(10)是先天必然真的(a priori necessary true)。即 S 不可能由 $K_{\text{C-fiber stimulation}}$ 先天衍推出 K_{pain}。如果上述情形是可想象的(conceivable)，那么 APET 将不适用于(10)。

为什么 APET 不适用于(10)这类的心物同一命题呢？考虑一下会发觉：首先，上述关于(10)的反物理主义论述中可能预设了一个二元论的前提：意识经验(如 pain 或 itch)是一类不同于物理事实(如 c-fiber)的非物理事实，或一种非物理属性(property)。但我们为何非要接受这种二元论前提呢？反物理主义者并没有给出进一步的说明。其次，反物理主义者认为，即使拒绝上述二元论前提，而坚持一种物理主义一元论前提(OP)，物理主义仍然避不开一个知识论层面的质疑：如果 CP/EP 是真的，那么要如何解释我们关于世界中的(物理)事实的确有两套不同的概念/知识这样一种知识情境(epistemic situation)呢？而且，由于在这两种知识之间，似乎存在着一条解释鸿沟，我们仍然难以想象，S 如何由 $K_{\text{C-fiber stimulation}}$ 先天衍推出 K_{pain}。不难理解，这就

163

是(5)中所说的解释鸿沟。

　　总结一下。首先,反物理主义者认为,(3)中所说的 APET,实际上是由于科学的发展,特别是随着我们对物质微观属性认识的逐步深化以及认知神经科学的迅猛进展,给我们提供的关于 CP 的**唯一**合理的理解方式。即 CP 和 APET 真值相等或同义。否则,反物理主义者认为,如果物理主义不同意这种关于 CP 的理解方式,那么就需要提供进一步说明,为何我们不可以这样来理解,或者我们应该如何来理解。其次,如果物理主义承认解释鸿沟存在,那么 APET 将不适用于(10)这样心物同一命题。可见,借助解释鸿沟,反物理主义可以经由质疑 APET 不适用于心物同一命题来质疑 CP 的合理性,从而威胁到物理主义,即如果 CP 是错的,那么即使 OP 是对的,物理主义也是错的。注意,上文提到解释鸿沟单独并不会对物理主义构成威胁,然而一旦与 APET 相配合,就可以对物理主义构成威胁。我们已经论证了这一点。

　　因此不难理解,如果物理主义想要应对上述威胁(Argument1),不一定非要一并处理解释鸿沟和 APET 这两个难题(当然也可以这么做)。在我们看来,某种**最小物理主义方案**(minimal physicalistic program)是可能的:一方面接受解释鸿沟,另一方面只专门针对“APET 不适用于心物同一命题”这个难题构造出某种应对方案,那么上述威胁(Argument1)就会得到解除。

四、最小物理主义方案及其遗留问题

　　下面先给出最小物理主义方案(Argument2),再作拓展论述:

（11）解释鸿沟可以接受，因为体现了二元知识直觉。

（12）由（11），APET 不适用于心物命题。

（13）DP 也可以接受，因为同样体现了二元知识直觉。

（14）由（13），如下一种关于 DP 的理解是**可能的**：关于任一可能世界 W 中的全部事实，存在两种不同的知识体系，一种是完备的物理知识体系，另一种是（完备的）现象知识体系。这就得到 EP。

（15）由（12）（14），如下一种关于 APET 和 CP 之间关系的理解是**可能的**：APET 不是 CP 的充分必要条件。理由是，物理主义只要求物理知识是一种完备的知识体系，并不要求物理知识先天衍推出现象知识。即，即使 APET 不适用于心物命题，CP 也有可能没有受到威胁。

因此，

（16）由（11）（15），APET 和解释鸿沟一起，也**不一定会**对物理主义构成威胁。

简要分析一下 Argument2，其关键有二：首先，它指出了一种可能性：APET 并不是 CP 的充分必要条件。即物理主义只要求物理知识完备，并不要求物理知识能先天衍推出现象知识。因此，尽管"现象知识和物理知识之间是何种关系"这样的问题并没有得到解答，物理主义仍有可能是正确的。其次，虽然这个论证并没有直接解答"现象知识和物理知识之间是何种关系"这个问题，但强调了这个问题不仅是有可能没有威胁到 CP，而且也不是没有可能得到一种物理主义解答。

可见，最小物理主义方案的最大亮点在于：重新解释了 APET 和 CP 之间的关系。这使得我们得以看清，反物理主义试图从知识论层面，借助解释鸿沟和 APET 来对物理主义进行攻击可能并未击中要害。另一方面,最小物理主义方案带来的问题也是明显的:通过在知识论层面提出一种概念二元论,来化解反物理主义对 CP 的攻击,从而维护物理主义的完备性原则(CP)。这样的做法尽管让我们看到物理主义如何避开反物理主义论证(Argument1)的一种可能性,却留下了"现象概念/知识和物理概念/知识之间是何种关系"这样一个需要进一步解释的问题。换言之,假使 PCS 的二元知识原则(DP)是可以接受的,但是我们仍然存在如下困惑:如果现象概念/知识与现象概念/知识和物理概念/知识之间不是先天衍推关系,那么会是什么关系呢? 一些学者也提出类似质疑(Chalmers,2007;Levine,2007)。与之密切相关的另一个问题是,坚持 PCS 的物理主义者,如何解释我们何以可能具有两套完全不同的概念/知识呢?

总之,最小物理主义方案的遗留问题至少涉及两个维度:一个是两种概念/知识之间的关系。可称之为"二元概念/知识的关系问题";另一个是概念/知识的拥有者,即认知者要具备怎样的认知能力(cognitive ability)才可能获得两套不同的概念/知识。可称之为"二元概念/知识的认知基础问题"。不难理解,这两个问题在没有得到合理解答之前,很难相信 PCS 会是一个令人满意的物理主义辩护策略。

五、结语:Hope for Tomorrow

如何回答上述两个问题? 对坚持 PCS 的物理主义者来说很重要。限于篇幅,下面简述其研究思路。针对前一个问题,坚持 PCS 的物理主义者新近给出的一个回应是:现象概念/知识和物理概念/知识之间[如(10)]是一种独特的后天必然(*a pos-*

teriori necessary）联系，这完全不同于克里普克（Kripke，1980）所提出那种后天必然[如（9）]，这种回应被称为后天物理主义（a posteriori physicalism）（Loar，1990/97，2002，2003b）。后天物理主义是否可能？目前正处在热烈的争论之中。针对后一个问题，则要从认知科学的角度进行探究。据我所知，在这方面，皮立新（Pylyshyn，2000，2007）及其研究团队关于多物体追踪（multiple object tracking，MOT）的一系列视觉实验研究显示，我们实际上拥有两套不同的视觉认知系统：一套是可编码的，另一套是不可编码的。德里斯克（Dretske，2007）关于砖墙（brick wall）的思想实验，也有类似结论。这方面的研究目前主要集中在视觉认知领域。我们猜测，这两套认知系统很可能就是二元知识的认知基础。这个猜测是否合理？目前未有定论。因为我们相关的实验证据还不够多，也需要更多其他感觉系统的实验证据，以及关于脑神经系统的更深入研究。但我们目前也没有理由不认为，有关视觉认知方面的认知科学研究可以是一条解决二元概念/知识认知基础问题的希望之途。

参考文献

Balog, K., Acquaintance and the Mind-Body Problem. in Hill, C. and Gozzano, S., eds., *The Mental*, *the Physical*, Cambridge University Press, forthcoming-a.

Balog, K., In Defense of the Phenomenal Concept Strategy, *Philosophy and Phenomenological Research*, forthcoming-b.

Balog, K., Phenomenal Concepts. in McLaughlin, B., Beckerman, A. and Walter, S., eds., *Oxford Handbook in the Philosophy of Mind*, Oxford University Press, 2009.

Chalmers, D. J. and Jackson, F., Conceptual Analysis and Reductive Explanation, *Philosophical Review*, 110, pp.315—361, 2001.

Chalmers, D. J. Phenomenal Concepts and the Explanatory Gap, in Alter, T. and Walter, S., eds., *Phenomenal Concepts and Phenomenal Knowledge: New Essays on Consciousness and Physicalism*, Oxford University Press, 2007.

Chalmers, D.J., *the Conscious Mind*, New York: Oxford University Press, 1996.

Diaz-Leon, E., Can Phenomenal Concepts Explain The Epistemic Gap?, *Mind*, 119(476), pp.933—951, 2010.

Diaz-Leon, E., Defending the Phenomenal Concept Strategy, *Australasian Journal of Philosophy*, 86 (4), pp. 597—610, 2008.

Diaz-Leon, E., Reductive explanation, concepts, and a priori entailment, *Philosophical Studies*, forthcoming.

Dretske, F., What Change Blindness Teaches About Consciousness, *Philosophical Perspectives*, 21(1), pp.215—220, 2007.

Goff, P., A Posteriori Physicalism Get Our Phenomenal Concepts Wrong, *Australasian Journal of Philosophy*, forthcoming.

Horgan, T., Jackson on Physical Information and Qualia, *Philosophical Quarterly*, 34(135), pp.147—152, 1984.

Jackson, F., *From Metaphysics to Ethics: A Defense of Conceptual Analysis*. Oxford: Clarendon Press, 1998.

Jackson, F., Epiphenomenal Qualia, *the Philosophical*

Quarterly, 32(127), pp.127—136, 1982.

Jackson, F., What Mary Didn't Know, *The Journal of Philosophy*, 83(5), pp.291—295, 1986.

Kripke, S., *Naming and Necessity*. Cambridge, MA: Harvard University Press, 1980.

Levine, J. *Purple Haze*. Oxford: Oxford University Press, 2001.

Levine, J., Materialism and Qualia: The Explanatory Gap, *Pacific philosophical Quarterly* 64, pp. 354—361, 1983.

Levine, J., On Leaving Out What It is Like, in Davis, M. and Humphreys, G., eds., *Consciousness*. Blackwell, 1993.

Levine, J., Phenomenal Concepts and the Materialist Constraint, in Alter, T. and Walter, S., eds., *Phenomenal Concepts and Phenomenal Knowledge: New Essays on Consciousness and Physicalism*, Oxford University Press, 2007.

Loar, B., Phenomenal States (Second Version), in Block, N., Flanagan, O. and Guzeldere, G., eds., *the Nature of Consciousness: Philosophical Debates*, The MIT Press, 1997.

Loar, B., Phenomenal States, *Philosophical Perspectives*, 4, pp.81—108, 1990.

Loar, B., Qualia, Properties, and Modality, *Philosophical Issues*, 13(1), pp.113—129, 2003.

Loar, B., Transparent Experience and the Availability of Qualia, in Smith, Q. and Jokic, A., eds., *Consciousness: New Philosophical Perspectives*, Oxford University Press, 2003.

Ludlow, P., Nagasawa, Y., Stoljar. D, eds. *There's*

Something About Mary: *Essays on Phenomenal Consciousness and Frank Jackson's Knowledge Argument*, The MIT Press, 2004.

Lycan, W. G., *Consciousness and Experiences*, Cambridge, MA: MIT Press, 1996.

McMullen, C., "Knowing What It's Like" and the Essential Indexical, *Philosophical Studies*, 48(2), pp. 211—233, 1985.

Nida-Rümelin, M., Grasping Phenomenal Properties, in Alter, T. and Walter, S., eds., *Phenomenal Concepts and Phenomenal Knowledge*: *New Essays on Consciousness and Physicalism*, Oxford University Press, 2007.

Papineau, D., *Thinking About Consciousness*, New York: Oxford University Press, 2002.

Pereboom, D. Bats, Brain Scientists, and the Limitations of Introspection, *Philosophy and Phenomenological Research*, 54(2), pp.315—29, 1994.

Pylyshyn, Z. W., Situating Vision in the World, *Trends in Cognitive Sciences*, 4(5), pp.197—207, 2000.

Pylyshyn, Z. W., *Things and Places*: *How the Mind Connects with the World*, Cambridge, MA: MIT Press, 2007.

Stoljar, D. Physicalism and Phenomenal Concepts, *Mind and Language*, 20(2), pp.296—302, 2005.

Stoljar, D. Physicalism, in Stanford Encyclopedia of Philosophy, on the web at http://plato. stanford. edu/entries/physicalism/, 2009.

Stoljar, D. *Physicalism*, London, New York: Routledge,

2010.

Sundström，P.，Phenomenal Concepts，*Philosophical Compass*，6(4)，pp.267—281，2011.

Tye，M. *Consciousness，Color，and Content*，Cambridge，MA：MIT Press，2000.

王晓阳:《论现象概念——解析当前物理主义和反物理主义争论的一个焦点》,《逻辑学研究》2010 年第 3 期:第 91—109 页。

王晓阳:《如何应对"知识论证"? ——一种温和物理主义观点》,《哲学动态》2011 年第 5 期:第 85—91 页。

本文首次刊发于《自然辩证法研究》2012 年第 6 期

后天物理主义与解释鸿沟

——劳尔(Brian Loar)版现象概念策略的拓展分析

在许多人看来,我们虽身陷于一个拥挤不堪的物质世界,心灵却始终具有某种"卓尔不群"的高贵品质。对此一个相当靠谱的解释是,心灵似乎完全不受物质世界的那条最普遍规律——因果律(causal law)的约束。[①]因此,长久以来,我们大都也具有心灵不同于外部世界这样一个根深蒂固的信念。该信念在知识论层面的一个自然反应就是两种知识的区分:我们有两类知识,一种是关于内部心灵状态的知识,另一种是关于外部世界的知识。在心灵哲学里,前者被称为心理知识(mental knowledge)或现象知识(phenomenal knowledge),后者则被称为物理知识(physical knowledge)。由于现象知识描述的仅是种种具有主观性的(subjective)心灵状态,因此被认为是一种主观知识。相对地,物理知识描述的则仅是构成外部世界的种种具有客观性的(objective)事实(fact),因此被认为是一种客观知识。

稍稍考虑一下就会发现,这两类知识之间的差异不仅在于

---

① 另一个广为人知的解释就是笛卡尔著名的心—身区别论证。笛卡尔认为,心灵的本质属性是具有意识的(being conscious),而身体以及外部世界的构成物的本质属性是具有广延的(being extensional),因此,心灵不同于身体或外部世界。

172

所描述的对象不同,还在于我们似乎永远也不可能找到任何用以连接一种客观知识和一种主观知识的桥接规律(bridge law)或似律陈述(lawlike statement)。在这两种知识之间,似乎永远存在一个无法闭合的认识论鸿沟。在心灵哲学里,这个鸿沟也被称为"解释鸿沟"(the explanatory gap)。①由于解释鸿沟的存在,我们用以描述外部世界的知识似乎完全不适用于描述心灵状态,即我们无法物理地解释(physically explain)心灵状态。

实际上,在当代心灵哲学的三大反物理主义论证里,都可以见到解释鸿沟的身影:

蝙蝠论证:一个人即使知道关于蝙蝠的全部的物理知识,也不可能物理地解释"成为一只蝙蝠是什么样子的"(what it is like to be a bat)(Nagel,1974)。

知识论证:一个人即使能够知道关于大脑以及颜色的一切物理知识(physical knowledge),她仍然不能够物理地解释关于红色的经验感受(Jackson,1982,1986)。

僵尸论证:对于一种跟我们人类在物理层面完全一样,但是缺乏内在的意识经验感受的生物而言,即使他们能够掌握全部的物理知识,也无法物理地解释人类的意识经验感受(Chalmers,1996)。

不难看出,三大反物理主义论证攻击物理主义的角度尽管各有侧重,却无一例外地表明,如果物理知识不能用来解释经验感受,那么物理知识论很可能不是完备的(complete)②,因此物

---

① 一般认为,由于列文(1983)的工作,学界开始关注解释鸿沟问题。

② 这里需要说明两点:第一点是,"物理知识的完备性"说的是,由于物理知识被认为可以**毫无遗漏地**描述(本体论层面)构成世界的一切事实,因而物理主义普遍相信,物理知识是一种完备的知识体系。这也被称为"**完备性原则**"(completeness principle)(以下(转下页)　173

理主义是错误的(Levine，2001)。可见，对于当今的物理主义者来说，如何应对解释鸿沟？这无论如何是个绕不过去的难题。

近年来，一种被称为现象概念策略(phenomenal concept strategy)(以下简记为 PCS)的物理主义方案引起众多学者的关注。①PCS 说的是，尽管物理主义在本体论层面**只**允许物理事实(physical facts)存在(OP)。然而在知识论层面，物理主义却可以允许我们有两套"相互独立"的知识体系，一套是由物理概念

(接上页)简记为 CP)。请注意，物理主义所说的"物理知识"并不是"物理学知识"，而是"一种具有宽泛意义的知识。它应该包括全部的物理学、化学和神经生理学的一切知识，以及所有关于原因的和作为结果产生的关系的事实的知识，当然也包括具有功能性角色的知识"。(Jackson，1986，p.291)第二点是，除了 CP，物理主义的另一条基本原则是(一共就这两条)：这个世界是一个完完全全由物理事实(physical fact)组成的世界。这个原则也被称为物理主义的"**本体论原则**"(ontological principle)(以下简记为 OP)。关于 OP 的理解，学界一直存在争议。斯图加(2009)在斯坦福哲学百科全书中"物理主义"这一词条中给出的解释是，"一切都是物理的，或者正如当代哲学家时常认为的那样，一切都随附于物理的，或者一切都被物理的必然决定"(everything is physical，or as contemporary philosophers sometimes put it，that everything supervenes on，or is necessitated by，the physical)(Stoljar，2009)。显然，这个解释实际上包含了关于 OP 的三种不同的理解：(1)一切都是物理的；(2)一切都随附于物理的；(3)一切都被物理的必然决定。并不是所有的物理主义者都可以同时接受(1)(2)(3)，限于篇幅，下面仅给出两个可能的反例(如何理解物理主义的本体论论题，对于正确认识物理主义当然是必要的，但这超出了本文的论述范围，需另文讨论)。例 1，对于取消论物理主义(eliminative physicalism)(如 Churchland，1981)来说，可以接受(1)，但不接受(2)或(3)。因为，取消论认为世间并不存在任何非物理的心理属性或者心理实体。所以，"随附于物理的或者被物理的必然决定"这样的说法没有意义。而且，既然本体论层面一切都是物理的，那么不同的物理现象(事实或属性)之间只可能有因果关系。例 2，本文要辩护的后天物理主义是一种殊型同一论(token-token identity theory)，该理论认为，世界上真实存在的只有一种事实(即物理事实)。心理属性只是认知者 S 在使用特定的有关经验感受的词项(文中也称为现象概念)时所产生的种种主观的经验感受，因此心理属性或心理实体(entity)并不是在客观世界中真实存在的(下文会详细论述这一点)。在后天物理主义看来，说一种并不真实存在的东西(即心理属性/实体)"随附于物理事实或被物理事实所决定"，这样的说法是多余的。因此，后天物理主义接受(1)，但不接受(2)或(3)。然而有学者把物理主义(包括后天物理主义)的本体论论题仅仅理解成(2)或者(3)，这是值得商榷的(刘玲：《物理主义应当如何回应知识论证》，第 86—93 页)。基于这些理由，本文对 OP 的理解取(1)，因为(1)尽管是一种关于 OP 的宽泛解释，却是一个可以获得普遍接受的中立理解。关于 OP 和 CP 的进一步论述，可参见王晓阳：《如何应对"知识论证"？——一种温和物理主义观点》，第 86、90 页；《如何解释"解释鸿沟"？——一种最小物理主义方案》，第 9—10 页。

① 尽管劳尔(Brian Loar)最早提出了现象概念，并倚之为物理主义辩护(Loar，1990/97)，然而斯图加(2005)才是最早使用"现象概念策略"这一说法的人。

(concept)和命题构成的物理知识体系,另一套是由现象概念和命题构成的现象知识体系。①因此,尽管在知识论层面存在一个解释鸿沟,但 PCS 认为,这充其量只表明了物理知识和现象知识之间不存在任何桥接规律而已,并未表明物理知识是不完备的。因此,尽管解释鸿沟存在,物理知识仍有可能是完备的,物理主义也不一定会因解释鸿沟的存在而受到威胁。换言之,在处理解释鸿沟难题上,PCS 采取的是一种**兼容主义**(compatiblism)的立场:一方面,接受解释鸿沟在知识论层面存在的合理性②;另一方面,则通过区分两种知识(现象知识和物理知识)来化解解释鸿沟对于物理知识完备性可能构成的威胁。

乍一看,这种兼容主义的立场,似乎有效地缓解了解释鸿沟对物理知识的完备性造成的压力。但在不少学者看来,PCS 却因此而遗留下诸多亟需进一步解决的困惑。比如,为何我们可以有两套知识体系? 如果有,既然这两套知识之间不存在任何桥接规律,那么这两种概念/知识之间究竟是什么关系? 等等。就我所知,近年对于 PCS 的质疑大都可归结到如下两个维度:一个是如何理解物理概念/知识和现象概念/知识之间的关系;另一个是认知者要具备怎样的认知能力,才可以拥有两套完全不同的概念/知识。对于前者,物理主义给出的最新回应被称为**"后天**物理主义"(*a posteriori* physicalism)(本文第五部分将集中讨论关于 PCS 和**后天**物理主义的一些常见质疑)。对于后者,目前的研究工作则主要集中在认知科学层面(王晓阳:《如何

---

① 由于 PCS 坚持认为,二元知识直觉在知识论层面的自然反映就是,我们具有两种知识——物理知识和现象知识。因此,我们可以将 PCS 的这个知识论主张称为 PCS 的**"二元知识原则"**(dual-knowledge principle)(以下简记为 DP)(王晓阳:《如何解释"解释鸿沟"? ——一种最小物理主义方案》,第 9—10 页)。

② 一些学者认为,解释鸿沟的存在具有某种合理的根源,是我们固有的"二元知识直觉"(dual-knowledge intuition)的一种反映(Ludlow, et al., 2004, pp.2—5)。因此无论是物理主义还是反物理主义者都应该接受它。

解释"解释鸿沟"？——一种最小物理主义方案》，第 12—13 页）。本文主要关注前者，后者需另文论述。

一、完备性原则与先天衍推论题

现象概念/知识和物理概念/知识之间究竟是怎样的关系呢？关于这个问题，两种回答较常见：二元论和后天物理主义。前者认为，由于解释鸿沟的存在，那么任何认知者 S 将不可能仅仅通过掌握某些物理知识（甚至是全部的物理知识）来先天地推断某一现象命题的真假。因此，现象概念/知识和物理概念/知识之间不存在任何先天的必然联系。后者则认为，两种概念/知识之间即便不存在先天的必然（*a priori* necessary）联系，也存在一种**自成一格的**（*sui generis*）后天的必然（*a posteriori* necessary）联系。可见，二元论和后天物理主义对此问题的看法是完全不同的。两者的具体差异及争论，下文会有详细论述。现在我们先来看看"两种知识/概念之间的关系"这个问题，为何显得如此重要？因为在一些二元论者（如 Chalmers and Jackson，2001）看来，PCS 通过区分两种概念/知识，至多使物理主义和解释鸿沟在知识论层面达成一种临时性的和解。若不能进一步论证，现象概念/知识和物理概念/知识之间存在先天的必然联系，那么物理主义依然岌岌可危。通过考察知识/概念之间的衍推（entailment）关系，我们可以明白这一点。二元论指出，物理知识是完备的，当且仅当如下论题为真：

APET：任何掌握了全部物理知识的 S 都可以先天衍推出一切真命题。

这个主张也被称为先天衍推论题(*a priori* entailment thesis，APET)。二元论认为，由于物理知识是完备的，当且仅当 APET 为真(CP↔APET)。因此所有物理主义者(包括采取 PCS 的物理主义者)如果接受 CP，也应该一并接受 APET。但是我们知道，解释鸿沟恰恰表明，任何掌握了全部物理知识的 S 也不可能先天衍推出任何现象真命题，因为现象知识/概念和物理知识/概念之间不存在任何桥接规律。因此不难理解，解释鸿沟与 APET 不可能同时为真，由此二元论指出，PCS 将不得不面临如下这个令其尴尬的**两难**(dilemma)：一方面，如果 PCS 接受解释鸿沟而放弃 APET，则等于宣布放弃物理主义的完备性原则(因为 CP↔APET)；另一方面，如果 PCS 选择 APET 而放弃解释鸿沟，则等于宣布放弃自身的兼容主义立场。这不但会导致二元知识直觉得不到维护，而且等于宣称自己是错误的。总之，选择前者，得出物理主义是错误的；选择后者，则得出 PCS 是错误的。可见，无论 PCS 选择两者中的哪一个，都将表明 PCS 并不是一个成功的物理主义辩护策略。

确如二元论所言，PCS 是个不成功的辩护策略吗？坚持 PCS 的物理主义可不这么认为，而是认为，**APET 仅仅适用于刻画物理命题间的关系，并不适用于物理命题和现象命题之间的关系。**也就是说，PCS 认为 APET 并不是 CP 的充分必要条件。但二元论认为，可以接着问下去，一般来说，我们认为一种知识如果是完备的，当且仅当可以从其中先天衍推出一切真命题。但是如果 PCS 既坚持物理知识完备，又同时认为任何现象命题都无法从这种完备的知识中先天衍推出来。那么 PCS 就有责任至少为以下两个关键问题提供进一步解释：第一个问题是，PCS 所说的物理知识的"完备性"究竟是什么意思？第二个问题是，现象知识/概念和物理知识/概念之间如果不是先天衍推关系,那么究竟是什么关系呢？对第一个问题,PCS 的回答几乎是一致的,就是设法为 CP"松绑"。PCS 认为,"物理知识是完备的"**仅仅**是说,物理知识可以解释一切本体论层面的事实。因此,这种关于知识完备的解释,并不要求物理知识就是**一切**知识。如果物理知识只是解释一切(本体论层面的)事实的知识,而非一切知识,那么 APET 就不再是 CP 的充分必要条件了。对第二个问题的回答,目前尚未有一致看法。但有越来越多的物理主义者倾向于认为,这两种知识/概念之间是一种**同一关系**(identical relationship)。①

二、心物同一命题与后天物理主义

为了论述的需要,我们先简要介绍一下心物同一命题(Psychophysical Identity),再来考察 PCS 的具体辩护策略:

(1) pain＝c-fiber stimulation

(1)是个典型的心物同一命题。它说的是,疼痛(pain)**就是**(is identical to)C-神经激活(c-fiber stimulation)。不难理解,

① 有人认为,如果物理知识/概念(K1)和现象概念/知识(K2)之间是同一关系,那么从逻辑层面看,由于同一关系蕴含衍推关系,因此,如果 K1 和 K2 之间不是衍推关系,那么也不可能是同一关系。(论证如下:(K1＝K2)→(K1→K2),如果﹁(K1→K2),运用否定后件律(modus tollens),则﹁(K1＝K2)。)对此,PCS 至少可有两种回应(Stoljar, 2010)。第一种回应:区分两种衍推关系——先天衍推关系与后天衍推关系。尽管 K1 和 K2 间不是先天衍推关系,但却可以是后天衍推关系。由于后天衍推关系也是一种衍推关系,因此上述论证**不一定**成立。(后天衍推关系究竟是否是一种合格的衍推关系? 对这个问题,学界存在争议。参 Stoljar, 2010。)第二种回应:K1 和 K2 之间是一种独特的同一关系,因此这种独特的同一关系并不蕴含衍推关系。若如此,则 K1 和 K2 之间的这种同一关系就是特设性的,PCS 需要给出进一步的解释。正是沿着这条思路,劳尔(2003b)提出,K1 和 K2 之间根本不是什么衍推关系(无论后天还是先天),而是一种自成一格的后天必然关系。下文会有关于这种独特的后天必然关系的具体分析。

(1)不可能是先天真的。因为完全可以想象,随着认知科学,尤其是认知神经科学的发展,我们有可能将来发现 pain 本质上就是 c-fiber stimulation。就像随着物理—化学的发展,我们最终得以发现水的本质是 H_2O 的聚合物一样。因此一般认为,(1)的真假也同样需要依赖于经验的发现。总之,(1)要么后天可能/偶然真,要么后天必然真。两者必居其一。换句话说,通过经验研究最终会发现,我们关于 c-fiber stimulation 的物理概念/知识和关于 pain 的现象概念/知识之间要么是一种后天可能的同一关系,要么是一种后天必然的同一关系。两者必居其一。

PCS 为物理主义的辩护策略正是从这一点开始。首先,PCS 指出,既然 APET 不是 CP 的充分必要条件,那么二元论为物理主义制造的上述两难就失效了。因此坚持 PCS 的物理主义可以避开那个尴尬的境地。现在剩下的问题就是,PCS 如何进一步解释物理概念/知识和现象概念/知识之间的关系。经过上述关于心物同一命题(1)的考察,不难理解,仅有两个可能的回答:要么是后天偶然的关系,要么是后天必然的关系。如果是前者,那么物理主义是偶然真的,如果是后者,则物理主义是必然真的。两者必居其一。因此我们不难理解,为何 PCS 一直认为物理主义无论如何都是个"去不掉的"可能选项。

下面我们来具体考察 PCS 的辩护思路。由于学界对于 PCS 的理解存在多个不同的版本,为论述故,本文选介的是劳尔版 PCS(以下简记为 LPCS)。①之所以选介劳尔版 PCS,主要理由有三:第一,劳尔(Loar, 1990/1997)首先提出了现象概念,而且提供了一个可以有效应对二元论上述质疑的 PCS 版本(LPCS)。这随后激发了众多物理主义者和反物理主义者的争论。目前能

---

① 其他不同版本 PCS 的具体回应,可参见布洛格(2009)的梳理工作。

见到的其他绝大多数版本的 PCS 或多或少都受到了 LPCS 的影响。第二,就我所知,与其他版本的 PCS(以下简记为 Non-LPCS)相比,LPCS 对现象概念的考察至今为止仍是最精致的,而且较好地维护了我们大多数人(包括多数二元论者)所具有的那种"二元知识直觉"①。第三,与 Non-LPCS 以及其他没有采取 PCS 的物理主义者(以下简记为 Non-PCS)有所不同的是,LPCS 还产生了一个十分重要的后果:为物理主义开辟出了一条新航向——后天物理主义。②

三、如何回应二元论的两难?

上文提到,借助解释鸿沟、CP 和 APET,二元论为物理主义构造了一个两难:一方面,如果 PCS 接受解释鸿沟而放弃 APET,则物理主义将是错误的;另一方面,如果 PCS 选择 APET 而放弃解释鸿沟,则二元知识直觉不但得不到维护,而且 PCS 自身也将是错误的。对此两难,原则上,坚持 PCS 的物理主义可以有强弱两种回应。这两种回应实际上都能为物理主义做有效辩护,但是严格地讲,各自辩护的却是不同的物理主义。弱回应辩护的是一种后天可能/偶然物理主义(*a posteriori* contingent physicalism),强回应辩护的则是一种后天必然物理主义

---

① 比如,帕皮纽(2002,2007)也给出了一种同一论版本的 PCS,这个版本的 PCS 似乎引起了广泛关注,但却被认为对心物同一命题的处理方案显得野蛮(brute)(黄益民:《现象概念与物理主义》)。我们认为,这主要是因为帕皮纽版 PCS 对"知识直觉"的解释过于粗糙所引起的,而 LPCS 对"知识直觉"的解释则更符合我们的常识。其次,帕皮纽版 PCS 不仅不比 LPCS 做得更好,而且对现象概念用法的二元区分还是有问题的(Papineau,2002),受其影响布洛格(2009,2012a,2012b)也作出了类似的区分。我的分析表明,这种区分可能源于对现象概念和其指称之间关系的一种误解(王晓阳:《论现象概念——解析当前物理主义与反物理主义争论的一个焦点》,第 91—109 页)。

② PCS,Non-PCS,Non-LPCS,LPCS 等的具体区别,参见文末表 1。

(*a posteriori* necessary physicalism)。以 LPCS 为例。劳尔多次指出,LPCS 的辩护**只是**"物理主义是可能的"这个命题(Loar,1997,p.614;Loar,2003b,p.124)。因此 LPCS 可以看作一种弱版本的物理主义回应,即 LPCS **至多只能**为后天可能/偶然物理主义做辩护。关于 LPCS 的辩护,下文将有详细介绍。这儿需要强调的是,下文除了介绍 LPCS 之外,我还将为以下观点作论证:如果借助模态逻辑的相关研究成果,我们实际上能对 LPCS 继续做些有益的拓展工作,从而可以得到一个强化版 LPCS(以下简记为 Strong-LPCS)。Strong-LPCS 能为后者(后天必然物理主义)提供辩护,因此也可称为强版本的物理主义回应,即 Strong-LPCS 可以为后天必然物理主义作辩护。下面我们先来考察弱版本(Argument1/LPCS),随后(在本文第五节)再考察强版本(Argument2/Strong-LPCS)。

物理主义回应之**弱版本**(Argument1/LPCS):

(2)解释鸿沟可以接受,因为体现了二元知识直觉。

(3)由(2),对于任何可能世界 W 中的 S 而言,这是**可能的**:关于某一可能世界 W 中的全部事实,存在两种不同的知识体系,一种是完备的物理知识体系,另一种是(完备的)现象知识体系。①

---

① 关于心物命题的讨论,如下这个约束很可能是合理的:假定认知者 S 是一类既可以使用(deploy)现象概念,也可以使用物理概念的创造物(creature)。当且仅当在 S 存在于其中的可能世界 W,所有关于心物命题的讨论才有意义。而且我们有理由相信,在 S 不存在于其中的"荒凉的"可能世界 W* ,对于 W* 中的创造物来说,心物命题既不为真也不为假,而是一类无意义命题。然而我们似乎没有理由拒绝这样的可能世界 W* 的存在。如果上述约束可以接受的话,则可以在讨论心物命题的模态特征之前,把 W* 排除掉,因为心物命题不会出现在 W* 中的创造物的交流系统里(如果 W* 中的创造物有交流的可能性的话),而只会出现在 W 中的创造物的交流系统里。换言之,即使心物命题碰巧被 W* 中的创造物"说出",它们也只能是一些无意义的符号串。因此,如果我们关注的只是有关心物命题的有意义的讨论,那么我们就应当相信,当我们讨论心物命题的模态特征时,应该只考虑(转下页)

（4）由（2），如果解释鸿沟为真，则 APET 为假，即 APET 不适用于心物命题。

（5）对于任何可能世界 W 中的 S 而言，心物同一命题是一类特殊的后天必然###命题，这是**可能的**。①

（6）由（3）（4）（5），如下一种关于 APET 和 CP 之间关系的理解是**可能的**：APET 不是 CP 的充分必要条件。理由是：如果对 W 中的 S 而言，"心物同一命题是一类特殊的后天必然###命题"是**可能的**，则"物理知识和现象知识之间不是一种先天衍推关系"是**可能的**，则"即使 APET 不适用于心物命题，CP 也没有受到威胁"是**可能的**。

因此，

（7）由（2）（6），APET 和解释鸿沟一起，也**不一定会**对物理主义构成威胁。

简单解释一下弱版本。Argument1 的关键就是，为上述困惑（现象知识和物理知识之间是何种关系）提供了一种可能的物理主义解答。即（6），心物同一命题是一类特殊的后天必然###命题，这是**可能的**。而这也是 LPCS 的关键之处（下面会具体分析这一点）。因此，凡认可心物同一命题是一类特殊的后天必

（接上页）S**能够**存在于其中的可能世界 W，而不必考虑 S **不能够**存在于其中的可能世界 W*。换言之，由于 W* 的存在，心物命题 P 不可能出现在所有可能世界（仅仅包括 W 和 W*）中，而只能出现在 W 中。但是，如果 P 在所有 W 中无一例外地都为真，那么我们可以称 P 是一类**可能的必然真**命题。如果 P 只在一些 W 中为真，则 P 是一类**可能的可能真**命题。

① 劳尔（Loar，1997，2003b）特别强调，心物同一命题是一种自成一格的（*sui generis*）必然命题。这种"必然"既不是指一种形而上学的必然（metaphysical necessity），也不是一种法则学的必然（nomological necessity），而是一种概念的必然（conceptual necessity）。本文第五节会有详细论述。为区分故，**自此往后**，但凡涉及形而上学"必然"，标记为"必然#"，法则学"必然"，标记为"必然##"，概念"必然"，则标记为"必然###"。

然^{###}命题者，也被称为后天物理主义。^①

一言以蔽之，LPCS 为物理主义辩护的关键在于：为心物同一命题的后天必然^{###}性(*a posteriori* necessity)，提供一种不同于克里普克(Kripke，1980)的全新解释。要理解这句话的真正含义，我们需要先弄明白现象概念的本质特征(及其与物理概念的区别)。

四、现象概念的本质

在劳尔等人(Loar，1990/1997，2003a，2003b；Balog，2009，2012a，2012b；Diaz-Leon，2008，2010)看来，现象概念具有如下几个区别于物理概念的重要特征：

(8) **现象概念是一种第一人称概念**(the first-person concepts)。一般认为，现象概念的指称(reference)是认知者 S 本人从第一人称视角获得的。即 S 当下的现象意识经验，如"那种类型的感受"，"那种特质的视觉经验"等等。现象概念也因此被认为具有主体性(subjectivity)或私密性(privacy)的本质特征(Loar，1997，p.597，pp.609—610)。^②

(9) **现象概念是一种识别概念**(recognitional concepts)。这

---

① 可能是受到劳尔《现象状态》(Phenomenal States，1990/1997)一文的启发，查莫斯和杰克逊(2001)也指出了存在后天物理主义的可能性。但是劳尔(2003b)首先提出了后天物理主义这一说法，并利用后天物理主义(即 LPCS)来为物理主义辩护。迪亚兹里奥(Diaz-Leon，2008，2010)受其启发，也以类似的思路来回应基于解释鸿沟和 APET 的反物理主义质疑。关于后天物理主义的一个简略介绍，可参见斯图加(2009)。

② 注意两点：第一，这种"第一人称视角"或主体性/私密性的说法似乎十分符合我们的直觉。但有明显证据(哲学的和科学的)显示，这种近乎常识的直觉是很可疑的，可参见我的相关分析(王晓阳：《当代意识研究中的主要困难及其可能出路》)；第二，下面的分析将表明，这种关于现象概念的指称的一般见解是不可靠的。在劳尔看来，现象概念的指称是物理属性。现象属性不是真实存在于世间的，而是认知者 S 在运用现象概念指称(refer to)物理事实的过程中，在自己意识中形成的。世间唯一真实存在的仅是物理事实。这里，物理事实被看成是一种物理属性集合体(aggregation)。

是 LPCS 的一个基本点,劳尔花了很多精力来阐述它(Loar,1990/1997,1991,2001,2003a,2003b)。我们认为,这可能也是劳尔关于现象概念本质特征的阐述中最重要的一个部分,因为现象概念的其他特征实际上都可以被看作与之相关或是从不同角度来说明了这一点(识别概念)。在劳尔看来,识别概念具有如下四个基本特征,第一,原初概念是识别的(the original concept is recognitional)。他举例说,我们可以先获得关于瓷器的技术性的描述的知识,但这无助于我们在实际情景中直接辨认出瓷器,只有等到我们经由视觉听觉味觉等亲知的方式接触过具体的个例(如瓷碗等)之后,我们在以后的日常生活中才能真正无困难地识别出瓷器。这表明原初的概念是识别的。第二,识别概念不需要一个过去的实例(a past instance)来帮助其确定指称。即这里不存在一个与记忆中的具体例子来进行比对,以确认其指称是否正确的心理过程。第三,识别概念是格式塔式非还原的(irreducibly gestalt)(Loar,1990,p.89)。①第四,

---

① 劳尔在《现象状态》一文的初版(1990)中,详细分析了这一点。他指出,识别概念是一种识别倾向(recognitional disposition),有别于一种关于真实属性或种类(kind)(如,对象、情形、事件)的再认同(the real property is reidentified)的能力(ability);前者只是一种无根据的(ungrounded)倾向。即只是运用识别概念的认知者 S 的当下思想活动的一个特征(feature),这个特征就是:S 总是倾向于判断"那种类别的东西出现了,又出现了,再出现了……",这儿**仿佛**有一个关于真实属性的再认同的过程(实际上并没有)[is dispose to judge *this* is something of that sort ... once again something of that sort ... and yet again ... *as if* reidentifying a real kind.](Loar,1990,p.88)。简言之,识别概念的运作过程实际上是一种关于类型感受(type sensation)的不随意的(involuntary)或倾向的辨认(discrimination)或识别过程,而不是一种关于殊型物(token things)的随意的(voluntary)或有意识的(conscious)确认(confirmation)或再认同过程。因此劳尔随后指出,这种识别倾向(即识别概念)是"格式塔式非还原的"(Loar,1990,p.89)。即识别概念(包括现象概念)是一种第一人称视角下的运用,无法经由有意识地科学分析(consciously scientific analysis)而被还原成(reduce to)另一种视角(第三人称视角)的概念(Loar,1997,p.602)。关于现象概念第三人称视角的应用,并不是通过还原得到的,而是基于第一人称用法基础上,通过一种"映射归属"的方式(a projective ascription)而实现的(Loar,1997,pp.605—608)。帕皮纽(2007)和布洛格(2009)也有类似的区分。我论证了这种区分实际上不是必要的(王晓阳:《意识研究:一项基于神经生物学立场的哲学考察》,第 56 页,注释 44;《论现象概念——解析当前物理主义与反物理主义争论的一个焦点》,第 85—91 页,以及注释 9)。这里的要害是:(转下页)

识别概念是视角化的(recognitional concepts are perspectival)。劳尔让我们考虑:在日常生活中,我们从不同的视角识别出同一个事物(特别是移动的物体)是如何可能的?下面是"认知者S观赏热带鱼"的一个例子(Loar,2003b,pp.117—118)。设想当S站在鱼缸面前,一条热带鱼正朝他迎面游过来,中途又突然转向鱼缸左侧,并消失在一堆水草之中,随即又出现,继而又很快消失在水草后面的岩石中,旋即又在鱼缸的右侧出现了。劳尔让我们仔细考虑一下S辨认(discriminate)热带鱼的整个过程:S或许是先看到热带鱼的正面,继而是热带鱼的左侧面,继而是右侧面。作为一个视力和心智都正常的人,S应该可以轻而易举地(用眼睛)追踪(track)这条热带鱼的活动过程,S或许正在欣赏着这条热带鱼的曼妙身姿在鱼缸里忽隐忽现地游动着。劳尔问我们:S(也许)实际上看到的是三个不同的侧面,甚至是忽远忽近的不同身影,但是为什么S却毫无疑问地认为这些(不同侧面、远近身影)都是关于同一条热带鱼的呢?还有,为什么S认为只是同一条热带鱼忽隐忽现地游动着,而不怀疑是两三条或更多条很相像的鱼相继出现呢?事实层面,完全有可能是两三条十分相像的鱼,甚至很多条很相像但不同的鱼相继出现。这

(接上页)这种识别过程(及现象概念的运作过程)并不需要任何公共标准,甚至根本没有任何标准或依据!这和维特根斯坦在私人语言论证中对心理词项(psychological terms)的语法分析十分类似(维特根斯坦:《哲学研究》,上海人民出版社2001年版,第135—145页,§243—§271)。**维特根斯坦揭示出了一种根深蒂固的关于心理词项(即现象概念)本质的普遍误解:心理词项和心理感受之间是一种"直接替代"关系,而非(弗雷格意义上的)指称关系。**(我对这个问题有过详细考察,参王晓阳:《"私人语言论证"论证了什么——维特根斯坦私人语言论证的一种简明解析》,第14—17页;《论现象概念——解析当前物理主义与反物理主义争论的一个焦点》,第85—91页。)我们可以将维特根斯坦和劳尔对现象概念(心理词项)和现象感受之间关系的这种探讨,称为**"维特根斯坦—劳尔现象概念—感受约束",简称"维特根斯坦—劳尔约束"(Wittgenstein-Loar Constraint,WLC)**。此外,皮立新(Pylyshyn,2001,2007)及其研究团队关于多物体追踪(multiple object tracking)的一系列视觉实验研究为我们确实存在两种不同的视觉模式提供了诸多认知证据。德里斯克(Dretske,2007)关于砖墙(brick wall)的思想实验也为这两种不同视觉模式区分的合理性作了哲学方面的辩护。　185

些情况毕竟是可能的,为什么 S 一般不怀疑会有这种种可能?
劳尔解释道,当 S 第一眼看到一条热带鱼 A 时,S 会倾向于(be
dispose to)认为"热带鱼 A 就是这条鱼"(A is *this fish*)。这儿
的"*this fish*"是一个关于 A 的类型识别概念。以后当 A 在鱼缸
中其他部分出现时,或者以不同的身姿出现时,S 都能顺畅自如
地一次次识别出 A。这里,一个怀疑论者可能会问:对于 S 而
言,在本体论层面,怎能确认(confirm)随后在水草或岩石后面
出现的热带鱼,就是 S 第一眼看到的那同一条热带鱼 A 呢? 这
的确是个问题,S 确实没有客观的证据(evidence)或公共的标准
(criterion)来表明自己确实正确地再认同了(reidentify)热带鱼
A(参见本书第 184 页注释①)。现实情形中,S 的确有时也会错
把另一条很像的热带鱼 B 当作 A。但重要的是,劳尔指出,在多
数情况下 A 并没有被认错,而且即使出错,S 一般也会(很快
地)发现错误并纠正过来。尽管在 S 看来,A 的身姿忽远忽近时
隐时现,A 的周边环境也一直在变化,S 实际上(在绝大多数情
况下)都可以毫不费力地把 A 辨认出来。劳尔认为,一方面,这
就表明 S 的确具有一种识别能力(recognitional capacities),凭
借这种识别能力,S 可以稳定而有效地使用识别概念"this fish"
辨认出 A。①另一方面,在 S 看来,在近处和远处的 A 显然是不
同的。即尽管都是这条鱼 A,但是严格说来,在整个观赏 A 的过
程中,S 的视角一直在不断地变化着,因此 S 实际上有许多不同
的识别概念,每一个视角都对应一个识别概念,如,this fish1,
this fish2,this fish3……因此,因其构成视角(constitutive per-
spective)各不相同,每个识别概念都是(或部分是)个体化的

---

① 注意:劳尔认为,这里所说的识别能力,是关于识别概念的一种到底的心理学—认
知科学的非语义(down to earth psychological-cognitive non-semantic)解释,有别于那种弗雷
格式的语义的(Fregean semantic)解释(Loar,2003b,pp.116—118)。

(individuated)。但是尽管视角不同,识别概念也不同,然而 S 却可以用这些不同的识别概念辨认出同一条鱼 A。劳尔认为,这就表明识别概念能归属出它的构成视角(ascribe outside its constitutive perspective)。这被称为识别概念的视角化特征,也成为现象概念第三人称归属(third-person ascriptions of phenomenal concepts)用法的关键理由(Loar,1997,p.601)。

(10) **现象概念是一种类型指示概念**(type-demonstrative concepts)。识别概念指称一种类型(type)现象经验,而不在乎引起这种类型现象经验的殊型(token),即殊型的变化并不会影响现象概念的正确运用。换言之,对于运用现象概念的 S 而言,运用现象概念辨认的是某种类型的现象经验,而非引起这种类型现象经验的殊型或个例(particulars)。可见,现象概念不仅是一种类型概念(type concepts),而且是一种非语境依赖的指示概念 (contextual-independent demonstrative concepts)(Loar, 2003b,P117)。

(11) **现象概念和现象属性之间具有一种"一体化关系"**(incorporated relation)(Loar, 2003b,p.118)。S 在运用一个现象概念来固定(fix on)其指称的过程也是现象属性形成的过程。即,现象概念和现象属性是"一体的"。如,当某个认知者 S 看着一朵红色的花时,S 此刻具有如下信念命题 K:我具有某种关于花的颜色的现象感受[……]。填到 K 中的方括号[……]里的是 S 此刻的一个特定的现象经验/属性"红感"(redness*),而非(仅仅)一个语言层面的现象概念红感(redness)。这种关于现象概念和其现象属性之间关系的解释,也时常被称为引用说明(quotational account)(Papineau, 2002;Balog, 2009, 2012a, 2012b)。不难发现,引用说明的基本思想类似于维特根斯坦关于心理感受和心理词项之间关系的论述。

（12）现象概念直接指称(directly refer to)物理属性。这里"直接"的意思不是因果指称理论意义上的那种"直接"(Loar，2003，p.118)，而是指，现象概念是一种"必然^{###}的"呈现模式(necessary mode of presentation)(Loar，1997，p.602；2003b，p.115)。请注意：这里的"必然^{###}"不是指一种形而上学的必然[#](metaphysical necessity)，也不是一种法则学的必然^{##}(nomological necessity)，而是一种概念的必然^{###}(conceptual necessity)，即现象概念和现象属性之间是一体关系，当现象概念Q被运用时，特定的认知者S就会同时获得现象属性 Q*。[①] 尽管我们直觉上以为，现象概念是指称现象属性(经验感受)的，但实际上现象概念直接指称物理属性，而非现象属性。但是，物理主义如何解释我们的这种直觉呢？劳尔指出"对于物理主义而言，一个现象概念其实是在构成(conceive)它的指称过程中姑且把一个现象属性作为其指称。因此可以说，这个现象属性其实完完全全就是物理的"(Loar，2003b，p.123)。这个作为现象属性的物理属性，不是属于(belong to)该现象概念(Q)的指称(F)本身的物理属性(P1)，而是运用该现象概念的认知者S脑中所具有的，说到底，是S的一种特定的脑神经状态(N1)的生物化学的—功能的属性(P2)。(Loar，1997，p.614)。[②] 从这个解释，我们实际上可以看到劳尔辩护的是一种关于现象属性和物理

---

① 因此，尽管我们已习惯于说现象概念"指称"（动词）现象经验/属性。但上述"一体化关系"表明，实际上这儿的"指称"（动词）并不同于我们一般地对"指称"（动词）一词的理解（既不是在指称描述理论意义上，也不是在因果指称理论意义上）。

② 劳尔(1990/1997)提醒注意区分两种不同的现象概念Q运用情形：第一，认知者S的现象感受/属性 Q* 由S体外一个物理事实F引发。如，上述S观看一朵实际存在的红花的情形。这种情况下，S当下体验到的现象属性 Q* 是属于S特定脑神经状态 NI 的一种物理属性 P2，而不是属于F的一种物理属性 P1。Q直接指称 P2；第二，S的现象感受/属性 Q* 由S体内一个物理事实 F'(即体内的一个神经状态 NI)引发。如，S此刻有一种饥饿感。这种情况下，不存在一个体外的物理事实，因此 Q* 属于S特定脑神经状态 NI 的一种物理属性 P2，Q仍直接指称 P2。

属性的殊型同一论物理主义(token-token identity physicalism)(这是一种非还原的物理主义)。但是另一方面,劳尔也指出,关于这种直觉的物理主义解释,(至少在逻辑上)并没有排除掉还存在另一种**可能的**(反物理主义)二元论解释:对于运用 Q 的 S 而言,当 N1 出现时,有一种非物理的现象属性 Q^* 和 N1/P2 同时出现(我们暂且不讨论 Q 和 N1 或 P2 之间的关系),而 Q 直接辨认出(directly discriminate)的是 Q^*,而非直接辨认出(indirectly discriminate)N1/P2(Loar,2003b,p.124)。物理主义该如何回应这种可能性呢? 劳尔(1997,2003b)似乎倾向于一个较温和的回应(Argument1/LPCS 的另一种表述):劳尔指出,LPCS 首先要辩护的仅仅是,物理主义是否有可能解释这种直觉,而不是关于这种直觉是否仅仅存在唯一一种物理主义解释。因此,尽管关于上述直觉,(逻辑上)存在两种可能的解释,但这一点并不一定会对物理主义的知识论原则(CP)构成威胁,更不用说本体论原则(OP)。其次,后天偶然物理主义(LPCS)正是关于这种直觉的一种可能的物理主义解释。也就是说,心物同一命题是一种自成一格(*sui generis*)的后天必然### 命题这完全是可能的,不管这一点看上去有多奇怪,我们在逻辑上都不能去掉它。"问题是,物理主义是否是一致可设想的"(the question is whether physicalism is coherently conceivable)(Loar,2003b,p.124),LPCS 已经给出了肯定的回答。我们不应要求它做得更多。[①]因

[①] 不少学者由此认为,PCS 采取的是一种防御性的(defensive)辩护方案:PCS"关键并不是要为一个肯定的论题(即物理主义是正确的)进行辩护,而是要针对那些试图展示出上述肯定论题的反例的那些论证(即相关的反物理主义论证)进行反驳"(Loar,2003b,p.113),即"(PCS)是一种完全防御性的策略,它基于如下假定:我们有好的理由接受物理主义并能排除那些试图拒绝它(物理主义)的明显的理由"(Sundström,2011,p.269)。我们可以将这一点称为 PCS 的**方法论原则**(methodological principle,MP)(王晓阳:《如何解释"解释鸿沟"——一种最小物理主义方案》,第 8—13 页)。但是,下文对 LPCS 的拓(转下页)

此对于我们而言,在逻辑上,现在至少存在两个可能的选项:后天(偶然)物理主义(LPCS)和二元论。用劳尔的话来说就是"柏拉图主义和自然主义尴尬地坐到了一起"(Loar,1997,p.614)。

(13)**现象概念是一种隐晦的(oblique)视角。相对于物理概念,现象概念是一种隐晦的视角(oblique perspective),而物理概念是一种显透的视角(transparent perspective)**(Loar,2003a)。对于 S 而言,既可以以一种理论的—物理的方式来认识世界中的事实(F),S 获得的是关于 F 的物理属性的知识,即物理知识。也可以说,对 S 而言,这是经由一种显透的视角把握了(grasp)F 的本质(如,了解到水是一种具有 H_2O 微观物理属性的物质)。另一方面,S 也可以以一种隐晦的视角来认识 F,在这种隐晦的视角中,F 以一种现象的模式呈现出自身(F displays itself by a phenomenal mode of presentation)。尽管这时 S 所具有的特定脑神经状态 N1(具有物理属性 P2),使得 S 体验到一种现象感受/属性 Q^*(如,对于 S 而言,水是一种具有无色无味无臭的现象属性的物质),但 LPCS 认为,F 依然是一个只具有物理属性 P1 的物理事实 F。[①]

(接上页)展分析将表明,后天物理主义的强版本(Strong-LPCS)不仅能有效为物理主义辩护,而且还能表明二元论自身是有问题的,因此可看作是一种"攻守兼备的"(defensive and offensive)新型策略。

① 对于 S,F 有两种呈现模式:物理的和现象的。前者例示出(instantiate)F 的物理属性 P1,后者例示出现象属性 Q^*。然而这两种例示存在一个根本的区别:前者不仅对 S 例示出 P1,且对所有具有和 S 同样认知能力的认知者来说,都例示出 P1,即物理的呈现模式是第三人称视角的、客观的。也就是说,关于 F 的物理知识(由物理概念构成)可以帮助不同的认知者都认识到同一个 F。相对的,后一种"例示"则**仅**对处在 F 亲知情境中的 S 本人才例示出 Q^*,即现象的呈现模式是第一人称视角的,主观的。也就是说,关于 F 的现象知识(由现象概念构成)不能帮助处在非 F 亲知情境下的**其他**认知者认识到 F。所以,正是在上述意义上,劳尔才说物理概念是一种显透的视角(能够显露出 F 的本质属性),现象概念是一种隐晦的视角(不能显露出 F 的本质属性)。

五、后天物理主义与二元论幻觉

经过上述分析,现在可以解释为何心物同一命题是一类后天必然###命题。仍以(1)为例。在 LPCS 看来,随着认知神经科学的进展,假定我们最终发现 c-fiber stimulation 的指称是某种特定神经状态 N。因此,在克里普克意义上,作为一个严格指示词(rigid designator),c-fiber stimulation 必然#指称 N,另一方面,S 在运用 pain 来固定其指称 N 的过程中,又不可能不具有一种现象感受 pain*,因为 pain 和 pain* 是一体化的。S 感到 pain*,就表明 S(同时)把握住了 N,即 N(同时)正以一种现象的呈现模式向 S 展示着(display)自身。因此根本不可能存在一个 zombie S,在运用 pain 的时候竟然没有任何感受(包括 pain*)。因为只要 S 正常运用 pain,就不可能出现 zombie 这种假想的可能情形。说到底,这是因对于现象概念本质的不了解(或误解)而生的一种(语言)幻觉。因此,对于 S 而言,pain 也是一个严格指示词,即**在任何一个 S 存在于其中的可能世界 W,** pain 都不可能不指称 N。尽管这一点(pain 是严格指示词)不是基于**任何实验性的**(experimental)科学发现,更不是某种先天的知识,但的确依赖于 S 的某种第一人称视角的特定**体验性的**(sensational)活动。①因为任何现象概念在使用中"必然###地"指称

---

① 上述分析显示,有理由将"经验"(experience)进一步区分成两种:一种是,实验性的经验(*experimental* experience),或外在经验(*external* experience),所有借助实验(experiment)手段来进行研究而获得的第三人称的科学知识,都依赖于这种外在经验。另一种是,体验性的经验(*sensational* experience)或内在经验(*internal* experience),所有仅经由第一人称的内省(introspection)手段而获得的现象知识都依赖于这种内在经验的知识。因此在这个意义上,尽管心物同一命题[如(1)]和某些克里普克式同一命题(如 Water=H₂O; morning star=evening star)都被认为是"后天的"。但两者的"后天的"意思并不相同(前者要依赖于内在经验,后者则**仅**依赖于外在经验)。

物理事实。注意:这里的"必然^{###}"不是一个形而上学概念,而是指现象概念的本质特征,也被劳尔称为一种概念的必然^{###}性(conceptual necessity)(Loar,1999,2003b)。因此,既然现象概念 pain 和物理概念 c-fiber stimulation 是共指称的(co-reference),而且这种共指称关系依赖于**经验**(pain 严格指称 N,依赖于认知者 S 的特定经验活动,c-fiber stimulation 严格指称 N,则是经验科学的发现),所以(1)既不同于"晨星=暮星"这样的专名同一型后天必然[#]命题,也不同于"Water=H_2O"这样的理论同一型后天必然[#]命题,而是一种自成一格(*sui generis*)的后天必然^{###}命题(Loar,2003b,p.123)。①

心物同一命题真的是一种自成一格的后天必然^{###}命题吗?这个问题目前正处于热烈的争论之中,LPCS(Loar,1990/1997,1999,2001,2003a,2003b;Diaz-Leon,2008,2010;Balog,2009;2012b)认为是,另一些人则表示怀疑。常见的反对意见

---

① 严格地说,心物同一命题有且仅有两种类型:一种是,认知者 S 的现象感受/属性由 S 体外的物理事实引发。如,"heat=molecular moving";另一种是,认知者 S 的现象感受/属性由 S 体内的物理事实(如体内的神经状态)引发。如,正文中的(1)。关于后一种,正文中刚讨论过,下面分析前一种类型。这是一种比(1)复杂些的情况,但我认为 LPCS 完全可以处理它,下面以"heat=molecular moving"为例来说明。我们知道,热是某种特定的现象感受。可以假设,随着科学的发展,将来我们也许能发现,当 S 感到热时,对应着特定的神经回路将被激活,即 d-fiber stimulation。因此,我们可以将"heat=molecular moving"这个心物同一命题拆解为如下两个命题:命题 1:heat = d-fiber stimulation;命题 2:d-fiber is stimulated, only if molecular is moving.不难发觉,正文中对(1)的分析,完全适用于命题 1,故不再赘述。命题 2 实际上说的是,两个物理事实/事件(d-fiber stimulation 和 molecular moving)之间具有某种恒常的因果联系。这当然也是一个经验科学的发现,但是请注意,不同于命题 2,命题 2 描述的仅仅是一种偶然的关系,尽管相对于特定的认知者,这种偶然关系体现为一种物理事实/事件之间的恒常因果联系。可见,命题 2 是一个后天偶然命题。然而按照上文的物理主义的 CP 原则,物理知识完全可以描述任意两个物理事件之间的恒常因果联系,命题 2 显然也属于这种物理知识。因此,在 LPCS 看来,"heat=molecular moving"这种类型的心物同一命题,可以看作是由一个和(1)同类型的自成一格的后天必然^{###}命题与一个(描述特定的物理事实/事件之间因果关系的)后天偶然命题组合而成的。

大概有如下五种①:第一种,对心物同一命题的后天必然###性表示怀疑。如,查莫斯和杰克逊(2001)认为,除非心物同一命题是自成一格的,否则都将受到二维语义学(two-dimensional semantics)的质疑。但是否存在心物同一命题,仍值得怀疑(Chalmers and Jackson,2001,注释32)。斯图加(2009)也认为,心物同一命题是否是一种独特的后天必然###命题值得争议。第二种,质疑心物同一命题的直觉前提。如,波尔辛(Polcyn,2007)比较了后天物理主义的属性同一论直觉和反物理主义的属性二元论直觉,认为前者让我们感到困惑,而后者似乎更符合常识。森德斯特伦(Sundström,2008)也表达了类似的关于心物属性同一论的困惑。第三种,试图经由质疑现象概念的识别特征,过渡到质疑心物同一命题的后天必然###性。如,拉夫曼(Raffman,1995),劳尔(1997)有具体回应。第四种,经由质疑现象概念是一种隐晦的概念(即质疑现象概念是一种隐晦的视角),来质疑心物同一命题的后天必然###性。如,丽达—茹梅琳(Nida-Rümelin,2007)。她试图进一步推进查莫斯和杰克逊的工作,她认为二维语义学可以用来质疑心物同一命题的后天必然###性,只要现象概念是一种具有显透性的概念。

---

① 以下五种常见的反对意见是直接质疑心物同一命题的。还有一些通过质疑 PCS 而可能间接影响到心物同一命题的必然###性。如,Chalmers(2007,pp.172—179)提出一个对所有版本 PCS 都有效的两难(dilemma)或万能论证(master argument)。布洛格(2012b)和迪亚兹里奥(Diaz-Leon,2010)分别从不同角度作出了回应。两者回应的要点如下:LPCS 不需要为我们的整个关于意识的认知情境(whole epistemic situation of consciousness)提供说明,只需要为现象概念和物理概念之间何以存在一种推论上的非联系(inferential disconnection)关系提供合理说明即可(参 Diaz-Leon,2010,pp.944—945,sect. 3.2),而 LPCS 完全可以做到这一点。因此万能论证要么对于 LPCS 而言是无害的(harmless),要么因对 MP(PCS 的方法论原则,参见本书第 189 页注释①)不理解而对 LPCS 提出了过分要求。下面给出的 Strong-LPCS 则可以从第三种不同的角度回应这个万能论证/两难抉择。对于万能论证的介绍,也可参见黄益民:《现象概念与物理主义》(第 43 页),王晓阳:《论现象概念——解析当前物理主义与反物理主义争论的一个焦点》(第 95 页),以及王球:《"万能论证"不万能》。

换言之,丽达—茹梅琳的整个论证的关键是,认为现象概念不是隐晦的,而是显透的。如果是这样,那么现象概念就允许我们从本质上把握(essentially grasp)现象属性。即现象概念直接指称现象属性。可见,与 LPCS 的理解不同,丽达—茹梅琳认为,现象概念直接指称的不是物理属性,而是现象属性。得出这一点非常关键。因为,现象概念如果直接指称的是现象属性,而非物理属性,那么就可以进一步得出结论:心物同一命题不是后天必然[###]命题。下面仍以(1)为例来具体展示一下这个论证过程。丽达—茹梅琳认为,只要现象概念 pain 直接指称一种现象属性 pain*,那么,即使物理概念 c-fiber stimulation 仍然(在克里普克意义上)严格指称神经状态/属性 N,现象概念 pain 和物理概念 c-fiber stimulation 也不可能共指称。因为在这种情况下,pain 的指称是一种非物理的属性 pain*,而 c-fiber stimulation 的指称则是一种神经状态/属性 N。由于 pain* 和 N 显然是两类不同的属性(前者是心理属性,后者是物理属性),又由于 pain* 和 N 之间的关系也只是一种非因果的偶然联系,因此在这种属性二元论看来,pain 和 c-fiber stimulation 不但不共指称(因为两者的指称 pain* 和 N 不共外延),而且(1)也不可能是一个后天必然[###]命题。[①]高夫(Goff,2011)也表达了类似的质疑。至此不难看出,这种属性二元论(即第四种反对意见)和 LPCS 的关

---

① 在讨论中,沈云波(东华大学)提醒我,关于 pain* 和 N 之间的关系还存在另一种值得考虑的可能性,即 pain* 和 N 之间是一种非因果的必然[#]联系。我的回答是,这种可能性当然是存在的,但对于丽达—茹梅琳(2007)——也许还包括查莫斯(2007)——这样的属性二元论者来说,这种可能性一定不在他们希望考虑的范围之内。理由是:如果 pain* 和 N 之间是一种非因果的必然[#]联系,那么将会导致一种非还原的物理主义(non-ruductive physicalism)立场。比如,随附物理主义(supervenience physicalism)(Kim,1993)。尽管这种非还原物理主义不同于 LPCS,但是这些属性二元论者显然也不会认同这种非还原物理主义,因为一般认为,他们倾向于一种反物理主义的立场(下面很快会具体论述这种反物理主义)。关于随附物理主义及其与 LPCS 之间区别的讨论也很重要,但已经超出了本文的论述范围,需另文论述。

键分歧在于:现象概念究竟是直接指称现象属性还是物理属性(我们很快就会讨论这个分歧)?[①]第五种,认为 LPCS 所说的现象概念直接指称现象属性而非物理属性(如,Sundström,2011,pp.272—274;贲益民:《现象概念与物理主义》,第 41 页,注释2)。有证据显示,这种理解可能偏离了 LPCS 的标准观点(Loar,1997,pp.601—602,pp.608—609;2003b,p.115)。

我们认为,上述五种反对意见之所以出现,有两个主要因素:第一,因为对现象概念的本质的不了解或误解而生的疑虑和困惑。第二,针对二元论借助解释鸿沟和 APET 制造的两难(见本文第一节的论述),物理主义的回应(Argument1)看来还嫌弱。这两个因素实际上是密切相关的,我们对现象概念的本质的了解越透彻,就越觉得目前对反物理主义的回应还太弱。换句话说,我们认为在对 Argument1/LPCS 做一些强化处理之后,完全可以消除掉上述质疑。下面,我将给出一种物理主义回应的**强版本**(Argument2/Strong-LPCS),并以之来回应上述质疑[②]:

(2) 解释鸿沟可以接受,因为体现了二元知识直觉。

(4)由(2),如果解释鸿沟为真,则 APET 为假,即 APET 不

[①] 高夫(2011)在文中具体比较了自己的论证和丽达—茹梅琳(2007)的论证。他认为自己和丽达—茹梅琳的论证尽管类似,但并不完全相同,至少有一个差异之处:前者认为现象概念显露了其指称物的部分本质(reveal part, but not all, of the nature of its referent),因而现象概念是一种半透的(translucent)概念。相对地,后者则认为,现象概念显露了其指称物的全部本质。下面我们仅考察二人论证的类似之处,即"现象概念究竟是直接指称现象属性还是物理属性",这是属性二元论与 LPCS 的关键分歧。关于二人的论证的具体差异,需另文论述。

[②] 最近,迪亚兹里奥(2011)直接针对 APET 进行了分析。借助对一些 APET 的反例的分析,她指出 APET 本身是很有问题的(甚至是错误的),因为将使得先天知识这种观念(notion)变得乏味(trivialized)。这是目前能见到的另一个 Strong-LPCS,需另文讨论。下文我给出的论证(Argument2)与之思路完全不同。但有理由相信,Argument2 对二元论借助解释鸿沟和 APET 制造的两难抉择的反驳同样奏效。

适用于心物命题。

（14）对于 W 中的 S 而言，心物同一命题是一类自成一格的后天必然$^{###}$命题，这是**必然$^{#}$**的。

（15）由（2）（4）（14），如下一种关于 APET 和 CP 之间关系的理解是**必然$^{#}$**的：APET 不是 CP 的充分必要条件。理由是：如果对于 W 中的 S 而言，"心物同一命题是一类特殊的后天必然$^{###}$命题"是**必然$^{#}$**的，则"物理知识和现象知识之间不是一种先天衍推关系"是**必然$^{#}$**的（即 APET 不适用于心物命题是必然$^{#}$的），则"CP 没有受到威胁"**是必然$^{#}$的**。

因此，

（16）由（2）（15），APET 和解释鸿沟一起，也**一定不会**对物理主义构成威胁。

不难看出 Argument2（Strong-LPCS）与 Argument1（LPCS）的关键区别在于（14）（15）这两步。即，Argument2 中的（14）（15）与 Argument1 中的（5）（6）相比，用模态算子"必然$^{#}$"替换了"可能"，所以论证力度更强了。这使得后天（必然$^{#}$）物理主义不再需要和二元论尴尬地坐在一起。

这种替换何以可能？要了解这一点，我们需要先做以下两点考察工作：第一点，我们需要回到后天物理主义和二元论最初共同面对的一个直觉，看看两者最初的分歧是怎样的；第二点，考察二元论具体是在什么地方开始走偏的。我们先做第一点工作，从两者共同面对的一个直觉开始：

PPI：S 能够使用现象概念 Q，当且仅当 S 正体验着特定的现象感受 Q*。（S *can* **deploy** Q, iff S is experiencing Q*.）

我们可以把这个直觉称为**"现象占有直觉"**(phenomenal possession intuition,简记为 PPI)。在围绕现象概念的讨论中,几乎所有采取 PCS 的物理主义和二元论都接受 PPI(Loar,1990/1997,2003b)。这也是 PCS 的一个直觉前提,被称为现象概念的经验依赖(experience-dependent)特性(Sundström,2011,p.271)。二元论和后天物理主义(LPCS)的分歧在于对 PPI 的理解不同:二元论认为,Q 直接指称 Q^*。而后天物理主义认为,Q 直接指称 $P_N^{\#}$($P_N^{\#}$ 是 S 脑中特定神经系统的生理—功能—物理属性)。[1]我认为,这两种理解的关键差异其实不在于指称什么属性,而在于对"直接指称"这个动词词组的理解不同。

我们先看 LPCS 的理解。Q 直接指称 $P_N^{\#}$,被理解为 $P_N^{\#}$ 对于 S 的一种必然[###]的呈现模式,Q^* 必然[###]出现在此呈现模式当中,也就是说,此时 S 有一种现象感受 Q^*(PPI)。因此 Q 和 Q^* 之间的关系才被解释为一种"一体化"的关系((11))。这种"直接指称"是如何可能的呢? LPCS 给出的是一种**非弗雷格式**的心理机制回答:Q 本质上是一种识别概念。S 不可能通过内省(introspect)或经验观察来分析这种必然[###]联系的内在结构,但是固有的(innate)识别能力能保证 Q 可以以一种非随意(involuntary)的方式把握住(grasp)$P_N^{\#}$。这是一种到底的(down to earth)心理的非语义的解释(参见本书第 184 页注释①)。[2]说到

---

① 除了后天物理主义和二元论之外,PPI 至少也可以获得现象论(phenomenalism)的认可。但我们有充足的理由拒绝现象论。要害在于:如果我们相信日常交流的确实现了——这是我们的一个最基本的直觉——那么现象论就是自我驳斥的(self-refutation)。拒绝现象论的理由同样也适用于现象论的极端版本——唯我论(solipsism)。鉴于本文的主旨,我们不打算涉及现象论和唯我论,下面集中分析和比较二元论和后天物理主义。

② 注意:这里根本不涉及什么语用学(pragmatics)的维度。柯塔和佩里(Korta and Perry,2011)详细讨论了至今为止我们关于语用学的各种常见理解,这里的情况完全不同于这些常见理解,因为任何人(包括 S 本人)都不可能对"S 如何做到用 Q 识别出 PN# 的"这个问题,给出一种有意识地分析的(consciously analytical)解释。尽管对于 S 的识别能力,我们的确可以给出完全的功能的—物理的解释,但是完全不可能物理地解释 S 在识别过(转下页)

底,在 LPCS 看来,Q 指称 $P_N^\#$ 是如下一个过程:当一个具有 $P_N^\#$ 的神经状态(N1)被激活时,作为 N1 的拥有者 S 此刻感受到 Q^*。仅此而已。作为旁观者,我们可以给出关于这个过程中每个细节变化的完备的物理解释。但我们仍不能物理地解释作为认知者 S 此刻的现象感受 Q^*,因为我们不是 S,我们没有从 S 的角度看(即不是第一人称视角),我们物理地解释这一过程时,我们正处在一种第三人称视角,我们使用(employ)的仅仅是一些功能的—理论的—物理的概念。在这一过程中(第三人称视角中),我们根本没有使用任何现象概念!因此,两种视角(或两种知识)之间有一个解释鸿沟存在着,只是反映出作为我们这种类型的认知生物(包括 S)的一种认知情境(epistemic situation),它的存在使得我们可以(不同时地)以两种不同的视角来了解这个世界[(13)]。而这并不妨碍物理知识的完备性(CP)。

下面考察二元论的理解。表面看来,Q 直接指称 Q^*,也可以被理解为一种"一体化"关系。但这是一种怎样的"一体化"关系或"直接指称"关系呢? LPCS 在接受解释鸿沟的前提下,给出的是一种非语义(non-semantic)的心理—认知解释,按照这种解释,现象概念 Q 就是 S 的一种特殊的识别倾向(disposition),是 S 的神经系统的一种固有的生理—功能特性(因之 S 可以从第一人称视角看事物),而现象属性 Q^* 其实就是一种物理属性 $P_N^\#$,$P_N^\#$ 就是一种神经状态 N1 的物理属性。这也是一种功能的—殊型同一论物理主义(functional token-token identity physicalism),它既接受解释鸿沟的存在,又有别于一种还原的—分析的物理主义(reductive analytical physicalism)。二元论者当

(接上页)程中的感受 Q^*,甚至连 S 也不知道自己是如何做到这一点的(用 Q 必然 ### 识别出 PN#),但是他就是做到了。这里不仅拒绝任何有意识的科学分析(consciously scientific analysis)(Loar,1997,p.602),怀疑论者也难有插足的余地。

然不会认同 LPCS 的解释,那么二元论会怎么做？一个典型的二元论回答就是,首先,Q^* 是一个不同于物理属性的心理属性,它和物理属性(如,$P_N^{\#}$)之间只具有一种**非因果的偶然联系**。依据 PPI,当 S 经验到 Q^*,S 就可以用 Q 直接指称 Q^*。但怀疑论者会问:如何能说这时 Q 的确指称到了 Q^* 呢？注意:二元论者不能求助于某种二元论版的"一体化"关系这种含混的说法。因为 LPCS 实际上通过识别概念和识别能力对"一体化"关系给出了一种明确的非语义的心理——认知的(物理主义)解释,在这种指称固定过程中,S 不需要什么可靠的根据(ground)或标准,一切都是非随意的(involuntary)固有活动。其次,二元论者也不能求助于 S 自身的记忆能力(memory)或任何内在的心理意象(mental images),因为 S 仅仅通过对自己记忆中过去实例的反思、比对或再认同都是无效的,维特根斯坦的分析已经挑明了这一点,劳尔也有类似的分析,即本文所说的"维特根斯坦—劳尔约束"(WLC)(参见本书第 184 页注释①)。最后,二元论者也不能求助于外部的根据或标准。因为怀疑论者会继续追问:究竟该如何理解 Q 呢？我们知道,LPCS 认为,Q 就是 S 的一种特殊的识别倾向(disposition),是 S 的神经系统的一种固有的生理——功能特性。二元论者如何看待 Q(以及物理概念)呢？我认为二元论者**有且仅有两种可能回答**。第一种回答,二元论者接受 LPCS 关于 Q 的理解。如果接受,那么又由于二元论者也接受解释鸿沟(这是二元论的基本前提),所以对二元论者来说也将面临如下一个两难(dilemma):要么承认因为 Q 和 Q^* 之间存在一个解释鸿沟,而不可能找到 Q 和 Q^* 之间存在必然$^{\#}$联系(即所谓的直接指称)的根据或标准(如某种桥接规律);要么放弃解释鸿沟,但这样等于直接宣告了二元论的失败。第二种回答,二元论者拒绝 LPCS 关于 Q 的理解。如果拒绝,那么二元论者只能把 Q 理解为一种非物理的实体/属性(如,弗雷格意义上的含义),那么 Q 和 Q* 之间是否存在根据或标准的怀疑论问题,就转变成了一种非物理的属性/实体和一种心理属性之间是否存在标准的问题。然而,二元论对此问题的任何回答又将面临一个新的两难:要么二元论者根本找不到任何可以衡量一种非物理属性/实体和另一种非物理属性之间关系的依据或标准;要么二元论者将要为自己找到的依据或标准能获得我们的理解而提供另一个标准,而这将导致无穷倒退。可见,二元论对于"直接指称"这个概念的理解要么始终是含混的,要么根本就无法被理解。相对地,LPCS 为我们提供的则是一种实质的(substantial)理解。①因此,LPCS 是一个合理的选择,而二元论却不是。在怀疑主义、维特根斯坦—劳尔约束(WLC)和 LPCS 的三重质疑下,二元论似乎越陷越深越迷茫。

至此不难理解,本文之所以可被看成是一项关于 LPCS 的拓展分析工作,主要是因为提出了质疑属性/实体二元论的两个理由。在我看来,这两个理由不但可以进一步排除掉二元论的困扰,而且能增强 LPCS 的论证力度,从而得到 Strong-LPCS。这两个理由分别是,**理由一:认识论理由**。尽管劳尔认为在逻辑上物理主义和二元论都是可能正确选项(Loar,1997,2003b)。布洛格(2012)也认为目前尚没有好的理由让我们相信(后天)物

---

① 对于"概念"(concept)这一概念的理解,目前学界主要有三种:1.把概念理解为心理意象(mental images)。这些心理意象之间具有一种类似语言的句法(language-like syntax)和复合的语义(compositional semantics)结构(Fodor,1975)。这一理解在认知科学和心灵哲学中很有市场。如,Fodor,2000;Pinker,1994;Laurence and Margolis,1999;Carruthers,2000。2.把概念理解为一种弗雷格意义上的含义(sinn),这使得概念被理解为一种抽象对象(abstract objects)。如,Peacocke,1992;Zalta,2001。3.把概念理解为一种既非具有语法结构的心理意象,也非抽象对象,而是一种为"认知者所独有的能力"(peculiar abilities)。如,Dummett,1993,Millikan,2000。Strong-LPCS(以及 LPCS)对现象概念的理解倾向于第三种,但又有所不同(参见本书第 184 页注释①)。

理主义和二元论哪个更合理,两者目前处于一种"僵局"(stale-mate)的局面。但是在我们仔细对比分析了 LPCS 和二元论各自关于 PPI 的解释之后发现,后天物理主义提供的是一种实质的融贯的(coherent)解释,而二元论的解释要么始终是含混的,要么很可能是不融贯的。因此,除非二元论可以有效应对这个认识论层面的质疑,并给出某种融贯的解释,否则我们没有理由不在接受后天物理主义的同时拒绝二元论。**理由二:形而上学理由。**①如果心物同一命题的后天必然### 性体现出的正是现象概念的本质特征的话,那么在考察心物同一命题的形而上学模态特征时,我们就应该相信,心物同一命题是一类可能的必然# 真命题,而不是一类可能的可能真命题(参见本书第 181 页注释①)。换言之,在考察心物同一命题的形而上学模态特征时,由于劳尔只论证了心物同一命题是一种可能的可能真命题(心物同一命题只**在一些可能世界 W 中为真**),因此 LPCS 排除不了二元论也是一种可能的可能真命题,这才出现了"柏拉图主义和自然主义坐在一起的尴尬局面"(Loar,1997,p.614)。这正是 Argument1/LPCS 的结论。然而,我们的分析却表明,心物同一命题乃是一类可能的必然# 真命题(心物同一命题尽管不在所有的可能世界 W 和 W* 中都为真,但是**在所有的可能世界 W 中都为真**)(参见本书第 181 页注释①)。②不难证明,在 S5 模态逻辑系统中,可能的必然# 逻辑等价于必然#($\diamond\square P\leftrightarrow\square P$)。因此,由①和②可以得到,对于 W 中的 S 而言,作为一类自成一格的后天必然### 命题的心物同一命题是必然# 的。①而这正

---

① 为什么选 S5 模态逻辑系统来作辩护? 有人认为,这是一个不容回避的关键问题。对此可以有两个回答:第一,常识性回答(弱)。因为 S5 是今天最常见的模态逻辑系统,我找不出有什么理由不可以使用它。当然这么说并不排除也可以选用其他模态逻辑系统来做辩护的可能性。第二,技术性回答(强)。刚刚提到,由于劳尔只是论证了心物同一命(转下页)

是 Argument2/Strong-LPCS 的结论。即,后天必然[###]物理主义不再是一种后天偶然物理主义,而成为一种后天必然[#]物理主义。

不难发现,借助上述分析,我们实际可以构造出一个关于后天必然[#]物理主义的新论证(Argument3)。Argument3 也可看做是 Argument2 的另一种表述,大致如下:

(17)在 S 存在于其中的可能世界 W 中,S 应该选择后天必然[###]物理主义而拒绝二元论。　　　　　　　　　【认识论理由】

(18)如果 S 选择后天必然[###]物理主义,则 S 应该接受后天必然[###]物理主义关于现象概念本质特征的解释。

(19)S 接受后天必然[###]物理主义关于现象概念本质特征的解释,**当且仅当** S 接受在所有可能世界 W 中,心物同一命题都是后天为真的命题。[①]　　　　　　　　【形而上学理由】

(接上页)题在**一些**可能世界 W 中为真,因此在劳尔看来,心物同一命题是一种**可能的可能**真命题。然而我们又看到,劳尔关于现象概念本质的论述试图表明心物同一命题的后天必然[###]性体现出的正是现象概念的**本质**特征。如果我们相信并愿意接受"后天必然[###]性乃是现象概念本质特征"这种说法,那么心物同一命题就不应该仅在**一些**可能世界 W 中为真,而应该是在**所有**可能世界 W 中为真,即心物同一命题应该是一类可能的必然[#]真命题,而不是一类可能的可能真命题。因此,既然本文的最重要的目的是,对 LPCS 进行拓展分析。可见,将心物同一命题的模态特征从"可能的可能"过渡到"可能的必然[#]"可以算作是一个拓展,但这只是第一步。从技术上说,不难发觉,由于在 S5 模态逻辑系统中,可能的必然[#]逻辑等价于必然[#]($\lozenge\square P \leftrightarrow \square P$),因此借助 S5,我们可以再从"可能的必然[#]"进一步过渡到"必然[#]"。这样就为 Argument2 中的(14)(15)这两步的合理性找到了关键的理由,Argument2 也将随之成立。

① 这里涉及本质属性与必然性之间的关系。我沿袭了目前通行的克里普克可能世界语义学的处理方案,即借用模态必然性来定义事物的本质属性(Kripke, 1980)。例如,P 是事物 O 的本质属性,当且仅当事物 O 出现于其间的所有可能世界中,O 都具有属性 P。仍以心物同一命题(1)为例来说明。LPCS 认为,现象概念 pain 和现象属性 pain* 之间**本质上**是一体化关系,并且 pain 指称神经状态 N。因此我们依据克里普克的处理方案可知,在所有可能世界 W 中,S 运用现象概念 pain 来指称特定的神经状态 N 时,都将同时具有关于现象属性 pain* 的体验。(这也解释了 PPI 为何是合理可接受的)。因此,pain 是一个严格指示词。我们又相信只有经验科学研究才能最终揭示出 N **本质上**是一种 C-神经激活状态,因此,同理,物理概念 c-fiber stimulation 也是一个严格指示词。由此可知,在所有可能世界 W 中,pain 和 c-fiber stimulation 都共指称(co-reference)。又因为解释鸿沟的存在,所(转下页)

（20）全部可能世界由 S 出现于其中的可能世界 W 和 S 不出现于其中的可能世界 W* 组成，因此 S 出现于其中的可能世界 W 只是全部可能世界中的一些可能世界，因此严格地讲，心物同一命题是后天可能的必然#真命题。　　　【本书第 181 页注释①】

（21）在 S5 模态逻辑中，可能的必然#逻辑等价于必然#。

$$【S5，\Diamond\Box P \leftrightarrow \Box P】$$

（22）由（20）（21），心物同一命题是后天必然#真命题。

（23）如果心物同一命题是后天必然#真命题，则后天必然#物理主义为真；如果心物同一命题是后天可能真命题，则后天偶然物理主义为真。　　　【两种后天物理主义的各自定义】

因此，

（24）由（22）（23），后天必然###物理主义不是一种后天偶然物理主义，而是一种后天必然#物理主义。

现在，我们一方面应该有理由相信，后天必然#物理主义（Strong-LPCS）无需和柏拉图主义（二元论）坐在一起了。另一方面，如果上述拓展分析合理的话，那么我们心中至今仍有如下关于二元论的种种疑虑似乎也不应感到奇怪：二元论或许是某种因逻辑眩晕和语言误用而引发的幻觉？我们一直迷恋于这种幻觉，或许是基于某些别的考虑？比如，伦理学或道德习俗或宗教信仰等方面的考虑。不管怎样，我实在不知道（至少目前是这样），还有什么可能的理由，要为二元论**在逻辑上继续保留一席**之地？

因此，选择了 Strong-LPCS 的物理主义立场，就意味着接受

（接上页）以 S 对 pain 和 c-fiber stimulation 之间共指称关系的认识不可能是先天的，只可能是后天的。因此在所有可能世界 W 中，心物同一命题（1）都只能是后天真的。

一种功能的一殊型同一论的观点,并且也意味着同时拒绝以下三种观点:属性/实体二元论、怀疑主义、还原的一分析的物理主义。

六、结语:Hope for Tomorrow

总结一下。一方面,对于采纳 LPCS 的物理主义来说,现象属性仅仅存在于第一人称的视角之中,而不存在于世界之内[(8)]。因此作为旁观者,尽管永远不可能知道成为一个 S 是什么样子(what it is like to be S),但我们(包括旁观者和认知者 S 本人)仍然有充分的理由(即上面刚提到的认识论理由和形而上学理由)相信 S 是一个完完全全的物理事实。并且我们(包括旁观者和认知者 S 本人)相信,至今为止仍没有好的理由去怀疑物理属性是世间唯一真实存在的属性(不仅我们没有找到,反物理主义至今也未能提供),这既包括作为 S 脑中的神经功能—生物化学属性,也包括 S 脑外的理论—功能属性。

另一方面,我们也应该清醒地意识到,PCS(无论是 LPCS,还是 Strong-LPCS)至多只论证到了反反物理主义(anti-anti-physicalism)是一种正确的立场,尚未能**直接**论证物理主义立场是正确的。在物理主义的两条基本原则(OP 和 CP)尚未得到**直接**辩护的情况下,物理主义还有很长的路要走。

物理主义能否抵达那片"应许之地"? 若可能,又将要为此付出怎样的代价? 是否已为这趟艰苦的跋涉作好了充足的准备? ……我们仍疑虑重重。然而毫无疑问的是,我们应该动身了,必须沿着后天物理主义开辟的新航向继续前行。为此,失去的会是**一条不可能的锁链**,而赢得的将是**所有可能的**可能世界。[①]

附:

表 1

Physicalism	*A Priori* Physicalism		*A Posteriori* Physicalism	
PCS	Non-PCS	Non-LPCS	LPCS	Strong-LPCS
Ontology	monism	monism	monism	monism
Epistemology	CP	CP	CP	CP
		DP	DP	DP
	APET	APET	$APtN_1^*$	$APtN_2^{**}$
Methodology	defensive or offensive	defensive	defensive	defensive and offensive

* $APtN_1$ means *a posteriori* contingency;
** $APtN_2$ means *a posteriori* necessity.

参考文献

Alter, T. and Walter, S., eds., *Phenomenal Concepts and Phenomenal Knowledge: New Essays on Consciousness and Physicalism*, Oxford University Press, 2007.

Armstrong, D., *The Mind-body Problem: An Opinionat-*

[①] 补充两点:第一,最近泰(2009)和他的学生保尔(Ball, 2009)主张,物理主义不需要借助 PCS 来辩护,福多(Fodor, 2009)和柯尔曼(Coleman, 2010)则对此提出了质疑,关于他们之间的争论,需另文探讨。本文关注的重点是,物理主义能否借助某种版本的 PCS(如,LPCS 和 Strong-LPCS)有效化解掉二元论提出的两难(参见本文第一节和第二节),并为物理概念/知识和现象概念/知识之间的关系,提供一种令人满意的解释。第二,对最后一句话的一种可能的理解是:"失去一条不可能的锁链"是指,摆脱不在所有可能世界(仅包括 W 和 W*)中为真的二元论幻觉的困扰。"赢得所有可能的可能世界"是指,"作为一种自成一格的后天必然###命题"的心物同一命题,虽然不在所有可能世界(仅包括 W 和 W*)中为真,但是却在所有 S 可能存在于其中的可能世界 W 中均为真。

ed Introduction，Westview Press，1999.

Ball，D.，There Are No Phenomenal Concepts，*Mind*，Vol.118，No.472，pp.936—962，2009.

Balog，K.，Acquaintance and the Mind-Body Problem，in Gozzano，S. and Hill，C.，eds.，*New Perspectives on Type Identity：The Mental and the Physical*，Cambridge University Press，2012.

Balog，K.，In Defense of the Phenomenal Concept Strategy，*Philosophy and Phenomenological Research*，Vol. 84，No.1，pp.1—23，2012.

Balog，K.，Phenomenal Concepts，in McLaughlin，B.，Beckerman，A. and Walter，S.，eds.，*Oxford Handbook in the Philosophy of Mind*，Oxford University Press，2009.

Block，N.，and Stalnaker，R.，Conceptual Analysis，Dualism and the Explanatory Gap，*Philosophical Review*，Vol.108，No.1，pp.1—46，1999.

Bradley，R. and Swartz，N.，*Possible Worlds：An Introduction to Logic and Its Philosophy*，Basil Blackwell Publisher，1979.

Carruthers，P.，*Phenomenal Consciousness：A Naturalistic Theory*，New York：Cambridge University Press，2000.

Chalmers，D. J. and Jackson，F.，Conceptual Analysis and Reductive Explanation，*Philosophical Review*，No. 110，pp.315—361，2001.

Chalmers，D. J.，Content and Epistemology of Phenomenal Belief，in Smith，Q. and Jokic，A.，eds.，*Consciousness：New Philosophical Essays*，Oxford University Press，2002.

Chalmers, D. J., Materialism and the Metaphysics of Modality, *Philosophy and Phenomenological Research*, Vol. 59, No. 2, pp.473—496, 1999.

Chalmers, D. J., Phenomenal Concepts and the Explanatory Gap, in Alter, T. and Walter, S., eds., *Phenomenal Concepts and Phenomenal Knowledge: New Essays on Consciousness and Physicalism*, Oxford University Press, 2007.

Chalmers, D. J., *the Conscious Mind*, New York: Oxford University Press, 1996.

Churchland, P. M., Eliminative Materialism and the Propositional Attitudes, *Journal of Philosophy*, Vol. 78, No. 2, pp.67—90, 1981.

Coleman, S., *Review of Michael Tye's Consciousness Revisited: Materialism Without Phenomenal Concepts*, Philosophy, Vol. 85, No. 3, pp.413—418, 2010.

Diaz-Leon, E., Can Phenomenal Concepts Explain The Epistemic Gap? *Mind*, Vol. 119, No. 476, pp.933—951, 2010.

Diaz-Leon, E., Defending the Phenomenal Concept Strategy, *Australasian Journal of Philosophy*, Vol. 86, No. 4, pp.597—610, 2008.

Diaz-Leon, E., Reductive explanation, concepts, and a priori entailment, *Philosophical Studies*, Vol. 115, Issue 1, pp.99—116, 2011.

Divers, J., *Possible Worlds*, Routledge 2002.

Dretske, F., What Change Blindness Teaches About Consciousness, *Philosophical Perspectives*, Vol. 21, Issue 1, pp.215—220, 2007.

Dummett, M., *Seas of Language*, Oxford: Oxford University Press, 1993.

Evans, G., *The Varieties of Reference*, Ed. by McDowell, J., Oxford: Clarendon Press, 1982.

Fodor, J., *Hume Variations*, Oxford: Oxford University Press, 2003.

Fodor, J., *It ain't in the head: Jerry Fodor asks if Externalism has outlived its usefulness*, on the web at http://entertainment.timesonline.co.uk/tol/arts_and_entertainment/the_tls/article6878087.ece, 2009.

Fodor, J., *The Language of Thought*, Cambridge, MA: Harvard University Press, 1975.

Girle, R., *Possible Worlds*, McGill-Queen's University Press, 2003.

Goff, P., A Posteriori Physicalism Get Our Phenomenal Concepts Wrong, *Australasian Journal of Philosophy*, Vol.89, No.2, pp.191—209, 2011.

Horgan, T., Jackson on Physical Information and Qualia, *Philosophical Quarterly*, Vol. 34, No. 135, pp. 147—152, 1984.

Jackson, F., Epiphenomenal Qualia, *the Philosophical Quarterly*, Vol.32, No.127, pp.127—136, 1982.

Jackson, F., *From Metaphysics to Ethics: A Defense of Conceptual Analysis*, Oxford: Clarendon, 1998.

Jackson, F., What Mary Didn't Know, *The Journal of Philosophy*, Vol.83, No.5, pp.291—295, 1986.

Kim, J., *Mind and Supervenience*, Cambridge: Cambridge University Press, 1993.

Korta, K. and Perry, J., Pragmatics, in Stanford Encyclo-pedia of Philosophy, on the web at http://plato.stanford.edu/entries/pragmatics/, 2011.

Kripke, S., *Naming and Necessity*, Cambridge, MA: Harvard University Press, 1980.

Laurence, S. and Margolis, E., Concepts and Cognitive Science, in Margolis, E. and Laurence, S., eds., *Concepts: Core Readings*, Cambridge, MA: MIT Press, 1999.

Levine, J., Materialism and Qualia: The Explanatory Gap, *Pacific philosophical Quarterly*, No.64, pp.354—361, 1983.

Levine, J., On Leaving Out What It is Like, in Davis, M. and Humphreys, G., eds., *Consciousness*, Blackwell, 1993.

Levine, J., Phenomenal Concepts and the Materialist Con-straint, in Alter, T. and Walter, S., eds., *Phenomenal Con-cepts and Phenomenal Knowledge: New Essays on Conscious-ness and Physicalism*, Oxford University Press, 2007.

Levine, J., *Purple Haze*, Oxford: Oxford University Press, 2001.

Lewis, D., An Argument for the Identity Theory, *Jour-nal of Philosophy*, Vol.63, No.2, pp.17—25, 1966.

Loar, B., David Chalmers' The Conscious Mind, *Philoso-phy and Phenomenological Research*, Vol.59, No.2, pp.465—472, 1999.

Loar, B., Personal References, in Villanueva, E., eds., *Information, Semantics and Epistemology*, Blackwell, 1991.

Loar, B. , Phenomenal Intentionality as the Basis of Mental Content, in Hahn, M. and Ramberg, B. , eds. , *Reflections and Replies*: *Essays on the Philosophy of Tyler Burge*, The MIT Press, pp.229—257, 2001.

Loar, B. , Phenomenal States (Second Version), in Block, N. , Flanagan, O. and Guzeldere, G. , eds. , *the Nature of Consciousness*: *Philosophical Debates*, The MIT Press, 1997.

Loar, B. , Phenomenal States, *Philosophical Perspectives*, No.4, pp.81—108, 1990.

Loar, B. , Qualia, Properties, and Modality, *Philosophical Issues*, Vol.13, No.1, pp.113—129, 2003.

Loar, B. , Reference From the First Person Perspective, *Philosophical Issues*, No.6, pp.53—72, 1995.

Loar, B. , Transparent Experience and the Availability of Qualia, in Smith, Q. and Jokic, A. , eds. , *Consciousness*: *New Philosophical Perspectives*, Oxford University Press, 2003.

Ludlow, P. , Nagasawa, Y. , Stoljar. D, eds. *There's Something About Mary*: *Essays on Phenomenal Consciousness and Frank Jackson's Knowledge Argument*, MIT Press, 2004.

Lycan, W. G. , *Consciousness and Experiences*, Cambridge, MA: MIT Press, 1996.

McMullen, C. , "Knowing What It's Like" and the Essential Indexical, *Philosophical Studies*, Vol.48, No.2, pp.211—233, 1985.

Millikan, R. , *On Clear and Confused Ideas*, Cambridge: Cambridge University Press, 2000.

Nagel, T., What is it like to be a bat? *Philosophical Review*, No.83, pp.435—450, 1974.

Nida-Rümelin, M., Grasping Phenomenal Properties, in Alter, T. and Walter, S., eds., *Phenomenal Concepts and Phenomenal Knowledge: New Essays on Consciousness and Physicalism*, Oxford University Press, 2007.

Papineau, D., Phenomenal and Perceptual Concepts, in Alter, T. and Walter, S., eds., *Phenomenal Concepts and Phenomenal Knowledge: New Essays on Consciousness and Physicalism*, Oxford University Press, 2007.

Papineau, D., Thinking About Consciousness, Oxford University Press, New York, 2002.

Peacocke, C., *A Study of Concepts*, Cambridge, MA: MIT Press, 1992.

Pereboom, D., Bats, Brain Scientists, and the Limitations of Introspection, *Philosophy and Phenomenological Research*, Vol.54, No.2, pp.315—329, 1994.

Pinker, S., *The Language Instinct: The New Science of Language and Mind*, London: Penguin, 1994.

Polcyn, K., *Brian Loar on Physicalism and Phenomenal Concepts*, Diametros, No.11, pp.10—39, 2007.

Pylyshyn, Z. W., Situating Vision in the World, *Trends in Cognitive Sciences*, Vol.4, No.5, pp.197—207, 2000.

Pylyshyn, Z. W., *Things and Places: How the Mind Connects with the World*, Cambridge, MA: MIT Press, 2007.

Raffman, D., *On the Persistence of Phenomenology*, in *Conscious Experience*, Metzinger, T. ed., Exeter: Imprint Academic，1995.

Stoljar，D.，*Physicalism and Phenomenal Concepts*，Mind and Language，Vol.20，No.2，pp.296—302，2005.

Stoljar，D.，Physicalism，in *Stanford Encyclopedia of Philosophy*，on the web at http：//plato. stanford. edu/entries/physicalism/，2009.

Stoljar，D.，*Physicalism*，London，New York：Routledge，2010.

Sundström，P.，Is the mystery an illusion? Papineau on the problem of consciousness，*Synthese*，Vol. 163，No. 2，pp.133—143，2008.

Sundström，P.，Phenomenal Concepts，*Philosophical Compass*，Vol.6，No.4，pp.267—281，2011.

Tye，M.，*Consciousness revisited：materialism without phenomenal concepts*，MIT Press，2009.

Tye，M.，*Consciousness，Color，and Content*，Cambridge，MA：MIT Press，2000.

Wittgenstein，L.，*Philosophical Investigations*，*Second Edition*，Trans. by Anscombe，G. E. M.，Blackwell，1997.

Zalta，E.，Fregean Senses，Modes of Presentation，and Concepts，*Philosophical Perspectives*，Vol.15，pp.335—359，2001.

黄益民：《现象概念与物理主义》，《学术月刊》2009 年第 4 期，第 40—47 页。

刘玲：《物理主义应当如何回应知识论证》，《哲学研究》2011 年第 10 期，第 86—93 页。

王球：《"万能论证"不万能》，《哲学研究》2012 年第 10 期，第

71—77 页。

王晓阳:《"私人语言论证"论证了什么?——维特根斯坦私人语言论证的一种简明解析》,《自然辩证法研究》2010 年第 5 期,第 14—18 页。

王晓阳:《当代意识研究中的主要困难及其可能出路》,《自然辩证法通讯》2010 年第 1 期,第 8—16 页。

王晓阳:《后天物理主义与解释鸿沟——B.劳尔版现象概念策略的拓展分析》,《世界哲学》2013 年第 4 期,第 91—103 页。

王晓阳:《论现象概念——解析当前物理主义与反物理主义争论的一个焦点》,《逻辑学研究》2010 年第 3 期,第 91—109 页。

王晓阳:《如何解释"解释鸿沟"——一种最小物理主义方案》,《自然辩证法研究》2012 年第 6 期,第 8—13 页。

王晓阳:《如何应对"知识论证"——一种温和物理主义观点》,《哲学动态》2011 年第 5 期,第 85—91 页。

王晓阳:《意识研究:一项基于神经生物学立场的哲学考察》,2008 年中山大学博士论文。

[德]维特根斯坦:《哲学研究》,陈嘉映译,上海人民出版社 2001 年版。

本文首次刊发于《世界哲学》2013 年第 4 期;该文更完整的版本(第二版),被收录于余治平、周明俊主编:《中西哲学论衡》,第四辑,中西书局 2015 年版

无律则一元论再思考

——关于心—身殊型同一论与心—身随附性的一个新看法

一、引　言

对于大多数关心和打算关心物理主义（physicalism）事业的学者来说，戴维森（Donald Davidson）《心理事件》（Mental Events）（Davidson，D.，1970，pp. 79—102；2002，pp. 207—227）一文的发表，都应该是个"绕不过去的"标志性事件。在我们看来，其标志性意义至少体现为如下两点：第一点是，在该文中，戴维森明确提出了关于心—身问题（the mind-body problem）的一种新主张——无律则一元论（anomalous monism）。无律则一元论认为，心—身之间是一种殊型同一关系，因此也被称为心—身殊型同一论（mind-body token identity theory）。心—身殊型同一论一方面拒绝还原论（reductionism）[通过论证心—身之间不存在严格的（strict）心理—物理规律或似律陈述（lawlike statement）来做到这一点]①，另一方面又拒绝二元论（dualism）（通过论证心—

---

① 关于戴维森这儿所说的"严格的规律"究竟是什么意思，学界一直存在争论。限于本文主题，我们不打算在此讨论。对此金在权有一个很好的介绍（Kim，J.，2003，pp.115—116），有兴趣者，可进一步参考。

身之间存在殊型同一关系来做到这一点)①；第二点是，在该文中，戴维森首次将随附性（supervenience）引入关于心—身问题的讨论。他认为"心理特性在某种含义上依赖于，或随附于物理特性"（Davidson，D.，2002，p.214）。虽然戴维森引入随附性的初衷很可能只是为了进一步解释心—身殊型同一关系，但是心—身随附性的想法一经提出，便立刻成为了学界讨论心—身问题时的一个重要思想资源。正如金在权（Jaegwon Kim）所言，"哲学家们在心—身随附性中发现了一种极具前途的物理主义形而上学。以至于心—身随附性甚至被从戴维森的无律则一元论中单独剥离出来，而成为了在 20 世纪 70 年代后期的心—身问题探讨中的一个具有独立性的议题"（Kim，J.，2000，p.7）。

因此不难理解，在今天为数众多的心灵哲学家看来，心—身随附性关系事实上强烈暗示出一个"独具特色"的非还原物理主义（non-reductive physicalism）立场：一方面我们既可以坚持（形而上学层面）世界纯粹是由物理事实（或事件或对象等等）所构成；另一方面，我们又可以接受作为随附属性（supervenient property）的心理属性被作为基础属性（basic property）的物理属性所决定（mental is necessitated by physical）。也就是说，这种非还原物理主义一方面既坚持本体一元（只有物理事实），另一方面又认为，（至少有一些）物理事实除了可以例示（instantiate）物理属性之外，也可以例示一些心理属性。这些心理属性是不能被还原成物理属性的，但是它们（心理属性）**无一例外地**随附于（supervene on）特定的物理属性。不难理解，这虽是一种心—身

---

① 在心灵哲学里，二元论目前是物理主义的最主要反对者。二元论有两种类型：实体二元论（substance dualism）和属性二元论（property dualism）。实体二元论较早出现。如，笛卡尔的二元论就是一种典型的实体二元论版本。但是当代绝大多数二元论者都是属性二元论者。

属性二元论(mind-body property dualism)的观点,但由于认为心理属性和物理属性之间是一种独特的随附性关系,因此也常常被称为随附物理主义(supervenience physicalism)。①我们知道,物理主义之所以饱受诟病,主要倒不是因为其对于科学的推崇态度,而是因为很多人一直担心,在一个物理主义者的世界里,我们的心灵没有容身之处。也就是说,很多人发现,物理主义的世界观似乎与一种根深蒂固的二元直觉相冲突。这个二元直觉就是,尽管我们今天生活在一个由科学技术所统治的世界,但是长久以来我们普遍相信:人类乃是宇宙中一种十分独特的存在物,其独特性的一个重要展现就是,在我们每个人的躯壳内部都有一颗敏感的"心灵"。心灵的活动十分丰富且复杂,却似乎完全不受因果律(causal law)的约束,因而显然不同于躯壳外面世界中的那些物体(包括躯壳本身)的运动。②因此,如果物理主义是对的,那么在一个物理主义者的世界中,心灵的位置在哪儿? 这个问题也被称为"安置问题"(the placement problem)(Stoljar,D.,2010)。公正地说,物理主义如果无法对安置问题给出令人满意的回答,那么物理主义即使不是毫无价值的(因为似乎可以设想,受其启发而发展出一些有用的关于心灵的神经科学理论),也注定是一种有严重缺陷的**哲学**观点。③但是不难发

---

① 尽管这种属性二元随附物理主义和反物理主义属性二元论一样,都承认有两种属性(心理的、物理的),然而目前一个较通行的看法是,两者之间存在如下一个关键区别:前者(特别是强随附物理主义)认为心—身之间是一种**必然**联系。后者则认为,心—身之间是一种**偶然**联系。

② 在物理世界中,因果律一般被当成是描述物体运动状态的一条最普遍规则。由于因果律无法正确描述心灵的活动,即心灵不受因果律的约束。因此,内在的心灵不同于外部物理世界中的物体。

③ 在许多人看来,一个令人满意的**哲学**观点不能够仅是一种融贯的(coherent)理论,更应该是一种能解决特定困惑的合理说明。因此在心—身关系问题上,我们不仅仅要一种关于心—身关系的融贯的理论,更渴望一个对"我们为何一直有着心灵和身体相区分的这种二元直觉"的合理说明。

现,若坚持心—身之间有某种随附关系,则似乎有助于物理主义避免上述"无心"的指责。因为在随附物理主义看来,尽管世界仅由物理事实构成,但是其中却有一些很特别的物理事实,它们除了可以例示物理属性之外,还可以例示心理属性。人类以及所有具有心灵的存在物就属于这类独特的物理事实。这样,随附物理主义似乎既能守住物理主义的本体论立场(世界仅由物理事实构成),又为"安置问题"提供了一个颇令人满意的回答(心灵是某些特别的物理事实所具有的心理属性)。换句话说,为维护其本体论立场,即使承认心—身之间不是因果关系,物理主义也不是非要对心灵/心理属性要么采取取消论(eliminativism)的思路,要么采取还原论(reductionism)的思路。似乎仍有第三条道路可供选择,那就是随附物理主义。

随附物理主义承诺的"心—身和谐共处"的美好愿景,确实让人为之着迷,但也不乏反对者。特别是,金在权在这方面的持续性批判工作在学界有着广泛的影响。他的主要反对理由集中体现在两个著名论证里:因果排他性论证(exclusion argument)和随附性论证(supervenience argument)(Kim,J.,2011,pp.214—240)。限于篇幅和主题,本文不打算具体论述这两个论证。但需要特别指出一点:这两个论证的攻击角度尽管各有侧重,但针对的都是一种**心—身属性二元**的物理主义。也就是说,金在权认为,如果随附物理主义是一种心—身属性二元论物理主义,那么通过上述他的两个论证足以表明,随附物理主义实际上是一种经不起推敲的立场,等着随附物理主义的只可能是如下两个结局:要么最终倒向还原论,要么最终倒向副现象论(epiphenomenalism)(Kim,J.,2011,p.219)。

在很多人看来,金在权的这项工作如同宣告了戴维森用心—身随附性来为心—身殊型同一论提供合理解释的尝试是失

217

败的。但是,通过对相关文本的具体考察(下文会涉及这些文本),我们发现金在权实际上并未正确地把握戴维森的关于心—身殊型同一论和心—身随附性的本意,因此仍有机会做些"挽救性"工作:在下文中,我们将依次为以下三点提供辩护:首先,戴维森借随附性来解释心—身殊型同一论的尝试可以避开金在权的质疑;其次,即使可以避开金在权的质疑,心—身随附性仍需要进一步说明;最后,即使心—身随附性有问题,作为一种非还原物理主义的心—身殊型同一论仍有可能是正确的。

二、概念二元与属性二元

在戴维森看来,心—身殊型同一论说的是,特定的心理事件(心理殊型)同一于(is identical to)特定的物理事件(物理殊型)(Yalowitz, S., 2013)。即,心—身殊型同一论是关于两个殊型事件(心理事件和物理事件)之间相同一的一种观点,可用以下论题来表示心—身殊型同一论的基本思想:

(1) 若 a 是心理事件,则存在一个物理事件 b, a=b。

请注意,在(1)中,心理事件 a 和物理事件 b 是个体(individual)意义上的事件。因为戴维森认为"事件是不可重复的,注明时间的个体(events are taken to be unrepeatable, dated individuals)"(Davidson, D., 2002, p.209),并且进一步指出"一个事件是心理的,当且仅当它有一个心理描述/摹状词(mental description),或存在一个仅对那个事件'成立的'(be true of)心理开语句(mental open sentence)。相应地,物理事件则是由本质上(essentially)仅包含物理词汇(physical vocabulary)的物理描述/摹状词或物理开语句所'挑选出'(picked out)的事件"
(Davidson，D.，2002，p.211)。所以，如果我们用 M 和 P 来分
别代表心理摹状词和物理摹状词，用 e 代表一个个体事件，则可
以将(1)重新表述为：

(2a) 存在一个个体事件 e，并且存在 M 和 P，使得 M(e)＝
P(e)。其中，a 是被心理摹状词 M 所描述的事件 e，记为 M(e)；
b 是被物理摹状词 P 所描述的事件 e，记为 P(e)。

通过对(1)的改写，不难发现，心理事件 a 和物理事件 b 之
间的同一其实就是(is)M(e)和 P(e)之间的同一。而且，心理事
件 a 和物理事件 b 之间同一的根据仅是：两者是对同一个事件 e
的两种不同描述，而不是两个不同事件之间的同一。这一观点
在戴维森的《事件的个体化》(The Individuation of Events)(Da-
vidson，D.，1969，pp.216—234；2002，pp.163—180)一文中有
明确表述。何时两个事件是同一的？对于这一问题，戴维森
认为：

> ……没有两个事件是同一的，没有一个事件同一于另
> 一个事件。换个不同的问法，问何时一个事件同一于自身，
> 似乎对解决这个问题毫无希望，因为或许答案只有一个：一
> 个事件永远同一于自身。([2]，p.163)

所以，"在时刻 t，我感到疼痛"这一心理事件，和"在时刻 t，
神经状态处于 P-状态"这一物理事件，实际上只是关于同一个事
件 e 的两种不同描述(description)而已，也就是说，戴维森强调，
这儿有且仅有一个事件 e，(形而上学的)同一关系只可能是一个
事件和自身之间的关系。并且认为，不可能有两个不同的事件

(比如,e1 和 e2),在这两个不同的事件 e1 和 e2 之间竟然具有一种(形而上学的)同一关系!有时候,戴维森也将两种描述(心理描述和物理描述)理解为两种概念(concept)(心理概念和物理概念)。戴维森认为,本质上和意向、目的以及人类行为有关的观念可以纳入到心理概念集合中,和物理对象的日常观念有联系的观念则可以纳入到物理概念集合中,他也将这种对同一事件存在两种不同的描述方式或两种不同概念集合的观点称为"概念的二元论"(duality of concepts)(Davidson,D.,1964,p.228)。[①]从(2a)也可以看出这一点:戴维森所认为的心—身殊型同一论的意思仅仅是,只有一个事件 e,但认知者 S 可以用两种概念或两种描述方式(M 和 P)来**直接把握**(grasp)e,如果用 M 来描述 e,则得到一个心理事件 M(e);如果用 P 来描述 e,则得到一个物理事件 P(e)。但是,不难发现,对于(1)至少还存在如下一种完全不同于(2a)的理解:

(2b) 存在一个个体事件 e,并且存在心理属性 K 和物理属性 H,使得 K(e)=H(e)。其中,a 是具有心理属性 K 的事件,记为 K(e);b 是具有物理属性 H 的事件,记为 H(e)。

不同于(2a),(2b)则是一种心—身属性二元论的观点:心灵和身体是同一个事件 e 具有的两种不同的属性(心理属性 K 和物理属性 H)。认知者 S 用两种不同的概念(心理概念 M 和物理概念 P)来(直接)加以描述的并不是 e,而是 e 所具有的这两种不同的属性(K 和 H)。总之,戴维森所说的心—身概念的二元论(2a)与心—身属性二元论(2b)的关键区别在于:前者认

---

① 因此请注意,在戴维森那儿,概念、描述或摹状词都是语言层面的,而事件则是形而上学层面的。这个区分对于我们理解戴维森的无律则一元论很关键。

为 S 用概念(M 和 P)可以直接把握或描述一个事件 e,无须借助任何属性;后者则认为,S 用概念(M 和 P)对一个事件 e 的描述或把握,都是经由对于 e 所具有的属性(K 和 H)的直接描述而间接实现的。因此,在心—身属性二元论看来,即使存在概念(M 和 P),S 用 M 和 P 直接描述的也不是 e,直接描述的其实是 e 所具有的属性(K 和 H)。

不难理解,戴维森显然不会认可这种心—身属性二元论的观点(2b),他认为"我们所承认的只是存在描述某一对象、某一状态、某一事件的两种方法"(Davidson,D.,1964,p.228)。也就是说,戴维森所说的殊型同一论是心—身概念二元论(mind-body conceptual dualism),而不是心—身属性二元论。①

澄清概念二元论与属性二元论之间的这个区别很重要,因为这有助于我们进一步考察戴维森和金在权关于殊型同一论和心—身随附性之间的争论。

三、随附性与心—身问题

一般认为,"随附性"(supervenience)一词最早被 20 世纪初的英国突现论者(emergentists)所使用。例如,摩根(Conwy Lloyd Morgan)曾使用随附性来描述突现属性和基础属性之间的关系(Morgan,L.,1923)。在哲学上的使用则始于黑尔(Richard Mervyn Hare),他借此来刻画道德属性和自然属性之间的关系(Hare,R.M.,1952)。随后,为进一步解释作为概念二元论的

———————————

① 有学者认为,由于殊型同一论蕴涵(imply to)属性二元论,因此殊型同一论是一种非还原物理主义(Stoljar,D.,2013)。经过上述区分,现在不难理解,这种观点即使是对的,也不是戴维森的本意。因为在戴维森看来,即使殊型同一论是一种非还原物理主义,理由也不是因为蕴涵了属性二元论。

心—身殊型同一关系，戴维森在《心理事件》(Davidson，D.，1970，pp.79—102；2002，pp.207—227)一文中首次正式将随附性引入有关心—身问题的讨论①：

> 虽然我所描述的观点否认存在心理—物理规律，但是它和这个观点是一致的(is consistent with)，即心理特性在某种意义上依赖于，或随附于物理特性(mental characteristics are in some sense dependent，or supervenient，on physical characteristics)。这种随附性意味着：不可能存在在一切物理方面都相似而在某一心理方面不同的两个事件(there cannot be two events alike in all physical respects but differing in some mental respect)，或一个对象在没有某一物理方面变化的情况下某一心理方面发生变化(or that an object cannot alter in some mental respect without altering in some physical respect)(Davidson，D.，2002，p.214)。

上段引文清楚显示，戴维森试图借助依赖/随附关系来进一步解释他一直在辩护的观点，即殊型同一论。换言之，戴维森认为，一方面，心—身殊型同一表明，不存在心理—物理规律；另一方面，心—身殊型同一和心—身随附是"一致的"(is consistent with)。但是我们显然可以继续问：为什么心—身殊型同一否认心—身之间存在心理—物理规律呢？这儿的"一致的"又是什么

---

① 我们发现，事实上早在《论心理概念和物理概念》这个演讲整理稿中，戴维森已试图借助一个类比(analogy)来说明心理概念和物理概念之间具有那种黑尔意义上的随附关系(Davidson，D.，1964，pp.226—231)。但是戴维森首次明确用心—身随附关系来解释心—身殊型同一关系则是在《心理事件》一文中。

意思？不难看出，实际上这两个问题都是有关心—身问题的，只是各自侧重点不同。先看第一个问题。可以这样来理解，一般认为，任何规律都是关于类型（type）之间的描述，因此殊型（token）之间不存在规律。既然戴维森坚持心—身殊型同一，那么也就不存在心理—物理规律。这也可以算是将殊型同一论看作非还原论（non-reductionism）的一个理由（因为心—身之间不存在任何桥接规律）。①但是，如果心—身之间不存在规律的话，我们该如何理解心—身之间的关系呢？这就涉及第二个问题了。在戴维森看来，心—身之间是一种殊型同一关系，而这种殊型同一关系也可以理解成一种心—身随附关系。也就是说，我们有理由相信，戴维森试图用"一致的"这个短语来表明，心—身殊型同一关系和心—身随附关系之间实际上具有如下一种逻辑关系：心—身殊型同一关系**蕴涵**（imply to）心—身随附关系。②

然而，这里的"蕴涵"关系，究竟是单向蕴涵（→）还是双向蕴涵（↔）呢？这似乎是个值得我们考虑的问题。但要讨论这个问题，则需要先搞清楚戴维森所说的"心—身随附关系"究竟是什么意思。金在权对此的解读较典型，也颇具影响。因此下面我们先考察金在权关于心—身随附性的解读，然后考察戴维森自

---

① 我们这里给出的是一个关于不存在心理—物理规律的"便利"（convenient）解释，它尽管只部分地体现出了戴维森的想法，但对本文的相关论述也不会产生不良影响。严格地讲，戴维森所认为的规律，只存在于物理类型之间（仅由物理事件构成的各种类型），而不存在于心理类型之间（仅由心理事件构成的各种类型），也不存在于心理和物理类型之间。我们采取这种便利解释的主要理由是，因为要完全了解戴维森关于不存在心理—物理规律的解释，就要涉及他的事件观，以及他对于规律等的种种论述。这些论题对于正确理解戴维森的思想自然很重要，而且目前也存在较大争议。但是由于和本文主旨关系不大，所以我们不打算涉及，而是采取了上述便利解释。有兴趣者，可以参见戴维森自己的解释（Davidson, D., 1970, pp.79—102, 2002, pp.207—227; 1993, pp.3—7），以及金在权的相关介绍（Kim, J., 2003, pp.113—136）。

② 金在权也注意到"一致的"这个短语，但将它解释为"完全相容的"（fully compatible with）（Kim, J., 2003, pp.131—132）。在我们看来，金在权的这种解释仍比较含混，而解释成逻辑上的蕴涵关系才更清晰。下面会详细分析这一点。

己的解释,并比较其与金在权的解释有何异同。最后,我们再给出自己的看法。

金在权认为,上段引文中,"不可能存在"(there cannot be)这个短语非常关键。它提示我们,可从模态效力上将(戴维森所说的)心—身之间的随附关系做如下两种不同解读:

心—身弱随附(mind-body weak supervenience):"在那些事物(或对象、事件、有机体、人等等)上心理的弱随附于物理的(the mental supervenes on the physical)意思就是,在一切物理属性(physical properties)都相似的情况下,不可能(cannot)心理属性(mental properties)上有任何不同。也就是说,物理上的不可分辨性衍推心理上的不可分辨性(physical indiscernibility entails psychological indiscernibility)。"(Kim,J.,2011,p.9)①

心—身强随附(mind-body strong supervenience):"心理的强随附于物理的(the mental supervenes on the physical)意思就是,如果任何事物(或对象、事件、有机体、人等等)X 具有一种心理属性(mental property)M,那么就存在一种物理属性(physical property)P,并且必然地(necessarily),任何具有属性 P 的对象(object)都具有属性 M。"(Kim,J.,2011,p.9)

上述两段是金在权给出的关于心—身(强弱)随附性的最新定义。从文本不难看出,金在权关于心—身随附的理解与戴维森本人存在如下两个重要差异:第一,二人对于心—身随附关系本身的理解不同。戴维森并未从模态效力上明确区分两种随附性(至少从上述《心理事件》的引文中不能直接看出),而金在权

---

① 这里需提醒一下:这是金在权给出的关于心—身随附的第一个定义。紧接着金在权就解释说,这定义是一种心—身弱随附定义(Kim,J.,2011,p.9)。因此,为了论述的方便,我们在这段引文中加入了一个"弱"字,以表明这是关于心—身弱随附的定义。同理,下面在金在权关于心—身强随附的定义中也加入了一个"强"字。

明确作了这个区分；第二，二人对于心—身随附**关系项**（即处于随附关系中的心和身）的理解不同。戴维森认为，"心随附于身"是心理特性（characteristics）或心理方面（respects）随附于物理特性或物理方面。而金在权认为，"心随附于身"是心理属性随附于物理属性。

我们先看第一个差异。从模态效力上看，戴维森所说的"随附关系"究竟是哪一种呢？如果心—身之间是强随附关系，那么心—身之间则存在某种恒常的联系。这也意味着存在某种心理—物理对应规则（correspondence rules），这种心理—物理对应规则是关于心—身之间恒常关系的真实描述。但是，如果存在这样的心理—物理对应规则，那么我们就可以将特定的心理描述 M1，经由特定的对应规则 R1，"翻译成"（translate into）特定的物理描述 P1。如果是这样，即使再坚持心—身殊型之间不存在规律（如前所述，规律只存在于类型之间），也将无法阻挡心—身之间的还原。因为，只要承认心—身之间存在对应规则，哪怕只是殊型之间的对应规则，也将使得心—身之间的还原成为可能。如果这样，殊型同一论就不能算是一种合格的非还原物理主义了，而最终可能成为还原物理主义阵营中的一员，因此戴维森一定不会同意心—身之间的随附关系是强随附关系。另一方面，如果认为心—身之间是弱随附关系，则可以避免倒向还原论，殊型同一论仍算是一种非还原论。在后来的论述中，戴维森也明确指出，自己所说的心—身之间的随附关系就是金在权所说的那种弱随附关系（Kim，J.，1993，p.4，note 4）。下面考察二人对心—身随附关系项的理解上的差异，即第二个差异。首先，金在权的表述是很清楚的：心随附于身，无论是心—身强或弱随附关系，都是心理属性和物理属性之间的关系。认为随附关系是属性之间的关系,这目前也是一种在学界获得普遍认同的观点。①相比而言,戴维森认为心随附于身就是,心理特性/方面随附于物理特性/方面。这种说法不太严格。严格地讲,戴维森所理解的心—身之间的随附关系是一种概念上的随附关系(conceptual supervenience):心随附于身就是,心理概念(mental concept)随附于物理概念(physical concept)(Davidson,D.,1993,p.4)。如果承认这种概念上的随附性,那么不难看出,心—身殊型同一的确蕴涵心—身(概念)弱随附,但是心—身概念随附并不蕴涵心—身殊型同一。因此现在可以理解,对上述引文中"一致的"这个短语的解释应该是,心—身殊型同一**单向蕴涵**(→)心—身(概念)弱随附。

与上述已获普遍认同的属性(集)之间的随附关系相比,这种概念之间的随附关系显然是特设性的,因此仍需要进一步的解释。戴维森的确也给出了一个关于概念随附关系的定义。他认为:

> 一个谓词 p 随附于一个谓词集合 S(a set predicates S),当且仅当 p 不能区分(distinguish)任意一个用 S 也无法区分的实体(entity)(Davidson,D.,1993,p.4)。②

不难看出,在这儿,戴维森试图用"不可区分"来解释"随附",即 p 随附于 S,当且仅当如果 S 不可区分则 p 不可区分。有趣的是,我们在上述金在权关于心—身弱随附的定义中,也发现

---

① 严格地讲,应该是属性集(the set of properties)和属性集间的关系。在金在权看来,属性集间的随附关系是基础的(fundamental),其他类型的随附关系(如,事实间、事件间,甚至句子间、命题间、语言间等等)都可以依据这种属性集随附关系来解释(Kim,J.,1993,p.55)。因此他一般只讨论属性集间的随附关系。
② 戴维森紧接着说,他这儿给出的概念随附性的定义**等同于**(be equivalent to)《心理事件》一文中给出的关于随附性的解释(Davidson,D.,1993,pp.4—5,note 5)。

了类似处理:心理属性弱随附于物理属性,当且仅当,若物理上不可分辨,则心理上不可分辨。换句话说,戴维森认为物理概念的不可区分衍推心理概念的不可区分,而金在权认为,物理属性的不可分辨衍推心理属性的不可分辨。这也进一步印证了,戴维森所说的心—身随附关系的确是金在权所说的弱随附关系。但是,我们仍然可以接着问:金在权所说的"属性的不可分辨"和戴维森所说的"概念的不可区分"又有何不同呢?首先我们需要了解,关于"属性"的一个目前最通行解释是,属性是一种"被例示的实体"(instantiated entity)。①金在权正是在这个意义上使用"属性"一词的。因此,如果两个属性(a 和 b)不可分辨,那么就是说,在所有情形中,这两个属性(a 和 b)都是同一个"被例示实体",即 a 和 b 是同一个属性。反之,如果,a 和 b 是同一个属性,那么,在所有情况下,a 和 b 都是不可分辨的。由此可得,两个属性在认识论层面是不可分辨的,当且仅当它们在形而上学层面是同一个属性。②因此,金在权说"物理(属性)不可分辨衍推心理(属性)不可分辨"的意思就是,只要物理属性不变,则心理属性不变。下面我们考察戴维森所说的"概念的不可区分"。

在戴维森看来,概念、谓词(predicate)、描述(description)都仅是语言层面的语词(word)或词项(item)或表达式(expression),而且在关于心—身问题的讨论中,这三种说法是同一个意思,他常常也不加区分地使用(至少在我们所考察的文本中都是这样使用的)。因此,"概念的不可区分"究竟是什么意思呢?对此,戴

---

① "属性"究竟是什么,这是当代形而上学中最重要的论题之一,学界一直存在争议,但与本文关系不大,所以我们不打算讨论。这里,我们仅采纳了最通行的解释。

② 注意,"不可分辨性当且仅当(↔)同一性"这条原则虽然对属性成立,但是对于事件或对象或事实等而言,不一定成立。因为在所有情况下(属性、事件、对象、事实等等),原则"同一性蕴涵(→)不可分辨性"都成立,但是并非在所有情况下(属性、事件、对象、事实等等),"不可分辨性蕴涵(→)同一性"。

维森并没有明确的解释。基于文本,我们倾向于认为,也许可以这样来理解戴维森的"概念的不可区分":在语言层面,两个概念(c 和 d)是不可区分的,当且仅当这两个概念(c 和 d)的含义(sense)相同。①然而,如果两个概念的含义相同,那么它们只能是同一个概念。②反之,如果是同一个概念,那么一个概念与其自身是不可区分的(否则就是两个不同的概念了)。由此可得,两个概念是不可区分的,当且仅当它们是同一个概念。

总而言之,在心—身关系问题上,金在权与戴维森的理解既存在区别也有共同之处。首先,二人的区别之处在于:前者认为有强弱两种随附关系,而后者只接受弱随附关系,而拒绝强随附关系(这是因为,如果戴维森承认强随附关系,则等于承认心—身之间存在对应规则,哪怕只是殊型之间的对应规则,也将使得心—身之间的还原成为可能。这样就会使得殊型同一论不能算是一种合格的非还原物理主义,而最终可能成为还原物理主义阵营中的一员。而心—身之间的弱随附关系,则可以避免倒向还原论)。其次,如果心—身之间的随附关系是一种概念之间的随附关系,那么戴维森所说的心—身(概念)殊型同一关系(2a)的确蕴涵(→)心—身(概念)随附关系。相对地,如果心—身之间的随附关系是一种属性之间的随附关系,那么金在权所说的心—身(属性)殊型同一关系(2b)则蕴涵(→)心—身(属性)随附关系。因此

---

① 提醒两点:第一,据我们所知,戴维森并没有为如何判断两个概念是不可区分的提供任何解释。我们的分析似乎暗示,借助于含义,可以为戴维森说的"概念的不可区分"提供一个判断的标准。当然,这(引入含义作为标准)并不意味着排除了还存在其他可能的理解。第二,这里的"含义"是否是弗雷格意义上的涵义(sinn)或者有其他不同的理解,这是个值得商榷的问题。但是已超出本文论述范围,需另文论述。

② 注意,严格地说,这儿所说的语言层面的两个概念(c 和 d)是同一的,是指 c 和 d 的内涵(intension)同一,而非外延(extension)同一。因此并不是说 c 和 d 因为指称(reference)相同,所以 c 和 d 就是同一的。比如,鲁迅=周树人。因为"鲁迅"和"周树人"指称同一个人,所以"鲁迅"和"周树人"这两个概念之间可以画等号。但是我们知道,"鲁迅"和"周树人"的含义并不相同,因此,"鲁迅"和"周树人"仍然不算是两个不可区分的概念。

二人在心—身关系问题上的相同之处在于:二人都认为心—身殊型同一关系和心—身随附关系之间是一种逻辑上的蕴涵(→)关系。在心—身**关系项**问题上,金在权与戴维森的理解则没有共同之处,其区别是相当明显的:前者认为,随附关系是属性(集)之间的关系。而后者认为,随附关系是概念(集)之间的关系。

四、结论与遗留问题

经过上述分析,我们现在可以得到如下四点结论:第一,戴维森关于殊型同一论和心—身随附性的解释的确是"一致的";第二,金在权关于殊型同一论和心—身随附性的解释没有尊重戴维森的本意。因此我们有理由相信,二人实际上并未就此形成实质性的争论。第三,因此金在权至多只是论证了心—身属性随附关系经不起推敲,并未论证心—身概念随附关系一定有问题。这样,还仍未能排除如下一种情况:心—身(概念)随附关系为心—身(概念)殊型同一提供某种合理辩护是可能的,并进而表明非还原物理主义是可能的。第四,既然尚未排除掉心—身(概念)随附关系为心—身(概念)殊型同一关系提供合理辩护的可能,那么我们就应该宽容地对待戴维森的相关工作。至少在关于心—身概念随附关系的考察尘埃落定之前,我们应该如此。请注意,我们的结论并未显示戴维森的努力(必定)是成功的,而只是表明金在权的质疑是不成功的,因上面我们对相关文本的分析显示,无论是有意还是无意,金在权都"跑题了"(beside the point)。但是,这里仍留下了两个可以继续考虑下去的问题:心—身概念随附关系究竟能否为心—身殊型同一关系提供合理辩护呢? 如果心—身概念随附关系最终被证明无法承担这种辩护工作,是否还存在为心—身概念殊型同一关系进行辩护的其他可能呢?

下面我们来考察这两个遗留问题。对于第一个问题,我们持一种高度怀疑的态度。这主要基于以下两点理由:第一,如前所述,随附关系最初是被用来刻画两种属性(集)之间的关系的。无论在英国突现论者那里还是在黑尔那里,都是这样。金在权(以及今天绝大部分使用者)也沿袭了这种用法,并用这种随附关系来刻画心—身之间的关系。但是他进一步指出,随附关系充其量只反映了属性间如何共变(covariation)的"现象"关系("phenomenological" relation),未能反映出属性间如何依赖的形而上学"深层"关系(metaphysically "deep" relation)。因此心—身随附关系充其量只是陈述了(states)心—身问题,而不是关于心—身问题的一种解决方案。这意味着,非还原物理主义需要为其形而上学上的依赖关系寻找另外的解释,因为随附性自身并不能为这种依赖关系提供解释(Kim, J., 2000, p.14)。可见,(属性间)依赖关系是(属性间)随附关系的一个形而上学前提,也是我们能使用随附关系来刻画(属性间)共变关系的一个基本预设。我们认为,一个可能的解释是,有关属性的大量科学研究为这个基本预设提供了经验上的合理依据。但似乎很明显,再多的科学研究充其量也只能为**属性**间的依赖关系提供经验支撑,而不能为**概念**间的依赖关系提供任何经验支撑。似乎完全可以设想,不是心理概念依赖于物理概念,而是反过来物理概念依赖于心理概念。甚至可以设想,两者之间仅存在共变关系,压根不存在任何依赖关系! 我们完全可以问:是否和属性间的随附关系类似,在概念间的随附关系底下,也存在一个"深层的"依赖关系作为其形而上学前提呢? 或者说,我们即使相信两种概念之间存在共变关系,又有什么理由也相信两种概念之间存在(形而上学的)依赖关系呢? 注意,对于我们的这些设想或问题,经验科学关于属性的研究似乎一点都帮不上忙。因此,如果戴维森和其支持者们无法就此提供进一步的合理解释,我们就不得不怀疑:概念间的随附关系是否是高度特设性的? 我们是否还有理由继续坚持它? 第二,随附关系最初是被用来刻画**两种客观**(objective)属性(集)之间关系的。无论在英国突现论者那里还是在黑尔那里,都是这样。然而,戴维森却试图**仅**借助一个类比来将这种刻画客观属性—客观属性之间的关系,引入到有关心理概念—物理概念之间关系的讨论中(Davidson, D., 1964, p.228)。我们总觉得,戴维森的这个做法太不谨慎了,因为很可能招惹如下这两个"类比不当"的麻烦:(1)属性—属性之间的关系不同于概念—概念之间的关系。因为前者涉及形而上学的维度,而后者只是语言维度的。因此,是否能将语言上的概念间关系类比于形而上学上的属性间关系呢? 这是一个类比有效性问题,需要事先加以说明,但是戴维森没有为此提供任何说明;(2)退一步说,即使随附关系除了反映属性—属性之间的关系之外,也可以反映概念—概念之间的关系。但是按照类比论证的模式,这种概念间的随附关系反映的似乎也应该是客观概念—客观概念之间的关系。我们知道,心理概念是主观的(subjective)。因此我们似乎没有理由不继续追问:这种本用来反映客观—客观间关系的随附关系能否被类比于反映主观—客观间的那种心物关系呢?[①]这是第二个类比有效性问题,也需要事先加以说明,但是戴维森也没有为此提供任何说明。就我们所知,至今为止,无论是戴维森还是金在权,抑或其他关注

---

① 文中所说的"主观—客观"可以理解为两种视角:主观属性是指只能从第一人称视角(the first-person perspective)认识的属性,客观属性则是只能从第三人称视角(the third-person perspective)被认识的属性;同样,主观概念是只能从第一人称视角被使用的概念,客观概念则是只能在从第三人称视角被使用的概念。

心—身随附关系的学者，似乎都忽略了上述这两个类比有效性问题。[①]

基于以上分析，我们有理由相信，到了该对心—身随附性进行认真反思的时候了：在关于心—身问题的讨论中，引入随附性的做法究竟是否合适？即便合适，随附性究竟又能否帮助我们最终揭开心—身关系的神秘面纱呢？可以预料的是，这类反思工作似乎很难在短期内达成某种共识。然而，即使永远不能就此达成某种共识，在我们看来，也不意味着如金在权所预言的那样：在有关"安置问题"的讨论中，物理主义要么退回还原论的老路，要么走上副现象论的邪路。我们相信，仍有第三条道路可供物理主义选择，那就是，抛开随附性，为心—身殊型同一论找寻其他辩护途径。物理主义为何非要趟随附性"这摊浑水"呢？事实上，情况也正如我们所考虑的那样，已有越来越多的物理主义者开始另辟蹊径。据我们所知，一个目前备受青睐的物理主义辩护新思路被称为现象概念策略（phenomenal concept strategy，PCS）(Stolijar, D., 2005, pp.296—302)。然而不同的物理主义者对于 PCS 的理解也不相同，我们则更看好劳尔（Brian Loar）版本的现象概念策略(Loar, B., 1990, pp.81—108; 1997, pp.597—618; 2003, pp.113—129)。理由就是，劳尔版现象概念策略不但为戴维森所提倡的心—身概念殊型同一关系提供了进一步的合理说明，而且还为物理主义开辟出了一个新的航向——后天

---

① 如果基于这两个类比论证无效的质疑是合理的，那么就表明随附关系不是一种合适的心物关系。请注意，命题"随附关系不适合于心物之间"并不同义于（have the same meaning as）命题"心物之间没有随附关系"。因为严格地讲，前者是一个非真即假的命题，而后者是一个无意义命题。因此，如果基于这两个类比论证无效的质疑是合理的，那么心物（概念或属性）殊型同一关系并不蕴涵（→）心物（概念或属性）随附关系。因为后者是无意义的（nonsense）。若如此，则戴维森和金在权关于心—身殊型同一与心—身随附性两者之间关系的理解就都错了（既不是戴维森所说的"一致的"，也不是金在权所说的"完全相容的"）。

物理主义（*a posteriori* physicalism）。[1]

参考文献

Davidson, D., (Ed.), *Essays on Actions and Events* (*Second Edition*), Oxford University Press, 2002.

Davidson, D., Mental Events, Foster, L., Swanson, J. W. (Eds.), *Experience and Theory*, the University of Massachusetts Press and Duckworth, 1970, pp.79—102, reprinted in Davidson, 2002, pp.207—227.

Davidson, D., On Mental Concepts and Physical Concepts, *Annals of the Japan Association for Philosophy of Science*, 1964, 2(4), pp.226—231.

Davidson, D., The Individuation of Events, Rescher, N. (Ed.), *Essays in Honor of Carl G. Hempel*, Dordrecht: D. Reidel, 1969, pp.216—234, Reprinted in Davidson, 2002, pp.163—180.

Davidson, D., Thinking Causes, Heil, J., Mele, J., (Eds.), *Mental Causation*, New York: Clarendon Press, 1993, pp.3—17.

Hare, R. M., *The Language of Morals*, Oxford University Press, 1952.

Kim, J., Concepts of Supervenience, Kim, J., (Ed.), *Supervenience and Mind: Selected Philosophical Essays*, Cam-

---

① 关于后天物理主义的介绍，可以参见（Stoljar, D., 2010）。笔者之一对于劳尔版现象概念策略和后天物理主义最近也有一个详细介绍，并提出了一个改进方案，参见王晓阳：《后天物理主义与解释鸿沟——B.劳尔版现象概念策略的拓展分析》，第 91—103 页。

bridge University Press, 1993, pp.53—78.

Kim, J., *Mind in a Physical World*, The MIT Press, 2000.

Kim, J., *Philosophy of Mind（Third Edition）*, New York: Westview Press, 2011.

Kim, J., Philosophy of Mind and Psychology, Ludwig, K., (Ed.), *Donald Davidson*, Cambridge University Press, 2003, pp.113—136.

Loar, B., Phenomenal States (Second Version), Block, N., Flanagan, O., Guzeldere, G., (Eds.), *the Nature of Consciousness: Philosophical Debates*, The MIT Press, 1997, pp.597—618.

Loar, B., Phenomenal States, *Philosophical Perspectives*, 1990, 4, pp.81—108.

Loar, B., Qualia, Properties, and Modality, *Philosophical Issues*, 2003, 13(1), pp.113—129.

Morgan, L., *Emergent Evolution*, London: Williams & Norgate, 1923.

Stoljar, D., Physicalism and Phenomenal Concepts, *Mind and Language*, 2005, 20(2), pp.296—302.

Stoljar, D., Physicalism, in Stanford Encyclopedia of Philosophy, on the web at http://plato. stanford. edu/entries/physicalism/, 2013-03-03.

Stoljar, D., *Physicalism*, London, New York: Routledge, 2010.

Yalowitz, S., Anomalous Monism, in Stanford Encyclopedia of Philosophy, URL: http://plato. stanford. edu/entries/anomalous-monism/，2013-03-03.

王晓阳：《后天物理主义与解释鸿沟——B.劳尔版现象概念策略的拓展分析》，《世界哲学》2013 年第 4 期，第 91—103 页。

本文首次刊发于《自然辩证法通讯》2013 年第 3 期

心理因果性、排他性论证与非还原物理主义

心—身问题(mind-body problem)是一个有着悠久历史的哲学难题,它主要探讨心灵与身体之间的关系。在当代一些学者看来,由于"某种程度上,问心灵和身体之间如何发生关系,就是在问两者如何可能因果地相互影响(affect one another causally)"(cf. Robb and Heil),因此,心理因果性(mental causation)这个探讨"**心理状态是否能与身体行为因果地相关(causally relevant)**"的哲学论题,理应被置于心—身问题的核心位置(Shoemaker,p.74)。

一、引 言

心理因果性论题在当代哲学社会科学中涉及面极广。它以各种不同的形式出现并深刻影响着心灵哲学、形而上学、行动哲学、道德哲学、心理学哲学、社会学哲学、科学哲学,甚至认知科学等诸多不同学科领域。例如,在心灵哲学和形而上学中,一个重要问题就是,如果心灵和世界之间不能够因果地相互影响,那么在什么意义上我们还可以说心灵是存在的? 又如,在行动哲学和道德哲学中,一个重要问题就是,如果你的行动不是被你的

236

特定心理状态所因果地引起的,那么在什么意义上你还需要为自己所做的事情负责? 再如,在科学哲学和认知科学中,一个重要问题就是,是否存在能描述和预测意识活动与脑神经活动之间相互作用的(严格的或非严格的)心理—物理规律? 如果有,又如何通过实验来验证它? 如果没有,理由何在? 等等。由于这些涉及不同学科背景的问题均与心理因果性论题息息相关,因此可以说,对心理因果性的探讨,成了当代哲学和认知科学共同关注的一个焦点。

在有关心理因果性的当代争论中,非还原物理主义(non-reductive physicalism)无疑是个备受学者们青睐或关注的哲学立场,而金在权的排他性论证(exclusion argument)则是一个被广泛用来质疑非还原物理主义的著名论证。在本文里,我们打算为非还原物理主义的一支——殊型同一论(token identity theory)——提供辩护。与当前大多数辩护方案有所不同的是,我们将采取一个**保守辩护策略**(conservative strategy)来回应排他性论证。大致思路如下:首先,我们将考察金在权排他性论证的两个版本(简单版和复杂版);然后,我们将对戴维森首创的殊型同一论(token identity theory)进行考察,并与金在权的有关理解进行对比,从而表明,金在权究竟在什么地方未能恰当地理解戴维森的工作。接着,我们将论证,经过澄清之后的殊型同一论完全可以免受排他性论证的困扰(无论是简单版还是复杂版)。最后,我们还将揭示,金在权对戴维森相关工作的不恰当理解,乃是源于某种深层的形而上学分歧。因此有理由认为,只有在一个合适的形而上学框架中,才能够恰当地理解和评估有关心理因果性、非还原物理主义及其相关问题的思考。

二、排他性论证的两个版本

排他性论证是一个针对非还原物理主义的著名论证。因此需要先了解什么是非还原物理主义,然后才能搞清楚,为什么金在权(及其支持者)坚持认为,该论证会对非还原物理主义构成威胁。

目前常见的非还原物理主义观点或理论有如下三种:功能主义(functionalism)(cf. Fodor)、殊型同一论(cf. Davidson, 1970/2002),以及突现主义(emergentism)(cf. Crane)。按照金在权的说法,尽管学界对非还原物理主义尚未有统一认识,然而以下三个非物理主义信条(doctrine)是得到大多数人认可的(Kim, 2005, pp.33—35):

信条 1:心—身随附性(mind-body supervenience, 以下简记为 S)

信条 2:心—身非还原性(mind-body irreducibility, 以下简记为 I)

信条 3:心理因果功效性(mental causal efficacy, 以下简记为 M)

下面依据金在权的有关文本,依次解释三信条。信条 1 说的是,非还原物理主义普遍相信,心灵和身体之间存在随附关系。信条 1 的关键词是"随附"。一般认为,戴维森最早将随附性引入有关心—身问题的探讨(cf. Davidson, 1970/2002)。随后出现了大量探讨随附性的文献。特别是,金在权在随附性方面持续的研究工作,得到学界广泛关注。限于篇幅,以下撷要点述之。金在权关于心—身随附性的论述有如下两个要点:第一,金在权认为,最基本的随附关系是**属性**(property)之间的随附关系,其他随附关系(如事件间、事实间等等)均可依据此来解释(Kim,1993,p.55)。因此,关于心—身随附性,他一般也只讨论心理属性和物理属性之间的随附关系;第二,金在权区分了两种心—身随附性:一种是心—身**强随附**,另一种是心—身**弱随附**(Kim,2005,pp.53—78;2011,p.9)。简言之,前者的意思是,如果在心理属性 m 出现于其中的**所有**可能世界,m 都随附于物理属性 p,那么则认为 m **强**随附于 p。后者的意思是,如果在心理属性 m 出现于其中的**一些**可能世界,m 才随附于物理属性 p,那么则认为 m **弱**随附于 p。第三,金在权明确表示,对于非还原物理主义来说,心—身之间的随附关系**只能是弱随附**。因此,准确来说——按照金在权的理解——信条 1(S)说应该的是,非还原物理主义普遍相信,心理属性**弱**随附于物理属性。

信条 2 说的是,非还原物理主义普遍相信"**心理属性不能还原成,并且也不能同一于物理属性**"(Mental properties are not reducible to, and are not identical with, physical properties)(Kim,2005,p.34)。信条 2 的关键词是"还原"。不难发觉,金在权在这里提到的"还原"是一种**本体论**还原(ontological reduction)。注意:还有另一种常见的"还原",即**认识论**还原(epistemological reduction),下面很快就会提到。因此,准确来说——按照金在权的理解——信条 2(I)应该说的是,非还原物理主义普遍相信,心理属性不能**本体论**还原成物理属性。[①]

信条 3 说的是,非还原物理主义普遍相信"**心理属性具有因果效力,即心理属性的实例能够并且的确,因果地引起了其他属**

---

① 在这里,"还原关系"和"同一关系"被理解成了本体论上同一种关系的两种不同说法。即心理属性 m 不能还原成物理属性 p,**当且仅当**,m 不同一于 p。

性(既有心理的也有物理的)被例示出来"(Mental properties have causal efficacy——that is，their instantiations can，and do，cause other properties，both mental and physical，to be instantiated)(ibid，2005，p.35)。信条 3 的关键词是"因果效力"。金在权认为，非还原物理主义普遍相信，心理属性具有因果效力，即心理属性必须能够引起其他属性——既有心理的也有物理的。注意：这**仅有**两种可能情况：心理属性引起的要么是心理属性，要么是物理属性。学界将前一种情况称为"心—心因果"(mental-mental causation，以下简记为 M-M)，后一种情况则称为"心—物因果"(mental-physical causation，以下简记为 M-P)或"下向因果"(downward causation，简记为 D)。[1]因此，准确来说——按照金在权的理解——信条 3(M)说应该的是，非还原物理主义普遍相信，心理属性要么能(因果地)引起心理属性，要么能(因果地)引起物理属性。[2]

上述三信条看上去似乎都挺合理，至少没有明显的问题。但是金在权发现，如果将三信条和另外两个几乎为所有物理主义普遍接受的基本原则(原则 1 和原则 2)放在一起，就会出现某种不一致性(inconsistent)，也就是说，非还原物理主义无法**一并**坚持三信条和两原则。而且金在权断定，排他性论证可以为他的这种看法有效辩护，并将表明，非还原物理主义无论如何都不是一个"稳固的"立场。最终，非还原物理主义要么"坍缩成"副

---

① 这儿出现的两种情况是有关因果性的**全部四种可能情况**里的两种，剩下的两种情况分别是："物—心因果"(physical-mental causation，以下简记为 P-M)或"上向因果"(upward causation，以下简记为 U)，以及物—物因果(physical-physical causation，以下简记为 P-P)。

② 信条 3 也被金在权称为"亚历山大格言"(Alexander's dictum)："凡是真实存在的都是具有因果效力的"(To be real is to have causal powers)(Heil and Mele，1993，p.202)。这条格言因突现论者萨缪尔·亚历山大(Samuel Alexander)在反对副现象论(epiphenomenalism)时提出而得名(cf. Alexander，1927)。

现象论,要么"坍缩成"还原物理主义(reductive physicalism)。仅此而已。下面介绍原则 1 和原则 2,然后再考察金在权的排他性论证:

原则 1:物理世界因果封闭性原则(causal closure principle in a physical world,以下简记为 CCP)

原则 2:因果排他性原则(causal exclusion principle,以下简记为 CEP)

CCP 说的是,"如果一个物理事件在时间 t 有(正在发生的)原因的话,那么该物理事件在时间 t 就会有一个充足的物理原因"(If a physical event has a cause (occurring) at time t, it has a sufficient physical cause at t)(Kim,2011,p.214)。

值得注意的一点是,金在权认为,CCP 并没有承诺,一个物理事件**不能**有非物理的原因(nonphysical cause)。而只是表明,到物理世界之外去找寻任何一个物理事件的原因,这从来都不是必要的。也就是说,物理世界是一个在因果上(causally),因而也是在解释上(explanatorily)自给自足的(self-sufficient and self-contained)世界(ibid. 2011,p.214)。可见,CCP 与物理知识或物理解释的完备性(completeness)是兼容的(compatible)。

CEP 说的是,"除非在一个真正的过决定的情况下,否则,不可能有任何事件可以具有两个或两个以上不同的在任何时刻都同时发生的充足原因"(No event has two or more distinct sufficient causes, all occurring at the same time, unless it is a genuine case of overdetermination)(Kim,2011,p.216)。

有两点是值得注意:第一点,CEP 旨在表明,在任何特定时刻,任何一个事件都只能有一个**充分原因**,除非这是一个真正的过决定的情形;(2)金在权认为,CEP 或者 CCP,**单独**都不会对非还原物理主义构成威胁,但 CCP 加上 CEP 就能对非还原物理主义构成了威胁(Kim,2005,p.43),因为三信条和两原则摆在一起会出现**不一致性**(inconsistency)。换句话说,金在权断定,任何一种可能的非还原物理主义类型都**无法一致地一并坚持**S、I、M、CCP、CEP 这五者。理由就是,排他性论证可以清楚地展示,这五者之间存在难以消除的不一致性。

实际上,金在权曾提出过两个不同版本的排他性论证——简单版和复杂版。这两个版本有一个关键的区别:前者针对的是 D 或 M-P,而后者针对的则是 M-M。为便于讨论,我们先依据文本,把这两个版本重构出来:

I. 简单版排他性论证(cf. Kim, 2011, pp.214—217)

(1)心—物因果或下向因果是可能的,当且仅当心理属性 m 有可能是物理属性 p^* 在时间 t 的一个原因。 【D】

(2)p^* 在时间 t 会有一个充足的物理原因,即物理属性 p。 【CCP】

(3)$m \neq p$。 【I】

(4)如果这儿不是一个因果过决定(causal overdetermination)的情形,

那么,

(5)由(2)(3)(4)可得,m 不可能是 p^* 在 t 时间的一个原因。 【CEP】

因此,

(6)由(1)(5)可得,心—物因果或下向因果是不可能的。 【*Modus Tollens*】

II. 复杂版排他性论证(cf. Kim, 2005, pp.39—45; 2011, pp.217—220)

$(1')$ 心—心因果是可能的,当且仅当心理属性 m^* 有可能导致心理属性 m 出现(即 m^* 有可能成为 m 在时间 t 的一个原因)。 【M-M】

$(2')$ 心理属性 m 弱随附于物理属性 p。 【S】

$(3')$ 不难发现,m^* 和 p 之间具有一种**不对称性**(asymmetry):如果 p 不出现,那么 m^* 不可能导致 m 出现(即 m^* 不可能成为 m 在时间 t 的一个原因);反之,如果 p 出现,那么,即使 m^* 没有出现,m 也可能出现。 【Edward's dictum①】

$(4')$ 由 $(3')$ 可得,**仅当** m^* 能导致 m 的随附基(supervenience base)p 出现(即仅当 m^* 能成为 p 在时间 t 的一个原因),m^* 才能导致 m 出现(即 m^* 才可能成为 m 在时间 t 的一个原因)。

$(5')$ 由 $(4')$ 可得,如果 m^* 能导致 m 出现,那么 m^* 就能导致 m 的随附基 p 出现。

$(6')$ m^* 不能导致 p 出现。 【D 不可能,简单版已证】

$(7')$ 由 $(5')(6')$ 可得,m^* 不能导致 m 出现。

【*Modus Tollens*】

因此,

$(8')$ 由 $(1')(7')$ 可得,心—心因果是不可能的。

【*Modus Tollens*】

---

① 金在权认为,"爱德华格言"(Edward's dictum)或"爱德华原则"是关于一个大多数人直觉的概括:在面临"横向"的心—心因果关系和"纵向"的心—身随附关系二选一的情形下,我们大多数人的直觉一般是,选择"纵向"随附关系而舍弃"横向"因果关系。也就是说,大多数人直觉上会觉得,纵向联系"强于"横向联系(Kim, 2005, pp.36—38)。

下面来分析这两个版本。首先,简单版的结论是 D 不可能。其关键之处在于,揭示出如下一个冲突:下向因果(D)、信条 2(I)、原则 1(CCP),以及原则 2(CEP)这四者之间存在某种不一致性。换句话说,如果不是在因果过决定的情形中,非还原物理主义非要坚持 CCP+CEP+I 的话,那么就不得不放弃 D。值得注意的是,如果不是在因果过决定的情形中,非还原物理主义一定要坚持 CCP+CEP+D 呢? 不难理解,答案就是,不得不放弃 I。

其次,复杂版的结论则是 M-M 不可能。其关键之处在于,揭示出了如下两点:第一点,D 是 M-M 的一个**必要条件**。第二点,进一步说,M-M 的**充要条件**则是:D+S。换句话说,M-M 是可能的,当且仅当 S 可能,**并且** D 可能(M-M↔S∧D)。最后,不难看出,如果将简单版的结论和复杂版的结论加在一起,则可以推出 M(信条 3)不可能。

总之,经过上述分析,可进一步搞清楚如下两点:第一点,简单版之所以"简单",是因为要得出简单版的结论不需要考虑 S。而得出复杂版的结论,则必须考虑 S;第二点,尽管排他性论证直接质疑的是 M,然而若能奏效(无论简单版还是复杂版),靠得都是 S、I、M、CCP、CEP 这五者之间的不一致性。换句话说,在金在权看来,排他性论证恰恰表明,如果非还原物理主义**一并坚持** S、I、M、CCP、CEP,则难免要陷入如下一个两难(dilemma):一方面,如果坚持 CCP+CEP+I,就不得不放弃 D,非还原物理主义则"坍塌为"副现象论;另一方面,如果坚持 CCP+CEP+D,就不得不放弃 I,即相当于放弃 m≠p 转而接受 m=p,则非还原物理主义"坍塌为"还原物理主义的一支——类型同一论(type identity theory)。①因此结论就是,非还原物理主义不是

---

① 这里需要注意两点:(1)这个两难用到了排他性论证的简单版本就足矣。理由是,只要守不住 D,非还原物理主义就会沦为副现象论。而只要放弃 I,则非还原物理(转下页)

一个稳固的立场,仅有如下两个可能的结局等着它:要么坍塌为副现象论,要么坍塌为还原物理主义。

确如金在权所言,排他性论证已经宣告了非还原物理主义的终结吗? 当然不是。实际上,S、I、M、CCP、CEP 这五者中的每一个都可以质疑,但最常见的有三大类解决方案:自治性解决方案(autonomy solutions)、继承性解决方案(inheritance solutions),以及同一性解决方案(identity solutions)。限于篇幅,不能一一论及。[①]要言之,尽管出现了种种不同的质疑方案,但目前学界关注的焦点集中在 CEP 和 M 这两者上,尤其是因果过决定(CEP 中的关键)和 D(M 中的关键)。具体来说,非还原物理主义目前大多致力于协调因果过决定和 D 这两者之间的张力(例如,重新解释因果过决定,或者否定因果过决定,或者为 D 提供新的说明等等),并进一步说明,I+D+CCP 并不会导致因果过决定,即 I+D+CCP 与 CEP 之间不会产生不一致,从而化解掉排他论证(简单版和复杂版)的质疑。

有别于上述种种"破解之法",我们以下提供的则是一个相对保守的辩护策略。之所以称为保守辩护策略,是因为,首先,我们仅打算为非还原物理主义的一支——殊型同一论提供辩护。我们不承诺该策略对其他类型的非还原物理主义观点也有效。不难理解,只要论证殊型同一论可以免受排他性论证困扰,那么就可以表明,非还原物理主义立场仍可以坚持下去;其次,我们认为,只需对殊型同一论做些澄清工作(尽可能保持原貌),而无需做大的改动(这很可能会带来更多麻烦),就能使其免受

(接上页)主义就会沦为类型同一论;(2)尽管在复杂版里 S 是导致 M-M 不可能的一个**必要条件**。然而,如果简单版足以"推倒"非还原物理主义,那么 S 对于非还原物理主义来说就有可能也不是一个**必要条件**。因为,看得出来,要"守住"非还原物理主义免受简单版的攻击,S 其实帮不上忙。以下第四节和第五节还会具体谈到 S 这个信条,这里暂且放下。

①　有兴趣者,可具体参考罗伯和海尔的相关观点(cf. Robb and Heil)。

排他性论证的困扰。

三、殊型同一论的三个论题

自戴维森(cf. Davidson，1970/2002)提出殊型同一论以来，有关它的论著颇多，我们最近也曾专门撰文分析(参见王晓阳、王雨程:《无律则一元论再思考——关于心—身殊型同一论与心—身随附性的一个新想法》)。限于篇幅，无法细表。下面我们将依据有关文本，仅对涉及殊型同一论的三个关键论题进行考察。我们将具体分析和比较戴维森与金在权在这三个论题上的各自理解。有理由相信，这更有助于看清二人对殊型同一论的理解上的具体差异，从而凸显出金在权究竟在什么地方未能恰当理解戴维森的工作。在下一节里，我们再给出"拯救"非还原物理主义的保守辩护策略。我们要考察的是如下三个论题:

论题 1:殊型同一性论题(token identity thesis，以下简记为 TOT)。

论题 2:还原性论题(reducibility thesis，以下简记为 RT)

论题 3:下向因果论题(downward causation thesis，以下简记为 DT)

先考察论题 1(TOT)。在心—身问题上，殊型同一论主张心—身之间是殊型同一(token identity)关系，而非类型同一(type identity)关系。也就是说，是**个体**(individual)心理事件(event)和**个体**物理事件之间的同一。可对 TOT 作如下表述(王晓阳、王雨程:《无律则一元论再思考——关于心—身类型同一

论与心—身随附性的一个新想法》,第 53 页):

> (TOT)若 a 是心理事件,则存在一个物理事件 b,
> a=b。

进一步的分析表明,戴维森和金在权二人对 TOT 的理解存在明显差异:

> (TOT$_1$)存在一个个体事件 e,并且存在心理摹状词/描述(description)X 和物理摹状词/描述 W,使得 X(e)=W(e)。其中,a 是被 X 所描述的事件 e,记为 X(e);b 是被 W 所描述的事件 e,记为 W(e)。
>
> (TOT$_2$)存在一个个体事件 e,并且存在心理属性(property)K 和物理属性 H,使得 K(e)=H(e)。其中,a 是具有心理属性 K 的事件 e,记为 K(e);b 是具有物理属性 H 的事件 e,记为 H(e)。

TOT$_1$ 是戴维森的理解,而 TOT$_2$ 则是金在权的理解。不难发现,戴维森认为,一个事件 e 是心理事件还是物理事件,取决于用怎样的摹状词来描述。也就是说,若用心理摹状词 X 来描述则是心理事件 X(e),若用物理摹状词 W 来描述则是物理事件 W(e)。与之不同的是,金在权以为,一个事件 e 是心理事件还是物理事件,则取决于 e 本身具有怎样的属性。也就是说,若具有心理属性 K 则是心理事件 K(e),若具有物理属性 H 则是物理事件 H(e)。

可见,尽管都同意事件是个体化的,然而二人对于什么是心理事件以及什么是物理事件的理解明显不同,因此对于 TOT 的理解也相应地有所不同,其关键在于:戴维森将心—身殊型同一关系理解成,关于同一个事件的两个**摹状词**或**描述**或**概念**之间的关系。换句话说,戴维森以为,**当且仅当心理摹状词或概念 X 和物理摹状词/概念 W 描述或指称同一个**事件 e,作为个体的心理事件 a 和作为个体的物理事件 b 之间才具有殊型同一关系。然而,金在权却将戴维森的心—身殊型同一关系理解成,关于同一个事件的两个**属性**之间的关系。换句话说,金在权以为,**当且仅当心理属性 K 和物理属性 H 被同一个**事件 e 所**拥有或例示**(instantiate),作为个体的心理事件 a 和作为个体的物理事件 b 之间才具有殊型同一关系。总之,关于 TOT 的两种理解之间的差别是十分明显的:在戴维森看来,摹状词或概念仅仅是**语言方面的词项**(term)。然而在金在权看来,属性则是**本体论方面的事体**(entity)。①

下面考察论题 2(RT)。二人对 RT 的理解也存在明显差异,其关键在于:戴维森所理解的"还原"是**认识论还原**(epistemological reduction,简称 ER),而金在权所理解的还原则是

---

① 注意以下四点:第一,严格来讲,对戴维森来说,在 TOT1 里,X(e)=W(e)中的"="表示的应该是**共指称关系**(co-reference relation),而非同一关系。因为,即便从语言层面讲,X 和 W 也是两个不同的符号。因此同一关系只存在于一个事件和其自身之间。戴维森在《事件的个体化》(The Individuation of Events)一文中对该同一关系也有明确表述,可作参考(Davidson,2002,p.163);第二,金在权理解的属性,是本体论层面的基本构件之一,而且是一种亚里士多德主义的属性,即一种"可例示的事体"(instantiated entity),一种能够在多个不同个体事件上例示出来的"类型属性"(type property)。这有别于学界关于属性的另一种常见理解:"殊型属性"(token property)或"特普"(trope)。因此,严格地讲,对金在权来说,在 TOT2 里,K(e)=H(e)中的"="表示的则是本体论层面的一个事件 e 与其自身之间的同一关系,尽管该事件 e 具有两个完全不同的属性 K 和 H。第三,上述对比分析显示,金在权实际上将心—身殊型同一论理解成了属性二元论(property dualism)(一个事件二种属性)。金在权的理解如今在学界甚为流行,然而我们有理由相信,这很可能并非戴维森的本意。第四,对"entity"的常见一种中文翻译是"实体",但另一个词"substance"也常被译为"实体"。"entity"是本体论的基本构件的总称,而"substance"则特指本体论上可以"独立存在"且能为其他不能独立存在的 entity(如,property)所提供支撑的一种 entity。为区别故,我们建议将"entity"译为"事体",以区别于"substance"。

本体论还原（ontological reduction，简称 OR）。可分别定义如下：

  （ER）摹状词/描述或概念 G 可**认识论还原为**（epistemologically reduce to）描述或概念 F，当且仅当 G 和 F 之间存在桥接规律（bridge law）L 或对应规则（correspondence rules）R。

  （OR）事体（entity）m 可**本体论还原为**（ontologically reduce to）事体 p，当且仅当 m 本体论同一于（ontologically identical to）p。也就是说，m 和 p 在本体论上完全一模一样（m is fully same as p）。

ER 是戴维森对 RT 的理解，而 OR 则是金在权对 RT 的理解。不难发现，戴维森所理解的心—身之间的"还原"，仅是心理描述或概念和物理描述或概念之间的还原，是语言层面的或认识论层面的还原，绝不是本体论层面的还原。然而，由于戴维森强调，心理描述或概念与物理描述或概念之间不可能存在桥接规律或对应规则，因此，在戴维森看来，作为语言层面的词项，心理概念或描述与物理概念或描述之间是一种**语言上或认识论上**的"非还原"关系。与之不同的是，金在权以为的心—身之间的"还原"则与本体层面的"同一"完全是一回事。在金在权看来，作为本体论层面的事体，无论如何心理属性都不可能同一于物理属性，即心理属性和物理属性之间是一种**本体论上的非还原**关系。

  再来考察论题 3（DT）。先从二人对因果关系（causal relation）的理解说起。表面上看，戴维森和金在权所理解的因果关系均是一种事件间的因果关系，也被称为"事件因果"（event causation)。但由于二人对"事件"本身的理解存在明显差异①，因而可想而知，二人对于事件因果的理解也会有所不同，其关键区别在于：戴维森认为，如果事件 a 与事件 b 能被一条严格的（strict）或非严格的（unstrict）因果规律（causal law）所刻画，那么就可以说，事件 a 和事件 b 之间具有因果关系。这就是戴维森所说的"哪里有因果律，哪里就有因果关系"这句话的含义（Davidson，2002，p.208）。但是请注意，**逻辑上**依然"容许"如下一种可能性出现：虽然事件 c 和事件 b 并不能被任何严格或非严格的因果规律所刻画，但是 c 和 b 之间依然具有因果关系。

---

① 简言之，戴维森的事件观包含以下三个要点：（1）戴维森所理解的事件是"个体化的"（individualized），是"不可重复的，注明时间的**个体**（events are taken to be unrepeatable, dated individuals）"（Davidson，2002，p.209）。由此可推知，如果存在两个不同的（个体）事件 e1 和 e2，那么 e1 和 e2 之间的实质区别仅仅是"时间"不同。但是，如果一个是心理事件，另一个是物理事件，那么它们之间的区别就有可能不是实质上的！例如，在 TOT 中，心理事件 a 和物理事件 b 之间的区别就不是实质上的。在戴维森看来，a 和 b 之间的区别，只是同一个事件 e 被两个不同的摹状词 X 和 W 分别描述了而已。也就是说，这儿的事件 e 只有一个，若被心理摹状词 X 描述，则是心理事件 X(e)；若被物理摹状词 W 描述则是物理事件 W(e)。（2）戴维森所理解的个体是一种本体论上"无结构"且最基本（nonstructural and fundamental）的构件。也就是说，作为个体的事件是没有结构的、本体论上最基本的。因此，认知者仅能通过特定摹状词来描述，或特定概念来指称（本体论上的）事件。（3）据我们所知，在戴维森从未将属性（property）"安置于"他的事件形而上学之中。这是为什么呢？在《作为个体的事件》（Events as Particulars）一文中，针对如何解释事件的重现再发生或再现（reoccurence），戴维森反驳了齐硕姆（Roderick M. Chisholm）的观点。齐硕姆认为需要涉及两类事件，分别是共相事件（universal event）和殊相事件（instance event）。即用共相事件来说明殊相事件的反复出现。戴维森认为这是一种"用加农炮打老鼠"的策略。戴维森认为，仅仅不可重复的殊相事件就能解释事件的反复出现。从这个思路出发，就能解释戴维森对属性的观点。如果属性被看作被多个个体例示的 entity，传统上我们解释个体之间的相似性，或事件的重复性，一般都要用属性来解释。而戴维森则认为，属性不需要。因为在他看来，我们认为事件重复出现只是由于我们的语言不够精确从而导致无法分辨不同事件之间的差异而已。一个多次重复的事件，仅仅是发生在不同时间点的不同个体事件，它们只有相似性而已，并不例示同一个属性。因此，要解释多次重复的事件，用个体事件也可以做到（Davidson，1970，pp.27—29）。总之，戴维森认为，由于语言描述的不精确才导致了似乎是同一个事件的重复多次出现，因此我们有理由相信，戴维森很可能也会认为，他的"事件观"仅需本体论层面作为个体的事件，再加上特定的摹状词或概念或描述就够了。与之明显不同，金在权所理解的事件则是：一个由时间、属性和实体（substance）构成的"三元组"。例如，一个事件 e1 可被表示为 e(t1, j1, k1)。意思就是，e1 是一个在时刻 t1 具有属性 j1 和实体 k1 的 e(Kim，1993，p.35)。

为什么呢？理由就是，在戴维森看来，"事件之间是否具有的因果律"仅是"事件之间是否具有因果关系"的一个**充分条件**。与之不同的是，金在权则不会容忍上述可能性出现。因为，在金在权看来，"事件之间是否具有的因果律"应该是"事件之间是否具有因果关系"的一个**充分必要条件**。也就是说，任何两个事件之间只要具有因果关系，就必定能被因果律所刻画。反之，任何两个能被因果律所刻画的事件，它们之间也必定存在因果关系。不难想象，二人对 DT（下向因果论题）的理解也会存在差异，可分别定义如下：

（DT$_1$）如果被心理摹状词 X 描述的一个事件 a 在时间 t 能够**因果地引起**另一个被物理摹状词 W 描述的事件 b 的出现，那么就称，a 是 b 在时间 t 的一个原因。

（DT$_2$）如果心理属性 H 的一个例示物（instantiation）——事件 a——在时间 t 能够**因果地引起**另一个物理属性 K 被事件 b 例示出来，那么就称，a 是 b 在时间 t 的一个原因。

DT1 是戴维森的理解，而 DT2 则是金在权的理解。两者的区别是明显的。首先，在戴维森看来，因为我们总能找到一个合适的物理摹状词或概念 W* 来描述或指称同一个被心理摹状词或概念 X 所描述或指称的事件，而被 W* 描述或指称的事件则成为了一个物理事件 b*，又因为我们也总能找到一条合适的严格或非严格的因果规律来刻画"物理事件 b* 如何因果地引起另一个物理事件 b"，所以在戴维森看来，下向因果（D）是可能的。与之不同的是，金在权则会认为下向因果完全不可能。理由就是，例示出一个心理属性 H 的事件 a 不可能因果地引起另一个

物理属性 K 的例示物——事件 b——的出现。因为不存在任何
能够刻画 a 和 b 之间关系的严格或非严格的因果规律，又因为
（上面刚刚提到）金在权认为"事件之间具有因果律"是"事件之
间具有因果关系"的一个**充分必要条件**，所以在金在权看来，下
向因果(D)是不可能的。其次，在金在权的定义(DT2)中，也透
露出了他对事件因果的一个基本见解：**属性**才是事件间因果关
系的关键。也就是说，凭借属性，一个事件才得以对另一个事件
产生因果效力(causal efficacy)。这种对事件因果的看法，常被
学界称为"**凭借属性的因果**"(causation in virtue of properties)；
与之不同的是，在戴维森的事件因果观中，"**摹状词或概念**"才是
关键。也就是说，凭借特定的概念联系或描述语句（即因果律），
认知者得以认知到了事件之间存在因果关系。换句话说，一旦
通过某种特定的概念认知模式（即因果律），事件之间就可以**被
看出**具有因果关系。但是请注意，反之，事件之间是否具有因果
关系这一点，并不取决于或依赖于这些事件能否被严格或非严
格的因果律（特定的概念认知模式）所"覆盖"。因此我们认为，
可以将戴维森的这种事件因果观称作"**凭借概念的因果**"(causa-
tion in virtue of concepts)。

四、保守辩护策略

在上一节里，我们考察了与殊型同一论密切相关的三个论
题。通过对比，明确了戴维森与金在权各自理解上的具体差异。
在此基础之上，我们以下将采取一个保守辩护策略来回应简单
版排他性论证的质疑。然后，再对戴维森版殊型同一论可能面
临的一些问题，提出我们的建议。

　　先来回顾一下简单版排他性论证。在本文第二节里提到，

简单版的一个关键之处在于,揭示出在一个**并非**因果过决定的情形中,下向因果(D)、信条 2(I)、原则 1(CCP)以及原则 2(CEP)这四者之间存在某种不一致性。因此,非还原物理主义面临如下一个"鱼和熊掌不能兼得"的困境:非还原物理主义不可能**一并**坚持 CEP、CCP、I、D 这四者。若要坚持 CCP+CEP+I,就不得不放弃 D;而若要坚持 CCP+CEP+D,就不得不放弃 I。因此对于非还原物理主义来说,无论放弃哪一个,都要付出无法承受的代价:放弃 D,沦为副现象论,而放弃 I,则沦为还原物理主义。

面对这个几乎就要敲响非还原物理主义丧钟的论证,学界层出不穷地涌现出各种各样的应急方案。然而,值得我们认真思考的一个问题是:是否能有一种非还原物理主义方案,它既能够有效避开排他性论证的质疑,又能够**一并**守住 CEP、CCP、I、D 这四者呢?我们相信,答案是肯定的。因为经过第三节的辨析,现在应有充足理由相信,戴维森版殊型同一论本身就是一个合格的候选项。我们下面将沿着戴维森的思路,专门针对简单版来构造一个新论证,以具体展示"鱼和熊掌如何能够兼得":

III. 保守辩护策略

(1″) 心—物因果或下向因果是可能的,当且仅当心理**事件** m 有可能是物理**事件** p^* 在时间 t 的一个原因。   【DT$_1$】

(2″) p^* 在时间 t 有一个充足的物理原因,即物理事件 p。

【CCP】

(3″) m **认识论非还原**为 p。   【ER】

(4″) m 和 p **可能是**分别被心理摹状词 $X^\#$ 和物理摹状词 $W^\#$ 描述的同一个事件 $e^\#$ 。   【TOT$_1$】

(5″) 由(2″)(4″)可得,m 也可能是 p^* 在 t 时间的一个原因。 253

因此，

　　(6″) 由(1″)(5″)可得，心—物因果或下向因果是可能的。

　　简单分析一下论证 III。该论证中(1″)(3″)(4″)是关键的三步。有别于简单版将 D 理解为"**属性**之间的因果"(DT$_2$)，(1″)回归戴维森的事件观，将 D 仍解读为"无结构的个体事件之间的因果"(DT$_1$)。类似地，I 被简单版解读为"心理属性和物理属性之间的**本体论非还原**"(OR)，而(3″)则回归戴维森的还原观，解读为"心理摹状词/概念和物理摹状词/概念之间的**认识论非还原**"(ER)。这样，就留下了一种可能性：m 和 p 只是被特定的心理摹状词和特定的物理摹状词分别描述的同一个事件，即(4″)。如果(4″)是可能的，那么即使 m 和 p 都是 p* 在 t 时间的原因，也不会导致因果过决定的情况发生(因为 m 和 p 是同一个事件)，因而也不会与 CEP 发生冲突。然而，如果 m 能因果地引起一个物理事件 p* 的出现，那么 D 就是可能的。可见，只要回归戴维森版殊型同一论的本来思路，就完全有可能摆脱上述"鱼和熊掌不能兼得"的困境，且一并守住 CEP、CCP、I、D 这四者。此外，由于论证 III 实际上只是为非还原物理主义的一支(殊型同一论)提供了辩护，而且有别于市面上各种改动相对较大甚至激进的应对方案，有理由相信，该论证已最大限度地保留了戴维森有关殊型同一论的本意。因此，我们也将论证 III 称为"保守辩护策略"。这里留下一个值得考虑问题：保守辩护策略是否也能有效化解复杂版排他性论证的威胁呢？

　　下面来考察这个问题。不难发现，在复杂版中，(5′)是关键的一步。它的意思是，若 M-M 可能，则 D 可能(D 是 M-M 的一个必要条件)。因此，如果 D 不可能，只要再运用否定后件律(*Modus Tollens*)，则可推出 M-M 不可能。现在的情况是，保守辩护策略已论证 D 是可能的。而如果 D 是可能的,那么复杂版立刻就"失效"了。可见,保守辩护策略的确也能有效化解复杂版对于 M-M 的威胁。但是,请留意如下一个**论证力度上**的"微妙"差别:对于简单版,保守辩护策略在化解其威胁的同时,明确得出或直接推出"D 是可能的"这个结论。与之些微不同的是,对于复杂版,保守辩护策略在化解其威胁的同时,却不能明确得出"M-M 是可能的"这个结论。也就是说,一方面,保守辩护策略是一个能**化解**简单版威胁并且拯救出 D 的论证。另一方面,该策略虽然也能**化解**复杂版的威胁,却不能同时做到拯救出 M-M,只能做到使得对 M-M 的威胁暂时得到有效**缓解**。

为何会导致上述论证力度上的差别呢? 不难发现,其关键就在于:复杂版比简单版多了一个前提,即 S。简单版的结论(D 不可能),要再加上 S 作为一个新前提,才构成了复杂版,从而论证 M-M 不可能。也就是说,M-M 是可能的,当且仅当 S 可能,并且 D 可能(M-M↔S∧D)。可见,仅论证 D 可能,而在 S 可能尚未得到论证的前提下,还不能推出 M-M 是可能的。因此,这儿的一个自然想法就是,若能直接为 S 提供辩护,再加上保守辩护策略,则可以明确推出 M-M 是可能的。遗憾的是,随附性是当前形而上学里一个极富争议的话题,据我们所知,至今尚未出现令人满意的有关 S 何以可能的辩护。①可以料想,这个自然想法似乎近期难以实现。因此一个较现实的做法可能是,尝试"绕开"S 这个麻烦,看看能否利用手头现有资源来为 M-M 辩护。

---

① 金在权在随附性方面持续的研究工作,得到学界广泛关注。但有明显的证据显示,金在权所理解的心—身随附明显有别于戴维森。一个关键区别就是,前者认为的是心理属性(集)随附于物理属性(集),而后者所理解则是心理概念随附于物理概念。最近,我们也专门撰文具体论述了随附性本身面临的一些重要困难,以及戴维森和金在权二人对心—身随附性的理解上的具体差异,有兴趣者,可做进一步参考(参见王晓阳、王雨程:《无律则一元论再思考——关于心—身殊型同一论与心—身随附性的一个新想法》)。

有理由相信,戴维森版殊型同一论完全能提供为 M-M 直接辩护所需的资源。回顾一下第三节的有关论述就会发现,在戴维森看来,因果关系实质上是个体事件间的一种联系,而一个事件是心理事件还是物理事件,并不取决于事件本身的情况,而是取决于究竟是用心理摹状词还是用物理摹状词来描述它。因此,如果心理事件 m 实际上是一个被心理摹状词 $X^{\#}$ 描述的个体事件 $e^{\#}$,而物理事件 p^* 实际上是一个被物理摹状词 $W^{\#\#}$ 描述的事件 $e^{\#\#}$,**并且**,m 在时间 t 能够因果地引起 p^* 的出现。那么,就**有可能**找到一个合适的心理摹状词 $X^{\#\#}$,使得 $X^{\#\#}$ 和 $W^{\#\#}$ 是关于同一个事件 $e^{\#\#}$ 的两个不同描述。因此,也就**有可能存在**一个心理事件 m^*,m^* 实际上是一个被心理摹状词 $X^{\#\#}$ 描述的 $e^{\#\#}$。如果 m 在时间 t 能因果地引起 p^* 的出现,并且,由于 m^* 和 p^* **有可能**是同一个事件 $e^{\#\#}$,那么 m 在时间 t 也就**有可能因果**地引起 m^* 的出现。而如果 m 在时间 t 因果地引起 m^* 是可能的,那么 M-M 就是可能的。这是一个关于"M-M 是可能的"的直接辩护,而且完全绕开了 S。①

五、结论与遗留问题

至此,我们的考察已经结束。结论就是,即使目前非还原物理主义的两条主要道路(福多版功能主义和突现论)都被排他性论证阻断,我们有充足的理由相信,非还原物理主义仍有第三条道路可以通行,那就是(戴维森版)殊型同一论。

但是我们也明显发现,造成戴维森和金在权对殊型同一论

---

① 至此,细心的读者应该明白,在戴维森看来,学界常说的四种不同的因果关系(P-P、P-M/U、M-M、M-P/D),其实都只是由语言层面的概念或摹状词所造成的**表面上或语言层面上**的差异,而**实质上**四者都是同一种因果关系,即个体事件之间的因果关系。

三个关键论题的各自理解出现一系列差异,根源于二人有着更深层的形而上学分歧。因此,现在仍留下些值得我们进一步思考和解决的问题。例如,如果只需保守辩护策略再加戴维森事件因果观,就可以化解两个版本的排他性论证的威胁,那么这是否意味着:S 这个信条,对于殊型同一论是可有可无的? 现实情况是,如果继续坚持 S,似乎面临着很大的麻烦(参见王晓阳、王雨程:《无律则一元论再思考——关于心—身殊型同一论与心—身随附性的一个新想法》,第 54—58 页);但是如果放弃掉 S,一个可能的形而上学困难就是,作为一种物理主义立场,殊型同一论将如何守住物理事件的基础性地位? 又如,戴维森版殊型同一论似乎有一个亟须解决的问题,那就是"心理摹状词 X 和物理摹状词 W 描述同一个事件 e"这是如何可能的? 是否有某些深层的形而上学根源,来作为 X 和 W 共指称(co-reference)的依据? 毕竟,X 和 W 分别描述两个不同事件 e_1 和 e_2 这种情况也是有可能的。[①]限于篇幅,无法列举更多。但是现在应当有所警惕的是,这些涉及形而上学层面的问题,很可能才是造成学界长期在心理因果性及其相关论题上存在种种明显分歧甚至混乱局面的真正"元凶"。诚如基柏(Sophie Gibb)在一本有关心理因果性研究的最新论文集的导论中所言:

"任何企图不涉及本体论层面,或者是从某种带有偏见的或并不合理的本体论预设而出发的有关心理因果性的处理方案,都无可避免地将被证明是不充分的(inadequate)"(Gibb,p.1)。

[①] 特别感谢刘畅博士(中国人民大学哲学院)对该共指称问题所提出的有启发的建议。他的建议使我意识到,共指称问题其实是有望在戴维森殊型同一论框架中获得有效解决的。限于篇幅和主旨,我将另文论述该问题。

与基柏一样，我们也强烈地怀疑：如果始终不能在一个合适的形而上学框架或本体论预设下进行思考和讨论，再多时髦的处理方案冒出来又如何？这些令人炫目的"新花样"，真的包含有关心理因果性的哲学洞见么？

也许，的确到了该对当前的处理方案和争论背后的形而上学框架或本体论预设进行认真反思的时候了！可以料想，距离找到一个合适的框架或预设，或许还有很长的一段路。然而我们相信，以上论述应足以显示，非还原物理主义的道路纵然是曲折的，但前途无疑是光明的。

参考文献

Alexander, S., *Space, Time and Deity. Vol. 2*, London: Macmillan, 1927.

Crane, T., *Elements of Mind: An Introduction to the Philosophy of Mind*, New York: Oxford University Press, 2001.

Davidson, D., *Essays on Actions and Events (Second Edition)*, New York: Oxford University Press, 2002.

Davidson, D., "Events as Particulars", in *Noûs* 4(1), 1970.

Davidson, D., "*Mental Events*", in L. Foster, and J. W. Swanson (eds.), *Experience and Theory*, Cambridge, Mass.: University of Massachusetts Press, 1970.

Fodor, J., *Psychological Explanation*, New York: Random House, 1968.

Gibb, S. C., "Introduction", in S. C. Gibb, E. J. Lowe,

and R. D. Ingthorsson (eds.), *Mental causation and ontology*, Oxford: Oxford University Press, 2013.

Heil, J. and Mele, A., *Mental Causation*, Oxford: Clarendon Press, 1993.

Kim, J., *Philosophy of Mind* (*Third Edition*), New York: Westview Press, 2011.

Kim, J., *Physicalism, Or Something Near Enough*, Princeton: Princeton University Press, 2005.

Kim, J., *Supervenience and Mind: Selected Philosophical Essays*, New York: Cambridge University Press, 1993.

Robb, D., Heil, J., "*Mental Causation*", http://plato.stanford.edu/entries/mental-causation/, 2013.

Shoemaker, S., "Realization and Mental Causation", in C. Gillett and B. Loewer (eds.), *Physicalism and Its Discontents*, Cambridge: Cambridge University Press, 2001.

Stoljar, D., *Physicalism*, London, New York: Routledge, 2010.

王晓阳:《后天物理主义与解释鸿沟——B.劳尔版现象概念策略的拓展分析》,载《世界哲学》2013 年第 4 期。

王晓阳、王雨程:《无律则一元论再思考——关于心—身殊型同一论与心—身随附性的一个新想法》,载《自然辩证法通讯》2013 年第 3 期。

本文首次刊发于《哲学研究》2015 年第 4 期;本文的英文版本"Mental Causation, Exclusive Argument, and Non-reductive Physicalism",刊发于 *Journal of Human Cognition*, 2020, No.40

心—身问题与物理主义

一、引　言

1641 年,笛卡尔的《第一哲学沉思集》以拉丁语首次出版。①在这本堪称经典的哲学论著中,笛卡尔第一次系统而完整地提出并论证了内在的心灵与外在的物质身体(以及身体所处其中的物质世界)分属两类完全不同实体(substance)。这就是著名的心—身区别论证(the argument for the distinction between mind and body)。

可以说,心—身区别论证正式开启了近代以来有关心—身问题的争论。然而与笛卡尔所处的时代明显不同的是,如今我们关于心—身问题的主流争论已不再围绕"心灵究竟能否算是一种不同于物质(material)实体的非物质(immaterial)实体",或者"作为一种实体的心灵与作为另一种实体的物质之间的关系如何"等等这些涉及两类**实体**的问题而展开了。事实上,今天绝大多数争论聚焦在两类**属性**(property)的层面。②也就是说,学

---

① 中译本见庞景仁译:《第一哲学沉思集》商务印书馆 1986 年 6 月第 1 版。

② 这里需要说明两点:(1)关于属性的探讨,是一个标准的形而上学论题。在当代大多数涉及心—身问题的文献中,属性常被理解成一类构成世界的基本构件,而且是(转下页)

者们如今更关心如下一个问题：如果心灵仅是一种独特的心理 (mental)属性,那么心理属性与物理属性之间究竟是怎样关系 呢？尽管对此关系问题目前存在多种不同看法,但物理主义 (physicalism)显然是最常见的一种。这里要留意的是,物理主 义并不是一个具体的观点,而是一个由许多不同甚至有分歧的 具体观点所组成的阵营。事实上,物理主义阵营目前面临着各 种各样的质疑或困扰。本文仅打算为其中的一种物理主义观 点——戴维森(Donald Davidson)版殊型同一论(token identity theory)——作辩护。我将表明,相对于目前常见的其他物理主 义观点而言,经过适当改进之后的戴维森版殊型同一论的优势 是明显的:不仅能够避免目前其他物理主义观点所面临的种种 困扰,而且有望为我们大多数人所持有的那种内在心灵不同于 外在事物的心—身二元直觉,提供一个合理的解释,进而推进我 们关于心—身问题的更深入思考。

下面,在第二节里,我将首先介绍笛卡尔的心—身区别论 证,分析该论证如何导致了心—身问题。然后,在第三节里,我 将论述目前常见的四种物理主义观点,揭示它们目前各自面临 的主要困扰①,并在这节的末尾,为戴维森版殊型同一论提出一

_____

(接上页)一类可在多个不同的对象(object)或事件(event)或事物(thing)上同样"被例示的 事体"(instantiated entity)。例如:"是红色的"("being red")就是一个可以被红旗、红色的杯 子、红色的液体等等这些不同的对象所共同例示的一种颜色属性。这是关于属性的"类型 式"理解,即将属性理解成可在不同对象或事件或事物上例示的一种具有可重复 (repeatable)特性的"类型属性"(type property)。本文遵循的就是这种理解。除此之外,也 有关于属性的其他理解,如特普论(tropes theory)。该理论则将属性理解成不能重复的、只 能被一个对象或事件或事务所唯一例示的殊型属性(token property)或特普(trope)。(2)对 "entity"目前常见的一种中文翻译是"实体",但另一个词"substance"也常被译为"实体"。 "entity"是本体论基本构件的总称,而"substance"则特指本体论上可以"独立存在"且能为其 它不能独立存在的 entity(如 properties)所提供支撑的一种 entity。为区别故,本文将 "entity"译为"事体",而将"substance"译为"实体"。

① 有关物理主义及其所面临的困扰的更详细和最新的介绍和讨论,可以参见有关文 献 Stoljar, D., 2015。

个可能的改进建议。最后,在第四节里,再为改进版殊型同一论提供辩护。

二、笛卡尔的心—身区别论证

在《第一哲学沉思集》里,笛卡尔实际上给出了两个不同的心—身区别论证:一个是"可区分性论证"(the argument from divisibility);另一个是"可设想性论证"(the argument from conceivability)。下面我们依次考察这两个论证。[①]

论证一:可区分性论证

(1)身体以及其他所有的物质/物理的东西(material/physical things)都具有空间的维度(spatial dimension),即占据一定的空间位置。

(2)但是,心灵却不具有空间维度,即任何心灵活动都不占据任何空间位置。

因此,

(3)由(1)和(2)可得,心灵不同于身体以及其他所有物质/物理的东西。

论证二:可设想性论证

(1′)设想者(conceiver)既不是任何物质/物理的东西(包括

---

① 注意两点:(1)笛卡尔对这两个论证的详细论述,参见他的《第一哲学沉思集》,为便于以下讨论,我参考有关论述(Yoo, J., 2014),对笛卡尔的论证进行了重构。(2)在当代心灵哲学里,还有一个著名的可设想性论证(the conceivability argument)。笛卡尔的可设想性论证与之有一个关键差异。简言之,当代的可设想性论证要运用一条重要原则或前提:凡是可以设想的都是(形而上学)可能的(whatever is conceivable is possible)。然而实际上,这条原则或前提在笛卡尔的可设想性论证中并不必要(下文很快会涉及这一点)。

身体),也不与任何物质的东西(包括身体)有必然联系,而仅仅是一个非物质/非物理的心灵。这种情形是可能的。

(2′)反过来,设想者仅仅是一个没有任何心灵的完全的物质/物理的东西(包括身体),这种情形却是不可能的。

因此,

(3′)由(1′)和(2′)可得,心灵不同于身体以及其他所有物质/物理的东西。

我们先来看论证一。前提(1)说的是,任何物质/物理的东西似乎总是占据一定的空间位置,即具有广延(extension)。笛卡尔也将广延称为物理的东西的本质属性(essential property)。另一方面,前提(2)说的则是,心灵活动似乎并不占据任何的空间位置。不难看出,前提(1)和(2)的可靠性,其实依赖于我们大多数人的一个直觉。粗略地讲就是,身占据空间,而心却不占据空间。因此,如果我们接受(1)和(2),那么就可以推出:心灵不同于身体以及其他所有物质/物理的东西。这就是结论(3)。可见,论证一(可区分性论证)的要害在于:我们大多数人似乎直觉上认为,心灵不同于身体(以及其他物理的东西)。下面看论证二。

在论证二中,前提(1′)和(2′)的可靠性同样依赖于一个我们大多数人的直觉。那就是,思维活动或意识活动乃是心灵所独特具有的,或者用笛卡尔的术语,"有思维的"(being thinking)或"有意识的"(being conscious)乃是心灵所独具的本质属性。①因

---

① 目前学界大都将笛卡尔所说的心灵的本质属性,解读为"有思维的"(being thinking),但是按照安斯康姆(G. E. M. Anscombe)的考证,应该解读为"有意识的"(being conscious)。这两种解读之间存在明显差异,但并不会对本文有任何实质影响。关于这两种解读之间的差异,是一个值得关注的问题,需另文论述。

此,在笛卡尔看来,如下一种情况是完全可能的:如果"设想"只是一种思维活动,而思维活动又是心灵所独具的,那么心灵仅凭自身——而无需任何物理的东西(包括身体)参与或协助——就应该足以完成"设想"这样的思维活动了,即一个纯粹的非物理的心灵完全有资格充当设想者。这就是前提(1′)的意思。反过来,由于物理的东西(包括身体)不具备"有思维"这种属性,因而物理的东西(包括身体)无法进行任何一种类型的思维活动,而"设想"显然是一种思维活动,因而物理的东西(包括身体)不可能进行"设想"这样一种思维活动,即纯粹物理的东西(包括身体)没有资格充当设想者。这就是前提(2′)的意思。由前提(1′)和(2′),就可以推出:心灵不同于物理的东西(包括身体)。这就是结论(3′)。可见,论证二的要害在于:我们大多数人似乎直觉上认为,"设想"(包括其他的思维活动或意识活动)乃是心灵所独有的。

但是笛卡尔的上述论证却"埋下了"一个富有争议的议题,那就是我们的直觉——即使是大多数人具有的直觉——很多时候并不像我们以为的那么可靠。在科学发展史上,我们很容易就可以找到一些有关直觉不可靠甚至错误的例子。例如,在麦克斯韦创立电磁理论之前,人们普遍认为电、磁、光是三种差异很大或完全不同的物理现象。但是麦克斯韦的电磁理论表明,这三者之间不是截然不同的,很可能就是一回事。后来赫兹通过实验证实,光的确是一种电磁波。因此,在麦克斯韦之前大多数人具有的那种直觉被证明其实是错误的。再如,关于地心说与日心说之间的争论。对于中世纪的人们来说,直觉上,大多数人都会认为,地心说显然比日心说更靠谱。因为,一方面,地心说很符合大多数人的日常经验(如,每天我们看到的都是太阳从地平线东边升起,然后围绕地球运动,再从地平线西边落下);另一方面，日心说似乎与大多数人的日常经验十分违背（如，如果地球围绕太阳转，为什么我们没有乘车或坐船那样类似的感觉，丝毫感觉不到颠簸或头晕？为什么我坐在地面上不动却听不到哪怕一丝呼呼的风声呢？等等）。

正是由于对笛卡尔的论证前提所依赖的直觉的怀疑，开启了近代关于心—身问题的持久争论。本文开头已提到，学术界对心—身问题有多种不同看法，而物理主义则是其中很常见的一种。那么，物理主义是如何看待心—身区别—论证的呢？实际上，不同的物理主义者对待这个问题的回答也是不一样的。

三、物理主义种种

限于篇幅，下面仅介绍目前最常见的四种物理主义观点。让我们从论证一和论证二各自前提所依赖的两个直觉开始：

直觉 1：空间性直觉（论证一的直觉依据）：身体占据空间（即身体具有空间属性），而心灵却不占据空间（即心灵不具有空间属性）。

直觉 2：可思维性直觉（论证二直觉依据）：身体不能进行思维/意识活动（即身体不具"有思维"或"有意识"的这种属性），而心灵却能进行思维/意识活动（即心灵具有"有思维"或"有意识"的这种属性）。

请注意，在笛卡尔看来，首先，直觉 1 和 2 显然是大多数人都具有的直觉。如果承认直觉 1 和 2 的话，那么论证一和论证二的前提的可靠性就有了保证。其次，由于直觉 1 是关于身体具有空间属性的直觉，而直觉 2 则是心灵具有"有思维"或"有意识"属性的直觉,因此,无论是论证一还是论证二,其实都是形而上学论证。换句话说,论证一表明,由于身体具有空间属性,而心灵不具有,因此,在形而上学层面,身体乃是不同于心灵的另一种实体(即身体是一种能具有空间属性的实体,而心灵则不是)。论证二虽然名为可设想性论证,但是请注意,严格说来,在笛卡尔那里,"可设想"(being conceivable)并不是某种认识论层面的认知活动或认知能力,而是形而上学层面"有思维"或"有意识"这类属性中的一种属性!而且,因为笛卡尔沿袭了关于属性的传统理解,即属性被当作一种形而上学的"可以被例示的事体"(instantiated entity),所以论证二表明的其实是,由于心灵具有"可以设想"这种属性,而身体却不具有,因此,在形而上学层面,心灵乃是不同于身体的另一种实体。①

下面来考察四种目前常见的物理主义观点,看看它们各自对于论证一和论证二的看法如何。这四种物理主义观点分别是:取消论(eliminativism)、类型同一论(type-identity theory)、功能主义(functionalism)、殊型同一论(token-identity theory)。②在这一

---

① 目前还广泛流传着另一个版本的可设想论证(有时也称为心—身区别论证),论证结构大致如下:首先,(认识论层面)可以设想一个独立于身体而存在的心灵(即设想一个身体完全毁坏而心灵依然完好的认识论情形),其次,再依据凡是(认识论层面)可以设想的都是(形而上学)可能的这条原则,则可以推出,心灵是一种不同于身体的实体。目前,学界有不少人将该版本的可设想论证归于笛卡尔。例如,在当前流行的一本哲学教科书中就是如此介绍的,详见 Schick, T. and Vanghn, L., 2012, Chapter 2。但是,基于上文关于笛卡尔可设想性论证的分析,我们有理由相信这很可能是一个不恰当理解。具体而言,鉴于以下两点理由,我认为这里的心—身区别论证完全不同于笛卡尔版本的可设想性论证(见本文论证二):首先,第一点理由是,笛卡尔的论证并不需要用那条极富争议的原则——凡是可以(认识上)设想的都是(形而上学上)可能的——来作为其论证的前提之一。其次,更重要的一点理由是,如果本文有关分析是合理的,那么"可设想"在笛卡尔那里就不是一种认知能力(即"设想"并不是认识论层面的认知活动),而是一种形而上学层面的属性。或者弱一点说,对于任一设想者而言,(在认识论层面)"设想"这种认知活动之所以能够发生,**仅仅**是因为,在形而上学层面,存在着一个拥有"可设想"这种属性的心灵实体。

② 这里需要提醒的是,功能主义目前有两个不同的版本:非还原(non-reductive)物理主义版本的功能主义,以及还原(reductive)物理主义版本的功能主义。前者指由普特南(Hilary Putnam)(Putnam, H., 1975)和福多(Jerry Fodor)(Fodor, J., 1968)等人(转下页)

节的以下部分,我将先论述这四种物理主义观点,然后再比较和分析这四种物理主义观点对于论证一和二各自不同的看法。

1. 取消论

取消论的立场主要有两点:第一,在形而上学层面,有且仅有一种属性,即物理属性;第二,在认识论层面,有且仅有一套概念,即物理概念。第一点说的是,取消论认为形而上学层面仅有一种属性,即物理属性。因为,如果形而上学层面有非物理的心理属性存在,那么就会威胁到物理主义的一条基本原则——物理知识或物理解释的完备性原则(the principle of completeness of physical explanation):原则上,对于世界中存在的一切事件(event),都可以给出物理的解释。完备性原则是一条得到大量的经验科学证据支持的原则。①但是,如果存在非物理的属性,那

(接上页)所提出的功能主义,而后者指由刘易斯(David Lewis)(Lewis, D., 1966, pp.17—25)和阿姆斯特朗(David Armstrong)(Armstrong, D., 1968)等人提出的分析的功能主义(analytical functionalism)。本文中凡是涉及"功能主义",均是指福多和普特南意义上的非还原物理主义版本的功能主义。而分析的功能主义,实际上与类型同一论并无实质区别,是类型同一论的精致版本,因此限于篇幅,不再另作说明。

① 注意三点:(1)关于完备性原则存在多种不同的理解,这里给出的只是取消论的理解。例如,有学者认为,(物理解释的)完备性原则只是说,物理世界是一个在解释上(explan-atorily)自给自足的(self-sufficient and self-contained)世界(Kim, J., 2011, p.214)。但由此并不能直接推出或蕴涵,不允许世界中的一些事件仍可以有非物理的解释。也就是说,完备性原则并没有不容许:世界中的一些事件,既可以有物理的解释,也可以有非物理的解释。(2)完备性原则与物理主义的另一条重要原则——物理世界因果封闭性原则(causal closure principle in a physical world)是兼容的(compatible)。因果封闭性原则说的是,"如果一个物理事件在时间 t 有(正在发生的)原因的话,那么该物理事件在时间 t 就会有一个充足的物理原因"(If a physical event has a cause (occurring) at time t, it has a sufficient physical cause at t)(Kim, J., 2011, p.214)。上面所引的这段话是关于因果封闭性原则的一个通行定义。但是请注意,该定义并没有承诺,一个物理事件不能有非物理的原因(nonphysical cause)。而只是表明,到物理世界之外去寻找任何一个物理事件的原因,这从来都不是必要的(Robb, D. and Heil, J., chapter 2, section 4)。也就是说,物理世界是一个在因果上(caus-ally),因而也是在解释上(explanatorily)自给自足的(self-sufficient and self-contained)世界(Kim, J., 2011, p.214)。可见,物理世界的因果封闭性原则与物理知识或物理解释的完备性原则是兼容的。(3)物理世界因果封闭性原则也常简称为封闭性原则(closure (转下页)

么就会容许没有物理解释的心理事件(例示心理属性的事件)存在,而这就会违背完备性原则。因此,坚持完备性原则,就意味着否认存在无法(原则上)获得物理解释的事件,即否认心理属性的存在。既然(形而上学层面)心理属性不存在,那么由此就可以推出,笛卡尔意义上的心灵(即具有心理属性的实体或一切能够例示心理属性的事件)并不存在。存在的仅是例示物理属性的事件。换句话说,在取消论看来,如果非要说存在心灵活动,那么,本质上讲,一切心灵活动其实都是(the same as)某些特殊的物理活动(如神经元的活动)而已。

  第二点说的是,取消论认为,认识论层面有且仅有一套概念体系,即物理概念体系。常识心理学(folk psychology)中的所有的心理概念,或一切有关心灵活动的心理描述都应该被抛弃或取消。理由就是,取消论认为,正如一旦我们发现了燃烧的化学机制(氧化作用)以及生命体的新陈代谢机制,"燃素"或者"活力"这样的概念就立刻过时了,从而应被从我们的科学理论词汇体系中清除掉一样,类似地,常识心理学中的心理词汇/概念和心理描述/知识最终也逃脱不了这样的"被取消"命运。可见,无论是在形而上学层面还是在认识论层面,取消论都没有给心灵留下一席之地。换句话说,取消论会直接否认直觉1(因为形而上学上根本不存在心理属性),也会认为直觉 2 是错误的(因为一切心灵活动其实都是某些特殊的物理活动而已。如特定的神

(接上页)principle)。与之不同的是,还有一个强封闭性(strong closure)原则。简言之,强封闭性原则说的是"没有任何一个物理事件可以有非物理的原因"(no physical event has a nonphysical cause)(Gibb, S., 2012, p.30)。强封闭性原则排除了任何物理事件可以有非物理的原因这种情况,即任何一个物理事件都不能够有非物理的原因。不难理解,强封闭性原则可以衍推出(entails)封闭性原则,反之则不行(Gibb, S., 2012, p.31)。因此,请注意,**逻辑上讲**,上面提到的完备性原则与强封闭性原则并不**必然**兼容。有关封闭性原则与强封闭性原则的更详细探讨,可参考 Robb, D. and Heil, J., section 2.4; Gibb, S., 2012; 2010。

经元活动）。

下面来看取消论存在的问题，其主要问题有三：第一，无视原初感受（raw feels）或原初事实（raw facts），立场简单粗暴。也就是说，在取消论那儿，作为一种初始感受的心理属性并未得到恰当处理。一般认为，我们中的正常认知者 S 对某物的认知（比如，看见一只成熟的西红柿）并不仅仅是某些纯粹的光学—化学—神经过程，常伴有某种现象的感受（phenomenal feels）（如，看见成熟西红柿的时候，S 感到具有了某种鲜活的红色感受 q）。而且直觉上来说，q 似乎是一种原初的感受。因为对于 S 而言，他并不需要其他客观的证据或者其他权威的标准来帮助其确认（confirm）当他看到成熟西红柿的时候有了 q。也就是说，对于正在观看成熟西红柿的 S 而言，"我此刻具有 q"这个关于现象感受 q 的现象命题是自明的（self-evident），也属于一种亲知的知识（the knowledge of acquaintance）。然而，无论是对于现象感受还是对于（关于感受的）现象命题/知识，取消论都一概简单粗暴地加以否认。这明显有违我们大多数人的那种关于现象感受乃是一种原初感受/事实的直觉。因此，除非有充足的理由证明，我们不应该相信有原初感受或不应该承认现象知识的合理性地位，否则取消论就难以令人信服。第二，坚持完备性原则并不意味着心理属性一定不存在。上面提到，任何一种类型的物理主义（包括取消论）都承认物理知识是一种完备的知识体系（完备性原则），但是由此并不能直接推出心理属性不存在。关键理由如下：完备性原则说的其实是，对于世界中存在的一切**事件**，而不是一切**属性**，（原则上）都可以给出物理的解释。因此，完备性原则容许一种形而上学的可能情形：一个事件 E 可以既具有物理属性 P 也具有心理属性 M。也就是说，例示 M 的事件和例示 P 的事件**形而上学上可能**是同一个事件 E。因此，如果容许上述形而上学可能情形存在,那么**在认识论层面**,就仍有可能找到一种关于(作为 P 的例示物的)E 的物理的解释。换句话说,从逻辑上讲,完备性原则有可能与**某种版本**的属性二元论之间并不相冲突。①第三,取消论很可能还面临如下一个类比不当的指责:尽管心理词汇/概念是一种常识概念,但是处理心理概念的方式并不类似于处理科学史上的"燃素"或"活力"这样的常识概念的方式。理由有二。第一个理由是,取消论没有区分**第一人称视角的**(the first-person perspective)常识解释(即心理解释)与**第三人称视角的**(the third-person perspective)常识解释(如关于燃烧的常识解释)。也就是说,尽管心理描述也是属于常识解释的一种,但是心理描述与关于燃烧的常识解释的一个根本区别就在于:前者乃是一种第一人称视角的描述,而后者则是一种第三人称视角的描述。当然,所有的科学解释都是第三人称视角的解释。因此可见,一方面,关于燃烧的常识解释被有关的科学解释所取代,相当于一种第三人称视角的解释(即有关燃烧的科学解释)取代了另一种第三人称视角的解释(即有关燃烧的常识解释)。然而另一方面,即使如取消论所预言的那样,(原则上)所有的心理描述终将都要被有关的科学解释(如,神经—化学机制解释)所取代。但是,**仅从论证结构上考虑**,不难发现,这种关于心理描述被取代或被取消的方式并不类似于那种关于燃素或生命活动的被取代或取消的方式。也就是说,即

① 值得注意的是,当代有关心—身问题的绝大多数争论都是"基于属性的谈论"(property-based discussion)。在这类争论中,如果坚持(1)在形而上学层面,同一个事件既可以例示物理属性也可以例示心理属性(以及其他非物理属性),并且坚持(2)物理属性是基础的(fundamental),而心理属性(以及其他非物理属性)则随附于(supervene on)物理属性或被物理属性所决定(determinated by)(形而上学的随附关系或决定关系,需另文论述),那么这种观点[坚持(1)和(2)]就是一种物理主义版本的属性二元论,即非还原物理主义(nonreductive physicalism)的观点。而如果只坚持(1)而不坚持(2),那么就是一种非物理主义(non-physicalism)版本的属性二元论,常常也简称为属性二元论。

使确如取消论所预言的那样,前者也只可能是一种第一人称的描述被第三人称描述所取消的方式,而后者则是一种第三人称描述取消另一种第三人称描述的方式。如果这两种取消方式之间其实并不相似,那么就不可以运用类比论证。第二个理由就是,取消论似乎也没有区分**因果的**(causal)常识解释与**非因果的**(non-causal)常识解释。在当代一些学者——如金在权(Jaegwon Kim)——看来,某些关于心灵的现象状态(phenomenal state)的现象描述(如,我此刻感到疼痛)并不是一种因果解释(causal explanation)(Kim,J.,2011)。因为,按照通行理解,我们只能对于那些实际扮演或能够扮演因果角色(play the causal roles)的事件以及这些事件之间的关系,给出种种有效的因果解释。然而,现象状态似乎并不属于那些实际扮演或能够扮演因果角色的事件,或者说,例示现象属性的那些心理事件——就其作为现象属性的例示物而言——并不实际扮演或能够扮演因果角色。而如果现象状态或例示现象属性的心理事件并不扮演因果角色,那么相应的现象描述也就不是一种因果解释。①另一方面,无论是关于燃素或活力的常识解释,还是关于氧化作用或新陈代谢的科学解释都同属因果解释。因此后者取代前者,乃是一种因果解释取代另一种因果解释。然而,如果确如取消论所言,现象描述最终也将被有关的科学解释取代或被取消,但是,**仅从论证结构上考虑**,关于现象描述的取消方式显然也不类似于那种关于燃素或生命活动的常识解释的被取代或取消的方式。因为前者(现象描述)是一种非因果的解释被因果解释(有关的科学

---

① 现象状态或例示现象属性的事件究竟能否扮演因果角色? 目前学界对此存在争议。分析功能主义以及非还原物理主义版本的功能主义都认为可以扮演,并为之辩护。但是目前存在诸多论证试图表明,例示现象属性的事件似乎并不扮演任何因果角色。下面谈功能主义时很快会涉及这个问题。

解释)所取消,而后者则是一种因果解释取代另一种因果解释。因此,如果这两种取消方式之间也不相似的话,那么也不可以运用类比论证。

总之,以上关于取消论面临的三个问题的分析让我们完全有理由怀疑取消论是一种令人满意的物理主义观点。也就是说,无论是对(形而上学层面)心理属性还是对(认识论层面)心理概念/知识,采取取消论的立场,其理由都不足以令人信服。

2. 类型同一论

类型同一论的立场主要有两点:第一,在形而上学层面,有两种不同的属性:心理属性和物理属性。但是,**全部心理属性其实都同一于**(is identical to)**一些**物理属性①;第二,在认识论层面,有两套概念体系,物理概念和心理概念。并且,特定的心理概念和特定的物理概念之间具有共指称(co-reference)关系。

通过与取消论的对比,我们可以更清楚地了解类型同一论。在形而上学层面,类型同一论与取消论的区别在于:后者否认存

---

① 对类型同一论的形而上学立场,还有如下一种常见的理解:在形而上学层面,只有一种属性,即物理属性。心理属性**是**物理属性;在认识论层面,则有两套概念,即物理概念和心理概念。在我看来,这种理解有一个回避不了的麻烦:如何解释"心理属性是物理属性"这句话,其中的"是"究竟是什么意思? 对此,有且仅有如下两种可能的回答:(1)第一种回答。"是"的意思是"形而上学上一样"。那么,由于这里所说的"属性"是指一种形而上学的基本构件,因此"心理属性是物理属性"这句话的意思就是,在形而上学层面,任何一个心理属性都和一个物理属性一样。换句话说,任何一个心理属性都**形而上学上等**同于一个非心理属性。但这无论如何是不可能的! 因为在形而上学层面,任何事体(entity)只可能和它自身等同。(2)第二种回答。"是"的意思是"外延等同"。也就是说,由例示**全部**心理属性的那些事件所构成的**类**(type)与由例示**全部**物理属性的那些事件所构成的**类**是同一个(事件)**类**,即这两类事件的外延等同。但这也是不可能的。理由就是,很显然,存在一些仅仅例示物理属性而不例示任何心理属性的事件。因此例示**全部**心理属性的事件类不可能与例示**全部**物理属性的事件类外延等同。然而不难看出,例示**全部**心理属性的事件类却能与例示**部分**物理属性的事件类外延等同。可见,对于"心理属性是物理属性"这句话的合理解释只能是,在形而上学层面有两种属性,即心理属性和物理属性。并且,例示**全部**心理属性的事件所构成的**类**与例示**部分**物理属性的事件所构成的**类**之间具有一种**形而上学上必然的类型—类型同一**关系。而这正是本文对于类型同一论的形而上学立场所采取的理解。

在心理属性(以及其他非物理属性),坚持认为有且仅有物理属性。前者则认为,既有心理属性也有物理属性,但是**全部**心理属性都**同一于**一些物理属性。有两点需要解释。第一点是,这里的"同一于"是关键词,其意思就是,在形而上学层面,例示心理属性 m_0 的那一**类**(type)事件就是(is same as)例示物理属性 p_0 的同一**类**事件。也就是说,在形而上学层面,如果在 t 时刻存在由例示心理属性 m_0 的那些事件(e_0, e_1, e_2, …, e_n)所构成的事件类(type)E_0,那么(形而上学)**必然地**,在 t 时刻,那些构成事件类 E_0 的事件(e_0, e_1, e_2, …, e_n)中的**每一个也都**例示物理属性 p_0。因此,这里的"同一于"应理解成一种**形而上学必然地类型—类型同一**(metaphysically necessary type-type identity)。第二点就是,例示**全部**心理属性(m_0, m_1, m_2, …, m_n)的事件(E_0, E_1, E_2, …, E_n)所构成的那个事件类 E,也只是**类型同一于**例示——由**部分**物理属性所组成的——物理属性集(p_0, p_1, p_2, …, p_n)的事件(E_0, E_1, E_2, …, E_n)所构成的事件类 E。也就是说,在物理属性集(p_0, p_1, p_2, …, p_n)之外,仍存在其他一些物理属性(假定这些物理属性构成一个新的物理属性集合 PP),而心理属性集(m_0, m_1, m_2, …, m_n)则是一个心理属性的**极大集**。因此,形而上学上讲,完全有可能存在一些只例示物理属性集合 PP 中的物理属性而不例示任何心理属性的事件。[1]

在认识论层面类型同一论与取消论的立场也有所不同。首先,类型同一论认为,除了物理概念和物理知识之外,还有心理概念和心理知识。也就是说,类型同一论认为在认识论层面有

[1] 在类型同一论看来,如果全部的心理属性都形而上学必然地类型同一于一些物理属性,那么如下情形就是形而上学不可能的:在 t 时刻,存在一类事件 EE,EE 仅例示物理属性集(p_0, p_1, p_2, …, p_n)中的某些或全部物理属性,但同时 EE 却不例示某些或全部心理属性。但是,如果并不接受类型同一论关于"类型同一"的理解,那么上述形而上学情形就**并非不**可能。例如,我们下面很快会提到的非还原物理主义版本的功能主义和殊型同一论。

两套不同的概念体系或知识(物理概念和心理概念)。①其次,类型同一论还认为,对于任何一个心理概念 C_m,总能找到一个物理概念 C_p,使得 C_m 与 C_p 具有共同的指称。这一观点也常被简化表述为如下心物等同式(psychophysical identity): $C_m = C_p$。最后,如果承认全部的心理属性都同一于一些物理属性,并且承认全部的心理概念都与一些物理概念之间具有共指称关系,那么就可以进一步推出,在认识论层面,应当存在一些心理—物理桥接规律(psychophysical bridge law),从而使得任何一个刻画心理事件的心理命题(即由心理概念组成的命题)(原则上)都可以(认识论)**还原为**物理命题(即由物理概念组成的描述物理事件的命题)。②

类型同一论面临的麻烦主要有二:一个是多重可实现性(multiple realizability)(Patnam,H.,1967,pp.37—48),另一

---

① 有学者认为,这种概念二元的主张源于我们的某种知识直觉(knowledge intuition),即我们大多数人似乎觉得物理知识是一种不能解释现象感受(如:一种鲜活的疼痛感)的知识(Ludlow,P.,2004,pp.2—5,introduction)。因而除了物理概念和知识之外,我们日常生活中用来描述或解释现象感受的那些心理的概念和知识也是必要的。

② 这里需提醒三点:(1)心物等同式中的"="仅是共指称关系的另一种表述,不应与前面提到的"形而上学必然地类型—类型同一关系"中的"同一"的意思相混淆;(2)对于任何一个心理概念,总能找到一个物理概念,使得这两者共指称。但是,反过来,对于任何一个物理概念,并不是总能找到一个与其具有共指称关系的心理概念。也就是说,**全部的**心理概念只与**一些**物理概念之间具有共指称关系;同理,不难理解,全部的心理命题(原则上)都可以(认识论)还原为物理命题,反之则不行;(3)围绕这里的共指称关系,当前学界在知识论层面有一个热烈争论(Chalmers,D. and Jackson,F.,2001,pp.315—360;Loar,B.,2003,pp.113—129;Stoljar,D.,2005,pp.469—496),那就是,我们关于特定心理概念和特定物理概念之间共指称关系的知识究竟是先天的(a priori)还是后天的(a posteriori)。对此类问题,类型同一论一般会认为,特定心理概念(如疼痛)和物理概念(如C-神经激活)之间存在共指称关系这一点,并不是被我们先天认识到的,而是基于经验科学的发现。换句话说,在类型同一论看来,"疼痛=C-神经激活"与"Water=H_2O"的认知途径是一样的,都是经验科学的发现。也就是说,心物等同式中"等同"的意思乃是一种克里普克意义上的后天必然同一(a posteriori necessity)。对此争论,我的进一步分析以及所提出的一个新型辩护方案,可以参考王晓阳:《如何解释"解释鸿沟"——一种最小物理主义方案》,第9—14页;《后天物理主义与解释鸿沟——B.劳尔版现象概念策略的拓展分析》,第91—103页。

个则是解释鸿沟（explanatory gap）。（Levine，J.，1983，pp. 354—361）具体来说，多重可实现性所导致的困扰是，如果认为，在形而上学层面，特定的心理属性必然同一于特定的物理属性，那么类型同一论似乎很难回答如下问题：为什么有些物理基质不同的存在物（即例示不同物理属性的例示物）却可以例示同一种心理属性呢？举例来说，我们大多数人直觉上似乎认为，疼痛作为一种心理属性，似乎不仅是人类所独有的。例如，大猩猩、猫、狗、海豚、章鱼，甚至来自遥远星系的硅基结构的外星生物（如果可能存在的话）似乎也都能具有疼痛的感受。也就是说，尽管一些物种，它们感受疼痛的物理基质完全不同于人类，但直觉上我们大多数人仍然觉得，在这些不同的物理基质上似乎都能例示出或实现（realize）同一种心理属性，即疼痛。如果这个直觉是合理的，那么就表明，（至少某些）心理属性似乎是"多重可实现的"，而非在所有可能的情况下都同一于某些特定的物理属性。[①]

不同于多重可实现性，解释鸿沟则试图从认识论层面来对类型同一论进行质疑。如前所述，按照类型同一论，在认识论层面，应当存在一些心理—物理桥接规律（psychophysical bridge law），从而使得任何一个心理命题（即由心理概念组成的命题）都（原则上）可以（认识论）**还原为**物理命题（即由物理概念组成的描述物理事件的命题）。但是这种（认识论层面）还原的观点，似乎与如下一个我们大多数人具有的直觉相冲突：尽管一方面我们觉得有两类命题（心理命题和物理命题），但是另一方面

[①] 虽然类型同一论者也作出了相应回应，但是目前多数学者认为，多重可实现性的确表明类型同一论是有问题的。类型同一论者中间对多重可实现性较具代表性的回应，可参见希尔（Christopher Hill）（Hill，C. S.，1991）和帕皮纽（David Papineu）（Papineu，D.，2002）的有关工作。

我们似乎又觉得这两类命题之间并不存在桥接规律。换句话说,我们大多数人似乎觉得,即使一个人掌握了全部的物理知识(即由所有的物理命题所构成的命题集合),他似乎仍然无法物理地解释(physically explain)那些通常由心理命题所刻画的事件。当代心灵哲学里著名的知识论证(Jackson,F.,1982,pp.127—136;1986,pp.291—295)试图表明正是这一点:即使玛丽在黑白房间里获得了全部物理知识,当她走出来看到真正成熟西红柿的时候,直觉上我们觉得她仍然会获得一种在黑白房间里从未获得的全新视觉体验,而她似乎无法物理地解释这一点。也就是说,我们用以刻画内部心灵状态的心理知识(仅由心理命题构成的命题集合)和我们用以刻画外部物理世界的物理知识(仅由物理命题构成的命题集合)之间,似乎永远存在一条无法闭合的认识论鸿沟。在心灵哲学里,这条鸿沟也被称为"解释鸿沟"。然而,如果在认识论层面心理知识和物理知识之间的确存在一条解释鸿沟,那么类型同一论所认为的心理—物理桥接规律原则上就是不可能的。因此可见,在多重可实现性和解释鸿沟这两大麻烦得到有效处理之前,类型同一论也是难以令人信服的。

3. 功能主义

功能主义的立场主要有四点:第一,在形而上学层面,有两类不同的属性——心理属性和物理属性;第二,认识论层面,有两类不同的概念——心理概念和物理概念;第三,心理属性被看作一种高阶的(high-order)功能(functional)属性或结构(structural)属性。该功能属性虽说并不必然地同一于任何物理属性,但仍需要经由某种作为基质的低阶物理属性的例示物才能得以实现(be realized by)。换句话说,作为高阶功能属性的心理属性和低阶的物理属性之间存在一种"独特的"实现（realization）关系；第四，（由心理概念构成的）心理命题和（由物理概念构成的）物理命题之间不存在桥接规律。

功能主义主要面临如下两个麻烦：一个是排他性问题（exclusion problem），另一个是现象状态或感受质（qualia）。先看排他性问题。如果将心理属性看作功能或结构属性，那么功能主义则容许在多种不同的物理基质上（如人类神经系统，软体类的感觉系统，甚至外星人的感觉系统等等）"实现"同一种心理属性，即一种心理属性可以被多种不同的物理基质所"实现"。也就是说，功能主义容许心理属性的多重可实现。但是，如果心理属性可以多重实现，那么就意味着特定的高阶心理属性 m 和特定的底层物理属性 p1 之间并不存在"一对一"的恒常联系，即 m 和 p1 之间不存在形而上学的必然联系。因此一个绕不开的问题来了：在功能主义那里，m 和 p1 之间究竟是怎样的关系呢？按照上面功能主义的观点，m 与 p1 之间具有一种"独特的"实现关系。但是，要如何理解这里的"实现"关系呢？目前常见的一种看法是，将功能主义所说的"实现"关系理解成**律则上的**（nomological）必然联系或**弱随附**（weak supervenience）关系。这里要注意两点：首先，律则上的必然联系有别于形而上学的必然联系。前者认为，仅在**一些**可能世界中，m 和 p1 之间才具有恒常联系。而后者则认为，在**所有**可能世界中，m 和 p1 都具有恒常联系。[1]其次，按照金在权的理解，律则上的必然联系其实就是弱随附关系，即"一切物理属性都相似，则不可能心理属性上有任

---

[1]　从认识论层面看，前者（律则必然）与功能主义的非还原物理主义立场兼容，而后者（形而上必然）则与其立场不兼容。不难理解这一点，如果承认 m 与 p1 之间具有形而上的恒常联系，那么就相当于承认在有关 m 的心理命题和有关 p1 的物理命题之间存在着心理—物理桥接规律或心理—物理对应规则（correspondence rules）。而这无疑将摧毁功能主义在认识论层面所持有的非还原立场。

277

何不同。也就是说,物理上的不可分辨性衍推心理上的不可分辨性(physical indiscernibility entails psychological indiscernibility)"(Kim,J.,2011,p.9)。具体而言,弱随附关系的意思就是,假定有两个事件 E1 和 E2。在物理属性方面,E1 和 E2 都是仅例示物理属性 p1 的事件,因此 E1 和 E2 就是两个在物理上不可分辨的事件。而我们大多数人有如下一个强烈直觉:如果 E1 和 E2 在物理上不可分辨,那么它们在心理上则不可分辨。也就是说,E1 和 E2 也都是仅例示心理属性 m 的事件。反之则不然。理由就是,由于功能主义容许心理属性的多重可实现,因此,在心理属性方面,两个仅例示心理属性 m 的事件,在物理属性方面则有可能不是仅例示 p1 的两个事件。换句话说,心理上的不可分辨性**并不必然地**衍推物理上的不可分辨性(多重可实现性论题试图表明的正是这一点)。①

　　然而,如果某个心理属性仅仅被某个或某些物理基质所"实现",该心理属性还不足以被称为功能属性。因为按照功能主义的观点,一个心理属性还必须与一些物理属性处在因果联系之中,那么该心理属性才有资格被称为功能属性。(Levin,J.,2014)换句话说,仅当例示心理属性 m 的事件能**导致**(cause)物理属性 p2 被例示出来,或者例示 p2 的事件能导致 m 被例示出来,才能说该心理属性 m 是一个功能属性。这就表明,心理属性与物理属性之间具有因果功效(causal efficacy)(即例示某个心理属性的事件导致某个物理属性被例示出来,或例示某个物理属性的事件导致某个心理属性被例示出来)乃是功能主义得

---

　　① 随附关系一般也被理解成一种共时性关系,但为了讨论的方便,本文暂不考虑时间因素(这并不影响我们的讨论)。有关随附性更细致的讨论,可以参看相关文献 Kim,J.,1993,pp.53—78;Mclaughin,B.,Bennett,K.,2014;王晓阳、王雨程:《无律则一元论再思考——关于心—身殊型同一论与心—身随附性的一个新想法》。

以成立的一个必要条件。①

上述心理—物理因果功效还可进一步细分为如下两种：(1)上向因果(upward causation)，即 m 是某个物理属性 p2 的结果(p2 导致 m)；(2)下向因果(downward causation)，即 m 是某个物理属性 p2 的原因(m 导致 p2)。先看上向因果。如果 p2 导致 m，又由于 m 是一个高阶随附属性(总要随附于某个低阶物理属性)，那么就会出现一个让功能主义"尴尬的"情形：在只有 p2 出现，但没有出现任何物理属性来充当 m 的随附基础的情况下，m 不可能出现(因为 m 是一个高阶的随附属性，无论如何都需要一个低阶的物理属性来作为其随附基)；反之，即便 p2 不出现，只要有合适的物理属性(如，p1)充当随附基，m 依旧可以出现。换句话说，作为 m 的随附基础的物理属性似乎会"排挤掉"任何试图充当 m 的原因的物理属性。也就是说，p2 似乎并不是导致 m 出现的真正原因(即单单 p2 并不足以导致 m 的出现)。m 的出现似乎并不是由某个物理的原因所**导致**，而是仅仅**依赖**于某个物理的**基础**。再看下向因果。如果 m 导致 p2，那么则会出现另一个"尴尬的"情形：按照**物理世界的因果封闭性原则**(the causal closure principle of physical world)：如果例示物理属性 p2 的事件 E 在时间 t 有原因的话，那么 E 在时间 t 就会有一个**充足的**(sufficient)物理的原因。②假定这个充足的物理原因是例示一个物理属性 p3 的物理事件 E3，又由于这里不可能是一个因果过决定(causal overdetermination)的情形③，因此，对

① 不难理解，另一个必要条件就是上面刚提到的心理属性与物理属性之间要具有"实现"关系。

② 物理世界的因果封闭性原则是一条物理主义的基本原则。目前绝大多数物理主义者(包括功能主义者)并不质疑这个原则，但是有关该原则的理解目前存在争议，可参见上文"取消论"部分的相关注释。

③ 由于 m 是一个高阶的随附属性，因此 m 不可能单独地导致 p2，因此，按照对充足原因的定义，m 没有资格被当成 p2 的一个充足原因，因此这里不可能是一个因果过决定的情形。

于 m 而言,有且仅有如下两个选项:要么 m 根本不是 p2 的原因,要么 m 和 p3 一起导致 p2。不难理解,选择前者,等于承认 m 不能导致 p2,而 p3 才是 p2 的真正原因。选择后者,也很麻烦。因为,既然这儿不是一个因果过决定的情形,而且在 p2 已有一个充足原因 p3(即单单 p3 就足以导致 p2 的出现)的前提下,m 似乎依然是"多余的"。可见,对于功能主义而言,存在一个绕不开的"排他性问题",即无论是在上向因果还是在下向因果的讨论中,m 的因果功效都面临被物理属性"排挤掉"的危险:在上向因果讨论中,作为 m 的随附基础的物理属性 p1 会"排挤掉"任何试图充当 m 的原因的物理属性;而在下向因果讨论中,试图充当 p2 原因的 m 则会被作为 p2 的充足物理原因 p3"排挤掉"。

然而,如果 m 既不是某个物理属性的结果(上向因果不可能),也不是某个物理属性的原因(下向因果不可能),也就是说,心理属性与物理属性之间并不具有因果功效,那么依据功能主义的通行理解,心理属性就不能算是一种功能属性。而如果心理属性不是功能属性,则功能主义就是错误的。

下面看感受质。感受质对功能主义造成的主要困扰是,一些学者认为,感受质或现象状态(如疼痛感)是一种具有"现象质性"(phenomenal quality)的原初事实,而且似乎也不扮演任何因果角色,因此无法给出关于感受质的因果解释。当代心灵哲学里颇受关注的内格尔(Thomas Nagel)的蝙蝠论证(bat argument)(Negel,T.,1974,pp.435—450)和查莫斯(David Chalmers)的僵尸论证(zombie argument)(Chalmers,D.,1996)都试图表明感受质是拒绝"功能化"的。换句话说,这两个论证都试图表明,由于感受质并不与任何物理—行为状态具有因果联系,因此并不是功能属性(即作为现象属性的感受质不是功能属性)。然而,如果感受质不是功能属性,那么功能主义依然是错误的,或者温和一点说,功能主义至少是有缺陷的,因为至少无法处理感受质。[①]总之,无论是排他性问题还是感受质,目前都对功能主义构成了困扰。因此,在这两个麻烦得到有效处理之前,功能主义也是难以令人信服的。

4. 殊型同一论

简言之,殊型同一论说的是,对于任何一个**个体**(particular)心理事件 E_m,都存在一个物理事件 E_p,使得 E_m **同一于** E_p。不难发觉,殊型同一论与前面提到的类型同一论之间有如下一个显著区别:我们前面提到,类型同一论所认为的"同一",乃是心理属性 m 与物理属性 p 之间的同一。严格地说,应该是,在形而上学层面,例示心理属性 m 的那些事件构成的心理**事件类**与例示物理属性 p 的那些事件构成的物理**事件类**总是同一个**类**。与之不同的是,殊型同一论所认为的"同一"则是个体心理事件(即心理殊型)与个体物理事件(物理殊型)之间的同一。这里还有一个不容忽视的问题:如何理解殊型同一论所说的(处于同一关系之中)的个体事件或殊型呢? 由于学界对此问题的看法一直存在明显分歧,因而分化出了两个不同的版本殊型同一论:一个是金在权版本的殊型同一论(以下简记为 J 版),另一个则是戴维森版本的殊型同一论(以下简记为 D 版)。[②]简言之,首先,J 版认为,一个个体物理事件与一个个体心理事件之间具有殊型同一关系的意思就是,例示心理属性 m 的一个个体事件 E 也可以例

---

① 感受质究竟能否被功能化? 这个问题目前正处于激烈的争论之中。限于篇幅和主题,这里无法展开讨论。有兴趣者,可参考有关论述(Levin, J., 2014)。

② 限于篇幅,以下仅简略讨论 J 版与 D 版之间的差异,更的详细分析可进一步参看我们的一篇文字(王晓阳、王雨程:《无律则一元论再思考——关于心—身殊型同一论与心—身随附性的一个新想法》,第 53—57 页)。

示物理属性 p。也就是说,同一个个体事件 E,既可以例示物理属性 p 也可以例示心理属性 m。如果事件 E 例示 p,则 E 是一个物理事件,如果事件 E 例示 m 则 E 是一个心理事件。但是请注意,作为一种物理主义观点,J 版还进一步认为,物理属性 p 乃是基础属性,而心理属性 m 则弱随附于 p。因此,J 版不会容许一个仅仅例示心理属性而不例示任何物理属性的事件存在。可见,J 版乃是一种**物理主义版本的属性二元论**(即事件一元属性二元)。

与之不同的是,D 版则认为,一个个体物理事件与一个个体心理事件之间具有殊型同一关系的意思就是,心理概念 C_m 所描述的个体事件 E **就是**物理概念 C_p 所描述同一个个体事件 E。换句话说,事件仅有一个,但是却有两个不同的概念,并且这两个概念之间具有共指称(co-reference)关系。也就是说,如果事件 E 被心理概念 C_m 所描述则是一个心理事件,如果 E 被物理概念 C_p 所描述则是一个物理事件。同样地,作为一种物理主义观点,D 版也接受某种意义上的弱随附关系。请注意,与 J 版不同的是,D 版所理解的弱随附关系乃是一种**概念间**的随附关系。换句话说,D 版认为,心理概念弱随附于物理概念(Davidson,1993,p.4)。**仅**在这个意义上,物理事件才是“基础的”。可见,D 版乃是一种**物理主义版本的概念二元论**(即事件一元概念二元)。

下面依次考察 J 版和 D 版殊型同一论各自面临的麻烦。先看 J 版。稍稍考虑一下就会发现,**在某种意义上**,J 版也可被看作就是上文提到的功能主义[①]:首先,在形而上学层面,两者都认

---

① 对于这里的“在某种意义上”,需做两点说明:(1)上文提到,功能主义所说的心理属性与基础物理属性之间“实现”关系,常常被理解成弱随附关系。但也有对“实现”关系做不同于“弱随附”关系的其他解读。因此,如果认为“实现”关系不是弱随附关系,而 J 版(转下页)

为有两种属性(心理属性和物理属性),其次,两者也都认为心理属性是高阶属性,而物理属性则是基础属性。并且,按照上文提到的关于功能主义的一种通行看法,功能主义所说的作为功能属性的心理属性与基础物理属性之间乃是一种弱随附关系。J版同样也认为心理属性弱随附于基础物理属性。第三,在认识论层面,功能主义认为有两类不同的概念(心理概念和物理概念)。并且,(由心理概念构成的)心理命题和(由物理概念构成的)物理命题之间不存在桥接规律。同样地,J版也持有完全一样的认识论观点。①因此,不难理解,J版同样也会面临排他性问题和感受质这两大麻烦。那么,D版能否避免这两个麻烦呢?我认为可以。下面来看D版怎么应对这两大麻烦。上文提到,排他性问题说的是,当考虑心理属性的因果效力时,功能主义所面临的困扰就是,要么作为心理属性 m 的随附基础的物理属性会"排挤掉"任何其他试图充当 m 原因的物理属性(上向因果),要么试图充当物理属性 p2 原因的心理属性 m 会被作为 p2 的充足物理原因的物理属性 p3"排挤掉"。换句话说,排他性问题力图表明的是,所有有关心理因果性论题的那些**基于属性讨论**

(接上页)所说的心理属性 m 与基础物理属性 p 之间是弱随附关系,那么功能主义则有别于J版。(2)如果将J版的两种属性之间的关系看作是一种**强随附关系**(即在所有的形而上学可能世界中,基础物理属性 p 出现,则心理属性 m 也出现),那么J版也不同于作为功能主义。理由就是,一旦承认形而上学层面的强随附关系,那么在认识论层面,就不可能是一种非还原的立场了(因为会有心理—物理桥接律)。有关实现关系与随附关系之间差别,以及强弱随附差别的谈论,是目前分析哲学中的热点话题,限于篇幅,这里不再展开,有兴趣可以参考相关文献 Kim, J., 1993, pp.53—78; Mclaughlin, B., Bennett, K., 2014; Levin, J., 2014。

　　① 请注意:在认识论层面,J版与D版都认为有两类不同的概念,心理概念与物理概念,并且也都认为(由心理概念构成的)心理命题和(由物理概念构成的)物理命题之间不存在桥接规律。区别仅在于:J版认为概念直接描述的是属性,而对事件的描述乃是经由对该事件所具有或例示的属性的描述而间接实现的。与之不同的是,D版则认为,概念直接描述事件,而无须借助任何属性(王晓阳、王雨程:《无律则一元论再思考——关于心—身殊型同一论与心—身随附性的一个新想法》,第54—55页)。

(property-based discussion)的非还原物理主义观点都绕不开如下一个麻烦：在面对物理属性的竞争时，心理属性似乎并不具有竞争力，因而是一种没有因果效力的属性。然而，幸运地，D 版似乎并不是一种"基于属性谈论"的物理主义观点。因此有理由相信，D 版有可能绕开排他性问题的困扰。

在我看来，D 版的一个可能回应就是，首先区分因果关系（causal relation）与因果解释（causal explanation）。因果关系是，两个不同的**殊型**（token）或**个体事件**（如 a 和 b）之间所存在的某种特别的**形而上学层面**的个体——个体或殊型——殊型关系。而因果解释则是，"链接"两个不同**类型**（type）（如 Ta 和 Tb）的某个特别的**认识论层面**的"关联性"解释。这个"关联性"解释揭示出了，分属 Ta 和 Tb 这两个不同类型的那些事件之间，存在着某种特别的**认识论层面**的类型——类型"关联"。[①]因此，要问一个心理事件是否具有因果效力，其实就是在问：形而上学层面，一个能被某个心理概念所描述的事件是否和另外一个事件之间具有因果作用（causal interaction）。不难理解，两个个体事件之间具有因果作用，当且仅当这两个个体事件之间具有因果关系。因此如下情形是完全可能的：在形而上学层面，存在两个个体事件 a 和 b，a 和 b 之间具有因果关系。并且，在认识论层面存在两个心理概念 C_{m1} 和 C_{m2} 和物理概念 C_{p1} 和 C_{p2}。C_{m1} 与 C_{p1} 具有共同的指称，是 a；而 C_{m2} 与 C_{p2} 也具有共同的指称，是 b。因此，当 a 被心理概念 C_{m1} 描述，则得到一个心理事件 M_1。在形而上学层面，该心理事件 M_1 依然是事件 b 的原因。类似地，当 b 被心理概念 C_{m2} 描述，则得到另一个心理事件 M_2，该心理事件 M_2 也依然是事件 a 的结果。换句话说，上述可能回应的关键就

---

① 这个"关联性"解释应具有如下似律陈述（lawlike statement）或桥接律的形式："如果 Ta，那么 Tb"，或者"Ta 当且仅当 Tb"。

在于:指出因果效力仅仅发生在形而上学层面不同的个体事件（a 和 b）之间,它并不会由于这些个体事件（a 和 b）被何种概念（或何种方式）所描述而发生任何改变(Davidson,D.,1993,p.12)。①

对于感受质问题,D 版殊型同一论并没有处理过它。事实上,戴维森提出 D 版的初衷是,用它来处理具有意向性的心理状态(如,相信、希望等等)的。(Davidson,D.,1970,pp.79—102;2002,pp.207—227)但是,我认为,有理由相信经过适当的解释和改进之后,D 版完全可以用来处理感受质问题。简言之,大致思路如下,首先,承认感受质是一种不能被取消的原初事实(有别于取消论),也承认具有"现象质性"的感受质并不扮演任何因果角色,因而给不出关于感受质的因果解释(有别于功能主义),还承认描述或指称感受质的那些现象概念或命题无法**在认识论**上被还原为物理概念或命题,即承认现象知识和物理知识之间存在一条认识论上的解释鸿沟(有别于类型同一论)。其次,重新理解"感受质"。关键就是,不再将感受质所具有的"现象质性"理解为某种独立于认知系统的"外部"(external)事件所例示或具有的现象属性,而是将其重新理解为特定的意识活动中的"呈现物"(appearance)。对此"呈现物"的一个合理解释是:如果认知者 S 在时刻 t 运用现象概念 P 来描述或指称一个在形而上学层面不同于 S 的其他事件 E,那么,在时刻 t,S 就会获得一个具有现象质性的意识经验(conscious experience)C。换句话说,当且仅当 S 在时刻 t 运用 P 来指称 E,意识经验 C 才得以**在同**

---

① D 版能否避免排他性问题的困扰?学界对此一直存在争议。比如,金在权一直认为不行,但海尔(John Heil)和基柏(Sophie Gibb)等人则认为可以。我们最近也撰文为 D 版可以避免此困扰做辩护,有兴趣者可以参考王晓阳、王雨程:《心理因果性、排他性论证与非还原主义》,第 118—126 页。

一时刻呈现在(appear in)S的意识活动中。不难看出,该解释所采取的一个关键策略就是,从现象概念的运用机制角度来解释"现象质性"何以可能,因而也被学界称为"现象概念策略"(phenomenal concepts strategy)。(Stoljar, D., 2005, pp. 469—494)最后,如果上述现象概念策略是合理的,那么一个事件 E 是不是现象事件(即感受质),则取决于认知者 S 是否运用特定的现象概念来描述或指称了 E。换句话说,如果 S 用物理概念来描述 E,则 E 就是一个物理事件。如果 S 用现象概念来描述 E,则 E 就是一个现象事件(感受质)。可见,我们应有理由相信,经过适当改进后的 D 版(即对感受质做上述重新理解,并借助于现象概念策略),也可以有效处理感受质。

四、结论与遗留问题

至此,我们关于四种物理主义观点的考察已经结束,下面来总结一下它们是如何看待心—身区别论证的。首先,取消论会认为,在形而上学层面,由于仅有一种属性,即物理属性,因而物理属性是否不同于心理属性,这乃是一个没有意义的问题。其次,类型同一论会认为,在形而上学层面,全部心理属性与部分物理属性之间具有必然地类型—类型同一关系,因此,即使有两类不同的属性(心理属性与物理属性),也不可能存在任何仅仅例示心理属性而不例示任何物理属性的事件。也就是说,类型同一论不会容许有仅仅例示心理属性的事件存在。因此类型同一论会认为心—身区别论证的前提是不可靠的。具体而言就是,论证一的(2)和论证二的(1′)是不可靠的。第三,同样地,功能主义和 J 版殊型同一论也会认为,论证一的(2)和论证二的(1′)是不可靠的。因为,在形而上学层面,即使心理属性并不与

286

某个特定的物理属性之间具有必然联系,但是作为高阶的随附属性,无论如何,心理属性总要依赖于底层物理基质才能被例示出来。换句话说,功能主义和 J 版也都不会容许有仅仅例示心理属性而不例示任何物理属性的事件存在。最后,(改进后的)D版则会认为,心—身区别论证充其量只是表明了,在认识论层面,我们拥有两套不能相互还原的概念系统或知识(物理知识和心理知识),但由此并不能进一步推出在形而上学层面存在两类完全不同的事体(物理属性和心理属性,或者物理实体和心理实体)。换句话说,这也可以看作是关于直觉 1 和 2 的一种合理解释:我们之所以有心灵不同于身体(及其所属的外部世界)的直觉,很可能仅是由两套概念(物理概念和心理概念)之间的认知机制差异所造成的,并不能表明形而上学层面存在两种完全不同的属性(心理属性和物理属性)甚至两种完全不同的实体(心理实体和物理实体)。

　　此外,进一步说,如果直觉 1 和 2 反映出的其实是我们大多数人似乎都具有的那种心灵与身体(及其所在的外部世界)之间有所区别的二元直觉,那么如下这个要求应当也是合理的:任何一个令人满意的应对心—身区别论证的物理主义理论,除了能够自圆其说之外,还应该能够合理地解释我们的这种心—身二元直觉。也就是说,**能否对心—身二元直觉作出合理解释,理应成为衡量一个物理主义观点或理论是否令人满意的一个必要条件**。不难看出,取消论显然不满足这个必要条件,因为取消论直接忽视了这个二元直觉。类型同一论似乎也不满足,因为它一直面临着解释鸿沟的困扰。具体来说,解释鸿沟恰恰是心—身二元直觉在认识论层面的反映,而这显然与类型同一论所主张的认识论还原是相冲突的。功能主义和 J 版殊型同一论均承认存在心理属性和物理属性。在这一点上,它们的确比取消论更

"尊重"心—身二元直觉。但是恰恰由于这种属性二元的形而上学立场，使得它们备受争议。尤其是排他性问题一直困扰着它们。具体来说，排他性问题不仅暗示心理属性很可能并不具有因果功效，而且进一步暗示，所有"基于属性谈论的非还原物理主义"似乎都是不稳定的，面临坍缩的危险：要么坍缩为类型同一论，要么坍缩为副现象论。仅有这两个结局（Kim，J.，1968，p.219）。对于功能主义和 J 版而言，这两个结局中的任何一个都是无法忍受的①。然而相对于以上这些物理主义观点，经改进之后的 D 版解释力则更强，即不仅能有效化解上述物理主义观点目前面临的这些难题，而且能为心—身二元直觉提供一个合理的解释。

　　总之，经过上述分析之后，现在可以得出如下这个结论：一方面，我们应当有理由相信，相对于其他常见的物理主义观点，改进后的 D 版的竞争优势的确是明显的。但是另一方面，我们也应该清醒地意识到，改进后的 D 版仍面临需进一步澄清的"遗留问题"。例如，为何在认识论层面存在两种概念而在形而上学层面仅有一类（或一个）事件？在一些学者（如金在权）看来，任何认识论层面的差异都应该能在形而上学层面找到某种根据。因此，仅仅宣称"概念二元事件一元"是不够的，改进后的 D 版似乎仍有必要为这里的"形而上学依据"提供进一步的解释。再如，如果"现象质性"不再被当作某种独立于 S 认知系统的"外

---

① 接受类型同一论，则等于放弃非还原的立场，而且将面临类型同一论的麻烦。接受副现象论，面临的一个难题是：作为一种副现象的心理属性，究竟是如何由物理原因导致的？这个难题似乎得不到任何物理地解释。还有另外一个难题，如果心理属性是副现象，那么假定在形而上学上有两个在物理层面完全一样的可能世界，其中一个有心理属性，另外一个则没有任何心理属性。如果这种情形是形而上学可能的，那么也无法物理地解释为何其中一个世界有心理属性而另一个竟然完全没有。查莫斯的僵尸论证（Chalmers，D.，1996）试图揭示的正是这一点。总之，这两个难题似乎都表明，在认识论层面，副现象论与 J 版之间是不兼容的。

部"事件所例示或具有的现象属性,而被当作 S 在运用特定概念时在其意识中的"呈现物",那么究竟要如何理解这里的"呈现物",它是否也具有某种形而上学的特殊地位? 另外,"呈现"究竟是怎样的一种认知机制? 又如,很明显,改进后的 D 版所理解的心理事件和物理事件都不是属性的例示物。也就是说,改进后的 D 版对事件和属性的看法完全不同于其他版本的物理主义,即改进后的 D 版并不是一个"基于属性谈论"的物理主义观点。因此,改进后的 D 版仍有必要对其所理解的这种有别于其他版本物理主义观点的事件观和属性观提供更加充分的说明。

上述这些遗留问题涉及了形而上学和认识论两个层面。如何澄清和处理它们,需另文论述。但是应不难看出,任何相关的有意义探讨,无疑都将推进我们关于心—身问题的更深入思考。

参考文献

Armstrong,D.,A Materialistic Theory of the Mind, London: Robert Kennedy Publisher,1968.

Chalmers,D. and Jackson,F.,Conceptual Analysis and Reductive Explanation,*the Philosophical Review*,2001,110(3),pp.315—360.

Chalmers,D.,The Conscious Mind,Oxford: Oxford University Press,1996.

Davidson,D.,Mental Events,Foster,L.,Swanson,J. W.(Eds.),*Experience and Theory*,the University of Massachusetts Press and Duckworth,1970,pp.79—102,reprinted in Davidson,2002,pp.207—227.

Davidson,D.,Thinking Causes,Heil,J.,Mele,J.,

(Eds.), *Mental Causation*, New York: Clarendon Press, 1993, pp.3—17.

Fodor, J., *Psychological Explanation*, New York: Random House, 1968.

Gibb, S., Closure Principles and the Laws of Conservation of Energy and Momentum, *Dialectica*, 2010, 64(3), pp.363—384.

Gibb, S., Nonreductive Physicalism and the Problem of Strong Closure, *American Philosophical Quarterly*, 2012, 49(1), pp.29—41.

Hill, C. S., Sensations: A Defense of Type Materialism, Cambridge: Cambridge University Press, 1991.

Jackson, F., Epiphenomenal Qualia, *Philosophical Quarterly*, 1982, 32(127), pp.127—136.

Jackson, F., What Mary Didn't Know, *Journal of Philosophy*, 1986, 83(5), pp.291—295.

Kim, J., Concepts of Supervenience, Kim, J., (Ed.), *Supervenience and Mind: Selected Philosophical Essays*, Cambridge University Press, 1993, pp.53—78.

Kim, J., Philosophy of Mind (Third Edition), New York: Westview Press, 2011.

Levin, J., Functionalism, in Stanford Encyclopedia of Philosophy, on the web at http://plato.stanford.edu/entries/functionalism/, 2014-11-15.

Levine, J., Materialism and Qualia: the Explanatory Gap, *Pacific Philosophical Quarterly*, 1983, 64, pp.354—361.

Lewis, D., An Argument for the Identity Theory, *Jour-

nal of Philosophy, 1966, 63(1), pp.17—25.

Loar, B., Qualia, Properties, and Modality, *Philosophical Issues*, 2003, 13(1), pp.113—129.

Ludlow, P., Nagasawa, Y. and Stoljar, D. (Eds.), There's Something about Mary: Essays on Phenomenal Consciousness and Frank Jackson's Knowledge Argument, the MIT Press, 2004.

McLaughlin, B., Bennett, K., Supervenience, in Stanford Encyclopedia of Philosophy, on the web at http://plato.stanford.edu/entries/supervenience/♯3.6, 2014-11-16.

Nagel, T., What Is It Like To Be a Bat, *Philosophical Review*, 1974, 83, pp.435—450.

Papineau, D., Thinking about Consciousness, Oxford University Press, 2002.

Putnam, H., Psychological Predicates, Capitan, W. H., Merrill, D. D. (eds.), *Art*, *Mind*, *and Religion*, Pittsburgh: University of Pittsburgh Press, 1967, pp.37—48.

Putnam, H., The Nature of Mental States, 收入 *Mind*, *Language*, *and Reality*, Cambridge: Cambridge University Press, 1975, pp.429—440, 最初发表于 1967 年。

Robb, D. And Heil, J., Mental Causation, in Stanford Encyclopedia of Philosophy, on the web at http://plato.stanford.edu/entries/mental-causation/, 2014-11-12.

Schick,T. and Vaughn, L., Doing Philosophy: An Introduction Through Thought Experiments(5th Edition), McGraw-Hill Humanities/Social Sciences/Languages Publisher, 2012.

Stoljar, D., Physicalism and Phenomenal Concepts, *Mind*

and Language，2005，20(5)，pp.469—494.

Stoljar，D.，Physicalism，in Stanford Encyclopedia of Philosophy，on the web at http://plato.stanford.edu/entries/physicalism/，2015-03-15.

Yoo，J.，Mental Causation，in Internet Encyclopedia of Philosophy，on the web at http://www.iep.utm.edu/mental-c/，2014-11-09.

笛卡尔著,庞景仁译:《第一哲学沉思集》,商务印书馆1986年版。

王晓阳:《后天物理主义与解释鸿沟——B.劳尔版现象概念策略的拓展分析》,《世界哲学》2013年第4期,第91—103页。

王晓阳:《如何解释"解释鸿沟"——一种最小物理主义方案》,《自然辩证法研究》2012年第6期,第9—14页。

王晓阳、王雨程:《无律则一元论再思考——关于心—身殊型同一论与心—身随附性的一个新想法》,《自然辩证法通讯》2013年第3期,第51—59页。

王晓阳、王雨程:《心理因果性、排他性论证与非还原物理主义》,《哲学研究》2015年第4期,第118—126页。

本文首次刊发于《自然辩证法通讯》2015年第4期

物理主义不等于物理学主义

——表述物理主义的一个新方案

一、引 言

每个时代都有自己的世界观,我们这个时代也不例外。在一些学者看来,我们这个时代的世界观大概非"物理主义"(physicalism)莫属(Gillett and Loewer 2020,pp.2—3)。那么,什么是"物理主义"呢? 依据"斯坦福哲学百科全书"给出的解释,"物理主义"可被表述为如下论题(Stoljar,2021,Introduction):

(P) 一切皆是物理的,或者一切皆随附于物理的。

不难看出,要准确把握(P)的含义,有赖于对"一切、物理的、随附"这三个关键词的恰当理解。这里,"一切"这个词的意思似乎较明确,是指"时空中或现实世界中所有的存在物"①。因此,

---

① 两点说明:(1)这里所说的"存在物"可理解为形而上学层面的"事体"(entity)。通常认为,这些事体可以是属性、实体、对象、事件、事态、过程等等。至于具体为何,则取决于不同的形而上学理论。(2)为便于讨论,本文遵循常见做法,主要围绕"属性"(property)展开论述,但也会涉及对象和事件。凡涉及"对象",可理解为"具有属性的实体(substance)"。凡涉及"事件",可理解为"带有时间标记的,并且具有属性的实体"。至于什么是"属(转下页)

(P)可被进一步解读为,时空中或现实世界中所有的属性,要么是物理的,要么是随附于物理的。换句话说,物理主义者普遍相信,时空中或现实世界中的属性,要么统统都是物理的,要么尽管有些属性(如心理的、生物的或社会的等等)乍看上去是非物理的,其实并不是,因为我们终究会发现,这些乍看上去非物理的属性,要么依然是物理的,要么总是随附于(supervenes on)某些物理的属性。

问题来了,以上说法中"物理的"和"随附"这两个词究竟是什么意思呢? 如果我们对这两个词("物理的"和"随附")没有清楚的理解,依然难以把握到(P)的准确含义。遗憾的是,学界对"物理的"和"随附"这两个词的理解一直存在争议,从未达成共识。事实上,按照学界目前的看法,如何恰当地说明这两者("物理的"和"随附"),乃是当今物理主义者面临的两个最棘手问题。至于什么是"随附",则一般认为属于形而上学层面的探讨,主要涉及非物理属性与物理属性之间的形而上学关系。[①]而如何恰当地说明什么是"物理的",即给"物理的"这个词下个合适定义,则主要涉及有关物理概念的理解,也关系如何对物理主义进行表述,属于概念层面或认识论层面。在下文中,我打算就此(即"物理的")展开讨论,大致思路如下:

首先,在下一节里,我将考察表述物理主义的四种常见方案,分析它们目前面临的主要问题。其次,在第三节里,我将给

(接上页)性",可理解为"可例示的事体"(instantiated entities)。至于什么是"可例示",学界一直存在争议。限于本文主旨,不展开论述。

    ① 两点说明:(1)除了"随附"外,常用来刻画非物理属性与物理属性之间关系的概念还有:固定、实现、决定、必然化和奠基等等。(2)尽管目前多数人认为"随附"刻画的是属性间的关系,因而关于"随附"的讨论主要是形而上学层面的,然而不是所有人都同意这一点。如,戴维森(Donald Davidson)认为,"随附"指的是一种概念间的随附关系(conceptual supervenience),即心理概念随附于物理概念(cf. Davidson, 1993, p.4)。

出一个新的表述方案。我将论证，依据新方案，不但可以有一个关于"物理的"这个词的恰当定义，而且能帮助物理主义避开四种常见方案目前面临的主要质疑。尤其是，新方案不但能有效地应对亨普尔两难（Hempel's Dilemma），而且能摆脱泛心论（panpsychism）的困扰。因而有理由相信，新方案是合理可取的。然后，在第四节里，我将回复几个值得考虑的质疑，从而为新方案作进一步的辩护。最后，在第五节里，我将作出总结。

二、什么是"物理的"：四种常见回应

关于什么是"物理的"，最常见的回应大概就是"基于物理学理论的方案"了（为方便讨论，以下简记为 A 方案）。A 方案的大意是，对"物理的"这个词的恰当说明，要完全诉诸我们的科学，尤其是物理学理论。其核心想法如下（cf. Stoljar，2021，§ 11）：

（A）属性 p_1 是物理的，当且仅当，要么 p_1 是物理学理论告诉我们的属性，要么 p_1 形而上学上（或逻辑上）随附于物理学理论告诉我们的那些属性 p_0（$p_1 \neq p_0$）。

依据定义（A），之所以属性"具有质量"和属性"能自旋"是物理属性，是因为，它们都是可以被物理学理论完全加以描述的，是物理学理论告诉我们的属性。之所以属性"是桌子"和属性"是瓶子"也是物理属性，是因为，尽管似乎不能被物理学理论完全加以描述，但它们归根结蒂总是随附于物理学理论告诉我们的那些属性。

A 方案面临的一个主要质疑是亨普尔两难。其大意是说，一方面，如果（A）中的"物理学"是指今天的物理学理论，那么，

由于今天的物理学理论尚不完备,因而(A)必定有所遗漏,即会遗漏掉某些属性 p_2。虽然 p_2 也是物理的(之所以 p_2 是物理的,是因为它能被未来的物理学理论完全加以描述),但是 p_2 既不能被今天的物理学理论完全加以描述,也不随附于那些能被今天物理学理论加以完全描述的属性。因此,若诉诸今天的物理学来界定"什么是物理的",则是行不通的(因为总会遗漏掉某些物理属性 p_2),会导致(A)是错误的;另一方面,如果(A)中的"物理学"是指未来的理想物理学或终极物理学,那么,由于我们尚不清楚终极物理学的实质内容如何,若诉诸终极物理学来界定"什么是物理的",则会导致(A)是模糊不清的,或使得(A)成为缺乏实质内容的空洞论调。

可见,由于总归要诉诸物理学理论来界定"什么是物理的",因此,无论如何,A 方案绕不开亨普尔两难。但是,无论是选择今天的物理学,还是选择未来的终极物理学(有且仅有这两个选择)来对"物理的"加以界定,似乎都让 A 方案的信奉者感到难堪。

A 方案信奉者目前的回应大多针对该两难的"第一支",以图有所突破。例如,有学者认为,以下涉及心—身问题的两个至关重要的条件,似乎是我们可以"安心接受的":(1)"心理现象与大脑中发生的物理过程有着系统性的关联"(程炼:《亨普尔两难》,第 34 页),以及(2)今天的物理学(尤其是神经科学及其相关理论)"提供的对大脑的工作基础的理解是稳定而完整的"(同上,第 35 页)。理由就是,20 世纪中叶至今,我们所获得的大量神经科学经验研究证据,足以让我们相信,"心理现象是以大脑的神经活动为基础的,当今的物理理论(如原子物理学)在原则上对于解释大脑的运行机制是充分的。当我们说它在原则上是充分的时候,我们指的是,对大脑的活动的解释不需要推设新的物理属性和规律,或许我们关于亚原子层面的现象的知识是不完整的,但是……这种不完整并不妨碍我们对包括大脑在内的日常物质的理解"(同上,第 36 页)。换句话说,尽管今天的物理学在一些方面有所欠缺,但是,其所提供的"关于大脑过程的物理机制(包括与身体其他部分以及环境的互动)的说明是稳定的"(同上,第 34 页),因而不会再受到未来物理学变革的影响。如果的确如此,那么,不难理解,至少就心灵哲学而言,亨普尔两难的第一支并不成立。"在这两个条件之下,把物理属性定义为当下物理理论的推设,就心灵哲学的目标而言,并非明显为假,因此亨普尔两难的第一支不成立。"(同上,第 35 页)

不难看出,上述回应的一个关键策略是,区分物理学的基础理论和特定议题,并试图以此来化解亨普尔两难带来的威胁。具体而言,一方面承认,从整体上看,今天的物理学的确有所欠缺,其基础理论尚处在不断变革之中;另一方面,又乐观地认为,就某些特定议题(心—身问题)而言,今天的物理学足以为我们提供"完整而稳定的说明"。因而,至少就这些特殊议题(心—身问题)或特定领域(心灵哲学)而言,亨普尔两难的第一支并不成立。

诚然,随着物理学(以及与之密切相关的其他学科)的不断发展,今天的物理学理论的确给出了不少关于日常物质的"完整而稳定的说明"。以水为例,今天的物理学告诉我们,水是 H_2O 的聚合物。但是,请注意,之所以这个说明,被我们认为是完整而稳定的,表面看是因为它不会再受到未来物理学变革的影响,其实真正的原因是,我们认为,今天的物理学已然揭示出了水的本质属性,即"是 H_2O 的聚合物"。所谓"本质属性"就是,对于某个对象 X 而言,X 在所有可能的情况下都会具有的属性。因此,一旦认为"是 H_2O 的聚合物"这一属性是水的本质属性,水就不可能不具有这一属性,否则就不是水了。换句话说,之所以"水是 H_2O 的聚合物"这一说法被认为是"完整而稳定的",归根结蒂是因为它是一个克里普克(S. Kripke)意义上的后天必然命题。之所以是"必然的",是因为这一命题说的是,水具有某种本质属性(即"是 H_2O 的聚合物"这一属性)。而之所以是"后天的",是因为这一命题是经验命题,即基于大量的合格样本,并经由可靠的经验研究途径,归纳得到的一个全称命题。

现在问题来了,是否与上述"水是 H_2O"这一情况类似,今天的物理学业已揭示出大脑的本质呢? 有理由相信,绝大部分人都不会这么认为。理由就是,即便与水一样,大脑也算是一种日常事物,但与水有所不同的是,大脑的结构和运作机理要复杂得多。事实上,自然界中有些稍复杂的事物(如湍流),其本质一直还未能被揭示出来。更不用说,像大脑这样极其复杂的事物了。可以说,大脑是迄今为止人类所见到的最复杂的事物了。尽管脑科学及其相关科学理论已孕育发展了近三百年,然而学界至今仍普遍认为,我们目前对于大脑依然知之尚浅。当然,未来随着科学技术的发展,我们对于大脑运作机理的了解有望不断地深入。然而,可以预料,一些目前通行的大脑理论势必会不断得到补充和修正。因此,事实上,绝大多数人相信的是,如今对大脑的了解,既不完整也不稳定。其次,考虑到科学发展的模式,由于我们今天事实上对大脑知之尚浅,因此完全有理由相信,随着对大脑研究的深入,未来在脑科学领域,很可能会发生一场科学革命,从而出现一个关于大脑的全新理论,新理论与今天我们关于大脑的(旧)理论分别处于不同的研究范式之中。依据库恩(Thomas Kuhn)的说法,由于范式之间总是存在不可通约性,今天的科学家实际上是无法预料未来的科学理论究竟是怎样的。因此,(未来很可能出现的关于大脑的)新理论势必将刷新我们今天关于大脑的认知。

总之,就某些简单事物(如水)而言,今天的物理学或许已经能(就其本质)提供某种"完整而稳定的说明"。然而,与水那样的简单事物不同,大脑属于高度复杂的事物,考虑到目前对大脑知之尚浅的事实,以及未来在脑科学领域发生科学革命的可能性,因此,我们现阶段完全有理由相信,今天的物理学(包括相关的神经科学)非但不能给我们提供某种关于大脑的"完整而稳定的说明",而且距离揭示大脑本质之日为时尚远。可见,即便就某些特殊议题(心—身问题)或特定领域(心灵哲学)而言,亨普尔两难的威胁依然存在(因为该两难的第一支依然可能成立)。

关于什么是"物理的",第二种常见的回应也被称为"基于范型物理对象的方案"(以下简记为 B 方案)。B 方案的大意是,对"物理的"这个词的恰当说明,要诉诸我们日常生活中常见的范型物理对象(paradigmatic physical objects)。例如,桌子、椅子、瓶子、石头等等。其核心想法可概括如下(cf. Stoljar, 2021, §11):

(B) 属性 p_1 是物理的,当且仅当,要么 p_1 是某个为了要完全描述范型物理对象 o_1 及其构成的内在本质所必需的属性,要么 p_1 形而上学上(或逻辑上)随附于某个为了要完全描述范型物理对象 o_1 及其构成的内在本质所必需的属性 p_0。其中,$p_1 \neq p_0$。

亨普尔两难似乎不会对 B 方案构成困扰。理由是,B 方案不需要诉诸任何物理学理论(不管是今天的还是未来的)来界定什么是物理的。然而,以下三个质疑,B 方案似乎难以绕开:第一个质疑是,这里说的"范型物理对象"究竟是指什么? 如果说,

"范型物理对象"是物理学所说的那些对象,那么肯定不行,因为这会使得 B 方案显得多余,沦为 A 方案的另一个说法而已。如果说,"范型物理对象"不是物理学所说的那些对象,而是日常生活中的常见对象,那么,问题来了:我们究竟凭借什么理由或依据何种标准来进行挑选和归类那些日常生活中的常见对象呢?换句话说,哪些对象有资格被称为"范型物理对象",理由(或标准)何在? 对此质疑,如下这个回应似乎是合理的:对某个共同体内部的成员而言,顺畅地归类和挑选出范型物理对象乃是一个初始事实(brute fact)。初始事实何以如此,是不需要理由的。也就是说,就某个生活共同体 K 内部的个体成员 s_1 而言,对于范型物理对象的识别应当总是顺畅的,即便偶尔会出错,也不可能一直出错甚至犯系统性的错误,否则 s_1 就没资格被算做 K 中的一个成员。①

第二个质疑是,说到底,"随附"这个概念充其量刻画的是一种属性间的共变关系,而对于该关系的关系项(属性)并没有额外约束。也就是说,充当(这种共变关系的)关系项的完全有可能分别是非物理的属性和物理属性。如果是这样,那么就表明,(B)并不是一个关于"什么是物理的"的合适定义,因为(B)排除不了如下这一可能情形:虽然 p_1 形而上学上(或逻辑上)随附于某个为了要完全描述范型物理对象 o_1 及其构成的内在本质所必需的属性 p_0,然而 p_1 却是非物理的属性(如心理属性)。换句话说,即便借助形而上学上(或逻辑上)的随附关系,也不能确保所有随附于 p_0 的属性都是物理的,因为在此情况下,随附于

① 理由是,K 的存在至少要满足以下两个必要条件:(1)K 由一些个体成员(s_1,s_2,s_3,……)共同组成(一般而言,个体成员的数目应当是不小于 2 的正整数)。(2)在绝大多数情况下,个体成员(s_1,s_2,s_3,……)在识别并确认哪些算是(生活中的)初始事实的时候总能达成一致。

p_0 的,既可能是物理属性,也有可能是非物理属性。

对此,B 方案的信奉者可能作出如下回应:如果 p_1 形而上学上(或逻辑上)随附于 p_0,那么就表明,p_1 和 p_0 之间存在无例外的桥接律 U,借助于 U,我们就可以把 p_1 还原成 p_0。又由于 p_0 是物理属性,既然 p_1 可以还原成 p_0,因而 p_1 也是物理的。有理由相信,这个回应是不成立的,因为该回应存在两个问题:(1)第一个问题是,即便借助 U,我们能把 p_1 还原成 p_0,然而,这只是一种"认识论上的还原",而不是"本体论上的还原"。因此,充其量只能表明,p_1 和 p_0 之间存在某种恒常联系,并不能表明这两者(在本体论上)是一回事,即 p_1 和 p_0 是形而上学同一的。换句话说,从逻辑上讲,形而上学同一关系能推出形而上学随附关系,而不是相反。因此,即便 p_1 形而上学上(或逻辑上)随附于 p_0,也不可能由此推出,两者是形而上学同一的。(2)第二个问题是,依据(B),p_0 是为了要完全描述范型物理对象 o_1 及其构成的内在本质所必需的属性。问题是,这里的"必需属性"不一定是物理的,也有可能是非物理的(如心理属性)。(B)似乎排除不了这种可能性。如果是这样,那么(依据 B 方案所表述的)物理主义与泛心论就是兼容的。与泛心论可能兼容,也是 B 方案目前备受质疑的一个主要原因,下面我们来讨论它。

第三个质疑是,如果定义(B)是合理的,那么物理主义和泛心论就是兼容的。我们知道,泛心论说的是,心灵特征(包括心理属性)不仅在世间万物中普遍存在,还是自然界的基础特征(cf. Goff *et al.*, 2021, Introduction)。不难看出,(B)的确为泛心论留下了"空间"。理由是,如下这一情形是形而上学可能的:为了要完全描述某个范型物理对象 o_1 及其构成的内在本质,某个心理属性 m_1 是必需的。仅凭(B),无论如何不能排除掉这种形而上学的可能情形。因此,如果依据(B)来定义什么是物理的,那么无可避免会得到的一个结论就是,物理主义与泛心论可能相兼容。然而,大多数物理主义者似乎都不会认为泛心论为真,自然也不会认同这种兼容论。因此,这个质疑是 B 方案绕不开的。对此,目前的一个回应是,承认情况的确如此,即承认的确存在物理主义与泛心论相兼容这种可能情况,同时认为这并不会引起严重问题(Jackson,2000,p.7)。

有理由相信,这种"硬吞苦果"的做法难以令大多数物理主义者感到满意。理由是,泛心论会与物理主义的基本观点相冲突。让我们回忆一下,本文开头提到,物理主义的基本观点可以表述为(P):一切都是物理的,或者一切随附于物理的。然而,依据泛心论的通行定义,自然界中至少有一些心理属性 m_1 不仅普遍存在,而且 m_1 还是自然界中的基础特征。换句话说,m_1 不仅不是物理属性,而且由于 m_1 自身就是自然界中的基础属性,因而 m_1 势必也不会随附于任何其他属性(包括物理属性)。因此可以得到结论,泛心论与物理主义基本观点[(P)]相冲突。也就是说,如果泛心论为真,那么(P)就为假。可见,除非有充足的理由(据我所知,至今为止尚未出现这样的理由),很难相信大多数物理主义者会安心接受泛心论。[①]

下面,我们考察关于什么是"物理的"的第三种常见回应方案,该方案也被称为"循否法"(Via Negativa)(以下简记为 C 方案)。C

---

① 两点说明:(1)这儿给出的是我关于物理主义与泛心论不兼容的论证。在批判斯图加的兼容论主张时,威尔逊(Jessica Wilson)亦是类似思路(cf. Wilson,2006,pp.78—79),但我的论证更简洁。(2)能想到兼容论者的一个可能回应如下:如果心物类型同一论为真,那么由于心理属性 m_1 同一于物理属性 p_1,又由于同一关系蕴含随附关系,因此如果类型同一论为真,那么心理属性 m_1 仍然随附于物理属性[$(p_1 \leftrightarrow m_1) \rightarrow (p_1 \rightarrow m_1)$]。有理由相信,此回应很可能不会奏效。理由是,该回应预设了心物类型同一论为真。问题在于,众所周知,心物类型同一论目前面临多重可实现难题。换句话说,除非能事先令人满意地解决掉这一难题,否则我们没有理由非要相信心物类型同一论为真。而如果心物类型同一论并不为真,那么该回应就失败了。

方案的大意是，对"物理的"这个词的恰当说明，可以采取一种否定的方式。其核心想法可概括如下（cf. Stoljar，2021，§12.4）：

（C）属性 p_1 是物理的，当且仅当，p_1 是一个非心理的属性。

C方案捕捉到了一个素朴的直觉，那就是，当我们说一个属性是"物理的"，好像的确指的是某种非心理的属性。不难看出，亨普尔两难对于C方案不会构成威胁。但是，C方案存在一个明显的问题，那就是，定义（C）中的"非心理的属性"并不一定都是物理属性。例如，对于一个生活在17世纪的信奉活力论的人来说，存在某种既非心理也非物理的属性，即属性"是有活力的"。即便活力论早已退出了历史舞台，然而对于今天那些相信道德属性（或美学属性）客观存在的人而言（如某些非还原物理主义者），某些既非心理也非物理的属性依然有可能存在。例如，属性"是善良的"，又如，属性"是优美的"。因此，C方案会使得那些人陷入如下一个尴尬境地：一旦接受（C），那么世间除了物理属性和心理属性之外，其他属性（道德属性、美学属性等等）都将不可能存在。对于相信道德属性（或美学属性）客观存在的人而言，这显然是个难以接受的结论。

总之，不管怎样，公正地说，我们不应当仅仅通过下定义的方式，来宣称某种既非心理也非物理的属性存在或者不存在。换句话说，即便这些属性（道德属性、美学属性等等）实际上的确不存在，也应当是通过有效的论证（或提供充足理由）来让我们明白这一点，而不应当是仅仅通过下定义的方式来强行"抹去"。

当然，C方案的信奉者可以回应说，以上这些既非心理也非物理的属性（道德属性、美学属性等等）都不算是基础属性，因

此,若对(C)加上某个限制条件,就可以应对上述质疑。修改后的定义如下(Wilson,2006,p.72):

> (C*)属性 p_1 是物理的,当且仅当,p_1 是一个基础的非心理属性(fundamentally non-mental property)。

(C*)与(C)的关键区别是,对属性 p_1 作出了进一步限制,即认为 p_1 不仅是非心理的,而且还是基础的。这里"基础的"意思是,原则上能被当今的基础物理学或未来的理想物理学加以完全描述的。不难看出,上述刚刚提到的那些属性(活力、道德属性、美学属性等)似乎都不算是基础的,因此,即便它们既非心理也非物理,似乎也不能对定义(C*)构成威胁。

然而,进一步的考察会发现,(C*)会使得某些常见的物理主义观点处境尴尬。例如,在当代关于心—身问题的探讨中,类型同一论是一种常见的还原物理主义观点。在类型同一论看来,感到某种特殊的疼,其实就是神经回路 a_1 被激活了。换句话说,类型同一论认为,属性"神经回路被激活 a_1"同一于属性"感到某种特殊的疼"。因此,对类型同一论而言,有一些属性(既包括基础属性也包括非基础属性),它们既可以是心理的也可以是物理的。现在问题来了,依据类型同一论,假定某个基础属性 p^* 既是物理的也是心理的。再给定(C*),p^* 是物理的,当且仅当 p^* 是一个基础的非心理属性。因此,可得到结论,基础属性 p^* 既是心理的又是非心理的。不难明白,这个结论是恒假的,因为是一个逻辑矛盾。可见,如果接受(C*),那么会直接导致类型同一论分析地为假(因为包含逻辑矛盾)。[1]又如,取消论

---

[1] 对于非基础属性,类似问题也存在;如果接受定义(C),那么就会直接导致类型同一论为假(因为包含逻辑矛盾)。

也是一种常见的物理主义观点。它认为,真实存在的只有物理属性,而其他属性(如心理属性等)并不真实存在。然而,如果依据(C*)来刻画什么是"物理的",那么取消论将变得不可理解。理由正如程炼所言,定义(C*)会"让取消主义者哭笑不得:对物理事物的定义是通过与实际上不存在的东西的对照来完成的"(程炼:《亨普尔两难》,第 33 页)。

可见,即便对于(C)加以进一步限制[(C*)],改进后的 C 方案依旧面临诸多问题。在这些问题得到妥善处理之前,很难相信 C 方案会是令人满意的。

不难看出,前三种方案(A\B\C)尽管有别,但有如下一个共同点:都在试图为"什么是物理的"这个问题找寻一个确切答案,即试图把物理主义表述为一个具有真值(truth value)的论题。之所以这样做,最主要的考虑是,如果能把物理主义表述为某个具有真值的论题,那么就不但可以明确回答"什么是物理的"这个关键问题,而且足以把物理主义和其他观点(如二元论等)区别开来。目前的困难在于,前三种方案都不算成功,因为各自在尝试把物理主义表述为某个具有真值的论题时都遭遇到了绕不开的问题。简言之,A 方案目前难以应对亨普尔两难,B 方案面临泛心论的兼容问题,而 C 方案则会使得某些常见的物理主义观点分析地为假(类型同一论)或不可理解(取消论)。

鉴于前三种方案所遭遇到的困难,第四种回应方案(以下简记为 D 方案)建议,不如放弃把物理主义表述为一个具有真值的论题,干脆将其当作某种不具有真假的态度。这样做的一个好处就是,不但能不断地吸收经验科学(尤其是物理学)的最新进展,而且还能规避掉以上三方案所遭遇到的种种困难。正如奈伊(Alyssa Ney)所言"我建议,我们可以把物理主义表述为某种态度而非某个具有真值的本体论论题。因而,物理主义应被当作一种态度。这种态度就是,完全并且仅仅接受物理学告诉我们的何物存在于世。凭借此态度,某人得以形成自己的本体论"(Ney,2008,p.9)。这种态度甚至被奈伊概括成了一句物理主义誓言(physicalist oath):"我在此发誓,无论物理学把我带到哪儿,我的本体论都会跟到哪儿"(ibid.)。

D方案的好处是明显的。首先,D方案是一种没有真假的态度,因此亨普尔两难似乎威胁不到它。换句话说,由于D方案并不是一个关于"什么是物理的"的定义(即不是一个具有真值的论题),而是如下这种(没有真假的)态度或方法论指导原则:把什么当作物理的,这应当(完全并且仅仅)由物理学来说,因此,尽管今天的物理学尚不完备,还在不断发展,而理想(或终极)物理学的具体内容目前尚无从知晓,但这并不妨碍我们在为"什么是物理的"这个问题找寻合适的答案时,采取一种"完全并且仅仅接受物理学所告诉我们的"的态度。如果有人问,采取这种态度是否合理呢?在D方案的信奉者看来,答案是肯定的。因为,这几百年来,对于世间万物本性的探究,人类历史上没有任何一门学科能与物理学媲美。对于宇宙本质的揭示,物理学已然取得的巨大成果,这是有目共睹的事实。鉴于这样的事实,D方案的信奉者认为,在为"什么是物理的"这个问题找寻答案时,我们没有理由不把这种"完全并且仅仅接受物理学所告诉我们的"的态度作为一种合理可取的方法论指导原则。其次,泛心论似乎也不会对D方案构成困扰。理由是,采取这样一种态度,就意味着完全且仅仅接受物理学所告诉我们的。在D方案的信奉者看来,鉴于物理学已然取得的巨大成果,哪怕今天的物理学尚不完备,物理主义者也没有理由完全拒绝今天的物理学所告诉我们的。由于今天的物理学告诉我们,心理属性似乎并不是一种普遍存在的基础属性,一旦接受这一点,物理主义者就不可能也不应当同时再认为泛心论为真。不认为泛心论为真,当然也就无需担心物理主义与泛心论相兼容这种情况可能发生。第三,C方案所面临的难题似乎也不会困扰D方案。从根本上说,C方案是一种"非此即彼"的做法,即认为,"物理的"就是"非心理的"或"基础上非心理的"。这种"非此即彼"做法的一个致命缺陷就是过于粗疏,难以令人满意地解释某些特例(如难以解释那些"既非物理也非心理的"属性,以及"既是物理也是心理的"属性),因而会使得某些常见的物理主义观点为假(类型同一论)或不可理解(取消论)。与之不同,D方案则是一种"完全并且仅仅接受物理学所告诉我们的"的态度,因此,在D方案的信奉者看来,对"什么物理的"这一问题的回答,应当完全并且仅仅取决于物理学怎么说。哪怕随着物理学的发展,对于该问题的回答可能也会随之不断发生变化,但是,无论如何,D方案并不会面临C方案所遭遇到的同样困扰。正是由于D方案能够避开上述三方案目前遭遇到的那些难题,因而D方案的信奉者乐观地以为,与其他方案(A/B/C)相比,D方案具有明显的优势。

情况果然如D方案信奉者所以为的那样乐观么?好像并不是。有学者指出,对于表述物理主义而言,D方案似乎"既不充分也不必要"(cf. Stoljar, 2021, §12.5)。具体来说,首先,就"不充分"而言,由于D方案完全依赖于物理学理论,因此,假如随着物理学的发展,某些事实上是非物理的东西(如心理属性)能在未来物理学的理论框架中获得解释,那么D方案的未来信奉者将不得不承认,这些非物理的东西(如心理属性)事实上也是物理的。但是,无论如何,物理主义者(无论是现在的还是未来的)是难以接受这一点的。理由就是,从形而上学上讲,一个非物理的东西(心理属性)似乎并不会因其能被某种科学理论(如未来物理学)加以解释,就变成了"物理的"。换句话说,从形而上学上讲,一个属性(如心理属性)具体是怎样的,这是一个形而上学的事实,这个事实当然不会因我们能否以及如何(从认识论层面)来解释它而发生任何变化。可见,由于 D 方案完全且仅仅依赖于物理学,而依赖于物理学(不管是现在的还是未来的),无论如何,改变不了也排除不了形而上学层面的非物理的情况(如心理属性)。而排除不了所有(形而上学层面的)非物理的情况,就意味着,对于表述物理主义来说,D 方案并不充分。

其次,就"不必要"而言。不借助 D 方案,似乎仍可以对物理主义进行表述,正如古希腊原子论者所做的那样。即便在今天,这些古代的原子论者也常被当作唯物主义者或物理主义者。[①]我们知道,在古代原子论者活跃的时期,物理学尚未出现,因此古代原子论者显然不可能采取 D 方案来表述物理主义,但这似乎并未妨碍他们成为物理主义者,并且他们的确给出了(至少原则上可以给出)某种关于物理主义的表述。[②]因此,对于表述物理主义而言,D 方案似乎也不必要。

对此,D 方案的信奉者可能会作如下反驳:D 方案所说的"物理学"不应当作狭义理解,即理解为近代以来的某种具体的物理学理论,而是应当作广义理解,即把"物理学"理解为"某种抽象的关于万物本质的物理理论"(以下简记为 Q 理论)。按照这种广义理解,古代原子论者,以及其他一些古希腊自然哲学家(如米利都学派)在表述其物理主义(或唯物主义)观点时,都采取了 D 方案。有理由相信,这个反驳是难以奏效的。理由就是,如果 Q 理论不是具体的,而是抽象的,那么,Q 理论将无法在实

---

① 在目前大多数心灵哲学的有关文献里,物理主义和唯物主义都被当作两个意思相同因而可以互换使用的词汇。本文遵循这种常见用法。

② 古代原子论者关于物理主义的表述可概括为:一切都是原子或虚空或由原子和虚空构成。这一表述并不依赖任何(近代以来的)物理学理论。

际的研究工作中起到指导作用。如果起不到指导作用,那么物理主义者就无法依赖 D 方案来构建其本体论。换句话说,我们知道,D 方案之所以采取这种"完全且仅仅依赖于物理学"的态度,是因为其信奉者宣称,在实际工作中,只有物理学理论才能有效指导物理主义者来确定,真实存在于世的物理对象有哪些以及它们具有怎样的特征,从而帮助物理主义者构建其本体论。正如奈伊所言"无论物理学把我带到哪儿,我的本体论都会跟到哪儿"(Ney,2008,p.9)。现在的问题是,如果物理学不是指某个具体的物理学理论(狭义理解),而是指抽象的物理理论(广义理解),那么依据抽象的物理学理论,物理主义者非但不能确定,真实存在于世的物理对象有哪些以及它们具有怎样的特征,而且也无法构建其本体论。因为,抽象的物理理论无法在实际的工作中发挥具体指导作用。想想看,一个没有实质内容的抽象物理理论怎么可能告诉我们世间究竟存在哪些具体的物理对象,以及告诉我们这些物理对象拥有怎样的具体属性呢? 因此,不难明白,D 方案所说的"物理学"无论如何不能理解成抽象的物理理论(广义理解),而只能理解为近代以来的具体的物理学理论(狭义理解)。

此外,有学者指出,如果 D 方案所说的"物理学"是指具体的物理学理论,那么 D 方案其实也难以摆脱亨普尔两难(cf. Stoljar,§12.5):一方面,如果 D 方案所说的"物理学"是指今天的物理学理论,那么 D 方案就不是物理主义者应当合理坚持的一种态度,因为今天的物理学尚不完备,物理主义者若"完全且仅仅"依赖一种不完备的物理学理论来构建其本体论,显然是不合理的。另一方面,如果 D 方案所说的"物理学"是指未来的理想物理学或终极物理学,虽然终极物理学也许是完备的,但是由于我们尚不清楚终极物理学的实质内容为何,因此物理主义者若采取这种"完全且仅仅"依赖缺乏实质内容的终极物理学来构建其本体论的态度,这与前面刚提到的那种"完全且仅仅"依赖于一个抽象的物理理论的态度又有什么区别呢? 说白了,无论是抽象的物理理论还是终极的物理学,不都缺乏实质的内容么? 缺乏实质内容的科学理论,又怎么可能在实际工作中给予我们具体的指导? 应该不难明白,物理主义者若"完全且仅仅"依赖于(缺乏实质内容的)终极的物理学来构建本体论,其所构建的本体论要么注定是模糊不清的,要么势必沦为缺乏实质内容的空洞论调。

三、表述物理主义的新方案

以上论述表明,四个常见方案似乎都面临亟需解决的问题。简言之,A 方案似乎难以摆脱亨普尔两难,B 方案为泛心论所困扰,C 方案过于粗疏,让常见的物理主义观点(如,类型同一论,取消论)处境尴尬,D 方案则建议把物理主义当作一种方法论上的指导原则,在回答"什么是物理的"这个问题时,采取一种"完全且仅仅依赖物理学"的态度。然而,对于表述物理主义而言,这种态度(或指导原则)似乎既不充分也不必要。

在我看来,之所以这四个方案目前难以令人满意,主要是因为以下三个因素:(1)亨普尔两难的关键是指出了对于物理主义者来说,物理学"靠不住"。只要是试图依赖物理学,不管是依赖物理学理论来把物理主义表述为一个具有真值的论题,还是仅仅采取一种"完全且仅仅依赖物理学"的态度,都摆脱不了亨普尔两难。可见,无论是 A 方案还是 D 方案,若要取得令人满意的进展,无论如何,绕不开亨普尔两难。(2)泛心论之所以困扰 B 方案,最关键的一点是,B 方案的信奉者始终认为,在形而上学层面,总是有可能存在某个心理属性 m_1,m_1 对于要完全描述(作为随附基础的)范型物理对象 o_1 及其构成的内在本质而言,是必需的。在我看来,若要摆脱泛心论的困扰,B 方案的信奉者真正需要关注的不是能否设法排除掉"m_1 在形而上学上可能存在"这种情况(或者采取"硬吞苦果"的措施),而是应当着力去澄清 B 方案中的"完全描述"这个概念的意思。下文很快会讨论这一点。(3)试图通过下定义的方式来排除那些可能存在的反对观点(如泛心论、唯心论等),这明显是一种理智上的"投机取巧",况且,这么做还会伤及自身,致使常见的物理主义观点(如取消论、类型同一论)处境尴尬。所以,在不少人看来,C 方案并不可取。但是,公正地说,C 方案也并非一无是处。有理由相信,C 方案捕捉到了一个我们大多数人的素朴直觉:直觉上,我们大多数人对于心理对象和物理对象的认知途径是明显不同的。对于前者,我们往往可以通过亲知的方式加以了解,而对于后者,则往往需要借助观察和检测的方式来加以认识。因此,在 C 方案的信奉者看来,无须依赖物理学理论,凭此直觉,就可以回答"什么是物理的"。也许 C 方案存在严重问题,但是这个直觉还是值得保留的。有理由相信,对于恰当地表述物理主义而言,这个直觉的确值得我们重视。下文很快也会讨论这一点。

下面,我将给出一个表述物理主义的新方案,在我看来,这个新方案可以有效避免上述这三个令人不满的因素。让我们从几个简单的事实开始:

(F_1)直觉上,日常世界是丰富多彩的,充满了各种"现象的质"(phenomenal qualities)。

(F_2)直觉上,我们对心理对象的认知途径与对物理对象的认知途径明显不同。

（F₃）普遍认为,古代原子论者是唯物主义/物理主义者。

（F₄）现实世界是物理上因果封闭的。

我们先看第一个事实（F₁）。F₁ 说的是,我们周遭的各种日常事物（如山川河岳、锅碗瓢盆）从未呈现出一片冰冷荒芜的景象,而是在我（这样具有感觉能力的个体）感觉上,充满了各种各样的"现象质"。这似乎是个挥之不去的直觉。也许,我偶尔也会怀疑其他人是否也是如此,但无论如何,我似乎从未怀疑自己具有这样的直觉。

F₂ 说的是,直觉上,我们对心理对象/属性和物理对象/属性的认知途径是明显不同的。对于前者,往往通过亲知的方式或内省的方式就可以了解,而对于后者,则需要通过观察和检测的方式才能加以认识。有理由相信,我们中大多数人都不会对这个直觉有异议。

F₃ 也是个明显的事实,那就是,目前学界普遍认为,古代原子论者是唯物主义者或物理主义者。如果我们承认这个事实,那么应当有理由相信,即便不借助任何物理学理论,（至少原则上）也可以给出关于物理主义的表述。否则,我们就难以解释,在物理学理论远未出现的年代,何以会出现物理主义者。

F₄ 说的是,我们身处其中的世界（即现实世界）是一个物理上因果封闭的时空。换句话说,出现或可能出现在现实世界中的任意一个物理事件（碰巧）都具有如下特征:"如果一个物理事件在时间 t 有（正在发生的）原因的话,那么该物理事件在时间 t 就会有一个充足的物理原因"（Kim, 2011, p.214）。这一说法为当今大多数物理主义者所接受,也被称为"物理域的因果封闭原则"（the causal closure principle of physical domain, CCP）。

有理由相信,CCP 并不依赖于任何物理学理论的发现,不管是过往的、今天的还是未来的。而且,即便现实世界受到 CCP 的约束,其中依然有可能存在非物理的对象(如心理对象)。为什么这么说呢? 首先,CCP 表达的是一个形而上学论题,即从形而上学上讲,现实世界中的物理对象**无一例外地**被一条封闭的因果链联系起来了。因此,接受 CCP 就意味着,一方面,承认现实世界是如下这样一个形而上学的可能情形:其中所有的物理对象,都被一条封闭的因果链联系起来了。换句话说,CCP 刻画的是一个(形而上学层面的)偶然事实,即现实世界碰巧在物理上是因果封闭的。[①]另一方面,虽说是偶然的,但是,这个形而上学事实并不会因我们借助怎样的经验科学理论(如物理学理论)来刻画它而有所改变。也就是说,CCP 刻画的这个形而上学事实尽管是偶然的,却一直如此,因而它既不依赖任何经验科学理论(如物理学)的发现,也不会随着经验科学的发展而有所改变。其次,虽说现实世界受 CCP 约束,但是,CCP 并没有承诺,在现实世界中,物理对象不能有非物的原因,而只是表明,到物理对象之外去找寻任何一个物理对象的原因,这从来都不是必要的。正如金在权所言,物理世界是一个在因果上,因而也是在解释上自给自足的世界(cf. Kim,2011,p.214)。这就意味着,仅仅在物理的层面,我们原则上能对现实世界中的任一物理对象给出完整解释。可见,CCP 与物理知识或物理解释的完备性是兼容的。[②]

---

① 之所以"现实世界在物理上因果封闭"这个特征是形而上学上偶然的,是因为形而上学上完全可能存在一个并非物理上因果封闭的世界 w*,并且我们身处其中。如果是这样,那么我们身处其中的世界 w* 就是一个并非物理上因果封闭的现实世界。

② 三点说明:(1)这里的"物理知识或物理解释",不能狭义地理解为"物理学知识或物理学解释",应当作广义理解,即"一种具有宽泛的意义的知识。它应该包括全部的物理学、化学和神经生理学的一切知识,以及所有关于原因的和作为结果产生的关系的事(转下页)

以上是关于四个事实的简要说明。可将它们划分为两类。首先,前两个事实(F_1 和 F_2)关乎大多数人的直觉,因而,无论是采取物理主义立场还是采取其他立场,似乎都不应该忽视它们。其次,后两个事实(F_3 和 F_4)则是得到大多数物理主义者普遍认可的。因此,在我看来,若要令人满意地表述物理主义,应当能够一并照顾到这四个事实才行。不难看出,由于 A 方案和 D 方案总要诉诸物理学理论,因而难以照顾到 F_3。另一方面,B 方案

(接上页)实的知识,当然也包括具有功能性角色的知识"(Jackson,1986,p.291)。一旦作出狭义和广义区分之后,就会明白,物理学知识(狭义)只是物理知识或物理解释(广义)的一种特殊类型而已。(2)物理知识的完备性,也常被当作物理主义的一项知识论原则,即"物理知识的完备性原则"(completeness principle of physical knowledge,CP)。事实上,当今大多数物理主义者也都接受 CP。一个争议在于,如何理解 CP 中的"物理知识"。除非作特殊说明,本文对"物理知识"一概作上述广义理解。因此,在我看来,CP 说的是,在上述广义理解的意义上,物理知识是完备的。因此,一个掌握了全部物理知识的人,原则上能说尽"世间所有事"。换句话说,但凡是现实世界中存在的对象,原则上应当都可以被物理知识加以**完全地**(completely)描述或刻画。(3)CP 中所说的"对象"应当理解为现实世界中实际存在的一切对象。这些对象既包括物理对象,也包括那些非物理的对象。这里或许存在如下一个疑惑:如果对象既包括物理对象也包括非物理对象(如心理对象),那么,依据 CP,物理对象能被物理知识完全地加以描述这一点不难理解,但是,那些非物理对象(如心理对象)如何能够被物理知识加以完全描述呢?一个值得考虑的建议是,可借助戴维森(Donald Davidson)在《心理事件》一文中所提出的殊型一元论思路来作回应。对此,有两点值得注意:第一点是,对于任何一个心理事件 e_1,总是存在一个物理事件 e_2,并且 $e_1 = e_2$。第二点是,一个事件是心理事件还是物理事件,这取决于我们用怎样的摹状词来描述。正如戴维森所言,"一个事件是心理的,当且仅当它有一个心理描述/摹状词,或存在一个仅对那个事件'成立的'(be true of)心理开语句(mental open sentence)。相应地,物理事件则是由本质上仅包含物理词汇的物理描述/摹状词或物理开语句所'挑选出'的事件"(cf. Davidson,2001,p.174)。可见,说到底,"$e_1 = e_2$"的意思就是,对于一个(个体)事件 e 而言,如果 e 能被一个心理摹状词所描述,那么 e 也就能被一个物理摹状词所描述(反之则不然)。这里,"$=$"不能理解为两个不同事件之间的同一,而应当理解为一种"共外延关系",即(形而上学上的)同一个事件 e 被(认识论上的)两个不同的描述(一个是心理摹状词,另一个则是物理摹状词)描述了两次而已。尽管,从形而上学上讲,事件和对象有所不同,但在本文中,我们无须考虑两者的这个区别,因为这并不影响我们的论述。因此,按照类似思路,也可以说,如果存在一个非物理对象 n^*,那么就**总是**存在一个物理的对象 p^*,并且 $n^* = p^*$。由于 p^* 是一个能被物理知识加以完全描述的对象,因此,即便存在非物理对象 n^*,那也只不过是因为某个(形而上学上的)对象 o 被(认识论上)非物理的摹状词加以描述了而已。这充其量只是反映了,在认识论层面,我们具有两套不同的描述系统(或知识体系)罢了,由此并不能进一步推出,物理知识是不完备的,因此,我们有理由相信,只要采取上述殊型同一论的类似思路,即便承认现实世界中存在非物理对象,CP 也不会因此而受到实质威胁。

和 C 方案虽不依赖物理学理论,却排除不了"某些非物理的属性（如心理属性 m_1）也是基础的"这种形而上学可能情形。如果 m_1 可以是基础属性,那么,m_1 就不会受 CCP 的约束。然而,容许某些基础属性（如 m_1）可以不受 CCP 约束,就意味着,B 方案和 C 方案难以照顾到 F_4。

下面,我给出表述物理主义的一个新方案（以下简称 E 方案）,然后论证,E 方案能一并照顾到上述四个事实。

依据 E 方案,我们可以这样来定义"物理的":

（E）属性 p_1 是物理的,当且仅当如下三种情形之一被满足:(1) p_1 是某个为了要完全描述范型物理对象 o_1 及其构成的内在本质所必需的属性;(2) p_1 是某个为了要完全描述对象 o_2 及其构成的内在本质所必需的属性,并且,o_2 是范型物理对象 o_1 的充足原因;(3) p_1 是某个为了要完全描述对象 o_3 及其构成的内在本质所必需的属性,并且,从范型物理对象 o_1 开始,经由一条封闭的因果链 L,能够回溯到 o_3。其中,$o_1 \neq o_2 \neq o_3$。

通过与上述四种方案（A/B/C/D）进行对比,可以更具体地了解定义（E）。首先,（E）不但没有利用循否法来界定物理属性 p_1,而且还尝试对"何为 p_1"给出明确回答,可见其与（C）和（D）的区别明显。其次,与（B）类似,（E）也没有诉诸任何物理学理论,而是基于"范型物理对象"来对 p_1 进行定义,可见（E）与（A）也不同。而且,不难看出,（E）与（B）具有类似优势,也能有效避开亨普尔两难。再者,与 B 方案不同,E 方案并不会为泛心论所困扰。为什么这么说呢? 理由如下:我们知道,依据前述关于泛心论的定义,泛心论为真,当且仅当,心理属性 m_1 在世间普遍存在(条件 1),并且 m_1 是基础特征(条件 2),并且 m_1 形而上学上不同一于任何物理属性 p_1(条件 3)。这三个条件加起来,构成了泛心论成立的充要条件。稍稍考虑一下会发现,之所以 B 方案与泛心论有可能兼容,是因为,B 方案似乎排除不了这三个条件(条件 1/2/3)中的任何一个。否则,只要能排除其中任何一个条件,我们都没有理由认为,B 方案是一个与泛心论相兼容的方案。①然而,与之不同的是,E 方案明显能排除掉条件 1。因为,依据 CCP,物理世界不仅因果上是封闭的,而且在解释上也是自给自足的,也就是说,仅在物理的层面,我们原则上就能对现实世界中的任一物理对象给出完整解释。既然如此,就没有理由认为,m_1 是(物理对象的)必需属性了。因此,依据 CCP,现实世界中必定存在着众多并不具有 m_1 的纯粹物理对象,而这也意味着,m_1 并非在世间普遍存在。其次,E 方案似乎也能排除掉条件 2。理由是,如果这里的"基础特征"指的就是"必需属性",既然刚刚已经论述了 m_1 不是必需属性,那么,m_1 当然也就不是世界的基础特征。②可见,与 B 方案不同,E 方案能够排除掉条件 1 和 2。因此,我们没有理由认为,E 方案会被泛心论所困扰。

下面,我们来看看 E 方案是否能照顾到上述四个事实(F_1/F_2/F_3/F_4),从而进一步了解该方案。首先,不难看出,F_4 是 E

---

① 实际上,目前关于泛心论的理解存在争议。主要争议不在于条件 1 和 3,而在于条件 2。对于泛心论而言,有人并不认为,条件 2 是必要的,但几乎没有人怀疑,条件 1 和 3 是必要的。限于篇幅和主旨,本文不打算就此展开讨论。这里只需明白,条件 1 和 3 是泛心论的必要条件即可。因此可以说,之所以与泛心论可能兼容,是因为 B 方案至少排除不了条件 1 和 3。

② 两点说明:(1)有理由相信,B 方案的确默认了"基础特征"指的是"必需属性"。理由就是,只有把"必需属性"和"基础特征"当作一回事,并且承认,m1 有可能是范型物理对象的必需属性,才可能导致 B 方案与泛心论兼容。(2)如果"基础特征"指的其实不是"必需属性",那么条件 2 似乎就不算是泛心论成立的一个必要条件。也就是说,泛心论为真,当且仅当,条件 1 和 3 成立。

方案的基本预设之一。换句话说,若不借助 CCP,E 方案将无法给出关于物理属性的完整定义[(E)]。其次,E 方案能照顾到 F_1。具体来说,E 方案认为,虽说现实世界受 CCP 约束,但是,CCP 并没有承诺,在现实世界中,物理对象不能有非物理的原因。可见,E 方案是容许心理属性 m_1 存在的。只不过 m_1 既不是范型物理对象(o_1)的必需属性,也不是其他物理对象(o_2 和 o_3)的必需属性罢了。可以预料,E 方案所容许的一个可能的情形是:现实世界中,心理属性存在,但心理属性总是随附于物理属性。注意,这里的"随附",既可以是上述 B 方案中提到的"形而上学上或逻辑上的随附"(强随附),也可以是"弱随附",即金在权说的"一切物理属性都相似,不可能心理属性上有任何不同。也就是说,物理上的不可分辨性衍推心理上的不可分辨性"(Kim,2011,p.9)。不排除还有其他可能情形,限于本文主旨,不再细表。但不管怎样,这里想表达的一个要点是,就心—身问题而言,E 方案不但能照顾到 F_1,而且原则上似乎并不偏向还原物理主义和非还原物理主义中的任何一方,因此,E 方案有望成为一个"中立于"还原物理主义与非还原物理主义之争,并为两者所共同接受的方案。[①]然后,E 方案也能照顾到 F_2。不难理解,承认"我们了解心理对象和物理对象的认知途径有别"这个事实,并不妨碍物理主义采取 E 方案。只要心理属性不是物理对象($o_1/o_2/o_3$)的必需属性即可。最后,有理由相信,E 方案还能较好地说明 F_3。理由是,之所以我们认为古代原子论者是物理主义者,不是因为他们曾凭借某些早已遗失的远古物理学理

----

① 不难看出,E 方案并不支持取消论这种极端的物理主义立场(cf. Churchland, 1986),但并不是通过下定义的方式来排除掉取消论的。之所以不支持取消论,是因为取消论无法照顾到 F_1 和 F_2,而且本身也是一个成问题的物理主义观点(参见王晓阳:《心—身问题与物理主义》,第 5—7 页),因而 E 方案有足够的理由不支持它。

论来解释世界,而是因为,他们与我们一样,都相信现实世界中
除了有一些范型物理对象(o_1)之外,还存在其他的物理对象
(o_2 和 o_3),这些对象(o_1/o_2/o_3)共同构成了一个因果封闭的物
理世界。因而,这个世界也是一个在物理解释上自给自足的世
界。换句话说,尽管时代在变迁,不同时代出现了(或可能出
现)不同形态的物理主义观点,但是有理由相信,生活在不同时
代里的物理主义者们似乎不约而同地总是(或明或暗的)承诺了
如下信条:现实世界(碰巧)是一个因果上封闭的物理世界
(CCP),因而出现(或可能出现)于其中的任何一个物理对象原
则上都能够获得完全的物理解释(CP)。

四、质疑与回复

在上一节里,我给出了表述物理主义的一个新方案(E)。与
目前四种常见方案不同,E 方案是一个基于范型物理对象,并借
助 CCP 来对物理属性进行定义的方案。其主要特色在于,能有
效地应对目前四种常见方案面临的种种问题,尤其是可以绕开
亨普尔两难,并避免泛心论的困扰。下面,我通过具体回复几个
值得考虑的质疑,来进一步为 E 方案作辩护。

质疑 1:鉴于 E 方案容许非物理属性存在,因此,如果某些
非物理属性(以心理属性 m_0 为例)也具有因果效力,那么有什么
理由可以把 m_0 排除在"必需属性"的范围之外呢?

回复 1:这涉及如何理解定义(E)中的"必需属性"。可以这
样来理解:由于 CCP 是 E 方案的一个基本预设,也就是说,E 方
案认为,现实世界中的全部物理对象(o_1/o_2/o_3)都被一条封闭的
因果链条普遍联系着,因而现实世界是一个在物理解释上自给

自足的世界。因此,要(完全地)描述某个特定物理对象,我们只需要考虑该物理对象及其充足原因所具有的那些物理属性就够了。可见,即便现实世界中存在 m_0 , m_0 也具备因果效力,然而由于 m_0 实际上无法充当物理对象的充足原因,因此,从解释上说, m_0 并不是必需的。换句话说,由于现实世界在物理解释上是自给自足的,并且其中的物理对象总是与其他对象处在因果关系之中,因此我们要对其中任一物理对象进行完整的描述或解释,只需要涉及物理属性就足够了。

质疑 2:鉴于 CCP 是 E 方案的一个基本预设,如果 CCP 为假,那么 E 方案就失败了。因此,基于怎样的理由,可以认为 CCP 是合理的?

回复 2:虽然目前大多数物理主义者都接受 CCP,但是如下两点区别值得注意:(1)第一点区别是,不同的物理主义者对于 CCP 的理解有所不同,大致可以区分出如下两种不同的理解:有关 CCP 的狭义理解(以下简记为 CCP^*)和有关 CCP 的广义理解(以下简记为 CCP^{**})。CCP^* 是说,如果现实世界中的物理对象及其构成的内在本质原则上能够被终极的物理学或理想的物理学所完全描述,那么,对于某些物理主义者而言,这些物理对象及其构成就被一条封闭的因果链条普遍联系着。此外,如果理想物理学或终极物理学原则上可以完全描述现实世界中的物理对象及其构成的内在本质,那么就意味着,理想物理学是完备的(the completeness of ideal physics)。因此,这也可以看作关于"物理主义完备性原则"的一个狭义理解(以下简记为 CP^*)。换句话说,在一些物理主义者看来,CCP^* 与 CP^* 似乎是逻辑上等价的($CCP^* \leftrightarrow CP^*$)(cf. Papineau,2009,pp.53—65)。

与 CCP^* 不同,CCP^{**} 则是说,由于物理学知识只是(广义的)物理知识的一个特殊类型,因此,即便理想的物理学并非是完备的(即理想物理学原则上并不能完全描述现实世界中任一物理对象及其内在构成),(广义的)物理知识仍然有可能是完备的(即物理知识原则上仍然有可能给出现实世界中任一物理对象及其内在构成的完全描述)。因此,即便现实世界中的物理对象及其构成原则上不能被理想物理学完全加以描述,它们依然有可能被一条封闭的因果链条普遍联系着,也依然有可能被(广义的)物理知识加以完全描述。因此,这也可以看作是关于"物理主义完备性原则"的一个广义理解(以下简记为 CP**)。换句话说,在另一些物理主义者看来,CCP** 与 CP** 似乎是逻辑上等价的(CCP** ↔ CP**)。(2)第二点区别是,由于 CCP* 要诉诸物理学理论,因此,在一些物理主义者看来,接受 CCP* 的理由应当是某些经验性的证据。如,帕皮纽(David Papineau)认为,这些经验性的证据可以在物理学或者生物学中找到(ibid.)。与 CCP* 不同,CCP** 的合理性则不依赖于任何经验性的证据,因为 CCP** 合理性的根据(ground)在于如下这个形而上学的偶然事实:现实世界在物理层面碰巧是因果封闭的。因而,现实世界碰巧也是一个在物理解释上自给自足的世界。若要(完全地)描述其中任一物理对象,我们只需考虑该物理对象所具有的那些物理属性就足够了。换句话说,现实世界的实际状况尽管是个形而上学上偶然的事实,但是它仍有资格成为我们接受 CCP** 的根据。不难理解,作为一个形而上学事实,它既不是任何经验科学(如物理学)所发现的对象,也不会随着经验科学的发展而有所改变。①

---

① 两点说明:(1)在一些学者看来,如果接受 CCP* 的理由是某些经验性的证据。那么,由于这些经验性证据是通过观察和归纳而得到的,因而总存在出错的可能性。换句话说,如果这些经验性证据一旦被证明是不可靠的,那么 CCP* 的合理性也将会受到(转下页)

质疑 3：由于方案 E 预设了现实世界中全部物理对象都被一条封闭的因果链条所联系着（CCP），又由于，如果两个物理对象/事件之间具有因果关系，那么，原则上，它们就总能被某条严格的或无例外的因果律所"覆盖"，因此，原则上，现实世界中任一物理对象及其充足原因似乎总能被某条物理学规律所"覆盖"。如果以上论述是合理的，那就表明，原则上，我们能对（现实世界中的）任一物理对象给出物理学解释（因为物理学规律显然是一种物理学解释）。倘若如此，那么不难看出，E 方案其实也是一种"基于物理学理论的方案"。换句话说，尽管乍看上去与 A 方案不同，然而，说白了，E 方案只是 A 方案的另一种表述而已。因此，就有理由相信，困扰 A 方案的那些难题同样也会困扰 E 方案（如亨普尔两难）。

回复 3：形而上学上讲，现实世界中似乎有两种不同的因果关系：一种可称为是"类型因果"（type causation）（以下简记为 TC），另一种可称之为"殊型因果"（token causation）（以下简记为 TC^*）。所谓 TC，是指那些能被严格的因果律所"覆盖"的对象间的因果关系。具体来说，由于这些对象能依据各自所具有的"共性特征"或"可重复出现的属性"而被归入特定的闭合类（close type），因此 TC 其实是两个闭合类之间的因果关系。用以刻画闭合类之间因果关系的语句往往体现为一些无例外的律则或似律陈述。例如，被基础科学（如基础物理学）所揭示出来的因果关系几乎都是 TC。除此之外，现实世界中还存在诸多不能依据其具有的特征或属性而被归入闭合类的个体对象。直觉

（接上页）威胁（参见陶焘：《物理因果闭合性与能量守恒定律》，第 3—8 页；Zhong，2019），有理由相信，这类质疑即便对 CCP^* 的合理性构成了威胁，对 CCP^{**} 的合理性也未构成威胁。理由就是，CCP^{**} 的合理性并不基于任何经验性的证据，而是基于某个形而上学的事实。（2）不难明白，E 方案中所涉及的是关于 CCP 的广义理解（CCP^{**}），而非狭义理解（CCP^*）。　　321

上,这些个体对象之间依然可以存在某种"特殊的"因果关系,即殊型因果(TC*)。之所以特殊,是因为,TC* 并不能被严格的因果律所"覆盖"。只有类型因果关系(TC)才能被严格的因果律所"覆盖"。可见,TC 与 TC* 明显不同。下面举例说明。众所周知的一个历史事实是,1963 年 11 月 22 日中午,奥斯瓦尔德刺杀了肯尼迪。就此史实而言,其原因是一个个体对象/事件 a,即"那天中午 12 点半左右,奥斯瓦尔德扣动那把手枪扳机击中了肯尼迪的头部要害"。而结果则是另一个个体对象/事件 b,即"随后,肯尼迪因头部要害被那颗子弹击中而身亡"。这是殊型因果的一个例子。在这个例子中,直觉上,a 和 b 之间明显存在因果关系,但无论如何,并不存在能"覆盖"a 和 b 的严格因果律。[①]可见,有因果关系存在的地方,并不一定有(严格的)因果律。另一方面,就这个例子而言,我们似乎仍可以给出某个常识性的因果解释。但是,常识性的因果解释既不是(严格的)因果律,也不是某种物理学规律或物理学解释。[②]由于 E 方案所容许的因果关系既包括 TC 也包括 TC*,因此 E 方案不是一种"基于物理学理论的方案",我们因而也没有理由相信,困扰 A 方案的那些难题同样也会困扰到 E 方案(如亨普尔两难)。

---

① 另一个合适的例子或许是布朗运动(Brownian Movement)。我们知道,布朗运动中特定的微粒和分子之间是具有因果关系的,但是,在布朗运动中,处于特定因果关系之中的两个微粒(或微粒与分子)之间并不能被任何严格的因果律所"覆盖"。这是因为,就处于布朗运动中的单个微粒或分子而言,它们的运动(原则上)是无规律可循的。

② 两点提醒:(1)虽然类型因果能被严格因果律所"覆盖",而殊型因果则不能,但是,两者似乎都能被某个反事实条件句(counterfactual conditional)所刻画。(2)有因果关系存在的地方,并不一定有(严格的)因果律。反之,有严格因果律存在的地方,则似乎都存在着因果关系。但是,这种因果关系只能是"类型因果"。戴维森亦有类似看法。他说"哪里有因果律,哪里就有因果关系"(Davidson,2001,p.208)。有理由相信,在戴维森看来,"'事件之间是否具有的因果律'仅是'事件之间是否具有因果关系'的一个充分条件"(王晓阳、王雨程:《心理因果性,排他性论证与非还原主义》,第 118—119 页)。

质疑4：一方面，按照一种关于属性的形而上学观点，属性可分为两类，一类是倾向属性，另一类是范畴属性。前者是一种关系属性或结构属性，即总是某些（至少两个）事体之间关系的例示。因此，除非某些（至少两个）非关系性的事体（如内在属性）存在，并且这些非关系性的事体可以充当关系项，否则关系是不可能"凭空"存在的。换句话说，从形而上学上讲，倾向属性总是要依赖于某些非关系性的事体来充当其关系项才能存在。而范畴属性就是这样一些非关系的事体。也就是说，倾向属性总是要奠基于（be grounded on）某些范畴属性。另一方面，无论是（狭义的）物理学知识还是（广义的）物理知识，只能对处于因果链条中的物理对象所扮演的因果角色或功能角色进行描述，而能够扮演因果角色或功能角色的也只是倾向属性。现在问题来了，正如刚刚所述，如果倾向属性总是要奠基于范畴属性，并且无论是物理学知识还是物理知识，都描述不到范畴属性，那么，不难理解，物理学知识或物理知识似乎终究无法给出关于任一物理对象的完全描述。换句话说，关于物理对象所扮演的因果角色或功能性角色的（倾向属性的）完全描述，并不是关于物理对象（所具有的全部属性，既包括倾向属性也包括范畴属性）的完全描述。而这就表明，无论是把 CP 作狭义理解（CP*），还是作广义理解（CP**），CP 都是错误的，因为无论是物理知识还是物理学知识都不完备。如果 CP 是错误的，那么 CCP 也是错误的（（CCP↔CP）∧ ¬CP → ¬CCP），又由于 CCP 乃是 E 方案成立的一个必要前提，因而，如果 CCP 是错误的，那么 E 方案就是错误的。

回复4：上述质疑的一个基本前提是，从形而上学上讲，可以将属性分为两类：范畴属性和倾向属性，并且后者奠基于前者，或者说，倾向属性要由范畴属性来实现。这种属性的形而上学观也被称为范畴主义（categoricalism）。问题是，并非所有人都同意范畴主义。实际上，在当代关于属性的形而上学讨论中，有一种与之竞争的理论，被称为倾向主义（dispositionalism）。倾向主义认为，有且仅有一类属性存在，并且这类属性既具有因果效力（power），同时又具有"质性"（qualities）。①如果倾向主义是合理的，那么就意味着，有且仅有一类属性并且它们都是具有因果效力的，因而原则上应当至少能给出关于全部属性的（广义的）物理解释。②也就是说，CP 依然有可能是正确的。当然，如何恰当地理解倾向主义，以及倾向主义和范畴主义哪个更合理，或

① 值得一提的是，关于倾向主义目前似乎存在两种不同的理解：一种理解认为，所有的"属性都有某种纯粹倾向的或因果的本质"（properties have a purely dispositional or powerful nature）（cf. Taylor, 2018a, p.1423）。正如芒福德（S. Munford）所言，属性"不过是一系列特定的联系或者特定的因果作用力而已"（no nothing more than a set of connections to, and causal powers for, other properties）（cf. Mumford, 2004, p.185）。这种关于属性的理解也被称为"纯粹因果效力的观点"（pure power view, PPV）（cf. Bird, 2016, pp.341—383）。另一种理解认为，"所有的属性本质上既是倾向性的也是质性的"（all properties are both dispositional and qualitative in nature）（cf. Taylor, 2018a, p.1424）。正如海尔（J. Heil）所言，"如果 P 是某个具体对象的一个内在属性，那么 P 就同时既是倾向性的也是质性的。P 的倾向性和质性不是 P 的方面或关于 P 的属性。而是说，P 的倾向性（Pd）就是 P 的质性（Pq）。换言之，两者中的每一个（Pd 或 Pq）都是 P，即 Pd＝Pq＝P"（If P is an intrinsic property of a concrete object, P is simultaneously dispositional and qualitative; P's dispositionality and qualitativity are not aspects or properties of P; P's dispositionality, Pd, is P's qualitativity, Pq, and each of these is P; Pd＝Pq＝P）（cf. Heil, 2003, p.111）。这种关于属性的理解也被称为"因果效力的质的观点"（powerful quality view, PQV）。由于 PQV 承诺了一个等同论题，即 Pd＝Pq＝P。有时也被称为关于属性的同一论（identity theory）（cf. Taylor, 2018a）。泰勒（H. Taylor）最近的研究表明，有理由相信，PPV 和 PQV 之间并没有实质区别。泰勒认为"这两个观点分享了同一个关于属性的本体论承诺：两者都接受属性是有因果效力的，两者在同样的方式上也都接受属性是'质的'，并且在关于'纯粹性'的诠释上，两者也没有任何异议。可见，这两个观点并没有实质区别，是不谋而合的"（the two views share the same commitments concerning the ontology of properties; both accept that properties are powers, both accept that they are "qualities" in the same ways, and both accept the same interpretations of the "purity" claims. The two views have coincided）（Taylor, 2018a, p.1435）。

② 请注意，对于物理主义者而言，如果倾向主义是合理的，那么就表明，从形而上学上讲，物理属性和非物理属性其实是一回事。然而，尽管如此，从认识论上讲，依然容许有关于同一个属性的（至少）两种不同的概念化认知方式。这种观点也被可称之为概念二元论（conceptual dualism）。不难看出，倾向主义有望为（某个版本的）概念二元论的合理性提供本体论上的根据（cf.Taylor, 2018b, pp.53—66）。对此，需另文论述。

者是否还有其他值得我们考虑的情况？这些涉及属性的形而上学争论目前正在进展之中，尚未有统一的答案。但是，不管怎样，至少目前我们并没有足够的理由非要接受范畴主义而拒绝倾向主义不可。若是如此，就表明，E 方案依然有可能是合理的，是一个值得我们认真考虑的方案。

质疑 5：如果方案 E 的合理性（部分）基于倾向主义理论，那么依据倾向主义对属性的一种理解，"所有的属性本质上既是倾向性的也是质性的"（Taylor，2018a，p.1424），也就是说，倾向主义其实承诺了，质性是世间普遍存在的一个特征。现在问题来了，由于某些心理属性（如疼痛感、愉悦感等等）明显是质性的[①]，而且泛心论认为，心理属性是世间普遍存在的，因此，倾向主义与泛心论似乎也可以是相兼容的。如果倾向主义与泛心论相兼容，那么就意味着，与方案 B 一样，方案 E 最终也难以逃脱与泛心论相兼容的指责。

回复 5：实际上，倾向主义与泛心论有诸多不同。如下这个差异尤其明显，那就是，形而上学上，倾向主义认为，有且仅有一类属性，而泛心论则认为，至少有两类不同的属性，一类是心理属性，另一类是非心理属性（如物理属性）。因此，即便我们不再考虑其他差异，也足以明白，倾向主义和泛心论并不兼容。[②]

[①] 两点提醒：（1）根据当前学界的常见看法，心理状态或心理属性大致可划分为两大类：一类是意向性的，另一类是现象性的。前者一般不具有质性特征，而后者则具有质性的本质特征，即具有某种"现象的质"（phenomenal quality）。对于这种划分是否合理存在争议。限于主旨，下面不打算考察这些争议。（2）"现象的质"是一种质性，但质性并非都是现象的质。

[②] 也可以这样来回应该质疑：一方面，从形而上学上讲，倾向主义（PQV）认为，同一个属性（内在属性）P 既具有倾向性特征（dispositional profile）Pd，也具有质性特征（qualitative profile）Pq。因此，从认识论上讲，如果我们凭借特定的概念（如，某些因果的—功能的—倾向的概念）来对 P 的倾向性特征进行把握，那么 P 就被当成了一个倾向属性 Pd，如果我们凭借另一些概念（如，某些非因果的—非功能的—质的概念）来对 P 的质性特征进行（转下页）

五、结　语

　　是时候来作个总结了。经过以上考察工作,现在应该清楚
的是,目前常见的四种方案都各自面临亟需解决的问题。简言
之,A/B/C 三种方案尽管有别,但有如下一个共同点:都在试图
为"什么是物理的"这个问题找寻一个确切答案,即试图把物理
主义表述为一个具有真值的论题。之所以这样做,最主要的考
虑是,如果能把物理主义表述为某个具有真值的论题,那么就不
但可以明确回答"什么是物理的"这个关键问题,而且足以把物
理主义和其他非物理主义观点区别开来。目前的困难在于,这
三种方案都不算成功,因为各自在尝试把物理主义表述为某个
具有真值论题时都遭遇到了绕不开的问题。简言之,A 方案目
前难以应对亨普尔两难,B 方案目前主要面临与泛心论的兼容
问题,而 C 方案则会使得某些常见的物理主义观点先天地为假
(类型同一论)或不可理解(取消论)。鉴于 A/B/C 三种方案遭
遇到的困难,D 方案建议我们,干脆放弃把物理主义表述为一个
具有真值的论题,而是把物理主义当作一种"完全且仅仅接受物
理学"的态度。一方面,由于这一态度没有真假,因而亨普尔两
难似乎难以对其构成威胁,另一方面,采取这种态度,能够有助
于物理主义者区别开其他的非物理主义观点,因而似乎是一个

（接上页)把握,那么 P 就会被当成了一个范畴属性(或质性)Pq。其实这三者(Pd/Pq/P)在
形而上学上完完全全是同一个属性。差异只是认识论上的(或概念上的或认知上的)差异而
已。换句话说,倾向主义(PQV)会认为,由认识论层面的差异推不出(cannot entail)形而上
学层面存在两类不同的属性。另一方面,与倾向主义不同,泛心论则会认为,认识论上差异
恰恰反映出了,形而上学上存在两类不同的属性。退一步说,不管孰是孰非,仅从论证策略
上讲,这里只需表明,倾向主义的确是一个抹不掉的可能选项即可。若是如此,那么就意味
着,泛心论无论如何并非是我们唯一的选择,因为还可以选择倾向主义。如果选择倾向主
义,由于倾向主义与泛心论并不兼容,因此方案 E 就依然可以是合理的。

合理的方法论指导原则。然而进一步的分析发现，实际情况并不像 D 方案的信奉者所以为的那样乐观。实际情况是，D 方案不但绕不开亨普尔两难，而且也不总是能帮助物理主义者区别开其他的非物理主义观点（如二元论、泛心论）。此外，在没有 D 方案协助的情况下，给出某种物理主义表述似乎也是可能的（如古代原子论者）。因此，对于表述物理主义而言，D 方案似乎既不充分也不必要。

与目前四种常见方案不同，我提出的 E 方案是一个基于范型物理对象，并依据 CCP 来对物理属性进行定义的新方案，其主要特色有三：首先，新方案能够有效应对目前四种常见方案面临的种种问题。尤其是，可以绕开亨普尔两难，并避免泛心论的困扰。其次，新方案在还原物理主义与非还原物理主义之间的具体争论中保持中立。因而有理由相信，新方案不仅是合理可取的，而且有望成为一个被物理主义者（无论是还原的还是非还原的）普遍接受的方案。最后，如果新方案是合理可取的，那么我们就需要调整对物理主义的理解：物理主义不是一个经验论题，而是一个形而上学论题。对物理主义的恰当理解不应当依赖于具体的科学理论（尤其是物理学理论）。物理主义不等于物理学主义。

参考文献

Bird, A., Overpowering: How the Powers Ontology Has Overreached Itself, *Mind*, 125, pp.341—383, 2016.

Bourget, D. and Chalmers, D., What do philosophers believe? *Philosophical Studies*, 170, pp.465—500, 2014.

Churchland, P. S., *Neurophilosophy: Toward a Unified*

Science of the Mind/Brain, the MIT Press, 1986.

Davidson, D., Mental Events, in Davidson, D.(Ed.), *Essays on Actions and Events (Second Edition)*, Oxford University Press, 2001.

Davidson, D., Thinking Causes, in Heil, J., and Mele, J., (Eds.), *Mental Causation*, New York: Clarendon Press, 1993.

Gillett, C. and Loewer, G., *Physicalism and Its Discontents*, Cambridge: Cambridge University Press, 2001.

Goff, P., Seager, W. and Allen-Hermanson, S., *Panpsychism*, in *Stanford Encyclopedia of Philosophy*, on the web at https://plato.stanford.edu/entries/panpsychism/, 2021-03-22.

Heil, J., *From an ontological point of view*, Oxford: OUP, 2003.

Hempel, G., Comments on Goodman's Ways of Worldmaking, *Synthese*, 45, pp.193—199, 1980.

Jackson, F., *From Metaphysics to Ethics: A Defence of Conceptual Analysis*, Oxford University Press, 2000.

Jackson, F., What Mary Didn't Know, *The Journal of Philosophy*, 83(5), pp.291—295, 1986.

Kim, J., *Mind in a Physical World*, The MIT Press, 2000.

Kim, J., *Philosophy of Mind* (3rd edition), New York: Westview Press, 2011.

Montero, B. and Papineau, D., A defense of the Via Negativa Argument for Physicalism, *Analysis*, 65(3), pp.233—237, 2005.

Mumford, S., *Laws in nature*, USA: Routledge, 2004.

Ney, A., *Physicalism as an Attitude*, Philosophical Studies, 138, pp.1—15, 2008.

Papineau, D., *The Causal Closure of the Physical and Naturalism*, in Mclaughlin, B., and Beckermann, A., (Eds.), *The Oxford Handbook of Philosophy of Mind*, Oxford University Press, 2009, pp.53—65.

Stoljar, D., *Physicalism*, New York: Routledge, 2010.

Stoljar, D., Two Conceptions of the Physical, *Philosophy and Phenomenological Research*, 62(2), pp.253—281, 2001.

Stoljar, D., *Physicalism*, in *Stanford Encyclopedia of Philosophy*, on the web at https://plato.stanford.edu/entries/physicalism/♯UndPhyInt, 2021-03-22.

Taylor, H., Powerful qualities and pure powers, *Philos Studies*, 175, pp.1423—1440, 2018.

Taylor, H., Powerful Qualities, Phenomenal Concepts, and the New Challenge to Physicalism, *Australasian Journal of Philosophy*, (96)1, pp.53—66, 2018.

Wilson, J., On Characterizing the Physical, *Philosophical Studies*, 131, pp.61—99, 2006.

Zhong, L., Taking Emergentism Seriously, *Australasian Journal of Philosophy*, DOI: 10.1080/00048402.2019.1589547, on the web at https://doi.org/10.1080/00048402.2019.1589547, 2019.

程炼:《亨普尔两难》,《世界哲学》2015 年第 4 期,第 25—36, 115 页。

陶焘:《物理因果闭合性与能量守恒定律》,《自然辩证法研究》2016 年第 6 期,第 3—8 页。

王晓阳:《心—身问题与物理主义》,《自然辩证法通讯》2015 年第 4 期,第 1—14 页。

王晓阳、王雨程:《心理因果性,排他性论证与非还原物理主义》,《哲学研究》2015 年第 4 期,第 118—126 页。

本文首次刊发于《学术月刊》2020 年第 5 期,本文的一个更完整版本(作为靶子文章),刊发于认知科学 2021 年第 5 期

附录：对《物理主义不等于物理学主义》 一文的部分商榷的答复

自《物理主义不等于物理学主义》一文刊出以来，学界同仁师友就其中的一些问题提出了种种商榷或质疑，这篇附录是对其中一些的答复，同时也为物理主义及其相关论题作进一步的澄清与辩护。①

从这些商榷或相关讨论的文章中，我一共挑选了（或概括了）六个质疑，分别是：1.E 方案中的"范型物理对象"究竟指什么；2.如何理解"必需属性"；3.CCP 是否能有效排除掉非物理的事件（如，灵魂或现象意识）；4.E 方案是否是一个"隐含的循环定义"；5.CCP 的"必然性"来自哪里；6.态度方案（D 方案）、A 方案，以及 E 方案，哪个更优。下文的探讨将主要围绕这 6 个质疑而展开。

在开始探讨之前，仍需加以说明的是，之所以选择一些来回复，不是因为其他的质疑不重要，而是因为，除了篇幅方面的考虑之外，以下这些质疑在我看来是相对"紧迫"的。对它们的回复，或许更有助于澄清相关的问题，从而避免一些不必要的误解。对于那些尚未回复的质疑，我会考虑以后在适当的时候再

---

① 有关的质疑和商榷文章，可以参看《认知科学》2021 年第 2 期。以下的回复，针对的主要也是这几篇文章。

加以回复。

不难明白，与 A/B/C 方案一样，E 方案也尝试对"什么是物理的"下个定义。**这个定义（E 方案）有两个要点：第一个是，范型物理对象；第二个是，物理域的因果闭合原则（CCP）。**让我们先考虑"范型物理对象"。之所以被称为"范型物理对象"，是因为它（们）是特定的共同体内部成员共同认可的基本事实，属于初始事实（brute fact），因而并不需要给出进一步的定义。当然，"共同体内部成员"既可以是日常普通民众，也可以是特定的科学家群体。就普通民众而言，桌椅板凳是范型物理对象，就特定的科学家群体（如，粒子物理学家）而言，电子、质子，以及夸克是范型物理对象。因此，乍一看，E 方案中的"范型物理对象"似乎并不具有固定的外延，因而一个认知者 S 似乎无法清晰地理解"何为范型物理对象"。然而，仔细考虑一下就会明白，实际上，位于特定共同体内部的成员之间，并不会就此发生争执，对于"何为范型物理对象"，一定会达成一致的（合适）理解。由此可见，S 之所以觉得无法清晰地理解"何为范型物理对象"，是因为错误地把自己放在了在某个脱离开任何共同体的"悬空"的认知位置上。然而，对于一个合格的认知者（包括 S）而言，这样的"悬空"位置是一种（认识论上）不可能的预设，是某种"上帝之眼"（God's eyes）的认知视角。

下面来考虑 CCP。虽然，对于如何恰当地理解 CCP，学界一直存在争议，但是，目前绝大部分物理主义者还是接受这条原则的。究其原因，很可能是因为 CCP 捕捉到了某个长期以来为绝大多数唯物主义/物理主义者所默认的素朴直觉。那就是，直觉上，现实世界中，一个事件之所以是物理的，是因为它能够成为一个充足原因（sufficient cause）。这一直觉由来已久，可能在古希腊时代就已出现。尤其是，明显体现在古老的"爱利亚原则"

(Eleatic Principle)之中。

我们知道,"爱利亚原则"说的是,**存在就是具有因果效力**(**to be is to have causal power**)。也就是说,在古希腊的爱利亚学派看来,凡真实存在之物,皆具有因果效力。可以想象,这个原则体现了某种素朴的直觉:如果一个东西真实存在,那么无论如何,它应当具有某种因果效力。只要具有了因果效力,就可以在与其他东西的相互作用中展现出因果效用。鉴于因果效用是可以被我们公共观测到或加以客观度量的,因而才有望获得公共的或客观的认识。只有那些(原则上)能被公共地或客观地认识到的东西,才不需要依赖于特殊的认知途径或方式,才可以说是真实存在的或实在的(real)。而那些需要依赖于特定的认知途径或认识方式才能得以被发现的东西,往往捉摸不定,甚至显得过于神秘,因而难以确认其是否真实存在。例如,某些所谓的主观的臆想之物或者神秘的超验之物。

这一素朴直觉是如何被提炼为爱利亚原则的,究竟是在日常观察基础上经过长期反复探讨之后的归纳概括,还是某位先哲的灵光乍现?因年代久远,我们现在已不得而知。但是,不难明白,爱利亚原则提供了一种度量何为真实之物的具体方式。并且,是以自然界中随处可见的因果效力,而不是以某些超自然的神秘力量来加以度量。因此,似乎没有理由不认为,以因果效力作为实在(reality)唯一"标志"的想法,的确展现了某种唯物主义的世界观。

类似的想法其实也一直扎根在当代唯物主义/物理主义者的心中。对于当代物理主义而言,一个对象之所以是物理的,不仅是因其具有因果效力,更是因其具有充足的(sufficient)因果效力。因此,如下这一基本原则/信条为当代物理主义者所普遍接受或默认:**物理事件就是具有充足因果效力的事件(a physical**

333

event is a event which has *sufficiently* causal power）。我们不妨把物理主义的这一基本原则（新原则）当作是爱利亚原则（旧原则）的当代翻版。然而，不难看出，新旧原则之间存在两点差别：第一，"新原则"针对的是，物理事件/对象，而不是实在。第二，新原则强调充足因果效力，而不是因果效力。

这两点差别很关键。表明了当代唯物主义/物理主义并不是爱利亚学派或古代朴素唯物主义在当代的简单翻版，而是既有所继承又有所创新。这主要体现在，一方面，当代物理主义承认，能够展现出因果效力，对于一个对象的真实存在的确很重要。但是另一方面又认为，并非全部真实存在的对象/事件都是能够展现出因果效力的对象/事件。换句话说，当代物理主义不仅认为，能够展现出因果效力的对象/事件只是实在的一部分，而且进一步指出，在这些能够展现出因果效力的对象/事件中，有一小部分对象很特殊，它们甚至能展现出充足的因果效力。这一小部分的对象就是物理对象/事件。[1]

有人或许要问，为何物理对象/事件如此特别，它们的充足因果效力来自哪里？下面简要回答这个问题。对于当代物理主义者而言，除非一个事件 A 足以导致（sufficiently cause）事件 B 的出现，否则它就没有资格被称为一个物理事件。关于 A 与 B 之间的这种因果关系的一个更精确表达可以是这样的：凭借属性 p，事件 A 单独地引起事件 B 例示出了属性 q（A solely cause B in virtue of p and q）。[2]这里，"足以"应当被理解为，在一定的

---

① 在当代物理主义者看来，物理对象/事件还有一个特殊之处，那就是：现实世界中的其他特征（如果真实存在的话）最终都要依赖于或奠定于或随附于（某些）物理的特征。有兴趣者，可看看《斯坦福哲学百科全书》"物理主义"词条等文献的进一步介绍。限于本文篇幅主旨，下文不再展开探讨。

② 这里给出的精确表达，从属于一个"以属性为中心"的理论框架（properties-centered discussion）。一般而言，该理论框架默认了属性（property）是能够被例示的（转下页）

背景条件下,只要 A 出现(即 A 例示 p),那么 B 就出现(即 B 例示出 q)。但是,这并不意味着,在同等的背景条件下,A 不出现(即 A 没有例示 p),B 也一定不会出现(即 B 没有例示出 q)。因此才可以说,A 是 B 的充足原因。[①]由于在成为 B 的充足原因的过程中,对于 A 而言,p 是必不可少的,因此,p 理所当然地可以被看作是 A 的必需属性。至此,也不难理解,但凡以 p 作为其必需属性的对象/事件,就是一个物理的对象/事件。[②]

在现实世界中,既然只有物理对象具有充足的因果效力,并且它们无一例外都因果地关联在了一起,因而,**从整体上看,现**

(接上页)事体(instantiated entity),而事件则是属性的例示物(instantiation)。以属性为中心的讨论,以及上述有关属性和事件的解释,是目前在关于事件因果关系的讨论中的常见做法,为了讨论的方便,下文遵循这种常见做法。但是,需要指出的是,并不是所有人都同意这种常见做法(cf. Davisdon, 1970; Heil, 2012)。因此,如果不同意这种常见做法,那么也就不会同意这里的精确表达。限于篇幅与主旨,下文不打算对此展开讨论。

① 在一定的背景条件下,A 不出现,B 也可以出现。这种情况之所以会发生,不是因为 A 不是 B 的充足原因,而是因为 B 的充足原因可以有多个。因此,由于 A 只是 B 的一个充足原因,在 A 缺失的情况下,B 仍然可以出现。理由就是,B 完全可以由(除了 A 之外的)其他充足原因 C 所引起。

② 这里需要做三点说明:(1)q 不一定是 B 的必需属性。理由是,q 属于"被引起的"(caused)属性。在因果关系中,给定一定的背景条件,"引起其他属性被例示"的属性 p 是需要具有充足因果效力的,而"被引起的"属性 q 则不一定是具有充足因果效力的。总之,属性 p 具有"充足因果效力"的关键只在于,给定一定的背景条件之后,p 能单独地(solely)引起其他属性 q 的例示,而不在于能否被其他属性所引起;(2)"在一定的背景条件下"是必不可少的限制性条件,几乎所有关于因果关系的讨论,都需要预设这一点。至于"一定的背景条件"具体是指什么,以及如何确定具体的背景条件,学界一直存在争议。限于本文篇幅主旨,无法就此展开讨论。只需明白,这里的要点不是如何确定具体的背景条件,而是一旦就背景条件达成了一致以后(暂且不管如何达成一致),我们终归是要凭借对因果关系的考察——是否具备充足因果效力——才能够挑选出一个事件之所以是物理事件的那些(个)必需属性。从形而上学上讲,因果关系(causation)体现出的是,现实世界中事物固有的存在方式(即便不是唯一的方式)。因而,从认识论上讲,借助于种种具体的因果关联(causality),我们才得以认识到现实世界中真实存在的各类对象(即便不是全部的对象)。物理对象就是其中之一。物理对象的必需属性都是些具有充足因果效力的属性,只在某些特殊的因果关联中才得以完全"显露"自身;(3)这里只讨论了事件因果(event causation)。在一些研究因果关系的学者看来,因果关系项还可以是其他类型(如,对象、事态等等)。之所以这里没有讨论其他类型的因果关系项,是因为对于这里的主旨而言,(原则上)讨论事件因果就够了。也就是说,关系项究竟是对象、事态,还是事件,并不影响这里的实质讨论。

实世界中的所有物理对象共同形成了一条封闭的因果链条。[①]也就是说，现实世界的物理域是因果封闭的，这就是 CCP。可见，一旦接受了上述物理主义的基本信条（"物理事件就是具有充足因果效力的事件"），那么自然也应该接受 CCP。[②]

　　这里，有人或许会提出如下质疑：一方面，如果 p 有可能是

---

　　① 在 2023 年上半年的一次私下谈话中，我的同事克里斯（Christopher Devlin Brown)针对 CCP 提出了如下一个质疑：他认为，CCP 刻画的不一定是一条物理因果封闭链，可以是多条物理因果封闭链。如果是后者，那么不同的因果链之间并不存在任何实质的因果关系。换句话说，在一个可能世界中，有可能存在两个或多个相距遥远的物理事件/对象，它们之间并不存在实质的因果作用，尽管这些物理事件各自也都位于不同的因果封闭链条中。这种可能情况似乎不违背 CCP。不难看出，如果这种情况是可能的，那么 E 方案就是失败的。理由就是，若如此，则我们无法从某个范型物理对象 O* 开始，仅依据 CCP 以及相应的递归操作，就可以找寻到（同一个可能世界中的）全部物理对象。因为排除不了至少存在一个物理对象 O#，虽然 O# 与 O* 属于同一个可能世界，但是两者并不位于同一条因果封闭链条中。对此，我的回答是，没有理由相信，这种情况会发生。下面对此加以说明。让我们来考虑存在多条（彼此孤立的）物理因果封闭链的最简单情况：可能世界 w# 中存在两条彼此孤立的物理因果链 L 和 L*（复杂情况同理可知，故以下不再赘述）。现在问：是什么因素导致了 w# 中存在两条彼此孤立的物理因果链 L 和 L*？首先，不可能是某个"额外的"物理因素。因为 L 和 L* 已经囊括了 w# 中全部的物理对象。其次，也不可能是某个 L 或 L* 的"内部的"物理因素造成的。若如此，则 L 和 L* 就不再是彼此孤立的了（因为凭借这个内部的物理因素，两者之间看似孤立实则关联在了一起）。再次，也不可能是某个"额外的"或"内部的"非物理的因素造成的。若如此，则相当于承认非物理对象可以充当充足原因了，而这会与仅有物理对象才能充当充足原因这一点相冲突。因此，如果 w# 是形而上学可能的，那么我们将被迫承认，"w# 中为何存在两条彼此孤立的物理因果封闭链"这个问题，是原则上无法得到合理解释的。如果这个问题原则上得不到合理解释，那么就会违背"世间凡事皆有因"这个大原则。与之不同的是，如果某个可能世界 w## 中仅存在一条物理上的因果封闭链 L#，那么"w## 中为何存在 L#"这个问题，至少原则上可以得到合理解释。理由就是，至少 L# 中的某个"内部"物理因素可以充当 L# 自身存在的充足原因。因此，综上所述，我们没有理由相信，两条或两条以上彼此孤立的物理因果封闭链条这类情况，是形而上学可能的。

　　② 如果现实世界中全部物理对象形成了一个封闭的因果链条（CCP），那么，从其中任意一个"节点"（范型物理对象 O*）开始，先找出其相邻的节点（充足原因），再不断进行递归操作，逆时针绕一圈回到起点（O*），就能（不多不少地）一一找出该因果链条上所有节点（全部的物理对象）。不难看出，这构成了方案 E 的核心想法。可以打个比方来帮助理解。作为一种操作性定义，方案 E 所设计的操作过程部分类似于数珠串：我们知道，如果从一串珠子上任意一颗珠子开始计数，一个接着一个地数，数一圈，直至回到第一颗珠子为止，那么，只要不出差错，任意一次计数，珠串上所有的珠子都能被数到，且每一次得到的珠子总数目都是一样的。（注意：两者并不完全类似。因为方案 E 要求逆时针，而数珠串则顺或逆都可以。）

灵魂或心灵等非物理的属性,那么泛心论就是可能的。如果泛心论是可能的,那么方案 E 就不比方案 B 更具优势,因为两者同样地都不能排除掉泛心论的威胁;另一方面,如果 p 是物理的属性,那么这就相当于说必需属性是物理属性,而这最终表明,不得不借助于必需属性来进行定义的方案 E 其实是一个(隐含的)循环定义。无论 p 是物理的还是非物理的,似乎都将威胁到方案 E,可见,这个质疑似乎对方案 E 构成了一个两难(dilemma)。[①]

情况的确如此吗? 我认为并不是。有理由相信,上述两难其实不会对方案 E 构成实质威胁,无论是第一支还是第二支。下面,我们依次考察上述两难的第一支和第二支。

如果 p 是非物理的属性。由于方案 E 要求,必需属性应当是具有充足因果效力的属性,因此,除非 p 具有充足的因果效力,否则就没有资格被称为必需属性。考虑到灵魂或心灵这些非物理的属性总要随附于物理的属性(这是物理主义的基本立场),因此,灵魂或心灵即便具有某种程度的因果效力,也不具有充足的因果效力。[②]只要灵魂或心灵等具备的非物理属性实际上不具有充足的因果效力,那么这些非物理属性就不可能成为必需属性。因此,只要始终坚持心—身随附性的基本原则,上述两难"第一支"并不会对方案 E 构成实质威胁。

这里,也许有人会坚持说,如果心灵或灵魂等既具备非物理属性,这些非物理属性也具有充足的因果效力,那么就还是会对方案 E 构成实质威胁(这样的话,这些具有充足因果效力的非物

---

① 两点说明:1.关于方案 B 的具体论述,可参见《物理主义不等于物理学主义》一文相关段落。2.叶峰教授提出了类似质疑,明确认为 E 是一个隐含的循环定义。(叶峰:《基于当前物理学定义"物理的"——一个辩护》,《认知科学》第 5 卷第 2 期,第 44—45 页。)

② 限于篇幅,具体论证略。有兴趣者,可参考金在权等人关于排除问题(exclusion problem)的有关论述。

理属性就有资格成为必需属性,因而导致方案 E 无法排除掉泛心论)。对此的回答可以是这样的:如果现实世界中某个属性 p^* 的确具有充足的因果效力,那么我们有什么理由认为 p^* 是非物理属性呢?有理由相信,p^* 终归还是某种物理属性,而不是非物理属性。尝试考虑如下思想实验,就不难明白:让我们设想,在遥远的未来,人类的科技十分发达,已实现了星际旅行。未来的宇航员第一次登陆半人马座的某个行星 X,发现其与地球的自然环境很类似,唯一的差别是,X 表面布满了大量的棉絮状物质。经过多次采样和成分分析,发现这些棉絮状物质的结构与地球上水的化学组成结构完全一样,即都是 H_2O。随后,宇航员们将分析报告发送回地球,现在请问,地球上的科学家们会如何认定此物。他们会认为,发现了一种全新物质呢,还是会认为,发现了一种全新形态的水?有理由相信,大多数科学家(即便不是全部)会认为是后者,即发现了一种全新形态的水。为什么这么认为?理由似乎很简单,那就是,我们认为水的本质特征是 H_2O。所谓某物 O 的本质特征 c,就是说,在任何情况下,某物 O 都不得不具有的特征 c。否则,一旦失去,O 就不再是 O。因此,c 也可以看作是 O 的必需属性。换句话说,某种物质,不管其外在形态如何奇特,一旦确认了其内在化学组成结构是 H_2O,我们就没有理由不认为它是水。

让我们回到上述质疑的讨论中来。现在不难明白,如果一种属性具有充足的因果效力,那么不管它有多怪异,我们也应当把它认作是物理属性,而不是非物理属性。理由是,具有充足的因果效力是某个(些)能够充当必需属性的物理属性的本质特征。这里与上述思想实验中关于水的情况是类似的。因此,一旦我们认定,物理对象/事件的本质特征是具有充足的因果效力(上述提到的新原则),再有人质疑说,某个(些)非物理事件/对象也可以具有充足的因果效力,对此的一个合理回答就是,那些其实并不是真正的非物理对象,很可能依旧是物理对象,也许不过是些较为罕见或怪异的物理对象而已。①

从形而上学上讲,一个对象/事件 O 并不会因我们称之为物理的或非物理的,它就是物理的或非物理的。O 既可以具有物理的属性,也可以具有非物理的属性。之所以 O 被当作是物理对象,是因为,要么 O 是某个只具备物理属性的对象,要么 O 所具有的那些非物理属性总是随附于 O 所具有的物理属性。②仅此而已。因此,只有那些把某个(些)非物理属性当作必需属性,并且这些非物理的必需属性并不随附于其具有的物理属性的对象,或者是,仅具有非物理的属性而不具有任何物理属性的对象,才有资格成为真正的非物理对象。问题是,即便这样的非物理对象存在,也不会对方案 E 构成威胁。理由就是,如果物理属性并不是其必需属性,且作为其必需属性的非物理属性又不具备充足的因果效力,那么这样的非物理对象就不具备成为充足原因的资格,因此方案 E 完全可以把它们排除在外。③

---

① 注意:我并没有说,非物理的对象不存在。我只是说,那些具有充足因果效力的非物理对象不存在。下面很快会有解释。

② 在私下的讨论中,陈晓平教授提醒我存在如下一种可能的情况:一个物理对象 O 可以具有某些非物理的必要成分 r(例如,r 是 O 的某种内在属性),r 也可以展现出一定的因果效力,或者 r 与 O 的必需属性 k 一起(作为一个整体),共同展现出充足的因果效力。对此,我的看法是,即便这样的 r 存在,只要 r 不具备充足的因果效力(因而 r 不是 O 的必需属性),并且,由于 r 总是要随附于 O 的物理属性(因为 O 是物理对象),那么这种可能情况就是容许的,也不会对方案 E 构成实质威胁。

③ 依上所述,具备充足因果效力的只能是物理属性。这里,可能还会有如下疑问,那就是,为什么心理属性就不能具备充足的因果效力呢？或许可以这样来理解:一般而言,因果关系(尤其是事件因果)是一种定域的关系(local relationship),因而其关系项要具有定域性(locality)的特点。依据定域性的通常理解,一个对象要具有定域性,就需要能够占据一定的时空区域。很明显,某些物理对象/事件是具有定域特征的。但是,严格说来,心理对象/事件似乎并不占据一定的时空区域(笛卡尔亦有过类似看法,即心灵并不具备广延性)。由此可知,心理对象不具有定域性。如果不具有定域性,那么,就事件因果而言,心理对象并不具备充当因果关系项的资格。如果没有资格充当因果关系项,那么其具备的属性(转下页)

下面考察上述两难的第二支,如果 p 是物理的属性。依据
E 方案,必需属性 p 只要是具有充足因果效力的属性即可,似乎
并不需要是物理的属性。然而,如前所述,非物理的属性并不是
具有充足因果效力的属性,因此,在物理属性与非物理属性二选
一的前提下,p 只能是物理的。但是 p 是物理的,并不能由此推
出 E 方案是一个(明显的或隐含的)循环定义。为什么这么说
呢? 理由是,E 方案其实是一个操作性定义。其所设计的操作
过程如下:首先,确定范型物理对象。然后,再确认哪些对象可
以充当范型物理对象的充足原因,这就同时确认了,哪些属性是

(接上页)(无论是心理属性或其他)是否有充足因果效力,就无从谈起。但是,仔细考虑一
下,不难发现,对于那些具有心理属性 m 的物理对象而言,情况会有所不同。因此,如果一
个物理对象有资格充当因果关系项,那么其具备的 m 是否就可以具有充足因果效力呢? 我
的看法是,还是不行。关键理由就是,m 具有可多重可实现(multiple realization)的特征。这
个特征也是社会认知(social cognition)得以实现所必需的。具体来说,"m 可多重实现"可以
被理解为,同一个 m 可以被多类不同的物理介质(physical substrate)所例示出来(exempli-
fied)。因此,这就意味着,m 可以同时出现在众多不同的时空区域,即(同一个)m 的(多
个)例示物可同时出现在不同的时空区域。这里的"众多"可理解为,(原则上)数量无限多
的。不难明白,无论是不出现在时空中(即不占据任何时空区域),还是可同时在众多不同的
时空区域出现,都和定域性特征相冲突。由此可知,m 并不具有定域性特征。这里,"m 不具
有定域性特征"的意思就是,任何一个事件/对象,都不可能因 m 而成为一个具有一个定域
性特征的事件/对象(any event/object cannot became a local event/object qua m)。可见,不
管 m 是被物理对象所有,还是被非物理对象所有,都不具备充足的因果效力。至此应
不难理解,如果 m 不具备充足的因果效力,那么,无论 m 是某个(些)非物理对象具有的必需
属性,还是某个(些)物理对象具有的非必需属性,都不会对方案 E 构成实质威胁。[这里仍
需提醒两点:1.m 不具备充足的因果效力,因而不可能成为物理对象的必需属性。但是,m
依然有可能成为物理对象的非必需属性。2.可能有人会说,某些物理属性(如功能属性)似
乎也具有多重可实现的特点。因此,一个属性具有多重实现的特点,并不意味着它就是非定
域性的。对此的回应是这样的:严格地讲,物理属性的多重实现是一种"类型—类型的多重
实现",即一类物理属性 p(如,功能属性)被多类其他物理属性所实现。因此,每一类实现 p
的其他物理属性,实际上具体实现的并不是 p,而是类型 p 中的一个或多个个体成员,即
p_1 或 p_2。就个体 p_1 或 p_2 而言,它们当然是定域的,与之不同的是,心理属性的多重实现则
是一种"个体—类型的多重实现",即个体心理属性 m 被多类物理属性所实现。因此,实现
m 的每一类物理属性,其中的每个成员(即个体物理属性)都同时实现了 m。也就是说,作
为个体的 m 同时被多个物理属性类型实现了。就此而言,m 的确具有非定域的特征。有理
由相信,之所以心理属性的多重实现如此特别,究其根本,是因为并不存在(类似于物理属性
类的)心理属性类。不仅如此,严格地讲,任何心理属性类也都不存在。限于篇幅主旨,这里
不再展开讨论,我将另文撰述这一点。]

范型物理对象的必需属性。又由于 CCP 保证了现实世界中所有的物理对象都因果地关联在了一起。因此,只要再采取相应的递归操作,就可以一步步地挑出(现实世界中)全部的物理属性了。总之,即便那些具有充足因果效力的属性都是物理属性,但是,鉴于 E 方案并不需要依据这些物理属性来进行定义,而只需要依据范型物理对象、CCP,以及相应的递归操作就够了。可见,E 方案并不是一个(明显的或隐含的)循环定义。

以上,我具体解释了何为范型物理对象(质疑 1)、什么是必需属性(质疑 2),CCP 能否排除掉非物理的对象(质疑 3),以及 E 方案何以不是一个(隐含的)循环定义(质疑 4)。下面,来回应质疑 5。

在正文中(即《物理主义不等于物理学主义》一文),我指出,

> CCP 刻画的是一个(形而上学层面的)偶然事实,即现实世界碰巧在物理上是因果封闭的。……CCP 刻画的这个形而上学事实尽管是偶然的,却一直如此,因而它既不依赖任何经验科学理论(如,物理学)的发现,也不会随着经验科学的发展而有所改变。①

首先,CCP 之所以是一个形而上学的偶然事实,是因为,并非在所有可能世界中,CCP 都成立。这一点不难理解。因为完全有可能存在一个物理上荒芜的可能世界 w,即 w 中没有任何物理对象,CCP 不可能在 w 中成立。②换句话说,既然 w 是形而

---

① 王晓阳:《物理主义不等于物理学主义——表述物理主义的一个新方案》,《认知科学》第 5 卷第 2 期,第 6—35 页。

② 也许有人会说,如果把关于 CCP 的表述理解成实质蕴涵,那么,在 w 中,CCP 至少平庸地成立(trivially true)。对此,我的回应是,这里的关键不是实质蕴涵,而是在 w 世界中,关于不存在的对象(即物理对象)的谈论是认知上无意义的(cognitively nonsense)。因此,这里的情况不是前件为假,面是前件是认知上无意义的(非真非假)。可见,即便把关于 CCP 的表述理解成实质蕴涵,也不会得到 CCP 平庸的成立。

上学上可能的,那么 CCP 就不会在所有可能世界里面都成立,即 CCP 并非是形而上必然的。既然不是形而上学必然的,那么至多是形而上学偶然的。其次,由于 CCP 真实反映了现实世界中全体物理对象的情况,因此 CCP 至少在现实世界是成立的。最后,在日常实践中,尽管我们的确是借助种种具体的因果关联——挑选出物理对象的,但是,不难明白,之所以能够这么做,有个必要前提,那就是,这些对象无一例外地都被一条封闭的因果链串联在了一起。可见,CCP 虽说是个(形而上学上的)偶然事实,但却是个(认识论上的)先验事实(*a priori* fact)。否则,任何一种借助具体因果关联来挑选物理对象的经验性活动,都不可能有效地加以施行。

现在问题来了,是否存在某个可能世界 w**,其中也存在众多的物理对象,然而,对其中的物理对象(至少一部分)进行挑选时,却不需要预设 CCP。不难看出,如果这种情形是形而上学可能的,那么至少在 w** 中,CCP 不是先验的。对此,我的看法是,并不存在这样的情况,即 w** 不可能存在。理由就是,如前所述,如果物理对象/事件就是具有充足因果效力的对象/事件,那么,在任何一种情况下,要挑选出物理对象,就都需要依据其是否具有充足因果效力才行。换句话说,在任何情况下,充足因果效力都是物理对象的唯一"标志"。可见,尽管 CCP 是个形而上学上的偶然事实,然而并不仅限于在现实世界中成立,而是在那些(物理对象/事件出现于其中的)可能世界里中,都成立。[1]就此

---

[1] 这里值得一提的是,或许有人会认为,存在如下一种特殊的情形:有且仅有一个物理对象 p* 存在于其中的可能世界 w#。其中,CCP 是不成立的。对此,我的看法是,w# 其实是形而上学不可能的。如果 w# 是形而上学不可能的,那么也就谈不上 CCP 在其中成立与否了。下面我来解释 w# 何以是形而上学不可能的。首先,不难明白,w# 中的对象情况仅有如下两种:(1)有且仅有一个对象,即物理对象 p*;或者(2)存在不止一个对象(但是有且仅有一个物理对象 p*)。其次,有理由相信,第一种情况是形而上学不可能的。(转下页)

而言,CCP 的确具有某种特殊的必然性。[①]并且,在每一个这样的可能世界中,CCP 都是先验的。

最后,来看质疑 6。首先,我并不认为,方案 E 是唯一可行的关于何为"物理的"的表述。只是认为,相对于目前常见的四种方案(A-D),方案 E 面临的麻烦更少,而且有望为当前大多数物理主义者所接受。

> E 方案是一个基于范型物理对象,并依据 CCP 来对物理属性进行定义的新方案,其主要特色有三:首先,新方案能够有效应对目前四种常见方案面临的种种问题。尤其是,可以绕开亨普尔两难,并避免泛心论的困扰。其次,还中立于还原物理主义与非还原物理主义之间的具体争论。因而有理由相信,新方案不仅是合理可取的,而且有望成为一个被物理主义者(无论是还原的还是非还原的)普遍接受的方案。[②]

其次,既然方案 E 并非唯一的,那么就不能排除,有可能会

(接上页)理由就是,依据因果关系的通常理解,因果关系是一种二元关系,原因和结果不能由同一个对象来充当。因此,对于任何可能世界而言,其中至少要有两个对象,否则就不可能有因果关系。如果一个可能世界中没有因果关系,那么其中也就不可能有能够充当充足原因的对象。如果其中没有能够充当充足原因的对象,那么其中也就不可能有任何物理对象存在。再次,有理由相信,第二种情况也是形而上学不可能的。理由就是,如果第二种情况可能,那么,p^* 将会成为一个没有充足原因的对象(因为 $w^\#$ 中没有其他物理对象,而其中的非物理对象又不能充当充足原因)。有理由相信,p^* 的出现不仅要有充足原因,而且要有物理上的充足原因。否则,就会出现原则上得不到物理解释的物理对象,而这将违背"物理知识是完备的"这一物理主义的基本原则。因此,若坚持物理知识完备性这一基本原则,就不能够同时承认 p^* 可以没有物理上的充足原因。可见,无论是上述第一种情况还是第二种情况,都是不可能的,即 $w^\#$ 是形而上学不可能的。

① 这里,"某种特殊的必然性"的意思是,在物理对象出现于其中的每一个可能世界里,CCP 都不可能不成立。可见,这是一种"可能的必然性"(possible necessity)。

② 王晓阳:《物理主义不等于物理学主义——表述物理主义的一个新方案》,《认知科学》第 5 卷第 2 期,第 33 页。

出现其他的有效方案(至少原则上不能排除)。假定将来出现一个新的方案(例如,方案 F),或者在现有方案基础上的一个改进版本(例如,方案 D$^{\#}$)。现在问,方案 D$^{\#}$、方案 E,或者方案 F,哪个更优? 对此,我的看法有二:第一,关于“何为物理的”的定义,原则上并不一定只能有一种。完全有可能存在多种不同的表述。至少到目前为止,看不到有任何理由表明,只能有一种。至于,在认识论上,这些不同的表述之间又是什么关系(是否同义,或者是否可相互还原),也是值得考虑的。但限于篇幅主旨,这儿不再展开讨论了;第二,不同方案如何比较优劣,则需要具体加以考察。在我看来,这项考察工作有两个关键指标:一个是,认识论上看,一个方案是否优秀,要看其解释力是不是足够强或“周密”;另一个就是,从本体论上看,优秀方案的预设要尽可能地少或“节俭”。因此,不难理解,最优方案应当是,最靠近或者干脆直接落在“解释力的周密性与本体论预设的节俭性”两者之间的“平衡点”上的方案。①

明白了上述关键指标之后,就可以对涉及 A、D 和 E 三个方案的一些看法,来做回应了。②其实,在《物理主义不等于物理学主义》一文中,对此已有不少说明。我们知道,A 方案和 D 方案目前共同面临的一个困境是,绕不开亨普尔两难。对此,可能的解围之法似乎是,要么辩护“今天的物理学”对于处理某些特殊的问题(如,心—身问题),已足够③;要么对

---

① 这里的想法受到了刘易斯(David Lewis)的启发,他有过类似表述(Lewis, 1973, pp.73—75)。汤志恒博士提供了有关文献,让我确认了这一点,在此表示感谢。

② 这里“有关的商榷文章”主要是指,程炼《亨普尔两难》、叶峰《基于当前物理学定义“物理的”——一个辩护》、陈晓平《作为物理学主义的物理主义:不足与改进——与王晓阳教授商榷》,以及李珍《“物理主义”的形上定义何以可能?》,这四篇论文。

③ 参见程炼:《亨普尔两难》,《世界哲学》2015 年第 4 期,第 25—36 页,第 115 页。

"今天的物理学"做宽泛解释,使其"不仅指那些今天被普遍接受的物理理论(比如标准模型和广义相对论),应该还包括今天被物理学家们认真考虑的那些候选理论(如弦论、圈量子引力理论等),甚至包括今天物理学家们基于他们的物理学方法论原则认为可以算是物理学理论的各种潜在的理论"[1]。

一旦做上述宽泛解释之后,物理主义似乎有望极大概率上为真;要么,先区分认识论物理主义/唯物主义与本体论物理主义,再放弃认识论唯物主义,并接纳某种二元论的观点来对物理主义的本体论立场做必要修正,从而尝试来摆脱亨普尔两难。[2]

以上三种做法尽管有所不同,其实都是在为某种"物理学主义"辩护。具体来说,第一种做法认为,即便当今的物理学不完备,但是,至少就心灵哲学或处理心—身问题而言,物理学主义还是成立的。不难看出,这是将辩护限定在某个领域或论题上,是一种"收紧的"辩护策略,因而可称之为"收紧主义"。第二种做法认为,"当今物理学理论"应该不仅包括已获得认可的物理学理论,还包括那些候选的物理学理论。做此宽泛解释之后,有理由相信,未来出现某种今天的物理学理论没法解释的物理属性 p 的概率是极小的。如果出现 p 的概率极小,那么依据今天的物理学理论加以表述的物理主义就是极大概率为真的。此外,鉴于今天的物理学方法的确是有确定或具体内容的,因此,即便做宽泛理解,依据当今物理学理论表述的物理主义也不会

[1] 叶峰:《基于当前物理学定义"物理的"——一个辩护》,《认知科学》第 5 卷第 2 期,第 38 页。

[2] 参见陈晓平:《作为物理学主义的物理主义:不足与改进——与王晓阳教授商榷》,《认知科学》第 5 卷第 2 期,第 6—35 页。

是空洞的。可见，有理由相信，（依据当今物理学表述的）物理主义不仅不会为亨普尔两难所困，而且极大概率是真的。不难看出，这是一种"放宽"当今物理学理论适用范围的做法，因而可称之为"放宽主义"。最后一种做法则认为，在认识论层面，物理学并不可能涵盖一切客观存在，因为作为自然演化的造物之一，我们的认知能力总是有限度的，即我们存在某种认知界限。既然存在认知界限，就没有理由相信，我们的物理学会是完备的。但是，实践经验告诉我们，采取某种物理学的态度来探究客观实在，依然是可取的。正是因为认识论物理主义坚持了物理学是完备的（或不承认存在认知界限），才会陷入亨普尔两难。因此，一旦我们意识到自身的认知局限性，从而放弃认识论物理主义，同时承认，物理学作为一种实践层面的探究态度依然是合理的（即物理学方法作为一种探究实在的方法论原则的合理性），并且还相信，本体论上一切都是物理的，那么，这就得到了一种（基于物理学态度的）心物二元论立场。一旦采取这种立场，就有望摆脱亨普尔两难。可以看出，第三种做法的要点在于，尽管认为物理学作为一种（认识论上的）理论体系，原则上不可能完备，然而，作为针对客观对象的认知态度或工作原则，在具体实践上，物理学依然是最可取和最有效的。这种在认识论上放弃物理学的完备性，转而在实践上或方法论上坚持物理学的可取性或有效性的做法，可称之为"方法论主义"或"实践主义"。

下面，简要探讨一下"收紧主义""放宽主义"和"实践主义"各自面临的几个主要困难。收紧主义乐观地认为，今天的物理学已然为某些特殊议题（如，心—身问题）或特殊领域（如，心灵哲学或认知神经科学）提供了"稳定且完整的说明"（参见程炼：《亨普尔两难》）。有理由相信，这一看法至少存在两个问题：第一，从自然科学上讲，之所以当今的化学家或物理学家对自身的学科知识体系充满信心,以致他们乐观地相信,已经获得了关于水或者铁等等常见物质的"稳定且完整的说明",是因为当今的物理学或化学的确发现了水或铁的本质特征。不难明白,当今脑科学的研究状况则完全不同。众所周知,大脑是目前人类遇到的最复杂的物质,当今的脑科学技术还很不发达,对于大脑如何运作,我们其实知之甚少。即便是已知的部分,也是充满争议。更不用说,关于那些具有主观性特征的意识现象(如,疼痛、幸福感等)的研究了。例如,目前关于 ncc(意识的神经相关项)的主要的几个认知科学理论,一直都处在争论之中,是对是错孰优孰劣,仍有待未来找到更多经验上的判决性证据,来加以进一步验证才行。鉴于目前认知神经科学的研究状况,可想而知,距离我们揭示某些心理现象本质的日子尚且遥远,因此,收紧主义哪里来的信心,可以乐观地认为今天的物理学已然为某些特殊议题(如,心—身问题)或特殊领域(如,心灵哲学或认知神经科学)提供了"稳定且完整的说明"? 与这种盲目乐观相比,我们更应该相信,当前认知神经科学尚处于研究范式尚未成型的科学阶段(前科学时期)。或许,如今可以预料的是,在不久的未来将会发生一场科学革命,从而引发认知科学或心灵哲学中有关心—身问题的新研究范式的出现。[①]第二,从哲学上讲,以为我们可以为心理现象提供"稳定且完整的说明",这类说法其实都默认了如下这一前提:我们(至少原则上)可以科学地解释心理现象。换句话说,"心的科学"(science of mind)或者心物规律(psychophysical law),(原则上)是存在的。然而,问题是,是否(原则上)存在心的科学或心物规律,一直以来都是争议不断。

---

① 这么说,并非空穴来风。一直有学者认为,只有在新的研究范式或理论框架中,心—身问题才有望获得令人满意的解决。例如,内格尔(Thomas Nagel)和高夫(Philip Goff)就是这样。

解释鸿沟难题、心理现象的多重可实现特征，以及感受质问题，各自从不同的角度对"心的科学"或心物规律都提出了严重挑战。限于篇幅，无法再展开探讨这些争议话题了。但是，现在至少应该明白，不管是在科学上（尤其是认知神经科学）还是在哲学上（尤其是心灵哲学），我们都远未获得关于心—身问题等特殊议题的"稳定而完整的说明"。"收紧主义"版本的物理学主义，明显高估了当今神经科学的解释力。

"放宽主义"版本的物理学主义也至少存在两个问题：第一，很可能并未正确理解亨普尔两难的第一支。根据亨普尔两难，之所以以今天的物理学来表述的物理主义是错误的，那是因为，如果今天的物理学是不完备的（有足够的理由相信这一点），那么今天的物理学就必定遗漏掉了某些物理属性 p（否则，就不应该说今天的物理学是不完备的。除非是今天的物理学有可能是不完备的，那么才可以得出，今天的物理学有可能遗漏掉了 p）。因此，并不是 p 有可能存在或有多大的概率存在，而是 p 一定存在！如果 p 一定存在，那么依据今天的物理学来定义"何为物理的"，就一定会导致（基于这样定义的）物理主义是错误的。可见，这里并没有犯"从 p 可能存在，推出物理主义是错误的"这样的逻辑谬误。[①]第二，很可能没有考虑到人类具有某种认知的局限性。放宽主义认为，p 出现的概率极小，因而物理学主义极大概率为真。主要的理由是，（经宽泛解释之后的）当今的物理学并非空洞的，而是有确定内容的。因此，如果相信这样的物理学，那么，就有理由相信，p 存在的可信度极低。p 存在的可信度极低，也就表明，（依据当今物理学表述的）物理学主义的可信度极高，即放宽主义版本的物理学主义极大概率为真。然而，如果

---

① 叶峰：《基于当前物理学定义"物理的"——一个辩护》，《认知科学》第 5 卷第 2 期，第 39—40 页。

考虑到人类是一种自然演化的产物,那么就有理由相信,其认知能力(尤其是科学认知能力)将不得不具有一种"不可弥补的"局限性,因此,经由这种有局限的认知能力所获得的科学知识(也包括物理学),原则上不可能是完备的。换句话说,一旦明了人类具有认知上的局限性,那么,就应该承认,我们(原则上)不可能科学地认知到世界中全部的客观现象。康德以及麦金(Colin Mcginn)都曾有过类似看法。因而,总会有些客观对象落在我们的科学知识体系(或科学方法的适用范围)之外。因此,我们越是相信演化论,似乎就越有理由相信,难免会有某些我们永远无法科学地认识到的 p 的存在。[①]不难明白,p 存在的概率与我们对演化论及其相关证据的可信度之间,具有正相关性。又因为,一般来说,对于物理主义者或自然主义者而言,演化论及其相关证据显然具有很高的可信度。因此,一旦考虑到这一点,我们就有理由相信,p 存在的概率其实并不低。[②]如果 p 存在的概率并不低,那么,即便我们相信,(放宽主义版本的)物理学主义可能为真,也完全没理由相信,它极大概率为真。

最后,我们来看"实践主义"。与收紧主义和放宽主义有所不同,首先,在认识论上,实践主义对科学知识(包括物理学)并没有那么乐观。实践主义承认,我们存在某种先天的认知局限,因此物理学原则上不可能是完备的,因为总是会有某些客观对象落在科学知识体系(包括物理学)之外。其次,在实践上或者方法论上,实践主义又认为,作为一种研究态度或方法论原则,科学(包括物理学)还是可取的和有效的。最后,在本体论上,实

---

① 参见王晓阳:《自然界没有奇迹吗? ——自然主义与奇迹的兼容论》,《哲学研究》2020 年第 5 期,第 121—122 页。

② 限于篇幅,这里不再对演化论与认知局限性之间的关系展开详细论述。有兴趣者,可以进一步参看我在其他地方的具体论述(参见王晓阳:《自然界没有奇迹吗? ——自然主义与奇迹的兼容论》,《哲学研究》2020 年第 5 期,第 117—126 页。)。

践主义还认为,"作为物理学主义的物理主义不仅与某种形而上学心物二元论是相容的,而且应当以心物二元论作为形而上学基础,以此摆脱物理主义所面临的亨普尔两难困境"①。

有理由相信,实践主义至少存在如下三个问题:1.即便承认我们存在某种先天的认知局限,并且由此认为物理学知识(knowledge of physics)原则上是不完备的,也推不出(杰克逊所说的)物理知识(physical knowledge)是不完备的(cf. Jackson, 1986)。因此,我们仍然有理由相信,在认识论层面,(广义的)物理知识是完备的。②2.不难看出,实践主义是青睐于态度方案(D方案)的。因此,自然也要应付 D 方案所面临的那些困难。例如,如果把物理学当作一种研究态度或者方法论原则,而不是种种具有实质理论内涵的知识,那么,要如何将这些抽象的原则或者研究态度有效地落实到具体的实践之中呢? 这似乎是个不应回避的问题。3.从本体论上看,无论是收紧主义、放宽主义,还是 E 方案,似乎都与某种(以心物一元论作为其形而上学基础的)物理主义相兼容。因此,一旦引入某种心物二元论,即便与物理主义的基本立场并不冲突,也会明显导致实践主义的本体论不够节俭(parsimony)。但是,如果不引入心物二元论,似乎实践主义又难以摆脱亨普尔两难。可见,实践主义似乎也将面临如下一个两难:要么本体论上不够节俭,要么依旧为亨普尔两难所困。

以上考察了收紧主义、放宽主义,以及实践主义这三种不同的物理学主义方案。我们发现,它们也面临着种种亟需处理的

---

① 陈晓平:《作为物理学主义的物理主义:不足与改进——与王晓阳教授商榷》,《认知科学》第 5 卷第 2 期,第 48 页。

② 对于这种广义的物理知识,在《物理主义不等于物理学主义》一文中已有具体论述,有兴趣可参考。限于篇幅,这里不再赘述。

麻烦。诚然,E 方案或许不是唯一可行的。但是,现在我们依然有理由相信,与物理学主义方案相比,E 方案的确是个值得认真对待的合理选项。

参考文献

Davisdon,D.,"*Mental Events*",in L. Foster,and J. W. Swanson(eds.),*Experience and Theory*,Cambridge,Mass.:University of Massachusetts Press,1970.

Heil,J.,*The Universe As We Find It*,Oxford University Press,2012.

Jackson,F.,"*What Mary Didn't Know*",The Journal of Philosophy,83(5),pp.291—295,1986.

Lewis,D.,Counterfactuals,Blackwell Publishers,1973.

陈晓平:《作为物理学主义的物理主义:不足与改进——与王晓阳教授商榷》,《认知科学》2021 年第 5 卷第 2 期,第 48—66 页。

程炼:《亨普尔两难》,《世界哲学》2015 年第 4 期,第 25—36,第 115 页。

胡思扬:《从范型对象到范型物理对象》,《认知科学》2021 年第 5 卷第 2 期,第 89—96 页。

李珍:《"物理主义"的形上定义何以可能?》,《认知科学》2021 年第 5 卷第 2 期,第 67—73 页。

王晓阳:《物理主义不等于物理学主义——表述物理主义的一个新方案》,《认知科学》2021 年第 5 卷第 2 期,第 6—35 页。

王晓阳:《自然界没有奇迹吗?——自然主义与奇迹的兼容论》,《哲学研究》2020 年第 5 期,第 117—126 页。

王振:《物理主义和"物理的"》,《认知科学》2021年第5卷第2期,第74—88页。

叶峰:《基于当前物理学定义"物理的"——一个辩护》,《认知科学》2021年第5卷第2期,第36—47页。

本附录文字的一个删改版本,曾以《范型物理对象、因果封闭原则与物理主义》为题,刊发于《哲学研究》2023年第8期

为什么还是物理主义？

　　陈晓平教授在《功能主义与系统一元论——兼评心灵哲学的物理主义之争》一文（以下简称"陈文"）中首先梳理了半个多世纪以来心灵哲学中（物理主义版本的）功能主义的发展史，然后，尝试在功能主义的框架内，构建一个"系统一元论与随附二元论相结合"的新哲学立场，并且认为，该立场可以超越还原物理主义与非还原物理主义之间的长期争论。在笔者看来，这是一个充满勇气且富有启发的尝试。如果该立场稳固的话，那么，对相关的研究工作而言，会是个很有价值的推进。因此，有理由认为，对新立场进行具体考察是很有必要的。

　　鉴于新立场声称实现了对还原和非还原物理主义的超越，因此，要真正搞清楚在何种意义上（或具体在何处）实现了超越，在笔者看来，事先做好以下两方面的准备工作将会很有助益：一方面，我们需要明确物理主义的基本内涵；另一方面，我们还需要具体了解还原物理主义与非还原物理主义之间的主要争执点。

　　在下文中，笔者将对陈文中提出的新立场进行具体考察，主要思路如下：首先，在下一节里，说明物理主义的基本内涵，明确（当今）物理主义的两条基本原则，为下面的进一步探讨做些必要准备；其次，在第二节里，简要介绍还原与非还原物理主义之间的几个主要争执点。然后,在第三节里,具体考察新立场,主要考察新立场是否成功实现了超越;最后,在第四节里,将作出总结。

一、物理主义的基本内涵

我们生活在一个科学昌明的时代,物理主义是我们这个时代占主流的世界观。依照"斯坦福哲学百科"给出的解释,物理主义(physicalism)的基本立场可概括为如下观点:世间一切都是物理的,或者随附于物理的(everything is physical or supervenes on the physical)(Stoljar,2022)。这个概括貌似简单,实则不然,要准确把握其含义并非易事。由于其中包含"一切""物理的"和"随附于"这三个关键词,学界对此的理解一直充满争议,因此,目前存在多个不同的物理主义版本。然而,即便如此,目前的一个普遍共识是,这些不同版本的物理主义均可以归入如下两大类:还原物理主义(reductive physicalism)与非还原物理主义(nonreductive physicalism)。前者包括取消物理主义、类型一元论(type-identity theory)与强随附物理主义,而后者则包括(物理主义版本的)功能主义(functionalism)和殊型一元论(token-identity theory)。①类型一元论有时也被称为类型物理主义(type physicalism),殊型一元论有时也被称为殊型物理主义(token physicalism)。相对于还原物理主义,非还原物理主义的支持者目前人数多一些。

---

① 也有人提出应划分为三大类:取消物理主义、还原物理主义以及非还原物理主义。主要理由是,与后两者不同,取消物理主义不仅从本体论上而且从认识论上,否认了心理事项(mental items)存在的可能性。区分两类还是三类,是一个值得讨论的话题,但这与本文主旨不相关,也不会实质影响本文论述,故以下不再展开讨论。

为什么物理主义会成为这个时代的主流世界观？在笔者看来，如下两个因素是关键：其一，物理主义体现了一种完备的（complete）知识观。历经 500 年左右的持续发展，科学事业已然取得了诸多惊人的成就，并且深刻地塑造了/着我们关于世界以及关于自身的认知。得到科学加持的技术，也是极大地改变了/着我们周遭的世界。毫不夸张地说，人们已经被科学的广泛解释力、精准预测力，以及科技的强大改造力深深震撼。因此，也越来越倾向于认为，某种类型的知识——物理知识——完全可以解释世间一切现象，至少原则上可以。现在问题来了，为什么可以说物理知识原则上能解释一切呢，或者说，有什么理由认为物理知识原则上是完备的？要弄清楚这个问题的答案，需要追溯到 20 世纪初。20 世纪初，维也纳小组的几位核心成员（如，纽拉特、卡尔纳普、石里克等）以及维特根斯坦，不约而同地分别提出了某种"新想法"，这个新想法就是物理主义。尽管他们之间存在诸多严重分歧①，但都注意到了，物理语言是一种具有普适性的语言。也就是说，他们一致认为，"物理语言是一种可以作为全部科学的通用语言的普适语言"（Carnap，1934，p.93）。因此借助物理语言，有望实现"科学的统一"（the unity of science），或者说成就"统一科学"（unified science）大业。请注意，"这里的'全部科学'，是指具有认知意义（cognitive meaning）的各门学科知识的最大集合，既包括形式科学（如逻辑学、数学等），也包括自然科学（如物理学、生物学、心理学等），甚至还包括（具有认知意义的）人文社会科学（如哲学、社会学、历史学等）"②又因为，既

① 相关史料显示，他们之间甚至还发生了一场关于物理主义优先权的争论（王晓阳：《从私人语言论证到物理主义纲领：维特根斯坦与维也纳学派》，《学术月刊》2014 年第 1 期，第 46 卷，第 13—16 页）。

② 王晓阳：《从私人语言论证到物理主义纲领：维特根斯坦与维也纳学派》，第 13—14 页。

然物理语言可以实现全部科学的统一,那么由此就可以推出,物理知识或"统一科学"原则上是一种完备的知识体系。为什么可以这么说呢? 理由就是,既然全部科学是指具有认知意义的各门知识的极大集,从而囊括了关于世间一切存在的全部(具有认知意义的)研究,因此(作为全部科学的通用语言的)物理语言原则上就能够"说尽世间一切事"。既然物理语言可以说尽世间一切事,那么基于物理语言而构建的物理知识,当然原则上就是一种完备的知识体系了。①其二,物理主义延续了唯物主义的古老传统。既然人们乐于相信,世间一切现象原则上都能获得科学的解释。那么,似乎就没有理由再相信,世间还存在科学上无法解释的"神秘莫测之物"。换句话说,人们似乎有理由相信,世间一切皆物。这恰恰体现了一种(本体论上的)唯物主义立场。唯物主义是一个有着悠久历史的哲学观点。至少在古希腊时代,其思想萌芽就已经出现(例如,古代的原子论)。中世纪以及近现代也不乏唯物主义者的身影。物理主义正是唯物主义这一古老传统的当代延续。总之,物理主义不但(在认识论上)集中体现了科学化的知识论,而且(在本体论上)延续了唯物主义的传统,因而成为如今这个科技昌明时代的主流世界观,似乎就是顺理成章的事情了。

尽管争议不断,以上两点却获得了绝大多数人的认同,可看作是(今天的)物理主义的基本内涵。②我们也可以将以上两点概

---

① 这里的主要争议在于以下两点:(1)这儿的"物理语言"究竟是怎样的;(2)如何借助物理语言来实现全部科学的统一。也就是说,各门不同的科学之间的具体联系究竟是怎样的。从物理主义诞生之日起,关于这两点就一直存在争议。限于主旨和篇幅,下文不展开讨论。有兴趣者,可参见笔者的有关论述(王晓阳的《如何应对"知识论证"? ——一种温和物理主义观点》和《从私人语言论证到物理主义纲领:维特根斯坦与维也纳学派》)。

② 囿于时代的局限,古代的唯物主义者或者20世纪初的某些物理主义者(如纽拉特),可能没有同时接受这两点,但这不影响本文这里的讨论。本文关注的显然是,当今物理主义的基本内涵。以下除非特别说明,凡提到"物理主义"都是指"当今的物理主义"。

括为物理主义的两个基本原则。如下：

原则 1：物理知识是完备的(physical knowledge is complete)
原则 2：世间一切皆物(everything is physical)①

原则 1 可以看作"物理主义的知识论原则"，而原则 2 则可以看作"物理主义的本体论原则"。尽管对这两个原则的理解尚存争议，然而有理由相信，对于任何一个具体的物理主义版本或观点——无论是取消论、还原物理主义还是非还原物理主义——以上两个原则都是必要的，缺一不可。

二、还原物理主义 v.s.非还原物理主义

当前还原物理主义与非还原物理主义之间尽管存在诸多争议，但是两者还是有一些共识的，否则也就不会同属于物理主义阵营了。下面，我们先来看两者之间的几点共识，再来看两者之间的几点主要争执。

除了上面刚刚提到的两个基本原则(必要条件)之外，在笔者看来，如下两点也为大多数物理主义者所接受：(1)现实世界(我们身处其中的世界)是一个物理上封闭的时空。也就是说，在现实世界里，"如果一个物理事件在时间 t 有(正在发生的)原

① 关于原则2，最主要的争议有三方面：(1)这里的"一切"，仅仅指现实世界，还是指包括现实世界在内的一些可能世界，还是指全部的可能世界；(2)这里的"is"，具体指怎样的形而上学关系。同一、实现、随附、奠基等等；(3)这里的"physical(物)"，是什么意思？是指物理属性，还是物理对象，还是物理事件等等。限于主旨篇幅，以下不再展开。可参看有关文献(王晓阳、王雨程：《心理因果性、排他性论证与非还原物理主义》，《哲学研究》第 4 期，第 118—126 页。王晓阳：《物理主义不等于物理学主义》，《学术月刊》2020 年第 5 期；王晓阳：《范型物理对象、因果封闭原则与物理主义》，《哲学研究》2023 年第 8 期，第 116—124 页；Stoljar，2022)。

因的话,那么该物理事件在时间 t 就会有一个充足的物理原因"
(If a physical event has a cause(occurring) at time t, it has a
sufficient physical cause at t)(Kim,2011,p.214)。这一说法为
当今大多数物理主义者所接受,也被称为"物理域的因果封闭原
则"(the causal closure principle of physical domain,CCP)。注
意,现实世界虽然受到 CCP 的约束,但是,CCP 并没有承诺,在
现实世界中,物理事件或物理对象不能有非物理的原因(non-
physical cause),而只是表明,到物理域或物理世界之外去找寻
任何一个物理对象的原因,这从来都不是必要的。①因此,CCP
表明了,物理世界不仅是一个在因果上(causally)也是在解释上
(explanatorily)自给自足的世界(Kim,2011,p.214)。"这就意
味着,仅仅在物理的层面,我们原则上能对现实世界中的任一物
理对象给出完整解释"②。可见,CCP 和原则 1(物理知识是完备
的)是兼容的。(2)物理事件是具有充足因果效力的事件。前文
提到,物理主义是唯物主义的传人。我们知道,唯物主义具有悠
久的历史,在(近现代意义上的)科学远未出现的古希腊时代,唯
物主义的思想萌芽已经出现。这表明,至少古代素朴唯物主义
并不是受到近现代科学影响之后才出现的一种世界观或哲学立
场,那么问题来了,为什么古希腊人(如,爱利亚学派)相信唯物
主义,其合理性在哪? 因年代久远,如今很难找到可靠的史料佐
证。但是,我们有理由相信,古代唯物主义的合理性来源于(至
少部分来源于)某种日常的直觉。也许,在爱利亚学派的学者看

---

① 两点说明:(1)从本体论上说,物理对象与物理事件其实是不同的。比如,前者并不
带有时间标记,而后者则带有。又比如,在当代关于事件因果(event causation)的讨论中,关
系项其实是事件而非对象,尽管在一些学者看来,可以把对象看作事件的构成成分之一(如,
Kim)。由于这些区别并不会实质影响到本文的讨论,所以,除非特别说明,本文中不坚持区
分事件和对象,而是把两者姑且作为同义词来使用。(2)这里,"物理域或物理世界"是指,由
一条封闭的因果链条所联系的现实世界中的全部物理对象所构成的物理对象极大集。

② 王晓阳:《物理主义不等于物理学主义》,《学术月刊》2020 年第 5 期,第 24 页。

来，直觉上，如果一个东西真实存在，那么它就要具有因果效力。只有这样，它才能在与其他东西的相互作用中展现出因果效用。因果效用是可以被公共观测到或加以客观度量的，因而才有望获得公共的或客观的认识。换句话说，也只有那些（原则上）能被公共地或客观地认识到的东西，才不需要依赖于特殊的认知途径或方式，才可以说是真实存在的或实在的（real），而那些需要依赖于特定的认知途径或认识方式才能得以被发现的东西，往往捉摸不定，甚至显得过于神秘，因而难以确认其是否真实存在（例如，某些所谓的主观的臆想之物或者神秘的超验之物）。不难理解，这一直觉与我们的日常经验也是很契合的，成为了唯物主义最初萌芽的合理性的一个重要依据，并且最终被提炼成了著名的"爱利亚原则"：存在就是具有因果效力（to be is to have causal power）。这一想法影响深远，以至于今天的大多数物理主义者仍然抱有类似想法。物理事件之所以是真实的，不仅是因为这类事件展现出了因果效力，更是因为它们能够展现出充足的因果效力。[①]唯其如此，到物理域或物理世界之外去找寻任何一个物理对象的原因，才是不必要的。物理世界因而才能够既是因果上又是解释上自给自足的。不难看出，这一点与CCP以及原则1，都是兼容的。

下面看看还原物理主义与非还原物理主义在形而上学与认识论两方面的分歧。首先，以形而上学上看，还原物理主义会认

---

① 两点说明：(1)尽管是唯物主义的传人，然而经过千年的发展（特别是500多年的科学洗礼之后），今天的物理主义者既有所继承也有所创新。他们保留了上述古代唯物主义的素朴直觉。但理解上更加精细和深入了。因此，今天的物理主义者普遍相信，在现实世界中，物理事件/对象是很特别的，因为有且仅有物理事件，才具有充足的因果效力。(2)此外，物理主义者普遍还相信，物理事件除了充足的因果效力之外，还有其他的特别之处。例如，其他的存在要么归根结底就是物理事件，要么终归附随于物理事件。限于篇幅主旨，不再展开讨论。相关的进一步论述，可参看《王晓阳：《范型物理对象、因果封闭原则与物理主义》，《哲学研究》2023年第8期，第116—124页）。

为,要么心理事项(mental items)并不真实存在,真实存在的仅有物理事项(例如,取消主义、类型同一论或类型物理主义)。要么,即便心理事项真实存在,与物理事项之间也会存在某种形而上学必然联系(如,强随附等等)(强随附物理主义)。与之不同,非还原物理主义则会认为,要么心理事项是一种不同于物理事项的真实存在,两者之间仅存在某种形而上学偶然联系(如,弱随附等等)(例如,角色功能主义),要么心理事项其实就是物理事项,且(殊型上/个例上)同一于物理事项(例如,殊型一元论或殊型物理主义)。其次,认识论上看,还原物理主义会认为,要么心理词汇或心理概念(mental concept)属于民俗心理学的词汇,迟早会被科学心理学的词汇所取代。正如,燃素说或活力说的命运那样。要么,心理概念(至少原则上)可以还原成物理概念。因为心理概念和物理概念之间存在类型—类型的同一关系(例如,类型物理主义)。与之不同,非还原物理主义则会认为,心理概念不仅不会被取代,而且与物理概念之间也不存在类型—类型的同一关系(例如,角色功能主义),或者仅存在某种共指称(co-reference)关系(戴维森版本的殊型物理主义)(Davidson, 1970)。

以上两方面的分歧细究起来十分庞杂,双方都有各自的理由或依据,而且进一步细分的话,不同版本的物理主义之间的分歧也非常明显,因而一直处于争议之中。限于篇幅,这里不再一一论述。但是,其中有四个论题显得尤其紧迫和基本,它们分别是,感受质问题(现象性)、主观视角问题(主观性)、心理因果问题(心理因果性),以及多重实现论题。①可以说,对这四个论题能否给出令人满意的回答,往往成为了衡量一个理论优劣的重要

---

① 除此之外,规范性、意向性、意义/心理内容等等论题也是双方争论的热点。但是有理由相信,上述四个论题更为基本和紧迫。限于篇幅,下面仅考虑这四个论题。

指标。下面，先简单谈谈这四个论题，然后，以此作为指标，来考察和评估陈文中提出的新观点。

感受质问题的关键是，它源于一个素朴的直觉，那就是，我们强烈觉得生活在一个五彩斑斓的质性世界中。因此，任何一个版本的物理主义都应当对此作出回应，否则即便能自圆其说，也难以成为一个令人满意的哲学理论。首先，取消论在上述四个论题上都采取了某种"简单粗暴"的忽视态度，因而可以料想，当前鲜有人会赞同取消论。其次，知识论证和解释鸿沟这两个思想实验表明，似乎无法物理地解释感受质，因此，从形而上学上看，即便感受质是物理的，然而，无论是类型物理主义还是强随附物理主义，似乎都无法做到从认识论上将感受质还原成物理事项。可见，至少在认识论上，对于还原物理主义而言，存在一条难以跨越的解释鸿沟。再次，可设想论证（如，僵尸论证和颠倒光谱）表明，（非还原物理主义版本的）功能主义（如，角色功能主义）目前也难以令人满意地对感受质给出功能化的解释或（物理的）因果解释。最后，殊型同一论（如，戴维森版本的殊型物理主义/无律则一元论）似乎可以一方面承认解释鸿沟的存在，因而认识论上无法把感受质还原成物理事项；另一方面，则同时坚持，每一个感受质都同一于某个物理事项。

内格尔（Thomas Nagel）和列文（Joseph Levine）不约而同地都注意到了，主观视角问题是还原物理主义难以处理的一个"盲点"（Nagel，1974；Levine，1983）。具体来说就是，还原物理主义难以物理地解释主观视角究竟是如何在一个纯粹物理的世界中生成的。这也被称为"主观视角生成难题"，即列文所说的"意识难问题中的最难部分"（the hardest part of the hard problem of consciousness）（cf. Levine，2001，p.174）。其次，表面上看，

361

主观视角问题对非还原物理主义似乎不构成问题。无论是功能主义还是殊型同一论都可以承认心理事项具有主观性，同时又认为心理事项随附于物理事项。然而，进一步的思考会发现，主观视角生成难题并没有消失，非还原物理主义仍需面对它。理由就是，即便心理事项随附于物理事项，类似的困惑依然在：随附于物理事项的心理事项何以具有一种独特的主观视角？仅仅指出，主观视角是一种突现特征或者整体特征，这是无济于事的。因为，这里我们需要的是一个关于如何生成的机制说明，而不是一个特设性（ad hoc）的替代说法。特设性的替代说法是不具有解释力的，无助于解除我们的有关困惑。

在当代众多学者看来，对于物理主义（尤其是非还原的物理主义）而言，心理因果性问题无疑是性命攸关的。正如福多（Jerry Fodor）所言"**我想得到**因果性地导致**我伸手，我痒**因果性地导致**我搔，我相信**因果性地导致**我说**，……如果这些都不是真的，那么，我对任何事情所相信的一切实际上都是假的，那将是世界的终结"（Fodor，1990，p.156）。对于类型同一论或类型物理主义而言，心理因果性不构成问题，对于殊型同一论（至少戴维森版本的无律则一元论），这也不是个问题①，然而，对于强随附物理主义或者非还原物理主义版本的功能主义而言，这是的确是个需要处理的问题。当然，已有多种物理主义方案可以应对，这些方案是否成功，目前仍在争论中，限于篇幅，这里不再展开论述。然而，这里笔者想要强调的是，（某些）心理事项要具有因果效力，在许多学者（如，福多）看来是极其重要的，但是有理由相信，这个看法背后其实预设了某种因果本质主义（causal essentialism）的形而上学立场。换句话说，之所以他们认为心理

---

① 王晓阳、王雨程：《心理因果性、排他性论证与非还原物理主义》，《哲学研究》2015 年第 4 期，第 118—126 页。

事项(如,心理属性或心理事件)要具有因果效力,是因为他们默认了只有这样才能说这些心理事项是真实存在的(real)。这是一种因果本质主义的立场。笔者想说,事实上,不仅不是所有人都认同这个立场,而且,即便放下因果本质主义这副"重担",物理主义的天也不会塌下来。塌下来的或许只是那些死守着因果本质主义不放的那些人的天。这里可能存在的一个担忧是,放下因果本质主义,承认心理属性不具有因果效力,会不会陷入副现象论? 对此,笔者的回答是,对物理主义而言,副现象论真的就那么可怕吗? 即便心理属性不具有充足的或物理上的因果效力,心理属性依然可以是真实的。并且,只要心理事项总是随附于或同一于物理事项,物理主义的基本立场还是能够守得住。只要基本立场守住了,物理主义的天就塌不下来。这里真正的要害是,真实性与因果性之间并没有什么必然的联系! 因此(至少某个版本的)物理主义完全可以在撇开因果效力的前提下,为心理事件或心理属性的真实性作出合理辩护。而且,这一辩护完全和物理主义的基本立场不会发生实质冲突。或许,无律则一元论(或其改进版)原则上可以看作这样的一个成功案例。

下面,我们来看看多重实现论题。在一般的意义上,多重实现说的是,一个(类)现象可以在多个(类)不同的基质(substrate)上得以呈现或实现。就心—身问题而言,就是说同一个(类)心理事项(如,心理属性)可以在多个(类)不同的物理基质上得以实现。(非还原物理主义版本的)功能主义认为,这是一个显见的事实,也是社会认知的基础。并且还认为,鉴于还原物理主义无法解释心灵的多重实现,因而还原物理主义之路是"走不通"的。对此,还原物理主义的主要回应是,直接拒绝心灵的多重实现。这样做所付出的"代价"主要有三个:(1)蔓延析取问题。同一个(类)心理事项对应于无穷多个(类)物理实现基质的析取。一般认为,蔓延析取不是一个类,因而最终仍会导致心理事项无法被还原成物理事项(Fodor,1974);(2)多重局部还原难题。在多重实现缺失的情况下,如果每一种心理状态都可以对应于或还原成某一种特定的物理状态。如,人的疼对应于人类特定的脑神经结构,猫的疼对应于猫类的,火星人的疼则对应于火星人的(假如存在火星人的话)。问题是,每一个物理类中个体的物理状态也是不同的。如,人类中的每个个体的脑神经结构并不完全相同。因此,严格说来,每个人的疼都不一样。作为时空中的个体,个人的生理神经结构随时都在变化,因此,即便同一个人,也有可能每一次发生的疼都不一样。可见,如何能够说每个人的多种多样的疼(原则上是无穷多的)竟然属于"人类的疼"这同一个类? 无穷无尽各不相同的作为个例/殊型(token)的疼,(在彼此之间缺乏共同点的前提下)是如何能被归入同一个"人类的疼"这个类(type)的? 这种归类的标准或满足条件是什么? 另一方面,如果认为,就某个个体(如,个体人)而言或者某个物理类(如,人类),至少在某种特殊情况下,上述这些无穷多的殊型疼彼此可以是完全一样的,都是同一个疼(token),那么,作为殊型的疼就可以被某个类中的多个个体所实现。然而不难看出,这里已经"悄悄"默认了多重实现论题了。这就意味着,多重局部还原是失败的。(3)个体心理状态的稳定性问题。在多重实现缺失的情形下,时空中的同一个物理个体何以能够在物理结构(如,脑神经结构)发生持续改变的情况下,长期保持(某些)心理状态(如,性格特征)的持续稳定性①。(4)社会认知问题。还原物理主义需要说明,如果心理事项不是多重可实现的,那么社会认知的基础何以可能。例如,人与

---

　　① 陈晓平:《基于系统本体论的随附性概念——对金在权"随附性"概念的澄清与改进》,《武汉科技大学学报》,待刊发。

人之间的情感交流是真实的么。又如,跨物种的情感交流是否能真实发生。对于上述第 1 点,目前仍处在争议之中,未有定论。对于第 2、3 和 4 点,目前未出现令人满意的还原物理主义解释。

直接拒绝多重实现[如,大卫·帕皮纽(David Papineau)],或者说,质疑多重实现案例的合适性(Polger & Shapiro, 2016;董心:《功能主义视角下的心灵哲学——评陈晓平的〈功能主义与系统一元论〉》,《认知科学》2022 年第 2 期),似乎成为了当前还原物理主义者的常规操作。然而,在笔者看来,这一操作其实"错过了要点"(betray the point),因而只会在一条错误的道路上越走越远。为什么这么说呢? 因为,在笔者看来,这里的关键点是,给定社会认知的确存在着,个体间或跨物种间的情感交流或情感共鸣的确已经发生了,时空中的物理个体的确具有某些持续稳定的心理特征,那么,借助多重实现论题就可以对这些显见的社会现象(原则上)给出令人满意的解释。除非出现更加有竞争力的其他解释,否则我们没有理由直接去怀疑心灵的多重实现。因此,还原物理主义真正要做的重点应该是,尝试提供一样有竞争力或更有竞争力的解释,否则,我们没有理由不相信,心灵的多重实现论题是合理的。换句话说,在面对上述众多显见的社会事实时,如果一个理论不能合理地解释人们习以为常的显见事实,那么,在笔者看来,这很可能并不意味着,那些显见的事实没有发生。更有可能的情况是,这个理论还不够好,因为它没能"捕捉到"那些显见的事实。对于还原物理主义(尤其是,取消论和类型同一论)来说,在面对感受质的时候,已然捉襟见肘。或许,在面对心灵的多重实现论题时候,情况还是类似的。

三、为什么还是物理主义？

如果笔者的理解到位，陈文提出的"系统一元论随附二元论"新观点，其实是一种改良的（物理主义版本的）功能主义。之所以是"物理主义的"，因为它并没有超出上述物理主义的基本内涵（并没有违反原则 1 和原则 2），而之所以是"改良的"，在笔者看来，主要在于以下两点：一是，引入"目的"概念，即借助康德目的论学说，使得功能主义从认识论转向实践论；二是，引入"系统"概念，使得心身随附关系被重新定位为（作为一个整体系统的）整—部随附关系。下面，简要介绍这两点，再加以整体评估。

借助于康德的目的论，在陈晓平看来，"系统"可以被理解为，"是具有目的性的建构物"①，而"功能"则可以被理解为，为了实现某个特定目的，某个作为整体的系统所发生的一系列因果操作。因而，一个系统就可以（被当作）是一个具有功能的整体。就心—身问题的功能主义立场而言，引入康德的目的论，心身就可以被当作是一个具有目的的功能整体系统。其中，心理方面可以看作是这个系统的特定目的，即功能意义，而物理方面则可以看作是，这个系统的整体结构，即功能结构或因果结构。前者被认为是一个系统的内在特征，而后者则被认为是一个系统的外在特征。两者同属于一个整体系统，但本质有别，因此，无法做到把功能意义还原成功能结构。②这样一来，心身之间的随附，就转换成了（一个整体系统的）功能意义随附于功能结构，即内

---

①　陈晓平：《功能主义与系统一元论——兼评心灵哲学的物理主义之争》，《认知科学》2022 年第 2 期，第七节。

②　严格说来，在康德的目的论语境中，一个系统的内在特征其实是人的目的的"投射"上去的。因而才无法被还原成（或同一于）系统的外在的因果—功能结构特征。

在的功能意义随附于外在的因果结构,因而是一个系统的整体特征相对于其局部特征的随附关系,简称整—部随附性(whole-part supervenience or mereological supervenience)。

以上大致是陈文中提出的"系统一元心身随附二元论"新观点的基本思路。按照笔者的理解,陈晓平认为,采取这样一种新观点,相对于如今的物理主义(既包括还原的也包括非还原的),至少具有如下五点值得考虑的益处:(1)可以把感受质理解为功能意义,是心灵的一种功能①。或者说,"感受性具有功能意义,其功能意义是相对于心身系统的内在目的而言的,即使不能用公共语言表达出来它也存在着,这就是感受性的内在品质"②。感受性(质)因而不能还原成外在的物理实现基,即生理—物理结构。"功能结构只是功能的实现者"(ibid.),因而可以还原成实现基,即生理—物理结构;(2)感受质(以及其他心理状态)所具有的私密性特征,可解释为"是由心身整体系统的内在目的决定的,因而不可能完全地被还原成物理状态,还原物理主义因此遭受挫折"③。(3)心身所组成的功能系统中,"心"是功能意义,"身"则是功能结构,两者共同体现了作为一个整体的功能系统的"意义—结构二元要素",相当于康德的目的因—机械因二元要素(ibid.)。因而,依此理解,心灵或心理事项并不具有机械的或物理的因果效力。具有物理因果效力的只有功能结构或物理事项;(4)整—部随附关系展现的是一个系统与其局部构成之间特有的关系,不仅整体特征不同于其构成部分的结构特征,而且"正如'整体大于部分之和'的著名格言,一个系统的整体大于它的物理实现者,因而不能还原为它的物理实现者"(ibid.)。(5)依照康德的目的论学说,目的是理性的人才具有的。人在实

---

① 陈晓平:《功能主义与系统一元论——兼评心灵哲学的物理主义之争》,摘要。
②③ 同上,第6节。

践中才是具有目的性的。"人的实践的目的性决定了自然系统的整体性,也决定了其中所包含的各个子系统的整体性"①,这其中当然也包括心身系统。这样一来,就使得关于功能主义的讨论不再局限于认识论层面,而是转向了实践层面。这样不仅可以有效应对当前功能主义面临的困境(如,感受质无法被功能化;又如,多重局部还原问题等),还可以免于倒向泛心论。正如陈晓平所言,"由于查默斯没有在客观的认识对象和认为的实践对象之间作出明确区分,以致他把人赋予其意义的信息误以为自然界本来就有的,以致滑入泛心的泥潭"②。

下面对上述五点一一评估。首先,把感受质当成功能意义,在一些学者看来,是不充分的。因为感受质并不仅仅限于此③。此外,在笔者看来,这一做法很可能面临更严重的问题。理由是,在康德目的论的语境下,不管感受质就是功能意义还是具有功能意义,功能意义显然是人赋予系统的"人的目的",而"人的目的"源于人的理性。问题是,直觉上,我们会觉得,感受质与理性(无论是纯粹理性还是实践理性)并不相关,而是更接近于某种非理性的初始感觉(raw feels)。因此有必要考虑,在目的论框架下的功能主义是否能合理解释这个直觉。其次,前面提到,主观视角生成难题是"意识难问题中最难的部分",也恰恰是物理主义者(无论是还原的还是非还原的)都需要加以面对的。如果仅仅看作是私密的,无法还原成物理结构,这明显无济于事。理由是,这里真正需要解释的是,如果感受质是私密的,物理主义的原则 1 是否守得住。如果守不住,那么原则 2 呢? 遗憾的是,陈文中似乎并没有进一步探讨这些涉及物理主义基本立场

---

①② 陈晓平:《功能主义与系统一元论——兼评心灵哲学的物理主义之争》,第 8 节。
③ 张文俊:《从功能物理主义到系统一元论——与陈晓平教授商榷》,《认知科学》2022 年第 2 期。

的关键问题。[①]第三,依照陈文中的新观点,心灵不具有(物理上的)因果效力。这在很多人(例如,福多)看来是一件很严重的事情[②]。但上文中,笔者已经指出,这一点原则上并不会对非还原的物理主义构成致命威胁。有理由相信,新观点原则上也能够免疫于此类质疑。因此不再赘述;第四,新观点把心身随附关系理解为整体—部分随附关系。这种关系究竟是怎样的,整部随附是形而上学必然的还是形而上学偶然的? 这是绕不过去的关键的问题,因为涉及"系统一元心身二元"这一新观点的理论基础。陈文中并没有就此展开具体探讨。[③]最后,引入目的论似乎可以避免滑入泛心论。然而,问题是,作为自然界演化的产物,如果其他自然物不具有目的,那么人的目的究竟从何而来? 我们知道,演化论是当代科学的基础理论之一。新观点是否认同演化论? 如果认同,上述问题就是一个值得考虑的问题。否则,即便避开了泛心论,可能又会滑入笛卡尔意义上的二元论的泥潭。一旦陷入笛卡尔意义上的二元论,那么系统一元论的基本立场将要如何维系? 此外,有理由相信,任何一种令人满意的哲学理论,都不应当仅满足于自圆其说,而是应该既尊重常识,也充分照顾到当代科学所取得的巨大成就。正因为此,笛卡尔二

---

① 在笔者看来,如果借助某些"新近成果",陈文提出的新观点原则上是可以应对这个质疑的。如果原则上能加以应对,那么新观点就并未超出物理主义。关于处理主观视角/私密性的"新近成果",可以参考王晓阳:《走出主观性神话——从"笛卡尔剧场"到"环型包厢剧场"》。限于篇幅,不再展开论述。

② 张文俊:《从功能物理主义到系统一元论——与陈晓平教授商榷》。

③ 陈晓平在一个注释中(陈晓平:《功能主义与系统一元论——兼评心灵哲学的物理主义之争》,第 6 节)提到,他将会在一篇即将发表的文献中来具体讨论这种随附性概念,参见陈晓平:《基于系统本体论的随附性概念——对金在权"随附性"概念的澄清与改进》,《武汉科技大学学报》,待刊发。笔者最近也撰文讨论了这种随附性,继续就此与陈晓平教授商榷,并指出了陈晓平关于整部随附的理解可能存在一些技术问题,因而并不是一种金在权意义上的强随附。限于篇幅主旨,不再展开。有兴趣可参见(王晓阳、胡思扬:《心与物何以相随? ——心身弱随附辨析》,待刊发)。

元论在当代鲜有人继坚持。也正因为此,物理主义才成为了当代的主流世界观。因此,新观点如果真要超越物理主义,就应该既尊重常识也尊重科学。

四、结 论

本文首先简要回顾了物理主义的基本内涵、两大类型各自的基本主张,以及目前面临的几个主要困难,然后,在此基础上,对陈晓平的"系统一元心物随附二元"新观点作了具体分析,并且认为,新观点如果成立的话,并没有超出物理主义的阵营,可称之为一种改良的(物理主义版本的)功能主义。最后,具体指出了新观点可能面临几点亟需处理的问题。有理由相信,对这些问题的进一步处理,不仅直接关系到新观点能否成为一个鲁棒的物理主义观点,而且有望加深我们关于物理主义及其相关问题的理解。

参考文献

Carnap, R. *The Unity of Science*, Kegan Paul, Trench, Trubner & Co. Ltd., 1934.

Davidson, D. Mental Events, in Foster, L., Swanson, J. W.(Eds.), *Experience and Theory*, the University of Massachusetts Press and Duckworth, 1970, pp.79—102, reprinted in Davidson, 2002, pp.207—227.

Fodor, J. A. Special sciences(Or: The disunity of science as a working hypothesis), *Synthese*, 28(2), 97—115, 1974.

Fodor, J. A. *Making mind matter more. In A Theory of*

Content and Other Essays, The MIT Press, 1990.

Levine, J. Materialism and Qualia: The Explanatory Gap, Pacific *philosophical Quarterly*, No.64, pp.354—361, 1983.

Levine, J. *Purple Haze*, Oxford: Oxford University Press, 2001.

Kim, J. *Philosophy of mind*(*3rd ed.*), Westview Press, 2011.

Nagel, T. What is it like to be a bat? *Philosophical Review*, No.83, pp.435—50, 1974.

Polger, T. W., & Shapiro, L. A. *The multiple realizaition book*, Oxford University Press, 2016.

Stoljar, D. Physicalism. In Stanford Encyclopedia of Philosophy. https://plato. stanford. edu/archives/sum2022/entries/physicalism/ , 2022-12-03.

张文俊:《从功能物理主义到系统一元论——与陈晓平教授商榷》,《认知科学》2022 年第 2 期。

王晓阳:《如何应对"知识论证"? ——一种温和物理主义观点》,《哲学动态》2011 年第 5 期,第 85—91 页。

王晓阳:《从私人语言论证到物理主义纲领:维特根斯坦与维也纳学派》,《学术月刊》2014 年第 1 期,第 46 卷,第 13—21 页。

王晓阳:《非主观的心灵》,《自然辩证法通讯》2019 年第 8 期,第 41 卷,第 40—56 页。

王晓阳:《物理主义不等于物理学主义》,《学术月刊》2020 年第 5 期,第 15—29 页。

王晓阳:《范型物理对象、因果封闭原则与物理主义》,《哲学研究》2023 年第 8 期,第 116—124 页。

王晓阳:《走出主观性神话——从"笛卡尔剧场"到"环型包厢剧场"》,写作中。

王晓阳、王雨程:《心理因果性、排他性论证与非还原物理主义》,《哲学研究》2015 年第 4 期,第 118—126 页。

王晓阳、胡思扬:《心与物何以相随? ——心身弱随附辨析》,待刊发。

董心:《功能主义视角下的心灵哲学——评陈晓平的〈功能主义与系统一元论〉》,《认知科学》2022 年第 2 期。

陈晓平:《功能主义与系统一元论——兼评心灵哲学的物理主义之争》,《认知科学》2022 年第 2 期。

陈晓平:《基于系统本体论的随附性概念——对金在权"随附性"概念的澄清与改进》,《武汉科技大学学报》,待刊发。

本文首次刊发于《认知科学》2022 年第 2 期

第三编

他心与世界

为他心辩护

——处理他心问题的复合方案

一、引言:他心问题与怀疑论

在由笛卡尔开启的西方知识论传统中,他心问题(Other Minds Problem)是个经久不衰的重要议题。它也是人类一直以来试图攻克的科学难关之一。一般来说,他心问题关注的是**他者**的心灵状态(mental states)或意识状况(conscious status)①,我们可以将他心问题细分为如下两个相关问题:

问题 1:除我之外,他人或他物有心灵或意识么?

问题 2:如果有,是否与我的心灵状态或意识状况类似?

---

① 说明两点:(1)尽管当代关于他心问题的讨论对象涉及的主要是他人(Hyslop,2017),但是严格说来,这只是关于他心问题的**狭义**理解。有理由相信,**广义的**他心问题所涉及对象不应当仅限于除我之外的其他人(即"他人"),还应当包括其他非人对象(即"他物")。内格尔(Thomas Nagel)或许是个例外,他讨论了蝙蝠的心灵状态(Nagel,1974)。本文也将从广义上来探讨他心问题。因此,在本文中,我将用"他者"(既包括他人也包括他物)这一概念来表示他心问题所涉及的全部对象。(2)我用"心灵状态"或"意识状况"指的是,各种常见的心灵状态或各种常见的**有意识的**心理现象(psychological phenomena)。这些心灵状态或意识状况既包括意向性的(intentional)也包括现象性的(phenomenal)。

不难理解,对问题1和问题2的回答,要视情况而定。具体
而言,如果考虑**他人**,那么,对于我们中的大多数而言,问题1和
问题2的答案显然都是肯定的。如果考虑**他物**(即非人对象),
情况就会复杂一些:如果某些广为人知的科学理论(如演化
论)的确是合理的,那么有理由相信,我们中的大多数人会倾向
于认为,某些类人物种(比如大猩猩、黑猩猩等高等哺乳类动
物),以及某些在演化树上的位置比类人物种离人类稍远的物种
(比如猫、狗、海豚等哺乳类动物,或者鹦鹉、乌鸦等鸟类动物),
不仅具有心灵活动,而且与人类心灵活动应当**部分地**相类似。
但是,对于那些在演化树上的位置离人类相差甚远的物种(比如
草履虫等单细胞原生生物,或者蚯蚓等环节动物,或者蜻蜓等昆
虫),我们一般不会觉得它们有心灵活动。或者,即使觉得它们
中某些具有复杂行为的生物(如章鱼等软体动物)似乎具有心灵
活动,那也只是一种与人类心灵相距甚远的心灵类型。而对于
那些人造的物种(如未来可能出现的高智能机器),以及生活在
遥远星系且与人类物理基质不同的地外生物(比如可能存在的
半人马座硅基生物),有理由相信,大多数人同样也会倾向于认
为,它们要么不具有任何心灵活动,要么即便有,也只是与人类
相距甚远的心灵类型。①

　　以上描述的是大多数人对他心的常识看法。他心的怀疑论
恰恰要质疑这种常识,其质疑的立足点则基于"我心与他心在认
知上有别"的一个基本信念:

　　信念1:在认知上,了解我自己心灵状态与了解他者心

①　泛心论者(panpsychist)甚至会认为,除了某些动物之外,世间各种物体(如星球、山
川河岳、树木花草,甚至基本粒子)或多或少都具有心灵特征,尽管这些物体所具有的心灵特
征可能与人类心灵相去甚远。

灵状态之间存在一个十分显著的区别：我自己的心灵状态
是**可直接获知的**(directly knowable)，与之不同的是，他者
的心灵状态则不是可直接获知的。

看上去，信念1是非常符合直觉的，因而作为一个基本信
念，一直为我们中的大多数人所接受。在众多相关文献中，这个
区别也常被表述为，认知者对自己心灵状态具有一种认知上的
优先性(priority)或权威性(authority)。①

然而，对某些极端的他心怀疑论者而言，如果信念1是合理
的，那么如下情形就是(形而上学)可能的：除我之外，其他个体
（包括他人和他物）完全没有任何心灵状态或意识活动，即我是
世间唯一一个具有心灵状态或意识活动的个体。换句话说，在
他心的极端怀疑论者看来，如果我们排除不了上述这种可能，那
么关于问题1的常识看法就并未得到有效辩护。

事实上，鲜有人会走得如此极端，毕竟关于他心的极端怀疑
论离我们的常识太遥远。可以说，大多数他心的怀疑论者还是
比较"温和的"。这些温和怀疑论者并不质疑他人有心灵，甚至
也不会质疑一部分他物（例如，大猩猩和半人马座的硅基智慧生
物）是有心灵的。他们要质疑的是，如下这两个命题得不到有效
辩护：

命题1：除我之外，其他人具有或能够具有与我类似的
心灵状态。

---

① "优先性"的意思是说，从认知发生过程上看，对自我心灵状态的了解要先于对他人
心灵状态的了解；"权威性"的意思是说，从认知可靠性上看，认知者S对自身心灵状态的认
知更具有权威性。因为，直觉上，S似乎对于自身心灵状态的认知（较之其他个体而言）更加
可靠。甚至可以说，S对于自身（某些）心灵状态的认知是不可纠正的(incorrigible)或不可错
的(infallible)。

命题 2:除了人类之外,某些非人对象(即他物)的心灵与人类心灵之间具有或能够具有某种程度上的类似性。

稍稍考虑一下不难发觉,命题 1 表述的乃是一个近乎常识的信念。从文献上看,当前绝大多数关于他心问题的争论基本上也是围绕"该信念(命题 1)是如何得到有效辩护的"这一点而展开的(Hyslop,2017)。但是这并不意味着命题 2 不值得我们关注。有理由相信,若仅仅考虑命题 1,我们得到的充其量只是他心问题的狭义理解。若要获得他心问题的广义理解,则需要将命题 2 也纳入考虑的范围。①

因此,在下文中,我将先概述学界如何应对有关命题 1 的怀疑论。这些回应尽管各有侧重,但均可归入如下两个基础理论方案或两条进路:推论主义(inferentialism)和非推论主义(non-inferentialism)。在以下两节里,我将依次表明,无论是推论主义还是非推论主义,目前都不能令人满意地应对(关于命题 1 的)怀疑论。然后,在第四节前半部分,我将提出并辩护一个应对(关于命题 1 的)怀疑论的新方案。该方案不但有效结合了推论主义和非推论主义各自的优势,而且还能避免两者各自的弊端,文中称之为"复合方案"(Hybrid Solution,HS)。不难理解,如果复合方案可行的话,那么就将表明,命题 1 是能得到有效辩护的。在第四节的后半部分,我将讨论有关命题 2 的怀疑论。我将论证,复合方案对于命题 2 的辩护依然是有效的。因此,经由与推论主义和非推论主义的对比之后,有理由相信,复合方案能更好地应对关于他心的怀疑论。我将在最后一节里作出总结并给出最终结论。

---

① 可参见本文开头第一个注释,即关于"广义他心问题"的注释,以及本文第四节后半部分关于命题 2 的有关讨论。

二、应对怀疑论的进路之一：推论主义

纵观历史，可以发现应对他心怀疑论的方案层出不穷，而文献显示，支持推论主义的人数可能是最多的。[①]在推论主义的阵营中，如下两类方案最为常见：类比推论方案（Analogical Inference Solution，AIS）（Ayer，1954；Hyslop，1995），以及最佳解释推理方案（Inference of Best Explanation Solution，IBES）（Ostien，1974；Pargetter，1984）。

先看类比方案（AIS），其推理模式如下：

(1) 对我而言，我具有的心理活动 M1 导致了我作出行为 B1。
                                          (M1→B1)

(2) 可以观察到，他人 S 也作出了类似的行为 B1。   (B1)
因此，

(3) 由(1)和(2)，可以推出(infer to)S 也具有类似的心理活动 M1。
                                 ((M1→B1)∧B1→M1)

对 AIS 有两个常见质疑。第一个是"逻辑不可检验性质疑"（logical uncheckability objection）。大意如下：在不少学者看来，上述推理明显不是演绎有效的。因为，结论(3)中"推出"一词的意思（即符号"→"的含义）不是衍推(entail)，而是类比，属于归

[①]　一直以来，推论主义进路都被那些受经验主义传统影响的哲学家们和科学家们所青睐。远的可以追溯到密尔、洛克等经验主义先驱。在逻辑经验主义者里面，罗素、艾耶尔（A. J. Ayer）可被看作推论主义的明确支持者。而在当代认知科学的经验研究领域，推论主义的基本思路几乎成了多数研究他心问题的科学家们的一个共识。限于篇幅，以下只论析推论主义以及非推论主义的基本思路及其主要问题，而关于推论主义和非推论主义的历史，不做介绍。有兴趣者，可以参见 Hyslop，2017，Section 2。

纳推论(inductive inference),因而结论(3)的推理过程不具有逻辑保真性。如果 AIS 的支持者认为,上述类比推论即使不是演绎有效的(即逻辑上保真的),但仍是一个好的推理,因而结论(3)依然是合理的,那么 AIS 的支持者就需要为这个"好的推理"提供合理依据。这些依据似乎只能来自逻辑之外(例如,某些经验上的可靠证据)。换句话说,在温和怀疑论者看来,如果得到结论(3)的推理过程不具逻辑上的保真性,那么 AIS 的支持者就需要提供逻辑之外的其他依据(例如,某些经验上的可靠证据)向我们表明这个推理过程仍然是有效的,因而相信结论(3)为真仍是合理的,否则 AIS 就不能算作一个关于命题 1 的有效辩护。那么,"其他依据"如何获得呢?

　　对 AIS 的支持者而言,一个自然的回答就是:针对他人 S 的心理活动或心灵状态再做经验科学上的检验(如,借助特定的仪器等)。不难理解,如果借助某种经验科学的检测手段,确定了 S 是否具有 M1,那么就相当于获得经验科学上的可靠证据 E1,命题 1 就可以依据 E1 为真。然而,如果 AIS 的支持者试图对"S 是否具有 M1"这一点做经验上的检验,一个真正的麻烦立刻会出现:由于他人 S 的心灵状态是逻辑上不可检验的(logically uncheckable),因而试图从经验科学上来检验"S 是否具有 M1"则是完全不可能的。在一些学者看来,之所以有这个麻烦出现,是因为他人 S 的行为举止与 S 的心灵状态之间存在着根本的不同。前者是外在的(external),是可以被 S 之外的个体观察或被公共检测的,而后者则是内在的(internal),是不能被 S 之外的个体观察或被公共检测的。可见,对于作为观察者的我而言,由于 S 的心灵状态不是客观的(objective),而检验或检测却是一种公共的或客观的(objective)手段,因此检验 S 的心灵状态在逻辑上是不可能的(logically impossible)(Ryle,1949)。换句话说,如果他人 S 的心灵状态是逻辑上不可检验的，那么 AIS 的支持者**原则上**就不可能获得经验科学上的可靠证据 E1。因此，在逻辑必然性缺失的前提下，如果 AIS 的支持者原则上也无法提供可靠证据 E1，那么我们就没有理由相信结论（3）是真的。而如果 AIS 无法向我们提供结论（3）为真的理由，我们也就没有理由相信命题 1 为真。至此，温和怀疑论者的论断依旧合理：在结论（3）的真伪并未确定的情况下，AIS 不能算是一个关于命题 1 的有效辩护。第二个是"孤例质疑"（one-case objection）。大意如下：即使对我而言，每次 M1 出现，B1 都会随之出现，但这无论如何只能算作是一个孤例。换句话说，我观察到的从来只是自己的心灵状态（M1）以及特定的行为（B1）。一方面，对**我自己**而言，M1 和 B1 这两者的确恒常地相继出现。但是另一方面，我却从未曾观察到或检测到如下情况：对**他人**而言，M1 和 B1 这两者也恒常地相继出现。而且，按照刚才的论述（即他人心灵逻辑上不可检测），有理由相信，我将来也不可能观察到或检测到。可见，从科学研究方式上讲，我关于 M1 与行为 B1 之间关系的"研究样本"似乎永远只是一个孤例（即永远只有我自己这一个样本）。显然，几乎没有人会相信，仅凭一个孤例就可以归纳出"M1 导致 B1"这样一条（普遍性的）规律或似律陈述（law-like statement）。因此在维特根斯坦及其追随者看来，在他心问题上"仅由我自身情况这一孤例而类推他人"这种类比推论的思路（AIS）不但是无效的，而且试图将此孤例普遍化（generalize）的做法也是"不负责任的"（irresponsible）（Wittgenstein, 2009, pp.106—107，§293）。

上述两个质疑的确击中了 AIS 的要害。然而，一些推论主义的支持者坚持认为，上述质疑也许揭示了 AIS 存在的缺陷，但不能由此断定，推论主义的基本立场一定是有问题的，因此他们开始寻求更佳方案。近年来,如下两个推论主义方案备受关注:一个是最佳解释推理方案(IBES)(Ostien,1974;Pargetter,1984)。另一个则是,诉诸自然齐一性(Uniformity of Nature)的类比推论方案改进版(以下简记为 UN-AIS)(Hyslop,1995,2017)。

先看前者。IBES 大致的思路如下:它承认"逻辑上的不可检验性"和"孤例类推无效"这两个质疑是合理的,但对后者作进一步分析。首先区分出两种不同的孤例推论模式:一类是孤例类比推论,另一类则是孤例科学推论。其次指出,对于他心的推论(inference to other minds)不是一种类比推论(analogical inference)的模式,而是一种特殊的科学推论(scientific inference)的模式,即最佳解释推理模式。因此,虽然对于他人心灵状态的推论的确是孤例推论(one-case inference),但却不是孤例类推(one-case analogical inference),而是一种基于孤例的最佳解释推理(one-case based IBE)。因此,在 IBES 的支持者看来,对"他人 S 具有行为 B1"的**最佳解释**就是:B1 乃是由一个不可观察的理论实体(theoretical entity)M1 所导致的(Pargetter,1984)。换句话说,对于任何一个(不同于 S 的)观察者 O 而言,尽管没有逻辑上的必然性来保证,S 做 B1 **仅**是由 S 所具有的(与 O 自己在作出类似行为 B1 时类似的)心理活动 M1 所导致的(因为 M1 有可能并不是 B1 的**唯一的**充分条件),O 也不可能通过归纳推理得出这一点(因为孤例**类推**无效),然而 O 仍有理由相信结论(3)为真。理由就是,得出结论(3)的推理过程(⇨)乃是一种科学的推论过程,即最佳解释推理。因此,对于 S 作出 B1 的最佳解释就是,S 具有(与 O 在作出类似行为 B1 时类似的)心理活动 M1。

乍看上去,诉诸最佳解释推理,推论主义者不仅能巧妙避开上述两个质疑,而且还找到了相信结论(3)为真的理由,因此

IBES 似乎有望成功应对关于命题 1 的温和怀疑论。但 IBES 目前仍然面临一些问题。以下这两个问题似乎是 IBES"绕不开的":第一,M1 的因果效力问题。IBES 成立的一个前提是,M1 有资格成为 B1 的**充足**(sufficient)原因。如果这个必要前提不成立,那么 IBES 就失效了。换句话说,作为一种心灵状态或心理活动,如果 M1 不具有真正的(genuine)因果效力(causal efficiency),那么 M1 就不可能成为 B1 的充足原因(因为 B1 的充足原因有可能是物理的,而非心理的)。那么,M1 是否具有真正的因果效力呢? 这个问题涉及当代心灵哲学里的一个重要难题——排他性问题(exclusion problem),尚未有定论。因此,如果 IBES 成功与否最终要依赖于 M1 是否具有真正的因果效力的话,那么 IBES 就不得不面对排他性问题。[①]第二,最佳解释的选取标准问题。大意如下:一方面,如果我们愿意接受认知神经科学(及其相关经验研究)所说的,那么就有理由相信,M1 不仅不可能(在脱离任何物理基础的情况下)**凭空出现**,而且还需要有某个神经回路 N1 来作为其出现的基础,M1 才能出现。换句话说,一方面,神经科学告诉我们,不管是观察者 O 还是他人 S,只要 N1 出现,M1 就会出现[②],另一方面,按照 IBES 的思路,S 做出 B1 是由于 S 具有 M1。那么,现在问题来了(见以下图 1):

---

① 梅林克(Andrew Melynk)从不具有因果效力的心灵状态——感受质(qualia)——出发也给出了类似批评(Melynk, 1994)。他认为,IBES 无法解释我们关于感受质的那些信念。也许,IBES 的支持者会援引近年来克里格尔(Uriah Kriegel)等人关于现象意向性(phenomenal intentionality)的研究工作(Kriegel, 2013),以质疑感受质不具有因果效力这一点,从而化解这个批评。在我看来,这个可能的化解方案很可能不会成功。理由是:它要么依然解释不了我们关于感受质所具有的现象特征(phenomenal character)的那些信念,要么依然要面对排他性问题。对心灵状态是否具有因果效力的分析,以及对排他性问题的详细处理方案,有兴趣者,也可参见王晓阳、王雨程:《心理因果性、排他性论证与非还原物理主义》。

② 说明两点:(1)对于一个信奉心灵多重可实现性(multiple realization)的认知者 K 而言,N1 并不需要局限于特定的神经回路。N1 可以是由那些均能够实现 M1 的不同物理基质所构成的集合中的任意一个元素。(2)这里可暂且不管 N1 和 M1 之间是怎样一种形而上学关系,因为这两者关系如何与我们这里的讨论并不相关。

在观察者 O 看来,对于"S 做出 B1"的最佳解释,究竟是 M1,还是 N1?

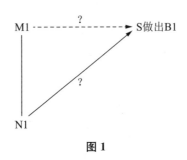

图 1

IBES 的支持者或许会说,出于交流便利性或者解释简单性的考虑,M1 是"最佳的"。但是对于一个认知神经科学家而言,首要考虑的很可能是理论的真实性而非交流的便利性。如果实际情况是 M1 并不具有真正的因果效力,导致 B1 出现的原因乃是 N1,那么把 M1 作为 B1 出现的原因,就不仅不是最佳的,很可能还是错误的。出于理论真实性的考虑,我们似乎更应该相信 N1 才是"S 做出 B1"的最佳解释。可见,实际情况并非如 IBES 的支持者所想的那么简单明了:事实上,难以找到合适的标准来断定究竟是 M1 还是 N1,才是"S 做出 B1"的最佳解释。正如希斯洛普(Alec Hyslop)所言,除非可以排除掉 N1 是 B1 的原因,才能一并排除掉"N1 是'S 做出 B1'的最佳解释"这一可能性(Hyslop,1995,Chapter 3,p.37)。此外,在我看来,IBES 至少还有如下两种情形需要加以排除:查莫斯(David. J. Chalmers)的僵尸(Zombie)(Chalmers,1996),以及休梅克(Sydney Shoemaker)的颠倒光谱(inverted spectrum)(Shoemaker,1982)。如果 M1 特指感受质,那么,在僵尸情形中,"僵尸 S2 做出行为 B1"的最佳解释可能是 N1,而非 M1。而在颠倒光谱情形中,"颠倒光谱症患者 S3 做出行为 B1"的最佳解释则可能是 M2,而非 M1(M2 是不同于 M1 的现象心灵状态)。在上述这两个问题(M1 的因果效力问题,以及最佳标准选取问题)没有得到合理解释之前,我们似乎没有理由相信,IBES 算是一个(关于命题 1 的)有效辩护。

下面来看诉诸自然齐一性的类比推论方案改进版本(UN-AIS)。UN-AIS 大致的思路如下:与 IBES 一样,UN-AIS 也承认上述两个质疑("逻辑上的不可检验性"和"孤例类推无效")的合理性。而且同样也认为,对于他人心灵状态的推论是孤例推论(one-case inference)。然而,两者的重要区别在于:IBES 认为这里的孤例推论不是类比推论,而是一种科学的推论,是基于孤例的最佳解释推理。与之不同,UN-AIS 则认为这里的孤例推论仍是类比推论,"实际上,这是诉诸自然齐一性"(In effect, this is an appeal to the Uniformity of Nature)的类比推论(Hyslop,1995,p.53),因而"不是类似的结果有类似的原因,而是类似的原因有类似的结果"(not that like effects have like causes but that like causes have like effects)(ibid., p.53)。

对于 UN-AIS 的支持者而言,正是自然齐一性原则保证了结论(3)为真。换句话说,由(1)和(2)能推出("→")结论(3),这里"推出"一词的意思(即符号"→"的含义),既不是最佳解释推理,也不是某种逻辑推理(如衍推),而是自然齐一性原则。因此这仍是一个有效的类比推论(analogical inference)。[①]

UN-AIS 似乎不但能成功守住类比推论的立场,而且能避开最佳标准问题的困扰。因此希斯洛普乐观地认为,诉诸自然齐一性(UN-AIS)乃是"推论主义值得我们期待的唯一方式"

---

① 有人或许会继续问:这个类比推论是不是一个归纳的推论(inductive inference)?我的看法是,对此问题的回答要取决于我们如何看待自然齐一性原则。关于自然齐一性原则是不是一条归纳原理,目前存有争议,限于本文篇幅与主旨,不展开讨论。

(This is the only way the analogical/hypothetic inference will give the desired result)(Hyslop，2017，§3.1)

果如希斯洛普所言,UN-AIS 是我们对推论主义的唯一期待么? 我对此深表疑虑。我的疑虑是关于"推论主义能否诉诸自然齐一性原则"的疑虑,具体有二:第一个疑虑是,如果自然齐一性原则说的是"同因则同果",那么在此运用该原则就有一个必要的前提条件:仅当 M1 和 B1 之间具有因果关系。换句话说,除非 M1 具有真正的因果效力,否则自然齐一性原则在此就不适用。可见,UN-AIS 同样需要面对困扰 IBES 的那个问题,即 M1 的因果效力问题。看来,UN-AIS 的成功与否,最终也要依赖于 M1 是否具有真正的因果效力。第二个疑虑是,不管是否如休谟所言,自然齐一性原则是一条归纳原理,以下这点是清楚的:自然齐一性原则普遍适用于客观的—外在的对象。然而我们有理由怀疑,这条原则也适用于心灵状态这类主观的—内在的对象。理由就是,如果自然齐一性原则也适用于心灵,那么就会有心理—物理规律或心理—心理规律。然而,当代科学哲学和心灵哲学里有大量的论述表明很可能并不存在心物规律和心心规律。例如,上述刚刚提到的僵尸论证和颠倒光谱论证,就是两个著名的例子。如果不存在心物规律和心心规律,那么自然齐一性原则也就不适用于心灵(自然也包括了关于他心的情况)。看来,UN-AIS 的成功与否,最终还要依赖于心物规律和心心规律是否存在。退一步讲,自然齐一性原则是否(原则上)适用于心灵,这一点至少目前来说尚不清楚。因此,在给出有关这两个疑虑(排他问题,心物规律或心心规律是否存在)的令人满意的解答之前,UN-AIS 还不算是一个(关于命题 1 的)有效辩护。

三、应对怀疑论的进路之二:非推论主义

由于推论主义进路所遭遇到的困难,以及受到维特根斯坦 (Wittgenstein,1969,2009)有关工作的影响,一些学者开始转而寻求非推论主义的辩护途径,目前亦有两个常见方案:一个是标准方案(criterial solution,CS)(Malcolm,1958),另一个是态度方案(attitudinal solution,AS)(Hark,1991;Hyslop,1995, Chapter 8)

先看标准方案(CS)。CS 有两个要点:第一个要点是认为, "一个'内在的过程'需要外在的标准"(Wittgenstein,2009, p.161,§580;中译文参见维特根斯坦:《哲学研究》,第 166 页, §580),即"行为应当被看作心灵状态在场的标准"(behavior is regarded as a criterion for the presence of mental states criterion)(Hyslop,2017,Section 3.3)。这是因为,从认识论层面讲,行为与心灵状态之间不是什么归纳的推论关系(inductive inference),而是具有一种"非推论的联系或概念上的连接"(non-inferential connection or conceptual link)(ibid.,Section 3.3)。仍以上述情形为例。只要出现特定的行为 B1,就标志着该行为者具有特定的心灵状态 M1。因此在 CS 的支持者看来,推论主义者的错误在于"他没能把行为当作是心理现象的标准"(He cannot regard behavior as a criterion of psychological phenomena)(Malcolm,1958,p.975)。换句话说,只要推论主义者看清这一点,就会明白,在他心问题上,不管是类比推论(AIS 和 UN-AIS)还是科学推论(IBES)都是不适用的(useless)(ibid., p.975)。

CS 的第二要点是认为,对自我心灵状态的认知并不具有认

知上的优先性(priority)。从上面第一点可推出(imply to)第二点。由于行为是心灵状态的标准,而标准具有公共可观察或可检测的特征,因此,不管行为者是谁,我们认知其心灵状态的方式都是一样的,即通过对于其行为的观察或检测。因此,在 CS 的支持者看来,命题"我有心灵状态 M1"与命题"他人 S 有心灵状态 M1",所获得辩护的依据或理由应当是同一类的。这是个相当惊人的结论。因为,如果它是合理的,那么,回想一下,本文第一节所提到的那个为大多数人所接受的基本信念(信念 1)就是虚假的(即认知者本人对自己心灵状态的认知并不具有优先性或权威性)。由于信念 1 乃是他心怀疑论(包括极端的,也包括温和的)据以攻击我们关于他心的常识看法(即他人有心,以及他人有类似我的心灵活动)的"立足点"或基本前提。因此不难理解,如果 CS 的支持者能够成功论证信念 1 是虚假的,那么这将会是一个"釜底抽薪式"的论证,他心的怀疑论(既包括极端的,也包括温和的)将因此而被(以一种维特根斯坦哲学所特有的方式)"消解掉"。①

是否如其所言,CS 能以如此干净彻底的方式消解掉他心的怀疑论,对此学界一直存有争议。以下三个质疑是常见的:标准太弱、CS 冗余,以及行为主义翻版。先看第一个(质疑一):标准

---

① 近年来,在认知科学和知觉哲学领域,他心的直觉感知进路(direct perception approach to other minds)或直接社会感知理论(direct social perception, DSP)备受关注。正如斯波尔丁(S. Spaulding)所概括的,"DSP 基本想法是,我们能够以一种非推论的方式察觉到他人的心灵状态"(Direct Social Perception (DSP) is the idea that we can non-inferentially perceive others' mental states)(Spaulding, 2015, p.472, Abstract),因而"依据 DSP 理论,我切实地察觉到了特定的忧愁、恐惧和欲求。我并不是先观察到了特定的行为然后推出特定的心灵状态,而是仅仅在行为中就看到了心灵状态"(According to DSP, I literally perceive the distress, fear, and desire. I do not first observe the behavior and then infer the mental state. Rather, I simply see the mental state in the behavior)(ibid., p.472)。由此可见,DSP 的基本思路类似于 CS。因此有理由相信,本文对 CS 的分析同样也适用于 DSP。限于篇幅,以下不再专门探讨 DSP,有兴趣者,可参看 Zahavi, 2011; Spaulding, 2015; Krueger, 2012, 2017。

太弱。很多行为似乎不足以(sufficient)充当心灵状态的标准或证据。例如,闭目静思这个行为。即使观察到他人 S 闭目静思,一个观察者似乎仍不足以知道 S 此刻的内心状态究竟如何。再如,一边看韩剧一边流泪这个行为。对于一个从不看韩剧的人而言,即使观察到他人 S 常常有这样的行为发生,也并不足以知道此时 S 实际的内心状态如何。这样例子在生活中比比皆是。CS 似乎没法令人满意地解释这些反例。因此,正如希斯洛普所言"如果既不存在任何归纳的推论关系,也不存在逻辑的衍推关系,那么,可观察的行为与不可观察内在状态之间的那条鸿沟,是不可能仅仅通过下命令的方式而被跨越过去的"(In the absence of any form of inductive inference, and with no entailment directly from the one to the other, the gap between observed behavior and unobserved inner states ... cannot be crossed by fiat ...)(Hyslop,2017,Section 3.2)。

　　CS 的支持者或许可以坚持认为,如果某个行为 B2 不足以充当心灵状态 M1 的标准,那么,错的不是 CS,而是观察者没有**找准**行为。这样似乎就可以回应关于标准太弱的质疑。由于行为 B1 与心灵状态 M1 之间的概念联系(conceptual link)不是偶然的或任意的,因此一旦找准了行为(即找到 B1 而非其他),那么观察者就应当能"仅仅在行为中看到心灵状态"(simply see the mental state in the behavior)(Spaulding,2015,p.472)。这个回应会招致如下两个质疑:CS 冗余(质疑二),以及 CS 乃是行为主义的一个"翻版"(质疑三)。

　　下面看质疑二:CS 冗余。如果我们接着问:如何才算找准了行为 B1? CS 的支持者很可能回答会说,只要在恰当的情境(suitable occasion)中,即观察到 B1 发生时的满足条件(satisfactory condition)C1,我们就可以依据 C1 来断定行为 B1 出现了。

但是,若我们继续追问"什么样的情境才算恰当的,或者为何 B1 的满足条件是 C1 而非其他"这类问题,就会发现,如果 CS 的支持者要解释清楚"**恰当的**"一词的准确意思,或者解释清楚为何 C1 是 B1 出现的满足条件,则不得不再诉诸新的依据 C2 (C2 不同于 C1)来解释"何为恰当的情境",或进一步解释 C1 的合理性。可是,如果我们再继续追问 C2 的合理性来源,那么 CS 的支持者可能有如下两个选择:要么继续给出另外的依据 C3。然而,若沿此思路,我们一直追问下去,CS 的支持者就需要不断地寻求新的依据,而这就会导致无穷倒退(infinite regress);要么诉诸某种约定(convention)T。对于一个观察者 O 而言,这个约定 T 可以是外部的(external)也可以是内部的(internal)。前者可以是某个(科学共同体给出的)科学定义,也可以是某种历史—文化—社会习俗,而后者则可以是 O 所具有的某种心灵状态或心理意象(mental image)。由于 T 要么是约定俗成的,要么是类似于公理的定义,要么是 O 自身的某种心灵状态或心理意象,因此一旦诉诸约定,我们就不能再继续(有认知意义地)追问 T 的合理解释了(因为在此 T 成为了一切解释的最终依据,是解释的"尽头")。可见,诉诸约定 T,CS 的支持者似乎有效地阻止了无限倒退。然而有理由相信,诉诸约定 T 依然挽救不了 CS。理由就是:不难发现,对 O 而言,不管 T 是外部的(科学定义或文化—社会—习俗)还是内部的(O 自身的心灵状态),T 与 B1 之间总是具有一种认识上的恒常联系。也就是说,如果 T 出现,那么 B1 出现,**并且**,如果 T 不出现,那么 B1 也不出现(T↔B1)。对于 CS 的支持者而言,正是由于这两者之间具有这种认识论上的恒常联系,我们才能把 T 当作是 B1 出现的恰当情境或满足条件,或者用 T 来定义 B1。换句话说,对 O 而言,只要 T 一出现,那么 O 就可以断定行为 B1 出现了。现在问题来了,

"对 O 而言,只要 T 一出现"是什么意思?或者说,O 是如何察觉到(perceive)T 出现的?在我看来,这个问题的答案似乎有且仅有如下两个可能:第一,如果 T 是外部的,那么 O 则要诉诸证实主义(verificationism)的基本方法或手段:要么凭借某种物理的或科学的验证程序,将呈现在自己面前的情境记录或拍摄下来,并与 T 的物理样本 T* 进行物理比对,如果发觉两者是(在误差允许的范围内)一样的,那么就证实(verify)T 出现了。要么 O 将观察所获得的感觉材料(sense data)与自己以往记忆中关于 T 的心理意象或心理样本 T** 进行比对,如果发觉两者是一样的,那么也证实(verify)T 出现了。第二,如果 T 是内部的,即 T 本身就是 O 的某种特定的心灵状态或"心理样本"T**(即 T=T**),那么 O 只需要将观察所获得的感觉材料直接与 T** 进行比对,如果发觉两者是一样的,那么 O 就证实 T 出现了。不难看出,这里所发生的认知过程与上述证实主义的第二种情形是一样的。可见,对观察者 O 而言,要察觉到 B1 出现的恰当情境 T,要么诉诸某种物理的比对程序,要么诉诸某种心理的比对程序。[1]换句话说,"O 察觉到 T 出现"的认知过程或推理模式如下:

(1′)对观察者 O 而言,如果 T 出现,那么 T* 或者 T**。

$$(T \rightarrow (T^* \vee T^{**}))$$

(2′)依据证实主义的手段,O(将自己获得物理数据或者感觉材料与特定的物理样本或心理样本进行物理的或心理的比对之后)证实,T* 或者 T** 出现了。 $(T^* \vee T^{**})$

因此,

---

[1] 也许有人会问:这里的"比对过程"是否实际发生,以及若发生将怎样发生。下面很快会涉及这个问题,这里暂且不展开讨论。

(3′) 由(1′)和(2′),可以推出 T 出现了。

$$((T \to (T^* \vee T^{**})) \wedge (T^* \vee T^{**}) \to T)$$

至此,细心的读者立刻会发现,上述推理模式与推论主义的 AIS 模式是一样的,都是一种归纳的类比推论。可见,CS 诉诸约定 T 也是无济于事的。理由就是,观察者 O 诉诸 T 的一个必要条件是,O 能够察觉到 T 出现。然而 O 察觉 T 出现的认知模式却是推论主义的(归纳的类比推论),因此 CS 的支持者诉诸约定 T 的最后结果就是:发现自己竟然背离了非推论主义的基本立场而走上了一条推论主义的进路。这同时也就意味着,我们再将 CS 称作非推论主义的方案实属多余。

第三个质疑认为,CS 其实就是行为主义的一个翻版。如果 CS 的支持者宣称,行为与心灵之间的联系不仅不是偶然的,而且观察者能"仅仅在行为中看到心灵状态"(Spaulding,2015,p.472),那么一个自然的理解是:心灵状态其实就**是**(is identical to)行为。不难看出,这是行为主义的基本观点。因此有学者指出,CS 其实就是一个"粗糙的行为主义"(crude behaviorism)(Jacob,2011)。[①]对此批评,CS 支持者的一个可能回应就是,首先指出,心灵与行为之间的关系即使不是偶然的,但也不一定就是等同关系(identical relation)或构成关系(constitutional relation),因此不能做行为主义的解释。而是应当理解成是一种弱的(weak)构成关系或部分的(partial)构成关系。正如冰山尖与冰山的关系。冰山尖是冰山的构成部分,但前者显然不等同于后

---

① 这个批评事实上直接针对的是 DSP,但是有理由认为它同样适用来批评 CS,因为 DSP 与 CS 的基本思路是类似的。可参见上文第三节"非推论主义"中关于 DSP 的注释。

者,或者后者也不是完全由前者构成(Krueger，2017，p.8)。①可见CS 与行为主义并不相同。按照这里的解释,CS 的推理模式如下:

(1″) 如果行为 B1 出现,那么他人(即该行为的做出者)S 具有心理活动 M1。 (B1→M1)

(2″) 观察者 O 察觉到,S 做出了行为 B1。 (B1)
因此,

(3″) 由(1″)和(2″),可推出(entail)他人 S 具有心理活动 M1。
((B1→M1)∧B1→M1)

上述推理模式的确有别于行为主义,关键区别就在于第一步[(1″)]。从逻辑上看,行为主义会认为,B1 与 M1 之间是一种双向衍推关系(↔),而按照 CS 支持者给出的解释,B1 与 M1 之间的关系,则应当被理解成单向的衍推关系(→)。②然而,这个解释又会使得 CS 陷入"冗余论"的质疑(即质疑二),关键是第二步[(2″)]。这一步说的是"O 察觉到 S 做出了类似的行为 B1"。不难理解,对于 CS 的支持者而言,这个认知过程或推理模式也一

① 注意不要误解冰山这个例子,以为心灵与行为之间具有某种形而上学上的部分构成关系。这里一直是在认识论层面来讨论心灵与行为之间关系的,因此这里的行为与心灵之间的关系(无论等同还是构成还是部分构成等等)都不应当作形而上学上关系来理解,而要理解为一种认识论层面或概念上的(conceptually)关系。

② 提醒两点:(1)严格说来,这里讨论的是两个命题之间的逻辑关系,即命题"S 做出 B1"与命题"S 具有 M1"之间的逻辑关系。但为了便于讨论,当前绝大部分有关文献(包括本文)一般就称为,B1 与 M1 之间的概念关系或认识论关系,有时也简记为,B1 与 M1 之间的关系。因此不要误以为这里讨论的是某种形而上学关系。(2)从命题逻辑的定义上看,蕴含关系和衍推关系的区别是明显的。由于 CS 强调 B1 与 M1 之间具有概念上的非偶然联系,而且这种非偶然联系又被解释成一种"部分的构成关系"(Krueger，2017，p.8)。由于这个解释更符合我们关于衍推而非蕴含的通行理解,因此这里应当理解为衍推关系,而不是蕴含关系。

样要诉诸证实主义的基本方法,而这与上述刚刚给出的"O 觉察到 T 出现"的推理模式出一辙。①

由此可见,只要把行为看作心灵的标准,上述察觉过程(无论是觉察到 T,还是觉察到 B1)就是 CS 得以成立的一个必要前提②,因此,CS 的支持者即使能避开"标准太弱"的质疑(质疑

---

① "O 察觉到行为 B1"的推理模式可以概括如下:(B1→(B1＊∨B1＊＊))∧(B1＊∨B1＊＊)→B1。其中 B1＊与 B1＊＊依次指 B1 的物理样本和心理样本。不难看出,这也是一个与 AIS 推论模式一样的归纳的类比推论。

② 提醒两点:(1)不难看出,无论是推论主义方案还是非推论主义方案,观察者察觉他人行为(或行为出现的恰当情境)的认知过程都是其中一个必不可少的前提。虽然说,对此认知过程的理解可以存在差异,但是这个认知过程应当成为所有关于他心问题的方案的一个共同的必要前提。希斯洛普也有类似表述:他认为,对任何一个关于他心问题的理论而言,观察者或"理论者本人的经验都是关键的"(the theorist's experience is crucial)(Hyslop,2017,Section 4)。(2)麦克道威尔(John McDowell)也从观察者 O 的察觉过程入手对标准方案提出了批评。简言之,其批评的关键之处在于,首先指出,O 无法在经验上区分开"行为发生"和"以为行为发生"这两种认知情境。换句话说,对 O 而言,"行为 B1 真正出现时的感觉经验"(经验 1)与"以为行为 B1 出现时的感觉经验"(经验 2),这两者在经验上是无法区分开的(experientially indistinguishable)。其次指出,如果 O 在察觉过程中所产生的经验不足以为"行为 B1 出现了"这一信念 X1 提供辩护,那么,在信念 X1 尚未得到辩护的情况下,O 也就无法再依据 X1 来进一步为"S 具有 M1"这个信念提供辩护。换句话说,按照 CS,行为 B1 是心灵状态 M1 的标准,而如果 O 无法区分经验 1 和经验 2,那么 O 实际上就无法断定 B1 是否真正出现。无法断定 B1 是否真正出现,也就无法断定 S 是否真正具有 M1,因此 CS 关于他心问题的辩护是失败的(McDowell,1982,pp.471—475)。这是一个针对观察者察觉过程的质疑。它质疑的是,O 无法凭借其在察觉过程中所产生的经验分辨出(tell by experience)行为 B1 是否出现。如果是这样的话,那么证实主义的基本方法就行不通了。因为,即使 O 将获得的感觉材料与其(心理的或物理的)样本进行比对,也无法区分开,究竟是"行为 B1 出现"的真实情境,还是"行为 B1 并未出现,而是 O 以为行为 B1 出现的"虚假情境。出于以下两个理由,我对这个批评的恰当性表示怀疑。第一个理由是,如果 O 无法凭借其(察觉过程中产生的经验)来做出有效分辨,那么,无论是上述推论主义方案还是这里的非推论主义方案,可能都是失败的。这样"一锅端"的批评似乎太强了。第二个理由是,从更广的层面看,麦克道威尔的这个批评当属于一个"我们是否能获得关于外部世界(包括他物与他心)知识"的更大的争论议题。换句话说,虚假情境与真实情境这个二元区分,乃是麦克道威尔上述批评的一个前提。如果我们不能给出"情境何以为真"的理由,那么说"某个情境为假"也是没有认知意义的。因为要理解"虚假"这个概念,必须事先理解"真实"这个概念。可见,对此批评的解决,要依赖一个关于"真"(truth)的理论。对于麦克道威尔的批评,我能想到的是,或许可以诉诸戴维森(Donald Davidson)版本的"真的融贯论"(coherent theory of truth)加整体论(holism)的基本思路来给出一个回应(Davidson,1986):"O 相信某个情境为真"这个信念 X2 的理由,既不是基于 X2 符合某个事实[像"真的符合论"(correspondence theory of truth)所理解的那样],也不是由某个孤立的信念来充当的,而是因为 X2(转下页)

一)和行为主义的质疑(质疑三),似乎仍避不开"冗余论"的质疑(质疑二)。

现在来回忆一下。CS 的基本主张是:行为与心灵之间具有一种认识论上或概念上的非偶然联系,而"冗余论"质疑的关键则在于:指出了"察觉他人行为"这一认知过程乃是一个归纳的类比推论模式。因此,所谓"认识论上或概念上的非偶然联系"只是表面,CS 的"内核"实质上仍是一种归纳的类比推论。公正地说,这一点的确击中了 CS 要害。一些非推论主义者因而考虑寻找其他替代方案,特别从在维特根斯坦关于他心问题的论述中寻找有用资源。例如,哈克(M. R. M. Ter Hark)全面清理了1929 至 1951 年期间维特根斯坦关于他心问题的有关论述(Hark, 1991)。正是对维特根斯坦有关论述的一种理解催生出

(接上页)与当且仅当 X2 与其所在的那张"信念之网"中的其他信念之间都是融贯的。换句话说,网中其他彼此融贯的众多信念一起为 X1 提供了信以为真的理由。有理由相信,这种融贯论加整体论的思路与维特根斯坦在《论确实性》(On Certainty)一书中的某些看法也是兼容的(如 Wittgenstein, 1969, p.21, §141、§142、§144)。如果麦克道威尔不同意上述思路,那么论证的负担现在就落到他身上了:他需要提供新的说明来告诉我们,真实情境和虚假情境的区别在哪,然后他才能再对观察者 O 的察觉过程提出有意义的质疑。对此,麦克道威尔很可能会诉诸他的知觉经验概念化理论来作回应(McDowell, 1998),这个理论目前在学界引起了激烈争论,限于篇幅和主旨,不再介绍。总之,本文给出的批评与麦克道威尔的上述批评是不同的。我并不质疑上述察觉过程,而是说,如果默认上述察觉过程,那么这个察觉过程就很可能是一个推论主义的推理模式。对此,CS 的支持者大概只有如下两个选择:要么承认是推论主义的,而这就会使得 CS 没有资格被称为一种非推论主义方案;要么否认是推论主义的,坚持认为,察觉过程中的经验可以直接为 X1 提供有效辩护,这样就可以继续坚持非推论主义的进路。选择前一种,我们再称其为非推论主义实属多余。而选择后一种,就意味着 CS 要承认非信念的经验能为信念提供辩护。这样的话,CS 哪怕仍算是一种非推论主义方案,付出代价也将极其沉重,即 CS 的支持者必须放弃**在认识论上**为他人心灵确立标准或找到证据的初衷,而这相当于宣告 CS 的失败。下面很快会介绍,AS 就是这样一个在"非信念的经验能为信念提供辩护"的思路下应运而生的(非推论主义)替代方案。另外,近年来在知觉哲学里,备受关注的由普莱尔(Pryor, 2000)提出的直接辩护理论也可以看作是这一思路下的产物,限于篇幅和主旨,不再介绍。(中山大学哲学系的孙骞谦博士后对此察觉过程的表述提出了一些建议,他还提供了麦克道威尔的一些相关论述给我参考。这些建议和参考资料促进了我的思考,在此表示感谢。)

了态度方案（attitudinal solution，AS）（Hyslop，2017，Section 3.3）。①其大意如下：AS 认为，"他人有心"不是一个信念（belief），而是一个不同于（distinct from）信念且独立于（independent of）信念的态度（attitude）。这种态度不仅在心理学上（psychologically）而且在认知上（epistemically）比信念"更深（deeper）"（Hyslop，1995，pp.124—125）。正如希斯洛普所概括的那样：AS 支持者的基本主张是"我们并不相信'他人有心'。我们有的只是一个关于他心的态度，即他人被看作与我类似，他人的体验亦被当作与我的体验类似而已"（We do not believe in other minds. We have an attitude to them, they are seen as being like us, experienced as being like us）（ibid.，p.125）。因此，在 AS 的支持者看来，之所以观察者 O 认为，他人 S 做出行为 B1 时具有与 O 自己在做出 B1 时一样的心灵活动 M1，不是因为 O（按照推论主义的模式）从 B1 推知 M1，也不是因为 M1 与 B1 之间具有概念上的非偶然联系或部分构成关系，使得 O 可以把 B1 当作标准，从而仅仅在 B1 中看出 M1（像 CS 所宣称的那样），而是因为，O 具有的一种非信念的态度，从而能直接地（immediately）把某个与 O 身形相似的对象看作一个自己的同类（即看作他人 S），并且，还能直接地把 S 的某些与 O 类似的举动看作由 M1 所导致的 B1。这里，M1 也是导致 O 自身做出 B1 的充足原因。

在 AS 的支持者看来，他心的怀疑论（无论是极端的还是温

---

① 有理由相信，AS 很可能主要是受到了晚期维特根斯坦（特别是其生命最后两年）有关他心问题论述的启发而形成的。依据哈克的研究，从 1929 年至 1951 年期间，维特根斯坦关于他心问题的思想总共经历了三次转变。"在其生命的最后两年，维特根斯坦终于成功地给出了一个关于他心知识的融贯说明，该说明与他关于语言游戏的（非认识论意义上的）逻辑描述，关于生活形式，以及关于人类行动原初性的有关论述都是兼容的"（In the last two years of his life he finally succeeds in giving a coherent account of our knowledge of other minds that is compatible with his non-epistemological but logic descriptions of language-games, forms of life and the primacy of human action）（Hark，1991，pp.251—252）。

和的)的错误恰恰在于：他们（怀疑论者）没有认识到原来我们"具有这样一种对待事与人的态度，这种态度比推论性的信念更深更直接"（there are attitudes to things and people which are deeper and more immediate than inferential belief）（Hyslop，2017，Section 3.3）。由于这种非信念的态度不是认识论层面的，因此他心的怀疑论者（极端的和温和的）就不应当要求我们**从认识论层面**给出关于他心的辩护。换句话说，这种非信念的态度一直"如其所是地内嵌在（built in）我们与其他个体的交往之中"（ibid.，Section 3.3）。我们从未具有"关于他心的信念"，我们一直具有的是"关于他人以及他心的态度"。因此，一旦明白了这一点，他心的怀疑论就会因失去了其质疑的"立足点"而立刻消失。

不难看出，类似于标准方案（CS），AS 也是一个关于他心怀疑论（包括极端的和温和的）的消解方案。为了避开 CS 所遭到的三个质疑（标准太弱、CS 冗余，以及行为主义翻版），同时又能够（站在非推论主义的立场下来）应对怀疑论，AS 比 CS 走得更远，甚至**完全**脱离了认识论的层面。然而，AS 的支持者或许难以如其所愿。我们有理由相信，其理论仍面临着一些难以处理的问题，特别是以下这两个：第一个问题是，他心态度的可错性问题，即我们关于他心的态度是否有可能出错。希斯洛普指出，某些非认识论的态度似乎是错误的。例如，种族歧视或者性别歧视（Hyslop，2017，Section 3.3）。如果 AS 的支持者认为，关于他心的态度不同于种族歧视或性别歧视，是一种（对全体人类而言）不会出错的**普适**（universal）态度，那么，他们就似乎仍需要对"为何我们关于他心的态度可以如此特别"提供进一步的解释。否则，AS 会被当作一个特设性的（ad hoc）方案。对此，AS 的支持者很可能会援引维特根斯坦的生活形式（forms of life）等有关论述来作进一步解释:之所以我们大多数人直觉上会觉得,性别歧视或种族歧视主义者秉持的是错误的态度,是因为我们与他们分别处在不同的生活形式之中。因此,这里不是由同一种生活形式内部的分歧所致的**错误**,而是由不同生活形式所致的**差异**。然而,在我看来,这个回应可能会招来更大的麻烦,即第二个问题。AS 的支持者面临的第二个问题是,这个回应消除不了如下这个(直觉上的)困惑:一方面,直觉上,我们多数人似乎会认同,亚马逊雨林深处的原始部落与我们在对待具体行为举止的态度上的明显差异,是由于各自生活形式明显不同所致的差异。另一方面,直觉上,我们多数人却似乎不会认同,种族歧视论者和性别歧视论者与我们在对待具体行为举止的态度上的明显差异,也是由不同的生活形式所致。事实上,我们多数人大概会认为,种族主义和性别歧视是完全错误的,而非我们与他们(在对人与物的态度上)有所差异。很多种族主义者和性别歧视论者不仅和我们共享许多基本的常识,他们中的一些人甚至还曾经是我们中的一分子并且和我们受过一样的(现代文明的)良好教育。因此很难想象,他们与我们分别属于两个不同的生活形式。换句话说,这会有个直觉上的困惑:诉诸生活形式之间的差异,AS 的支持者似乎可以满意地解释亚马逊人和我们之间的分歧,而同样诉诸生活形式之间的差异,为什么我们直觉上一直觉得,AS 解释不通种族主义者或性别歧视论者与我们之间的分歧呢?

看来,对于我们多数人而言,这似乎不是一个诉诸生活形式就可以消除掉的困惑。AS 的支持者若仍试图着手处理,在我看来,就会陷入如下一个两难(dilemma)处境:一方面,由于文献显示,AS 很可能是一种对(晚期)维特根斯坦关于他心问题有关论述的"过度解读"。①因此，如果 AS 的支持者坚持认为这个困惑是生活形式的一部分因而不能获得进一步的（认识论上的）解释，那么，我们也有理由相信，诉诸生活形式并不能有效解决上述直觉上的困惑，甚至还有可能使 AS 陷入某种神秘主义或不可知论；另一方面，如果说，AS 的支持者认为该困惑可以获得进一步解释（不管这个解释是认识论上的还是其他意义上的），那么我们就仍可以对此解释的合理性继续进行追问，而这样有可能会使得 AS 面临 CS 类似的结局：要么陷入无限倒退，要么变得冗余。②在我看来，这个两难处境是目前 AS 的所有支持者都躲避不开的。

或许，AS 的支持者与我们最终可以达成如下妥协：一方面，他们不得不承认，在"他人具有何种特定的心灵状态"这一点上总是有出错的可能。另一方面，我们也必须承认，在"他人是具

---

① 例如，"只有说到活人，说到和活人相类似的（和活人有类似行为举动的）生物，我们才能说：它有感觉；它看见；它瞎；它听见；它聋；它有意识，或无意识"（Wittgenstein, 2009, p.103, §281；中译文参见维特根斯坦：《哲学研究》，第 105 页，§281）；又如，"只有说到像人那样行为举动的，我们才能说，它有疼痛"（ibid., p.104, §283；中译文参见维特根斯坦：《哲学研究》，第 106 页，§283）；再如，"只有说到人，以及和人相似的东西，我们才说他（它）思想"（ibid., pp.120—121, §360；中译文参见维特根斯坦：《哲学研究》，第 123 页，§360）；再如，"人的身体是人的灵魂的最好的图画"（ibid., p.187, Part II, Section iv, §25；中译文参见维特根斯坦：《哲学研究》，第 196 页，§7）。以上是（晚期）维特根斯坦论述他心问题的几个关键段落。若严格按照以上所引文字的字面意思上来解读应当是，凡是说到人以及和人相似的东西，我们才说它们具有心灵活动。当然，心灵活动包括各种类型，如看见、听见、疼痛、高兴等。但是，从以上所引文字，我们读不出，凡是说到他人特定的行为，我们就能说到特定的心灵状态。因此，对上述引文的一种恰当理解应当是，我们有"关于他人具有心灵"的非认知态度（态度1）。态度1应当是符合维特根斯坦原意的一种理解。他并没有说，我们有"关于他人具有怎样的心灵状态"的非认知态度（态度2）。态度1与态度2明显是不一样的。换句话说，如下情形是可能的：观察者 O 有一种"把他人 S 当作是有心灵的个体"的态度（态度1），但与此同时，O 并不总是能从 S 的各种行为中看出相应的心灵状态是怎样的，即 O 并没有一种"关于他人具有怎样的心灵状态"的态度（态度2）。总之，从以上引文，我们只能读出维氏有关于态度1的明确意思，却读不出有关于态度2的明确意思。因此有理由相信，AS 是一种对（晚期）维特根斯坦有关他心问题论述的"过度解读"。

② 该论证思路类似于前文关于 CS 的具体分析，有兴趣者可以参考上文有关段落，限于篇幅，这里不再展开。

有心灵的"这一点上的确没有出错的可能。因为,我们有"关于他人具有心灵"的非认知态度,却没有"关于他人具有怎样的心灵状态"的非认知态度。必须承认 AS 的确给我们带来了有益启示,但同时也应看到,AS 仍不算是一个(关于命题 1 的)有效辩护。

四、处理他心问题的复合方案

上两节梳理了目前处理他心问题的两条主要进路:推论主义和非推论主义。以上分析表明,无论是推论主义还是非推论主义,目前看来,似乎都难以给出关于命题 1 的有效辩护。如果我们仍然试图寻找一个关于命题 1 的有效辩护,那么现在摆在我们面前的大概仅有如下三个选择:第一,继续坚持推论主义进路;第二,继续坚持非推论主义进路;第三,寻找其他方案。

我们该选哪一个呢? 我目前的看法是,第三个选择是最可取的。理由如下:一方面,推论主义除了要回应所面临的那几个质疑(见本文第二节)之外,有一个关键问题是推论主义原则上无法处理的。那就是,所有的推论主义方案(AIS、IBES 以及 UN-AIS)都有一个共同的预设前提:他人是有心灵活动的。换句话说,推论主义关心的是,心灵活动与行为之间是怎样的推论关系。但是,任何一个关于心灵状态与行为之间的推论主义方案都必须以"他人是有心灵的"这一点作为其必要的理论前提。问题是,该前提在推论主义理论框架内不可能得到辩护。另一方面,非推论主义对"他人是有心灵的"这一点则可以给出合理解释。AS 给出的解释是,"他人具有心灵"这一点是我们所具有的一种非认知态度,而不是一个认识论上的信念(即诉诸态度,来为"他人具有心灵"这一点提供一种非推论主义辩护)。但是,上述分析显示,非推论主义对于特定行为与特定心灵状态之间具体联系的非推论主义说明却是不成功的。具体来说,CS即使可以避开标准太弱质疑,也可以避开行为主义质疑,却避不开冗余论质疑。而AS最终也不得不承认,即使诉诸非认知态度,也无法保证我们在"他人具有何种心灵状态"这一点从不犯错(即诉诸态度,无法为"特定行为与特定心灵状态之间具有非推论关系"这一点提供有效辩护)。因此,推论主义一方,无法为其前提"他人具有心灵"提供辩护,却有望为"特定行为与特定心灵之间具有何种关系"提供辩护。而非推论主义一方,则可以为"他人具有心灵"提供辩护,却难以为"特定行为与特定心灵之间具有何种关系"提供辩护。可见,无论是推论主义,还是非推论主义,任何一方单独地都不足以给出关于命题1的有效辩护。然而,细心的读者至此也不难看出,如果我们能以某种方式把推论主义和非推论主义各自的优势相结合,则有望找到一个关于命题1的有效辩护。因此,应当有理由相信,相对于前两个,第三个选择是最可取的。选第三个就意味着:我们打算采取的辩护进路,既不是推论主义的,也不是非推论主义的,而是两者的一个复合。这条新进路下的具体方案可能不止一个,但都可以统称之为"复合方案"(Hybrid Solution, HS)。下面我先给出一个具体的复合方案,然后再与推论主义和非推论主义的方案进行比较,看看复合方案可能具有哪些优势。该复合方案的推理模式如下:

(1*)他人S具有心灵。　　　　　　　　(关于他心的态度)

(2*)心理状态M1导致观察者O做出行为B1。

$$(M1{\rightarrow}B1)$$

(3*)对于一个**具有心灵的个体**(an individual who has mind)而言,如果其行为B1有一个心理上的或经验上的充足

401

原因 M1,那么 B1 也会有一个认识论上的充足原因 P1,并且
P1＝M1。 (token-identity principle)

(4*) O 察觉到 S 做出了类似的行为 B1。 (B1)

(5*) 类似的原因总是导致类似的结果。

(uniformity of nature principle)

(6*) 由(3*)(4*)(5*)可得,类似的原因 P1 导致 S 做
出 B1。 $((P1{\to}B1) \wedge B1{\to}P1)$

(7*) 由(1*)(3*)(6*)可得,类似的原因 M1 导致 S 做
出 B1。 $((P1{=}M1) \wedge (P1{\to}B1){\to}(M1{\to}B1))$

因此,

(8*) 由(2*)(7*)可得,S 具有(与 O 在做出 B1 时)类似的
心理活动 M1。

下面分析一下该方案的论证过程。前提(1*)是 AS 带给我们
有益启示。用维特根斯坦的话来说就是"我对他的态度是对心灵
的态度,并非我认为他有灵魂"(Wittgenstein, 2009, p.187, Part
II, Section iv, §22;中译文参见维特根斯坦:《哲学研究》,第
195 页,§4)。可见,(1*)是我们具有的一种关于他心的非认识
论的态度,也可以理解为一个属于观察者 O 和他人 S 共同生活
形式的语法命题,而非经验命题。同样地,前提(2*)也可以看作
一个语法命题。或者说,(2*)的确定性(certainty)基于(本文第
一节提到的)信念 1,即 O 自己可以直接获知自己做出行为
B1 的心理原因是 M1。换句话说,对 O 而言,对自己做出行为
B1 的心理原因 M1 的认识是直接的,因而没有出错的可能,因此
(2*)不可能为假。前提(3*)的意思是,如果一个**有心灵的个体**
宣称,从**心理上**或**经验上**找到了一个自己做出行为 B1 的动机或
原因 M1,那么,我们(包括该个体)也能够从**认识论上**找到一个

关于 B1 的原因 P1,并且使得 P1＝M1。也就是说,B1 的出现如果有一个心理上的动机或充足原因,那么,相应地,也可能会有一个(可以被公共理解或测量的)认识论上的充足原因。注意:(3*)包含两个要点:第一个要点是,对于任何一个导致 B1 出现的**实质性的事件**(substantial event)E,我们可以有两种不同的(关于 E 的)言说方式(或者用维特根斯坦的话来说,两种语言游戏或两种语法):一种是心理上或经验上的,一种是认识论上的。因此,如果我们采取心理上的言说方式来解释为何 B1 出现,我们就会把 E 说成是一个**该行为者主观上具有的**心理动机或心理原因 M1。如果我们采取认识论上的言说方式来解释为何 B1 出现,那么就会把 E 说成是一个**客观上可被测量的或可获得公共理解的**认识论原因 P1。可见,M1 和 P1 只是关于**同一个** E 的两种不同说法而已。因此,M1＝P1 之间的符号“＝”的意思是“共指称的”(co-referential),即用心理描述和用认识论的描述说的是一回事(E)。第二要点是,进一步说,M1 和 P1 之间的这种共指称关系,并不是逻辑上必然的(logic necessary),也不是形而上学必然的(metaphysical necessary),而是**律则上必然的**(nomological necessary)。①因此,尽管 M1 与 P1 是共指称的,但是任何一条关于 B1 出现原因的心理描述都不能**被还原成**(be reduced to)关于 B1 出现原因的认识论描述。换句话说,当且仅当**严格的**(strict)或**无例外的**(exceptionless)桥接律(bridge law)或者对应规则(correspondence rule)存在,这种还原或翻译才是可

---

① 关于这种共指称关系是律则上必然的,福多(Jerry Fodor)亦有类似看法:他认为“之所以(特殊科学)S 中的谓述与(基础物理学)P 中的谓述能用来描述同样的事物(即 S 中的谓述能描述的那个事物子集,P 中的谓述也同样可以),是因为这两者之间的关系(即 S 中的谓述与 P 中的谓述之间的关系)可以是律则上必然的”(“… it is nomological necessary that S and P predicates apply to the same things(i.e., that S predicates apply to a subset of the things that P predicates apply to)”)(Fodor, 1974, p.99)。

能的,然而,严格的或无例外的桥接律或对应规则只可能存在于认识论描述之间,因此在关于 B1 出现原因的心理描述和认识论描述之间不可能存在这样的桥接律或者对应规则。①结合以上两点,可以得出,作为 B1 的**一个**(token)心理原因 M1,会存在**一个**相应的认识论原因 P1,且 P1＝M1。然而,B1 所有心理原因所构成的**类**(type)并不等同于(is identical to)B1 所有认识论原因构成的**类**。可见,(3*)表达的是一种个体—个体间或殊型—殊型间的同一(token-token identity),而非类型—类型间的同一(type-type identity)。因而我们可以把(3*)称为"殊型同一原则"(token-identity principle)。总之,殊型同一原则刻画的是,(内在的)心灵现象与(外在的)认识论现象之间具有一种(律则上)必然的关联。其依据在于,同一个事件可以有两种不同的言说方式或描述方式。因此,该原则也可以被看作心—身一元论(mind-body monism)的一个具体体现。此外,我们在近现代一些重要哲学家的论述中也一再发现了该原则的类似表述,而且文献显示,该原则与(晚期)维特根斯坦对他心问题的有关看法也是兼容的(compatible)。②下面看前提(4*)。不难理解,该前

①　复杂点的解释是:一方面,导致行为 B1 出现的心理原因可以是无限多的,并且我们原则上不可能在这些心理原因之间找到某种共同特征,因而这些心理原因无法构成一个闭合类(closed type)(类 1)。另一方面,我们原则上却可以在导致 B1 出现的认识论原因之间找到某种共同的特征或本质特征(不管这些认识论原因的数目是有限的还是无限的),因而 B1 的认识论原因原则上可以构成一个闭合类(类 2)。然而,无例外的或严格的桥接律和对应规则只可能存在于那些关于闭合类的描述之间。因此,导致 B1 出现原因的任何一条心理描述都不能被还原成导致 B1 出现原因的认识论描述。此外,请注意,这个解释与戴维森在"心理事件"一文中有关心理语句是开语句(open sentence),物理语句是闭语句(closed sentence),因而不存在心理—物理规律(phychophycial law)的观点是一致的(consistent)(Davidson, 1970)。

②　说明两点:(1)在近现代不少哲学家的论述中都能看到该原则的"身影"。如,斯宾诺莎在《伦理学》(Ethics)一书中为处理笛卡尔留下的心—身交互作用难题时,所提出的(个体)心灵和(个体)身体是同一个实体(substance)的两类不同样式(mode)或表现(expression)的观点(Spinoza, 1996, Part II;中文版可参见斯宾诺莎:《伦理学》,第二部分)。又如,康德在其《道德的形而上学奠基》(Groundwork of the Metaphysic of Morals)(转下页)

提应该是推论主义者和非推论主义者都可以接受的。争议之处可能在于,观察者 O 具体的察觉模式究竟是怎样的。特别是,其中是否有一个比对过程发生。推论主义者或许会认为有,因而

(接上页)一书中,为化解人类行为的自由与人受自然必然性约束这两者之间的矛盾,而提出的那种解决方案。在康德看来,这个矛盾乃是一个表面幻觉,是基于我们从两种不同的含义和关系上对同一个人的行为进行思考所致。一旦明白这一点,人的行为就既是自由的也是受自然律约束的,两者必然的可以共存(Kant, 2011, Third Section, pp.139-134;中文版可参见康德:《道德的形而上学奠基》,p.464)。又如,戴维森在"心理事件"(Mental events)一文中所要辩护的无律则一元论(anomalous monism)与这里的观点也是很相似的(Davidson, 1970)。再如,劳尔(Brian Loar)为化解知识论证(knowledge argument)对于物理主义(physicalism)的威胁,而提出的概念二元论(conceptual dualism)。他认为,同一个事实,可以有心理概念和物理概念两套不同概念。可见,这里的观点与劳尔版的概念二元论也是类似的(Loar, 1997; Balog, 2009)。再如,海尔(John Heil)和罗伯(David Robb)在处理排他问题(exclusion problem)时所采取的同一论方案(identity solution)也是"一个事实,两套描述"的类似思路(Heil and Robb, 2003)。(2)我们在(晚期)维特根斯坦相关论述中也能找到该原则的明显迹象。如,在谈到内在感觉时,维氏先问"有把握的感觉,它怎么外现在行为之中?"(Wittgenstein, 2009, p.161, §579;中译文参见维特根斯坦:《哲学研究》,第 166 页,§579),接着答道"一个'内在的过程'需要外在的标准"(ibid., p.161, §580;中译文参见维特根斯坦:《哲学研究》,第 166 页, §580)。这里表明,内在感觉可以"外现"。在谈到证据时,他认为,凭借某种经验上**精微莫测**(imponderable)证据对某种心态或画作的真伪所获得的确信,也**一样可以**通过"可测的"确证或考据来证实(ibid., p.240, §358、§359、§360;中译文参见维特根斯坦:《哲学研究》,p.248, §246、§247、§248)。这里表明,对于同一件事(画或心态),若通过自身的经验对其获得了确信,那么也可以通过(公共可测的)证实方式对其获得确证。在谈到面相时,他还指出,可以设想,关于经验的心理学解释可以对应地有一种生理学解释,这两种解释之间的关系类似我们对同一个图像(如鸭兔图)的两种不同面相之间的互相转换。这里表明,维特根斯坦受到鸭兔图面相转换的启发,认为关于同一件事的经验上的或心理的解释与(认识论意义上的)生理学解释之间是不同的。而且,"心理学解释顾自徜徉,这种(生理学)解释够不到它"(ibid., pp.230-231, §136)。这里的意思很明显,即关于同一件事,有一个心理学解释也有一个生理学解释,但是前者不能被还原成后者。在谈到心理学研究的行为和心灵状态之间的关系时,他指出"这里关系就像:物理对象和感官印象之间的关系。我们再次有两种语言游戏。他们之间的关系错综复杂。——你要把这种关系装进一个简单的公式里,你就走错了路"(ibid., p.197, §8)。这也是在强调(内在的)感官印象不能依据简单的公式(例如,心理—物理的桥接律或对应规则之类)被(从认识论上)还原成(公共可测量的)物理对象。并且维特根斯坦还进一步说明了为何不能作认识论上的还原。他认为,两者分属于不同的语言游戏。综合考虑上述引文,有理由相信,对维特根斯坦有关"内与外,以及心灵与行为"关系的一个恰当理解是:维特根斯坦尽管认为"有诸内**必行**(形)诸外",但同时也认为,心理解释不能还原成生理解释。可见,这与原则(3*)的基本想法是兼容的。关于殊型同一原则的更详细论述,有兴趣者也可参见王晓阳、王雨程:《无律则一元论再思考——关于心—身殊型同一论与心—身随附性的一个新想法》。

察觉模式是类推的。而非推论主义者可能会反对，因而察觉模式不是推论的。由于无论哪一方有道理，都不影响复合方案的结论，因而我们可以把(4*)作为复合方案的一个前提。前提(5*)是自然齐一性原则(uniformity of nature principle)。尽管也存在关于该原则究竟是归纳的还是非归纳的争论，但同样也不影响复合方案的结论，因而我们可以把(5*)也作为复合方案的一个前提。(6*)运用了自然齐一性原则。由于 O 察觉到 S 做出类似的行为 B1，因此，运用自然齐一性原则可知，类似的原因 P1 导致 S 做出类似的行为 B1[(6*)]。注意一点：由于 P1 和 B1 都是客观可测的或可公共观察的，因而自然齐一性原则在此完全适用。下面看(7*)。由于 O 和 S 做出类似行为 B1 的认识论上的原因是类似的(6*)，又由于 S 是一个**有心灵的个体**[(1*)]，因此殊型同一原则对于 S 适用。因此，按照殊型同一原则，O 和 S 做出类似行为 B1 的心理上的原因也应当是类似的[(3*)]。这里要注意两点：第一，(7*)运用了殊型同一原则，即 M1 和 P1 之间具有一种律则上的必然关系。换句话说，按照这种律则必然性，如果两个有心灵的个体(O 和 S)做出行为 B1 的认识论上的原因是类似的(P1)，那么对于 O 和 S 而言，行为 B1 同样也都具有心理上的原因，而且(两者做出 B1 的)心理上的原因也是类似的(M1)。不难看出，运用殊型同一原则，使得复合论证得以成功避开了"自然齐一性原则是否(原则上)适用于心灵"的质疑。相对于 UN-AIS 而言，这是一个明显优势。第二，要得到(7*)，前提(1*)也是不可缺少的，否则既无法运用殊型同一原则，也排除不了他心的极端怀疑论。换句话说，(1*)不仅是殊型同一原则适用的一个基本前提，其合理性也是直接来源于(晚期)维特根斯坦(AS)的启示：只要是人，就有心灵。因此，观察者 O 无法做到一边把某个个体当作 O 自己的同类(即他人 S），同时一边又怀疑 S 具有心灵。O 可以对 S 具有怎样的心灵状态提出问题或进行质疑，但是若要进行这样的质疑 O 就必须事先接受"S 有心灵"或者"O 自己有心灵"这两个命题是确实无疑的（certain）。用维特根斯坦的话来说就是"我们所提的问题和我们的怀疑依靠于这一事实，即某些命题不容怀疑，好像就是这些问题和怀疑赖以转动的枢轴"（Wittgenstein，1969，p.44，§341；中译文参见维特根斯坦：《论确实性》，第 53 页，§341）。正是因为缺少前提（1*），上述所有的推论主义方案（AIS、IBES、UN-AIS）都应付不了他心的极端怀疑论。由于 O 在做出 B1 时的充足原因是 M1，而 S 在做出 B1 时也具有类似的充足原因 M1，因此可容易地由（2*）（7*）得出最终结论（8*）：S 具有（与 O 在做出 B1 时）类似的心理活动 M1。

以上就是复合方案的整个论证过程。该方案既不属于推论主义也不属于非推论主义，却将两者各自的优势特色相结合了。不难看出，该论证中最关键的是（1*）、（3*）和（5*）这三个前提。其中（1*）来自非推论主义（AS），（5*）则来自推论主义（UN-AIS），（3*）则是联系心灵现象和认识论现象的一条重要原则（殊型同一原则），而推论主义者和非推论主义者似乎都还没有注意到它。但是，文献显示，不仅在近现代一些哲学家的重要著述中可以发现它的身影，而且其与（晚期）维特根斯坦关于他心问题的基本观点也是完全兼容的，因此我们有理由相信，（3*）是合理可接受的。如果上述分析合理，那么现在应当有理由相信，复合方案是一个关于命题 1 的有效辩护。换句话说，该方案可以有效应对（他心的）温和怀疑论，而且也可以有效应对（他心的）极端怀疑论。

以上的考察都是围绕命题 1 而展开的。文献显示，目前大多数讨论（无论是推论主义的还是非推论主义的）都没有直接涉及命题2。但是，正如我在本文第一节所言，这并不意味着命题2不值得我们关注。

现在来回顾一下。命题2说的是，除了人类之外，某些非人对象（即他物）的心灵与人类心灵之间具有或能够具有某种程度上的类似性。对此命题也可以有两种不同版本的怀疑论：极端的和温和的。前者认为，非人对象具有心灵这一点得不到有效辩护。而后者则可以再进一步区分为两种不同类型：第一个类型（类型1）是，我们无法确定哪些非人对象具有心灵状态，即我们无法确定"具有心灵的非人对象的范围"。第二个类型（类型2）是，我们即使可以确定哪些非人对象具有心灵，也仍然无法确定这些对象各自与人类心灵之间的相似程度，即我们无法确定"具有心灵的非人对象与人类心灵的相似程度"。

不难看出，非推论主义方案似乎可以有效应对关于非人对象的心灵的极端怀疑论。我们来考虑如下问题：一个常年生活在深山老林中的护林人为何不怀疑与他朝夕相处的猎犬是有心灵的？凭借非信念的态度所带来的启示，我们可以这样回答：护林人之所以不怀疑他的猎犬有心灵，是因为朝夕相处的时光使得他早已把这只猎犬当作了一个亲密伙伴。于是，他并不怀疑这个亲密伙伴是不是有心灵，哪怕有时候他也拿不准盯着火炉里的火光在发呆的这位"老伙计"究竟在琢磨什么。由于我们具有这种非信念的态度，因此我们不但能够把那些在外形上或者物理上与我们相似的个体当作自己的同类，我们似乎也能把那些在外形上和物理上与自己有所差异的非人对象当作有心灵的。而一旦我们这样做，就不会再怀疑该个体（非人对象）也是有心灵的了。由此可见，关于他物（即非人对象）心灵的极端怀疑论与关于他人心灵的极端怀疑论犯了同样的错误。

如果我们具有这种非信念的态度，那么似乎也能应对关于他物心灵的温和怀疑论的第一个类型(类型1)。具体来说,如果我们**只是**凭借这种非信念态度,来把某些非人对象当作有心灵的,那么,这同时就意味着,我们究竟把什么样的非人对象当作有心灵的,这一点是没有**认识论上的**依据的。因此,对于类型1的回应是,如果我们的确具有非信念的态度,那么我们也就可以在**经验上**或者**心理上**区分出哪些非人对象可以具有心灵,哪些并没有心灵。凭借这种非信念的态度,非推论主义者能否再进一步,有效应对(关于他物心灵的温和怀疑论的)第二个类型(类型2)呢?在我看来,答案很可能是否定的。理由就是,日常生活的经历告诉我们,我们中的大多数人,不但在揣测他人具体的心灵状态时都犯过错,而且在揣测**非人**对象的具体心灵状态的上,更是如此。可见,非推论主义的方案——无论是CS还是AS——似乎难以应对类型2。

另一方面,我们也不难看出,推论主义方案似乎对(关于他物心灵的)极端怀疑论是无能为力的,对(关于他物心灵的)温和怀疑论的第一个类型(类型1)也是无能为力的。①然而,对(关于他物心灵的)温和怀疑论的第二个类型(类型2),推论主义者似乎可以有所作为。相对他人情形而言,尽管他物(即非人对象)的情形也许会异常复杂,然而,有理由相信,两者的认知过程

---

① 对此,或许有人会提出异议:承认推论主义无法应对(关于他物心灵的)极端怀疑论,但否认不能应对类型1。理由是,我们可以信赖经验科学的研究成果。比如,认知神经生物学研究表明,尽管程度不同,但具有类人神经系统的生物(如大猩猩、海豚)应当都是有心灵的物种。因此,我们可以通过研究和比对非人物种与人类神经系统,从而大致上可以确定那些非人物种是有心灵的。在我看来,这个看法貌似有理,其实不然。首先,经验科学的证据对于我们确认具有心灵的非人对象的范围并**不充分**。因为,对于那些与人类神经系统差异悬殊的生物物种(比如章鱼),以及某些可能存在的人造物(比如未来的智能机器人),以及可能存在的地外智慧造物而言,任何经验科学的研究证据都是不充分的,因为若是仅凭借经验科学的研究证据,我们总是会把这样或那样的一些具有心灵的非人对象"遗漏掉"。其次,在一些情况下,经验科学的证据对于我们确认具有心灵的非人对象的范围似乎也不必要。因为,非推论主义(AS)告诉我们,即使在经验科学证据缺席的情况下,我们仍可以依靠一种非信念的态度来确认具有心灵的非人对象的范围。

并没有根本的不同,因此,在殊型同一原则和自然齐一性原则的帮助下,对类型 2 给出某种推论主义方案的辩护也不是不可能的。①

___

① 两点说明:(1)之所以他物情形会异常复杂,是因为如下两个关键因素:第一,哪些非人对象是有心灵的;第二,有心灵的非人对象的哪些举动被当作与观察者 O 的哪些行为类似。对 O 而言,关于第一个因素的确信,最终来自某种非信念的态度。而 O 关于对第二个因素的确信,则既可以来自某种非信念的态度为 O 所提供的精微莫测的(imponderable)经验性依据,也可以来自认识论上可公共观测的证据。对于他人的情形,O 往往只需要考虑第一个因素,除非在某些陌生的或特殊的情境中,O 一般不需要考虑第二个。而对于他物的情形,上述两个因素,O 往往都要考虑,除非 O 对自己观察的非人对象已经相当熟悉(如上述护林人与他的猎犬的例子)。在考虑第二个因素时,O **越**是把非人对象 Y 的某些举止当作与 O 自己的行为 B1 类似,那么 O 就越是会认为,Y 具有(在 O 做出 B1 时)类似的心灵状态 M1(如护林人与他的猎犬的例子)。反之,O 要是觉得 Y 的举止怪异甚至难以看出 Y 的举动与 O 自己的哪些行为类似,那么 O 就会认为,Y 的心灵状态与自己的心灵状态类似程度较低,甚至 Y 所具有的是一种(相对于 O 的心灵而言)陌生的心灵(如 O 是一个生活在格陵兰岛上的爱斯基摩人,当他第一次看到一只宠物绿鬣蜥时。或者,O 是一个未来的地球人,当他与来自遥远的半人马座的硅基智慧生命初次接触时)。但是,也不能排除如下情形:随着 O 与 Y 的朝夕相处或多次接触,O 越来越熟悉 Y 的行为举止(即 O 越来越频繁地看出 Y 的哪些举止与自己的哪些行为是类似的),从而也越来越了解 Y 的心灵。(2)这里有人或许会问:按照上述这种认知模式,O 是否最终能获得关于 Y 心灵的完整(complete)了解,就像 O 了解他人 S 的心灵一样? 我的看法是,从认知途径上说,我们了解 Y 的心灵与了解他人 S 的心灵并没有本质的或根本的不同。因此,如果我们觉得可以获得关于他人心灵的完整了解,为什么不能有关于 Y 心灵的完整了解呢? 这里的关键是,如何理解"完整的"这个词。首先,我们只能从认识论上来**理解**"完整的"这个词的意思(因为正如维特根斯坦所言,不可能有关于任何一个词的私有理解)。其次,如果我们还可以接受殊型同一原则,并且信赖我们可能找到的认识论上的证据。那么我们为什么不能完整地了解 Y? 在我看来,我们是可以做到完整了解的。只不过,这种"完整了解"的意思是一种从认识论上所获得的完整**理解**(understanding)。这里,若有人仍然觉得,有某种第一人称视角的或主观的现象的质(phenomenal quality)或感受质(qualia),深藏在他者(他人和他物)的内心之中,以至于我们无法从**外**来窥其究竟。那么,我的回应有二:首先,上述语句"有某种……感受质"中的"有"是什么意思? 这里的"有"不是说感受质属于某种独立于特定的心理语言表述或心灵词汇而存在的形而上学的事例(entity),然后我们用心灵词汇去指称或者来描述它。一种可能的观点是,感受质乃是认知者 Z 运用心灵词汇或心理语言来描述某个**实质性的**事件 E 的过程中,在 Z 的特定意识活动中的一种"呈现物"(appearance)。因而,这类呈现物不是独立于语言的形而上学之物,而是心灵词汇的"产物",不是心理语言之外的,而是心理语言之内的。维特根斯坦亦有类似看法"某种东西是哪一类对象,这由语法来说"(Wittgenstein,2009,p.123,§373;中译文参见维特根斯坦:《哲学研究》,第 126 页,§373)。这一看法与戴维森关于心理事件的观点也是兼容的(Davidson,1970)。对此"呈现物"的更详细论述,还可以参考王晓阳:《心理因果性、排他性论证与非还原物理主义》,第 12 页。其次,即便他者觉得内心中有某种感受质,也不会妨碍我们原则上可以有关于他心的一种认识论上的完整理解。理由就是,如果我们愿接受殊型同一原则的话,那么,即便无法做到把那些心灵词汇翻译成(转下页)

由此可见,若要应对有关非人对象怀疑论的两个版本(极端的和温和的),并给出关于命题 2 的有效辩护,我们很可能依然要采取复合方案。[①]

五、结 论

是时候来作个总结了。我们已经考察了目前处理他心问题的两大主流进路:推论主义与非推论主义。一方面,就推论主义而言,最常见的方案是类比推论方案(AIS)。AIS 的基本看法是,我们关于他心的知识,乃是"推出"来的,即是一种归纳的类比推论模式。然而,这种关于"推出"关系的理解遭遇到了"逻辑上不可检验性"和"孤例类推无效"这两个质疑,因而出现了两个替代方案,一个是最佳解释推理(IBES),另一个是诉诸自然齐一性的类比推论方案改进版(UN-AIS)。前者试图诉诸最佳解释推理模式,来重新解释"推出"关系。IBES 认为,对他人心灵状态的推论的确是孤例推论,但却不是孤例类推,而是一种基于孤例的最佳解释推理。而后者则诉诸自然齐一性原则来重新解释"推出"关系。UN-AIS 认为,对他人心灵状态的推论,既不是最佳解释推理,也不是某种逻辑推理,而是自然齐一性原则的运用,因此仍是一个有效的类比推论。IBES 目前面临的主要问题是,心灵状态的因果效力问题,以及最佳解释的选取标准问题。而 UN-AIS 目前面临的主要问题是,心灵状态的因果效力问题,

---

(接上页)认识论词汇,我们也能够从认识论上完整地认识到由心灵词汇所描述的那**同一件事**(E)。对此更详细的分析,有兴趣者,也可参见王晓阳《如何应对"知识论证"》《如何解释"解释鸿沟"》。限于篇幅,不再展开论述。

　　① 关于他物心灵的复合方案的具体形态与前面关于他人心灵的复合方案的具体形态会有所不同,但有理由相信,两者基本思路是一致的,都是推论主义和非推论主义的结合。限于篇幅,不再展开论述。

以及自然齐一性原则的适用性问题。除了遇到的这些问题之外,本文还指出,两者**原则上**都难以应对关于他心的极端怀疑论。

另一方面,就非推论主义而言,目前有两个具体方案:标准方案(CS)和态度方案(AS)。前者认为,我们关于他人心灵的知识不是推出来的,而是根据某些**认识论上**的标准或证据,直接在行为中看到他人的心灵状态。然而 CS 目前面临三个"绕不开"的质疑:标准太弱、CS 冗余,以及行为主义翻版。上文的分析表明,即使避开了"标准太弱"的质疑和行为主义的质疑,CS 仍避不开"冗余论"的质疑。"冗余论"的关键之处在于指出了,如果关于他心的知识总是要依赖于认识论上的标准或证据才能获得有效辩护,那么 CS 的"内核"仍然是一种归纳类比的推论模式,因而称之为非推论主义的方案实属多余。有理由相信,"冗余论"击中了 CS 要害。AS 则是一种 CS 的改良版本。为了避开 CS 所遭到的三个质疑(标准太弱、CS 冗余,以及行为主义翻版),同时又能够(站在非推论主义的立场下来)应对怀疑论,AS 比 CS 走得更远,甚至脱离了认识论的层面。其关键在于:AS 揭示出,我们原来一直具有一种关于他心的非信念态度,这种态度不仅不是认识论层面的,而且比任何推论性的信念更深更直接。因此实际上,我们从未具有"关于他心的信念",我们一直具有的是"关于他心的态度"。凭借这种非信念态度,AS 不仅能避开上述关于 CS 三个质疑,而且也能消解掉关于他心的极端怀疑论。但是,AS 仍面临两个需要考虑的问题:一个是关于他心的非信念态度的可错性的问题,另一个是,即使我们有关于他心的非信念态度,为何我们仍时常会拿不准或猜错他人的具体心思。通过对这两个问题的分析,有理由相信,我们的确有"关于他人具有心灵"的非信念态度,但是很可能并没有"关于他人具有怎样的心灵状态"的非信念态度。可见,虽然 AS 能消解掉关于他心的极端怀疑论,但是,无论是 CS 还是 AS,似乎都难以令人满意地说明"他人具有怎样的心灵状态"。因此,有理由相信,非推论主义难以应对关于他心的温和怀疑论。

在上一节后半部分,我们还简要考察了他物的心灵问题。可以发现,与推论主义和非推论主义相比,复合方案依然具有明显的优势。从以下图表(见表1①)中,我们也可以清楚地了解到,推论主义、非推论主义和复合方案三者各自(原则上)能应对的(关于他心的)怀疑论的具体类型。

表 1

他心问题 处理方案	命题 1(他人)		命题 2(他物)		
	极端怀疑论	温和怀疑论	极端怀疑论	温和怀疑论 (类型 1)	温和怀疑论 (类型 2)
推论主义	×	✓	×	×	✓
非推论主义	✓	×	✓	✓	×
复合方案	✓	✓	✓	✓	✓

综上所述,推论主义即使能应对温和怀疑论,也难以应对极端怀疑论;非推论主义即使能消解掉极端怀疑论,也难以应对温和怀疑论。而复合方案的特色就在于,可以将推论主义和非推论主义各自的优势相结合,为我们提供一个既可以应对温和怀疑论又可以应对极端怀疑论的完整方案。至此,我们应当明白,(广义的)他心问题不仅涉及了他人的心灵,也涉及了那些非人对象(他物)的心灵,而且,我们要应对来自他心怀疑论的挑战,就不能仅限于认识论层面的辩护,也要在认识论之外找寻必需的资源。

---

① 表1中,符号"✓"的意思是"**原则上能应对**",符号"×"的意思是"**原则上不能应对**"。其他文字的意思,见本文正文有关论述。

本文的结论如下：他心问题的确是一个复杂的（sophistica-ted)问题，任何单一的处理方案在它面前都难免捉襟见肘。也许该考虑换个思路了！要对付这样一个复杂的问题，我们需要的可能也是一个复杂的处理方案。复合方案就是这样一个值得我们考虑的选择。

参考文献

Ayer, A. J., Our Knowledge of Other Minds, 1954, in *Philosophical Essays*, the Macmillan Press. Balog, K., Phenomenal Concepts, Notre Dame Philosophical Reviews, 6 (4), pp.267—281, 2009.

Chalmers, D. J., *the Conscious Mind*, Oxford University Press, 1996.

Davidson, D., A Coherent Theory of Truth and Knowledge, reprinted in Ernest Lepore, ed., *Truth and Interpretation: Perspectives and the Philosophy of Donald Davidson*, Basil Blackwell, Oxford, 1986, pp.307—319.

Davidson, D., Mental Events, in Foster, L., Swanson, J. W. (Eds.), *Experience and Theory*, the University of Massachusetts Press and Duckworth, 1970, pp.79—102.

Fodor, J., Special Science (or the disunity of science as a working hypothesis), *Synthese*, 28(2), pp.97—115, 1974.

Hark, M. R. M. T., The Development of Wittgenstein's Views about the other Minds Problem, *Synthases*, 87, pp.227—253, 1991.

Heil, J. and Robb, D., Mental Properties, American Philosophical Quarterly, 40, 2003, 175—196. Hyslop, A., Other Minds, Dordrecht: Kluwer, 1995.

Hyslop, A., Other Minds, in Stanford Encyclopedia of Philosophy, on the web at https://plato.stanford.edu/entries/other-minds/, 2017-07-22.

Jacob, P., The Direct-Perception Model of Empathy: A Critique, *Review of Philosophy and Psychology* 2(3), pp.519—540, 2011.

Kant, I., Groundwork of the Metaphysic of Morals, edited by translate by Timmermann, J., translate by Gregor, M., Cambridge University Press, 2011.

Kim, J., *Philosophy of Mind (3rd edition)*, Westview Press, 2011.

Kriegel, U., The Phenomenal Intentionality Research Program, in Kriegel, U.(Ed.), *Phenomenal Intentionality*, Oxford University Press, 2013, pp.1—26, 2013.

Krueger, J. Direct Social Perception, on the web at https://philpapers.org/archive/KRUDSP.pdf, 2017-07-22.

Krueger, J., Seeing mind in action, *Phenomenology and the Cognitive Sciences*, 11(2), pp.149—173.

Loar, B., Phenomenal States (2nd Version), in Block, N., Flanagan, O. and Guzeldere, G., (Eds.), *the Nature of Consciousness: Philosophical Debates*, MIT Press, pp.597—616, 1997.

Malcolm, N., Knowledge of Other Minds, *Journal of Philosophy*, Vol.55, No.23, pp.969—978, 1958.

McDowell, J., Criteria, Defeasibility, and Knowledge,

Proceedings of the British Academy, 68, pp.455—479, 1982.

McDowell, J., *Mind and World*, Harvard University Press, 1998.

Melnyk, A., Inference to the Best Explanation and Other Minds, *Australasian Journal of Philosophy*, Vol.72, No.4, pp.482—491, 1994.

Nagel, T., What Is It Like to Be a Bat, *The Philosophical Review*, 83(4), pp.435—450.

Ostien, P. A., God, Other Minds, and the Inference to the Best Explanation, *Canadian Journal of Philosophy*, Vol.4, No.1, pp.149—162, 1974.

Pargetter, R., The Scientific Inference to Other Minds, *Australasian Journal of Philosophy*, Vol.62, No.2, pp.158—163, 1984.

Pryor, J., The Skeptic and the Dogmatist, *Nous*, (34)4, pp.517—549, 2000.

Shoemaker, S., The Inverted Spectrum, *The Journal of Philosophy*, Vol.79, No.7, pp.357—381, 1982.

Spaulding, S., On Direct Social Perception, *Consciousness and Cognition* 36, pp.472—482, 2015.

Spinoza, B., Ethics, translate by Curley, E., Penguin Books Ltd., 1996.

Wittgenstein, L., *On Certainty*, Edited by Anscombe, G. E. M. and von Wright, G. H., translate by Paul, D. and Anscombe, G. E. M., Oxford: Basil Blackwell, 1969.

Wittgenstein, L., *Philosophical Investigations* (4th edition), translate by Anscombe, G. E. M., Hacker, P. M. S. and

Schulte，J.，Blackwell Publishers Ltd，2009.

Zahavi，D.，Empathy and Direct Social Perception：A Phenomenological Proposal，*Review of Philosophy and Psychology* 2(3)，pp.541—558，2011.

［德］康德著，李秋零译，《道德的形而上学奠基》，收录在《康德全集》（第四卷），李秋零主编：中国人民大学出版社 2005 年 9 月第 1 版。

［荷兰］斯宾诺莎著，贺麟译，《伦理学》，商务印书馆 1983 年 3 月第 2 版。

王晓阳：《如何解释"解释鸿沟"——种最小物理主义方案》，《自然辩证法研究》2012 年第 6 期，第 9—14 页。

王晓阳：《如何应对"知识论证"——种温和物理主义观点》，《哲学动态》2011 年第 5 期，第 85—91 页。

王晓阳：《心—身问题与物理主义》，《自然辩证法通讯》2015 年第 4 期，第 1—14 页。

王晓阳、王雨程：《无律则一元论再思考——关于心—身殊型同一论与心—身随附性的一个新想法》，《自然辩证法通讯》2013 年第 3 期，第 51—59 页。

王晓阳、王雨程：《心理因果性、排他性论证与非还原物理主义》，《哲学研究》2015 年第 4 期，第 118—126 页。

［德］维特根斯坦著，陈嘉映译，《哲学研究》，商务印书馆，2016 年 11 月第 1 版。

［德］维特根斯坦著，张金言译，《论确实性》，广西师范大学出版社 2002 年 2 月第 1 版。

本文首次刊发于《哲学研究》2019 年第 3 期

对《斐多》篇中灵魂不朽论证的批判性分析

在《斐多》篇中,苏格拉底和对话者谈起了一个古老的传说(柏拉图:《斐多》),这个传说与世界上的很多民族和文化中的传说相似,说的是人死之后,灵魂进入另一个世界(如冥界),在那里经过一番洗练,然后又转世投生。苏格拉底对此评论说,如果这个传说是真实可信的,那么我们死后,灵魂并不会随着肉体腐烂,而是去了另一个世界,等待"转世回生"。不过他又指出,传说只是传说,为了让人信服,必须对其中的"转世回生说"提出令人信服的证明。由此,苏格拉底开始了他关于灵魂不朽的论证。

一、灵魂在生前存在的论证

苏格拉底提出的第一个论证被称为"相反相生论证"(同上书,第24—28页),如下:

(1)一切具体事物,凡有相反的一面,则一定是从这相反的一面产生。这就是事物间的"相反相生"。如,大小、强弱、快慢、好坏等事物间均是相反相生。

(2)除了具体事物间是相反相生的,它们之间的变化

状态也如此。如，分解和组合，冷却和加热、睡着和醒来等
状态间均是相反相生。

（3）对于人而言，生和死是相反的两种变化状态。生
是灵魂和肉体的结合，而死是灵魂和肉体的分离。①

（4）由（1）（2）（3），生和死也是相反相生的。

因此，

（5）无论生前还是死后，灵魂都存在。

对论证一的分析　我们认为，此论证存在语言和论证过程
两方面的问题：第一，在语言层面，"相反"一词的用法具有歧义
性。在上面的论证中，我们至少可以看到"相反"这个词具有两
种完全不同的意思。第一种，"相反"的意思是"有差别的"（dif-
ferent）。在这层意思上，不同事物之间可以具有不同程度的有
差别的属性，甚至同一个事物可以同时具有多重有差别的属性。
如，正常情况下，苹果比葡萄大，而比西瓜小。又如，水可以由冷
变温再变热。第二种，"相反"的意思是"相对立的"（contrary）。
在上述论证中，苏格拉底把"生"和"死"看作相反的两种属性。
但是，我们认为"生和死"这对属性非常特殊，与"大和小"或"冷
和热"这样的有差别的属性不同。区别有二：第一，事物可以具
有"更大"或"更小"的属性，但是说某事物具有"更死"或"更活"
的属性则非常奇怪。第二，按照我们的日常经验常识，对于同一
个事物而言，"生和死"这对属性之间是一种非此即彼的关系，即
一事物要么是死的要么是活的，不可能同时既死又活。但是，一
个事物却可以同时具有大的属性和小的属性。因此，我们认为，
用来修饰"生和死"这对属性的"相反"，不同于修饰"大和小"或

① 苏格拉底给出了关于死亡的一种定义（柏拉图：《斐多》，第 15 页）。由于生是死的
相反状态，因此，我们也不难得出关于生的一个定义。

"冷和热"那样的属性的"相反"。修饰后面属性对"相反"的意思是"有差别的",而修饰前面属性对("生和死")的"相反"的意思则是"相对立的"。第二,在论证层面,仅依据对人的生死定义以及相反相生原则,既推不出灵魂在死后存在,也推不出灵魂在生前存在。先看死后的情况。由人的"生"产生"死",无非是说由"灵魂与肉体相结合"状态(生)可以产生"灵魂与肉体相分离"状态(死)。然而"灵魂与肉体相分离"(死)时,至少存在如下四种可能情形:1.灵魂立刻消散或毁灭;2.灵魂存在一段时间之后,还是消散或毁灭;3.灵魂一直存在,永不毁灭,但性质发生变化;4.灵魂一直存在,永不毁灭,也没有任何变化。不难理解,除非能排除掉第一种情形,否则得不出灵魂在死后继续存在的结论。而且即使排除掉第一种,要继续证明灵魂不朽,仍需排除第二和第三种情形。①其次,看生前的情况。这又可分为如下两步:第一,当且仅当灵魂与肉体相结合,人是活的、有生命的。这是关于人的生的定义,也是论证一的一个前提。第二,论证一的一个小结论是,灵魂在人生前存在。不难发现,这个小结论已经包含在上述前提中了。可见,论证一中关于灵魂在生前存在的论证部分,犯了"乞题"(beg the question)的谬误,因而是无效的。

在"相反相生论证"之后,苏格拉底紧接着提出关于灵魂在生前存在的第二个论证(同上书,第28—37页)。这个论证也被称为"回忆说",如下:

(1)任何人认得什么事,一定是他之前已经知道这件事。这种通过曾经知道的事而获得知识的认知过程,就是回忆。

---

　① 在论证一中,苏格拉底似乎只关注了第四种可能情形,而忽略了前三种。

（2）相像和不相像的东西，都能引起回忆。比如，看到情人的七弦琴想起情人，看到西米的塑像想起西米等等。

（3）人们判断事物相像还是不相像的根据是事物之间是否相等。但是，任何两个具体事物之间的相等都不是完全的同一、绝对的相等，因此，绝对的、抽象的相等概念不同于具体事物之间的相等。

（4）人们凭借各种经验感觉能力去认识相等的具体事物时总会回忆起绝对的、抽象的相等概念。

（5）由（4）可知，绝对的、抽象的相等概念是存在的。

（6）人们在出生时就已经具备各种经验感觉能力。

（7）由（1）（6）可知，人们经由经验感觉认识具体事物时回忆起的关于绝对的、抽象的相等概念的知识，是在出生之前就已经具有的。同理可得，人们关于其他绝对的、抽象的概念（比如绝对的美、绝对的善，以及公正、神圣等）的知识也是在出生之前具有的。

（8）人们只能通过经验感觉获得关于具体事物的知识，而只有灵魂能够获得关于绝对的、抽象的概念的知识。

因此，

（9）灵魂在生前已经存在。

对论证二的分析　论证二试图论证灵魂在生前存在。其要害在于该论证的两个前提。前提一：提出一种获取知识的通用模式——回忆。前提二：区分获取知识的两种途径——感官通过感性经验认识具体事物，灵魂通过理性思维认识抽象概念。基于这两个前提可知，由于我们在日常生活中确实具有关于抽象概念的知识，而这些知识又不可能是通过经验感官在现世生活中获得的，因此，只可能是生前就有的。而只有灵魂才能获得关于这样的知识。由此得出结论,灵魂在生前就存在。

回忆说确实很吸引人,因为它对于我们获取知识的模式的解释似乎和我们的日常经验很吻合,对于获取知识的两种途径的区分似乎也符合常识。但是在我们看来,这两个前提都是值得怀疑的。先看前提一。为什么我们获取知识,只能是通过"回忆"这种"先启式"的认知模式呢?难道不可以是一种"后启式"的认知模式?即认知者先见过许多例子,然后被"被激发"(triggered),从而获得某些新知识。例如,经过对来自全球不同区域的 10 000 个样本的分析,科学家最终得出水是一种分子结构为 H_2O 的化合物。从此,我们才具有了关于水的本质的知识,即关于水的微观结构的知识。显然在我们发现物质的微观结构之前,以及在我们对水的样本进行微观结构的科学检测之前,没有人会宣称,他具有水是 H_2O 这样的知识(如果有人竟然这样宣称,我们会觉得不可思议),即我们关于水的微观结构的知识是经由后天的(*a posteriori*)科学研究之后才获得的,并不是来源于对先天的(*a priori*)某些事实的回忆。类似水的本质的知识的获得的认知过程在当代科学中还有很多。这些知识尽管揭示出的是不同的物质的本质,但它们具有一个共同点:这些知识的获得都是源于后天的经验科学研究,而不是源于理性对于那些非经验的抽象概念的认识。对于"回忆说"而言,这些关于事物本质的知识似乎和那些关于抽象概念的知识一样,一旦获得就不再"变化",即是必然为真的,但是它们的获得过程显然是一种"后启式"的认知模式。

前提二的问题在于,其依据来自获取知识的一种常识见解,但这一常识见解其实经不起推敲。换句话说,苏格拉底认为,仅仅凭借感官获得的关于事物的认识是易变的,不可靠的,而只有通过灵魂的理性能力获得的关于抽象概念的认识才是不变的,必然为真的,才可以称为知识。然而,我们上面关于前提一的分析中已经指出,即使通过后天的经验研究,我们也可以获得关于具体事物的必然真的认识,这些认识尽管是后天获得的,但是却揭示出事物的本质,因此也是不变的,必然真的知识。可见,那种认为经验认识不可靠的,只有理性才能获得知识的常识见解是有问题的。

关于"回忆说",还可以从其他角度提出质疑。比如,苏格拉底的"回忆"只是一种模糊的说法。随着神经生物学和认知科学的发展,我们已经认识到,回忆只是一种脑神经的特定生理机制,是一个完全的物理过程。然而,这种科学的解释显然有别于苏格拉底所说的灵魂通过"回忆"获取知识的途径。因为灵魂是一个非物理的存在物,因此经由经验认识"刺激"非物理的灵魂进行"回忆"从而获得知识的认知过程,显然不可能是一个物理过程。那么问题就来了:苏格拉底说的灵魂的"回忆"是怎样的一种认知机制呢?这个问题似乎不能从科学的层面得到合理解释。二元论(dualism)该如何对付这个问题呢?我们有理由认为,二元论不应该回避这个问题。因为,如果二元论不能说清楚一个物理的存在物(这里指我们的身体)是如何通过"刺激"一个非物理的存在物(这里指我们的灵魂)来进行"回忆",从而获得知识的这整个认知过程,就很难说二元论已为我们提供了某种令人满意的知识论版本。不排除对"回忆说"还可以提出其他类型的质疑,但以上分析已表明,"回忆说"并不是一个成功的论证,不足以使我们相信灵魂在生前已经存在。

二、灵魂在死后继续存在的论证

从苏格拉底对"认识只是回忆"的论证并不能进一步推出灵

魂不朽的结论,齐贝敏锐地指出了这一点。他说"灵魂在我们出生之前已经存在了,这是我们论证的前半截。我觉得这半截已经证明了。至于人死了灵魂还像投生以前同样也存在,这可没有证明。得证明了这点,证据才齐全呢"。(同上书,第37页)。因此,苏格拉底接着提出了关于灵魂不朽论证的下半截,即灵魂在人死后继续存在的论证。他先给出的是一个简单的论证,论证三:

    (1) 一切生命都只能从死亡里出生。　【相反相生论】

    (2) 灵魂在出生以前已经存在。

                  【相反相生论、回忆说】

    (3) 由(1)(2),灵魂也能从死亡里出生。

    因此,

    (4) 灵魂在人死后继续存在。

    不过,苏格拉底认为这个论证只不过是一些旧证据的组合,并没有提供让人更加信服的新证据。因此,他接着提出两个更复杂些的论证。论证四(简单性论证):

    (1) 复合的(混合的、综合的)东西会分解,而单一的东西不会分解。

    (2) 根据日常经验,肉体是可变化的,可分解的,因此是复合的。

    (3) 至真、至善、至美这些抽象实体是永恒的、不变的,因此是单一的。

    (4) 灵魂类似于至真、至善、至美这些抽象实体。

    (5) 由(1)(3)(4)可知,灵魂是单一的,是不可分解的。

（6）依据定义，死亡就是灵魂脱离肉体。

（7）由（2）（5）（6），死后肉体分解而灵魂不分解。

因此，

（8）灵魂在人死后继续存在。

论证五（基于感觉的论证）：

（1）人仅由肉体和灵魂两部分构成。

（2）肉体和看得见的东西相像，而灵魂和看不见的东西相像。

（3）凡是看得见的东西都是多变的，可毁灭的，而凡是看不见的东西都是永恒的、不变的、不可毁灭的。

（4）由（2）（3），肉体是多变的、可毁灭的，而灵魂是永恒的、不变的、不可毁灭的。

（5）依据定义，死亡就是灵魂脱离肉体。

（6）由（4）（5），死后肉体毁灭而灵魂不可毁灭。

因此，

（7）灵魂在人死后继续存在。

对论证三、四、五的分析　下面，我们依次考察这三个论证。先看论证三。经由上文对论证一和论证二的分析，很容易理解，论证三是不成功的。在论证四中，有两个关键前提：第一，单一的东西是不可分解的，因而是永恒的，而复合的东西才可以分解，因而是非永恒的。第二，灵魂类似于至真至善至美这些"真正的本质"（同上书，第 39 页），而真正的本质是单一的、不可分解的，因而永恒的。论证四中第一个前提似乎是可疑的：为什么单一的不可分解的东西就是永恒的呢？不难理解，从单一性可

425

以推出不可分解性。理由是,单一的东西没有部分,因而是不可分解的。否则有部分,就不是单一的了。但是,从单一性推不出永恒性/不朽性!我们考虑一下时间这个因素就会明白。比如,假定有一个单一的东西(基本粒子 A),它在时间 t1 出现,存在了一段时间之后,在时间 t2 消失。这似乎是可以想象的,而且在物理层面也是完全可能的。这显然是单一性推不出永恒性的一个反例。论证四似乎并没有考虑到这种异常情况,因此它的第一个前提是有问题的。即使不再对论证四作其他方面考察,仅就这一点(前提一是其要害),我们已经有理由相信,简单性论证并不能使我们信服。最后看论证五。在我们看来,论证五存在一个语言层面的问题:苏格拉底将肉体归于"看得见"(visible)的东西,而将灵魂归于"看不见"(invisible)的东西。而这里的"看不见"这个词语的确切意思并不明显。有人认为,依据上下文,有且仅有如下三种理解:第一种理解,视觉无法觉察到的,即是眼睛无法看见的;第二种理解,不可感觉的(insensible);第三种理解,不可测查的(undetectable)。[①]第一种理解显然太弱了,因为很容易明白,很多我们视觉不可觉知的东西在日常生活中不仅大量存在,而且也是多变的。比如声音。因此第一种关于"不可见"的理解不满足论证五的要求。第二种理解似乎最贴合苏格拉底的意思,因为这符合在《斐多》篇中他反复强调的"对智慧的追求"。[②]而要追求智慧,在苏格拉底看来,灵魂就不能执迷于肉体的五种感觉(视觉、听觉、嗅觉、味觉和触觉),要设法摆脱它们。"灵魂(凭借理性)独自思考的时候,就进入纯洁、永恒、

① Shelly, 2010, Lesson 9.
② 值得一提的是,在苏格拉底生活的那个时代,也有许多与苏格拉底风格迥异的哲人,但是对于智慧的追求似乎成了他们言说或思想的一个共同特点。有众多证据显示,这很可能体现出了古希腊哲学(乃至西方哲学)的一种内在精神(王晓阳:《希腊哲学精神的写照——读〈名言哲行录〉有感》)。

不朽、不变的世界。这是和它相亲相近的世界……它安定不变了,和不变的交融在一起,自己也不变了。灵魂的这种状态就叫智慧。"(同上书,第41页)可是仔细考虑一下会发觉,即使作第二种理解,仍然满足不了论证五的要求。我们举例来说明。比如,我们一般都知道,之所以收音机可以收听各种广播节目,是因为它可以接受到特定频率的电磁波。而电磁波显然是不可能被我们的感觉器官感觉到的(否则我们不需要收音机也可以直接欣赏广播节目了),但是电磁波却是很容易被干扰和破坏的。可见电磁波既是不可感觉的,又是易变的、可毁灭的、非永恒的。因此,电磁波显然对于第二种理解构成了一个合适的反例。那么,第三种理解是否满足论证的要求呢?似乎是满足的。但是如果采取第三种理解,会使得苏格拉底那样的二元论者面临如下一个奇怪的问题:如果灵魂是一种"不可测查的"的东西,我如何知道自己有灵魂呢?以及,如何知道别人也有灵魂呢?有理由相信,对于这些二元论者来说,如果灵魂是不可测查的,则会损害他们的一些最基本的生活常识。例如,分辨一个人是活着的,还是仅仅是一具尸体。这本不是一件困难的事情。但若采取第三种理解,这将会变成一件不可能的任务。因为,既然灵魂无法探测,也就无法判断灵魂是否和肉体分离。因此我们认为,对于这些二元论者来说,第三种理解太强了,也是不可接受的。总之上述对于"看不见"这个词语的考察表明,论证五是难以令人信服的。除了语言层面的问题,论证五还存在一个类比合理性的问题。在《斐多》篇中,西米向苏格拉底指出了这个问题(柏拉图:《斐多》,第50—51页),苏格拉底随后作了回应(同上书,第57—63页)。下面,我们来考察论证五中的类比合理性问题以及苏格拉底的回应。

在论证五中,苏格拉底有两个基本的预设:第一,灵魂类似于不可见的东西,而肉体类似于可见的东西。第二,凡是可见的都是可毁灭的,凡是不可见的都是不可毁灭的。西米同意预设一,但是反对预设二。他提出了"琴弦—和谐喻"来为自己的反对意见辩护。齐贝指出,当一架琴的各个部分被调试好后,就可以弹奏出和谐的音乐。琴和琴弦是可见的,而声音的和谐(harmony)是不可见的,但似乎也是很美很神圣的。但是一旦琴出了问题或者甚至是毁坏了,声音的和谐也会随之被毁坏。可见,尽管这种和谐是不可见的,但却是可毁坏的。因此,"琴弦—和谐喻"是对预设二的一个合适的反例。接下来西米提出了一个关于论证五中类比的合理性的质疑:为什么灵魂类似于至真至善至美那些不可见的且不可毁坏的东西,而不是类似于声音的和谐这种不可见的却可以毁坏的东西呢? 苏格拉底对此质疑的有三个不同的回应:第一,借助"回忆说"来反驳。上面提到,"回忆说"试图论证灵魂在肉体出生前就已经存在。如果回忆说是成功的,又因为,琴声的和谐是在有了琴之后才可能存在的,那就由此可知,琴和声音的和谐的之间的关系不同于身体和灵魂之间的关系。第二,区分和谐的单一性与灵魂的多样性。由于和谐是声音调和得恰到好处。因此尽管可以有形形色色的乐器,然而声音的和谐有且只有一种类型。但是灵魂可以有很多种,如:有的灵魂聪明,有的愚昧,有的邪恶、有的善良等等。因此,灵魂不类似于声音的和谐。第三,从作用机制角度反驳。灵魂可以主动控制身体的行为,但是声音的和谐只是由乐器被动发出的,不可能主动控制乐器。因此,灵魂不类似于声音的和谐。

苏格拉底关于"琴弦—和谐说"的三个回应,能有效消除掉关于论证五中类比的合理性的质疑么? 似乎不能。理由如下,首先不难理解,借助"回忆说"的反驳(苏格拉底的第一个回应)是无效的,因为上文的分析已经表明"回忆说"是不成功的。

其次，为什么说声音的和谐只有一种类型呢？听肖邦的夜曲所体会到的声音的和谐，显然不同于听中国古乐"高山流水"所体会到的那种和谐，也不同于听某种印度舞曲所体会到的声音的和谐。即使是同一首曲子（如国乐名曲"茉莉花"），用不同的乐器来演奏，尽管可以分辨出是同一首曲子，但听起来是否就是同一种类型的和谐，也是很可疑的。用吉他、钢琴和箫这三种乐器演奏同一曲"茉莉花"，听起来的感受明显是不同的。感受如此不同，而硬要说这三者体现出的是同一种和谐，理由何在？不管怎样，基于那些熟悉的音乐体验，我们总会觉得，声音的和谐似乎是多种多样的，并不只有一种类型。我想大多数人都很难接受这种情况：在音乐、乐器和演奏技法有成千上万种的情况下，居然只有一种类型的声音的和谐！所以说，苏格拉底的第二个回应似乎很难令人接受。最后，乐器发出的声音似乎是不能主动控制乐器的演奏，但是不排除有时候此琴发出的声音可以导致彼琴发生共鸣的现象，甚至在同一台琴上，此弦发出的特定的声音也会引起彼弦的共振。可见声音的和谐也不是不可能引起琴和琴弦的物理反应的。或许因为琴的物理结构还太简单，如果是达到一定复杂程度的物理系统，可能会有惊人的表现。例如，在当今心灵哲学和认知科学里，关于心—身问题（the mind-body problem）的一种解释就采取了类似的思路。这种解释认为，我们所说的心灵只不过是复杂的神经脑系统所展现出来的种种功能而已。在这种功能主义（functionalism）的观点看来，并不是一个非物理的灵魂或心灵控制着我们的身体，只是我们身体的一部分（这儿指脑神经系统）控制着我们身体的另一部分而已。①同理，

---

① 关于心—身问题的一个较好的介绍可参考 Stitch，2003，Chapter 1。关于心—身问题的争论，有一个不错的论文集，见 Warner，1994。在心—身问题上，目前采取中立一元论（neutral monism）和现象论（phenomenalism）立场的哲学家很少，绝大部分持两（转下页）

我们也可以把声音的和谐当作特定乐器的功能,那么用"琴弦—
和谐喻"来比拟灵魂和肉体之间的关系就是合适的。而且我们
发现,在《斐多》篇中,苏格拉底除了宣称灵魂主动控制着身体之
外,并没有对于此功能主义观点给出进一步的反驳。因此,苏格
拉底的第三种回应仍然不能消除关于论证五的类比合理性的
质疑。

其实,退一步说,即使苏格拉底的上述三个回应是有效的,
"琴弦—和谐说"也是不恰当的,我们仍然有理由质疑论证五中
类比的合理性。因为在我们看来,在《斐多》中,苏格拉底始终没
能给出将灵魂类比于既不可见又不可毁灭的东西的令人信服的
理由。①

三、灵魂不朽的论证

实际上,在《斐多》篇中,苏格拉底关于灵魂不朽的论证存在
着两套完全不同的思路。思路一:间接论证。首先论证灵魂在

(接上页)类观点:二元论和物理主义(physicalism)。对于前者而言,主要的问题是:非物质
的心灵是如何跟物质的身体发生作用的? 从心—身问题诞生直至今日,仍未见有令人满意
的二元论回应方案。对于后者而言,主要问题是:如何物理地解释心灵现象? 物理主义有种
种回应方案,但充满争议。目前最被看好的一个回应方案,被称为"现象概念策略"(Stoljar,
2005),我对于该方案的一个最新分析,参见王晓阳:《如何解释"解释鸿沟"——一种最小物
理主义方案》。

① 苏格拉底似乎考虑过这个问题,文中他也给出了一个关于灵魂类似不可毁灭的东
西的理由。从下面这两段话中可以找出这个理由:"灵魂凭肉体来观察的时候……他就被肉
体带进了变化无定的世界",紧接着又说"可是,灵魂独自思考的时候,就进入纯洁、永恒、不
朽、不变的境界,这是和它相亲相近的境界"(柏拉图:《斐多》,第41页)。苏格拉底通过后一
段话似乎想为灵魂类似于不可毁灭的东西进行辩护,这儿他给出的一个辩护理由是,"灵魂
独自思考的时候,就进入纯洁、永恒、不朽、不变的境界"。但是我们的疑问是:如果灵魂既能
进入变化的、可毁灭的世界,也能进入永恒的不可毁灭的世界,——且不管灵魂是怎么进去
的(这也是一个需要考虑的问题,苏格拉底对此却没有任何解释)——为什么灵魂一定是类
似于后者而非前者呢? 灵魂显然并不是因为能进入何种境界,所以就类似于其中的东西的。
可见这个理由太弱了,不能令人信服。

人出生之前已经存在,其次论证人死之后灵魂仍将继续存在,最后,结合前两部分推出灵魂不朽的最终结论。我们上面的分析已经表明,间接论证是不成功的。在间接论证之外,苏格拉底还试图从本质属性(essential property)的角度来直接论证灵魂不朽。这是有别于间接论证的另一套论证思路,可称为"直接论证"。下面我们来考察直接论证,论证六(基于本质属性的论证)(柏拉图:《斐多》,第78—79页):

(1) 任何东西,无论是抽象实体/概念还是具体事物,仅当它具有自己的本质属性,它才可能存在。

(2) 活性(aliveness)是灵魂的本质属性。

(3) 由(1)(2),仅当灵魂是活的(alive),它才可能存在。

(4) 由(3),灵魂是不死的(deathless)。

(5) 由(4),灵魂是不可毁灭的(indestructible)。

因此,

(6) 灵魂是不朽的(immortal)。

对论证六的分析 要理解这个论证,需要先澄清其中的三个关键概念:本质属性、活性、不死的。先看本质属性。苏格拉底认为,本质属性是一个事物(无论是具体事物还是抽象实体/概念)所具有的不变的性质。对于具体事物来说,本质属性就是某种抽象实体或概念的不变的性质。他举例说"为什么一件东西美,因为这件东西里有绝对的美或沾染了绝对的美……美的东西,因为它有美,所以成了美的东西"(同上书,第70页)。这里"美的东西"是具体事物,"绝对的美"是抽象实体。在苏格拉底看来,"绝对的美"具有一种永恒不变的性质——"美性"(beauteousness)。这个"美性"是"绝对的美"这个抽象实体的本质属性。而"美的东西"因为"沾染"了"绝对的美"这个抽象实体,所以"美的东西"同时也具有了"绝对的美"的不变的性质,即"美的东西"的本质属性也是"美性"。其次,灵魂具有"活性"是什么意思呢? 或者说,"灵魂是活的"这句话是什么意思? 不难发觉,在《斐多》篇中,"活的"这个形容词有两类不同的用法:第一,修饰人。说人是"活的"或"生的",意思是,此人的"肉体和灵魂是结合在一起的"(参见本文第一节关于"生"的定义的有关论述);第二,修饰灵魂,则有两层不同的意思。说灵魂是"活的":第一层意思是,灵魂是"具有理智思考能力的"。这也是苏格拉底在文中反复强调的,灵魂区别于其他五种感觉器官的独特之处。第二层意思是,灵魂是"永恒的"。从上述简单性论证和基于感觉的论证不难看出,苏格拉底一直试图表明灵魂和"永恒的"抽象实体相像。在苏格拉底看来,灵魂和抽象实体一样,都具有"永恒性"。相应地,"不死的"也有两类不同的用法:第一种,修饰人。说人是"不死的",意思是此人的"肉体和灵魂是没有分离的";第二种,修饰灵魂,也有两层不同的意思。说灵魂是"不死的":第一层意思是,灵魂是"没有丧失理智思考能力的"。第二层意思是,灵魂是"不可毁灭的、不朽的"。

在澄清了上述关键概念之后,论证六的问题就暴露出来了。也就是说,论证六会使得苏格拉底陷入一个两难境地(dilemma):一方面,如果按照"活的"和"不死的"的第一层意思来解读论证六,则从(3)可以推出(4),但推不出(5),即从灵魂是"具有理智思考能力的"可以推出灵魂是"没有丧失理智思考能力的",但推不出灵魂是"不可毁坏的",因此论证六是不成功的;另一方面,如果按照"活的"和"不死的"的第二层意思来解读,似乎可以从(2)推出(3),再推出(4)和(5),进而推出结论(6)。但是这样的论证过程是无效的,因为结论(6)已经包含在前提(2)中了。不难看出,这也是一个犯了"乞题"谬误的论证,所以是无效的。可见,基于本质属性的论证(即论证六)也是不成功的。

四、结　语

至此,关于《斐多》篇中灵魂不朽论证的考察工作已经做完。我们认为,至少可以得出两个结论:一个是肯定的结论,另一个是否定的结论。先说否定的。上述分析充分表明,在《斐多》篇中,苏格拉底关于灵魂不朽论证的两套论证思路(间接论证和直接论证)都是行不通的。因为他的论证中充满了各种各样的问题,且这些问题也没有得到合理的解决,所以我们没有理由非要接受灵魂不朽的结论。然而,尽管那些关于灵魂不朽的论证不能令人信服,却不意味着苏格拉底和其对话者的论证工作没有其他价值。恰恰相反,在对这些论证逐一批驳之后,我们仍然有理由肯定,《斐多》篇是一部极具价值的哲学著作。在我们看来,它的一个重要价值就在于:苏格拉底及其对话者为我们具体展示了如何"做哲学"(doing philosophy)。这是一种重论证(argument)的思考方式,是苏格拉底及其门徒贡献给古希腊哲学的一个亮点。在随后两千多年的漫长岁月里,不同时代的那些伟大哲学作品或多或少都透射出了类似的思想光芒,在当代分析哲学中更是得到了淋漓尽致的展现。

在苏格拉底看来,毫无疑问,哲学就是对于智慧的追求,而只有"论证"才是唯一正确的追求方式。在这个意义上,我们完全赞同他。

参考文献

Connolly，T.，Plato's Phaedo，in *Internet Encyclopedia of Philosophy*，URL：http://www. iep. utm. edu/phaedo/，2011.

Levine，J.，Materialism and Qualia：The Explanatory Gap，*Pacific philosophical Quarterly* No. 64，pp. 354—361，1983.

Plato，*Phaedo*，in *Works of Plato*（the 4th Edition），Trs. & Comments by Jowett，B.，广西师范大学出版社2008 年版。

Robb，D.，Mental Causation，in *Stanford Encyclopedia of Philosophy*，URL：http://plato. stanford. edu/entries/mental-causation/，2008.

Shelly，K.，Kogan's Course "Death"，at *Open Yale Course*，URL：http://v.163.com/special/sp/philosophy-death.html，2010.

Stitch，S. S. and Warfield，T. A.，eds.，*The Blackwell Guide to Philosophy of Mind*，Blackwell Publishing，2003.

Stoljar，D.，Physicalism and Phenomenal Concepts，*Mind and Language*，Vol.20，No.2，pp.296—302，2002.

Warner，C. and Szubka，T.，eds.，*The Mind-Body Problem：A Guide to the Current Debate*，Basil Blackwell，1994.

柏拉图,《斐多》,杨绛译,生活·读书·新知三联书店2011 年版。

王晓阳:《如何解释"解释鸿沟"———一种最小物理主义方案》,《自然辩证法研究》2012 年第 6 期,第 9—14 页。

王晓阳:《希腊哲学精神的写照——读〈名哲言行录〉有感》,《中南大学学报(社会科学版)》2012 年第 1 期,第 40—43 页。

本文首次刊发于《哲学研究》2013 年第 1 期

自然界没有奇迹吗？
——自然主义与奇迹的兼容论

.

一、引　言

我们在日常生活中觉得某件事是个奇迹（miracle）的时候，常常意味着它是令人惊奇或非比寻常的。在西方哲学的传统中，奇迹之所以非比寻常，是因为不仅奇迹被当成是超自然的事件，而且往往还被当成是某种特殊征兆（portent），仿佛是神灵的特殊意志在自然界中的具体显现。因此对于信仰（如基督教）而言，奇迹尤为关键。正如 18 世纪英国哲学家巴特勒（Joseph Butler）所言，奇迹乃是基督教"直接且基础的证据"（Butler，1860，p.272）。休谟亦有类似看法："基督教不仅在其诞生之初就带有奇迹，而且直至今天，若与奇迹不再相连，想必任何理性之人都不会再相信它"（Hume，2007，p.95）。

如果说，奇迹是超自然的事件，而自然主义（naturalism）的基本立场则是自然界中不存在任何超自然的事件，那么自然主义与奇迹之间免不了就要发生冲突。事实上，好像也是这样。在人类历史上，（承认奇迹的）宗教信仰者与（反对奇迹的）自然主义者之间的冲突对立似乎从未消停过。

在本文中，我打算论证这种冲突其实是有望得以避免的。换句话说，本文将为自然主义与奇迹的一种兼容论作辩护。大致思路如下：首先，在以下两节里，我将依次介绍奇迹的两个常见定义，并区分自然主义的两种类型。其次，在第四节里，我将论证（某个版本的）自然主义是可以与（经过恰当理解之后的）奇迹相兼容的。然后，在第五节里，我将回应几个值得考虑的质疑，并且表明，即使自然界中的确存在奇迹，也不会动摇自然主义的基本立场。在最后一节里，我将作个总结并给出最终结论。

二、什么是奇迹？

如下两个关于奇迹的定义在相关文献中较为常见：一个是阿奎那给出的，另一个则是休谟给出的。我们先看阿奎那的定义。在《反异教大全》中，阿奎那关于奇迹的定义如下：

定义 1：奇迹是超出自然之力的事工（Aquinas，1905，p.265.）。

在上述定义中，有两个关键词值得注意：第一个关键词是"自然之力（the powers of nature）"。它是指，那些"我们在日常经验中所遇到的物理的（既包括物质的也包括心理的）力"（ibid.）。由于这种"物理的力"是自然界中能够发生的一切自然事件（既包括物质的也包括心理的）之间的**唯一**联系，又由于自然进程（course of nature）是由这些自然事件所共同构成的，因此自然进程也是仅由此"物理的力"所维系的。因此，不难理解，如果出现定义 1 所说的奇迹，那么奇迹定然超出了自然进程（参

437

见阿奎那:《神学大全》,第 123 页)。① 第二个关键词是"事工(work)"。通过这个词,阿奎那想表达的是,作为某些特殊事件,奇迹不是凭空而来的,也不是某种自然的原因造成的,而是神圣力量(divine power)的作为。这里,"神圣力量"是指一种源于上帝的而非源于自然的力量,因而也是"无限且不可理解的"力量(Aquinas,pp.264—267)。②

下面来看休谟的定义。在《人类理智研究》一书的第十章,休谟专门讨论了奇迹。与阿奎那不同,休谟尝试从自然律(law of nature)的角度来重新定义奇迹,如下:

定义 2:奇迹是因神的特殊意志或因某个不可见行动者的干预,而使得自然律遭到违反的事件(Hume,1860,p.127)。

不难看出,至少在以下两点上,定义 2 区别于定义 1。第一点区别是关于奇迹出现的原因。阿奎那认为,奇迹的出现,归根结蒂是源于上帝。而休谟则认为,奇迹的出现既有可能是神的干预,也可能是因为某个不可见的行动者(some invisible agent)。③ 第

① 有学者认为,定义 1 也可以理解成"奇迹是仅当物理世界的因果封闭性遭到破坏时才会发生的事件"(McGrew,2019,§1.1)。这种理解值得商榷。理由是,如果"物理世界的因果封闭"这个短语是我们通常意义上所理解的意思,那么,某些心理事件的出现也有可能使得物理世界的因果封闭性遭到破坏,但心理事件明显不是阿奎那说的奇迹(定义 1)。

② 阿奎那认为,奇迹都是由神圣力量创造出来的事件。某些天使或圣徒或许能借助神圣力量创造出一些奇迹,但阿奎那同时强调,只有上帝才能单独地创造出最高级别的奇迹(ibid.)。

③ 需要提醒两点:(1)休谟并未明确说明定义 2 中"神"的含义。但依据对"神"这个词的通行理解,以及休谟在上下文中的有关论述,有理由相信,这里的"神"(Deity),既可以是基督教意义上的上帝(God),也可以是其他(超自然的)神灵。(2)至于什么是"不可见的行动者",休谟也未给出明确说明。但依据定义 2 以及休谟在上下文中的有关论述,有理由相信,这里的"行动者"应当是不同于神的。而这里的"不可见的",并非仅仅指视觉上不可见的。比较恰当的一个理解应该是"不可感知的"(imperceptible),即原则上无法经由经验的认知途径加以探究的。

二点区别是，与阿奎那认为奇迹是超出了自然进程的事件不同，休谟则认为奇迹是违反了自然律的事件（a transgression of a law of nature）。如果说，定义 1 打算从本体论层面来定义奇迹，因而奇迹被理解成了"本体论上超出了自然进程的事件"，那么定义 2 则是打算从认识论层面来定义奇迹，因而奇迹被理解成了"认识论上违反了自然律的事件"。

特别地，关于定义 2 中的"自然律"，以下两点需要注意。首先，由于休谟本人对自然律的理解与当前多数人关于自然律的常见理解之间存在明显差异，因而引发了不少关于定义 2 的不必要争议。避免这些争议，并保留休谟式定义框架的一个常见做法是，对其中的"自然律"加以重新定义（cf. McGrew，2019，§1.2）。例如，将"自然律"重新定义为，自然律是指（通常意义上的）各门自然科学中所包含的（那些类型的）规律。换句话说，自然律就是人们以特定的认知手段所发现的自然事物间天然存在的恒常联系。这些认识论上的"发现"，常被概括为一些命题或者公式。之所以这些命题或公式被称作自然律，是因为，人们普遍相信，它们是自然事物之间天然存在的恒常联系在认识论层面的"反映"。不难看出，经过重新定义之后的"自然律"，是一个能为目前多数人所接受的关于自然律的常见理解。因此，本文以下关于自然律及其相关讨论，都将遵循这种理解。① 其次，这里的"自然律"不应当被理解成非基础自然律（non-fundamental laws）。很容易想到，自然界中有不少违反了非基础自然律的事件，我们通常并不会把它们看作奇迹。例如，违反了气象学规律

---

① 关于"何为自然律"，学界一直存在争议。本文不打算对此展开讨论，也不打算讨论休谟所理解的自然律究竟是否合理。这里的要点在于，经过重新定义之后的自然律，会是一个更加符合目前多数人的常见理解。而这将有助于，在以下关于奇迹的讨论中，避开那些因自然律的理解分歧而导致的不必要争议。

的异常天气。我们对此并不陌生,但并不觉得它们算是奇迹。只有那些违反了基础自然律(fundamental laws),或者更加精确地说,违反了终极科学中的基础自然律的事件,才有资格被当作(休谟意义上的)奇迹。

总之,定义 1 和定义 2 的区别是明显的。一方面,超出自然进程的事件似乎免不了要违反自然律。理由是,超出自然进程的事件就是超自然事件,而自然律(原则上)只能解释自然进程中的事件,因而,超自然事件的出现免不了会违反(基础)自然律。另一方面,违反了(基础)自然律的事件似乎并不一定都会超出自然进程。理由是,有些事件明显是自然的,但它们似乎原则上也超出了科学的解释范围。因而它们的出现,往往也意味着对(基础)自然律的违反。例如,常识上,心理现象(如希望、欲求、喜怒哀乐等)明显是自然的,但它们中的一部分(如感受质),以及某些心理现象与物理现象之间的关系,似乎原则上都超出了科学的解释范围。事实上,心理现象之间是否存在规律(心—心规律),以及心理现象与物理想象之间是否存在规律(心—物规律),学界一直存有争议。假如最终表明,这些规律都是子虚乌有,那么,哪怕心理现象是完全自然的,它们的每一次出现,无疑都是对(基础)自然律的违反。关于这一点,下文还会有讨论,这里暂不展开论述。

不管怎样,上述两种不同定义下的奇迹是否能与自然主义相兼容呢? 这是我们目前最关心的问题。让我们回到这个问题上来。但在回答这个问题之前,我们还需要先了解一下什么是自然主义。

三、自然主义的两种类型

按照"斯坦福哲学百科全书"中"自然主义"这一词条给出的

说法，在当代哲学里面，并没有一个关于自然主义的清晰无争的定义，不同的哲学家关于自然主义有着不同的解释，但是如下这个关于自然主义的理解仍较为常见：

自然主义者大多坚持"实在完全被自然所穷尽，而不包含任何'超自然'。并且，科学的手段应当能被用来探究实在的全部领域，包括人类的精神"（Papineau，2019，introduction）。

依上述理解，可区分自然主义的两种类型：

本体论自然主义（ontological naturalism，ON）：在本体论层面，实在是完全自然的，而不包含任何"超自然"。

方法论自然主义（methodological naturalism，MN）：在方法论层面，"科学的手段应当可以用来探究实在的全部领域，包括人类的精神"。

可以说，以上也是自然主义的两个核心想法。具体而言，第一个核心想法是，在本体论层面，自然主义认为，自然界里的一切都是自然的，因而没有超自然的存在。这里有个关键问题："一切存在的事物都是自然的"这个短语究竟是什么意思？对此，当代自然主义者往往采取一种物理主义式的回答，正如帕皮纽所言：

本体论自然主义的核心想法是，时空中的一切事体（entity）要么本身是物理的，要么形而上学上由物理的事体所构成。对于心理的、生物的以及其他领域的那些所谓"特殊"事实，许多本体论上的自然主义者往往采取一种物理主义的态度（physicalist attitude）。他们认为，所有这些所谓的"特殊"事实无非也就是某些物理事体的排列（arrangements of physical entities)而已(ibid.，§1.1)。

值得一提的是,如果上述核心想法是合理的,那么就意味着以下这一说法似乎也是合理的:在自然界中或时空中,"如果一个物理事件在时间 t 有(正在发生的)原因的话,那么该物理事件在时间 t 就会有一个充足的物理原因"(Kim,2011,p.214)。这一说法常常被称为物理世界的因果闭合原则(the causal closure principle of physical world,CCP)。它获得了当今绝大多数本体论自然主义者或物理主义者的广泛认可。①

自然主义的第二个核心想法是,在方法论层面,自然主义认为,近代以来所发展出的科学研究方法适用于探究"实在的全部领域"。请注意,这里有两个要点:第一个要点是,"实在的全部领域"是指时空中存在的一切,既包括那些物理的,也包括那些乍看上去"特殊的"事实(如心理的、生物的)。换句话说,自然主义者们普遍相信,自然界里的一切,都可以经由"科学方法"得以一览无遗地加以探究,因而科学是一种完备的(complete)知识体系。②这一点可以称为方法论自然主义的完备性原则(completeness principle,CP)。第二个要点是,自然主义者并没有认为,科学方法是适用于探究"实在全部领域"的唯一手段。换句话说,自然主义者可以相信,除了科学之外,仍然有可能存在探究"实在某些领域"(如心理的领域)的其他手段,因而科学方法并不具有排他性。③这一点可以称为方法论自然主义的非排他性

① 尽管得到了广泛认可,但学界对 CCP 的具体理解存在分歧(参见 Papineau,2000;Lowe,2000;Kim,2005,2011;Gibb,2010)。

② 注意,这里说的"科学"不是指某一个具体的科学学科,也不是指作为(所有具体科学知识的最大综合体)的"当今的科学"(current science),而是指未来可能出现的(所有具体科学知识的最大综合体)的"理想的科学"(ideal science)或"终极的科学"(ultimate science)。

③ 帕皮纽亦有类似表述,他说"绝大部分当代的哲学家都认为……哪怕不是必然唯一的,科学也是用以探究人类精神领域重要真理的一种可能路径"(Papineau,2019,introduction)。

原则(non-exclusion principle，NEP)。

需要指出的是，当今自然主义阵营内部对于 ON 和 MN 两者重要性的理解一直存在分歧。一些强(strong)自然主义者认为，自然主义只需坚持 MN 就够了。理由是，MN 蕴含 ON，即如果坚持科学方法可以探究实在的全部领域，那么就可以推出实在是完全自然的，而没有任何超自然。然而在一些弱(weak)自然主义者看来，情况并非如此。他们认为，ON 才是自然主义必不可少的。因为，MN 承诺了完备性原则(MN↔CP)，但有理由相信，CP 是一条过强的原则，自然主义应该放弃 CP。而如果放弃 CP，自然主义也就不必坚持 MN，而只需守住 ON 就够了。对此，下文还会有具体讨论，这里暂不展开论述。

四、自然主义与奇迹的兼容论

现在让我们看看奇迹与自然主义能否兼容。不难理解，阿奎那意义上的奇迹(定义 1)无论与 ON 还是与 MN，似乎都是无法兼容的。理由是，在本体论自然主义者看来，如果存在超出自然进程的事件，那么 ON 的基本立场就守不住了。而在方法论自然主义者看来，如果存在超出自然进程的事件，那么完备性原则(CP)必然会遭到破坏。CP 一旦遭到破坏，MN 就无法成立了 $((MN \leftrightarrow CP) \wedge \neg CP \rightarrow \neg MN)$。

下面来看休谟意义上的奇迹(定义 2)能否与自然主义兼容。首先，我们已经明白，休谟认为奇迹是违反了自然律的事件。而 MN 则强调，科学方法可以研究实在的全部领域，一切出现在自然界中的事件原则上都能获得科学的解释(CP)。因此，奇迹的出现必定会使得 CP 遭到破坏。可见，休谟意义上的奇迹与 MN 是不兼容的。其次，即便休谟意义上的奇迹关注的焦点是在认识论层面(即奇迹是违反了自然律的事件),但由此并不能进一步推出,奇迹必定也是(本体论层面的)超自然事件。因为,有可能存在某个特殊的事件 e,一旦 e 出现了,就总会违反自然律,科学方法原则上并不适用于它,对此也永远给不出科学的解释,然而 e 却是完完全全自然的。并且,引起 e 出现的原因 c,虽然也可以是经验上无法感知的(即无法经由经验的认知途径加以探究的),但依据上文提到的物理世界的因果封闭原则(CCP),无论 c 是怎样的,一个本体论上的自然主义者都有理由相信,c 也是一个完完全全的自然事件。

不难理解,依照定义 2,e 是有资格被认作奇迹的。理由是,虽然 e 的出现会破坏 CP,但是有可能并不会破坏 CCP。由于破坏了 CP 会导致 MN 一并遭到违反($(MN \leftrightarrow CP) \wedge \neg CP \rightarrow \neg MN$),而不破坏 CCP,则 ON 就仍有可能得以保持。[①]因而,对于一个坚持 ON 并放弃 MN 的自然主义者 S 来说,S(原则上)是可以接受这种奇迹的。换句话说,休谟意义上的奇迹与 ON 可以兼容。

五、质疑与回复

在上一节里,我勾勒了一种自然主义与奇迹相兼容的情形。按照这种兼容论,一个自然主义者只要在坚持 ON 的同时放弃掉 CP,那么就可以容许休谟意义上的奇迹在自然界中出现。下面,我打算通过具体回复几个可能存在的质疑,进一步为此兼容论作辩护。

---

① 理由是,根据上文的论述可知,ON 蕴含 CCP(ON→CCP)。所以,只要 CCP 并未遭到破坏,那么 ON 就仍有可能得以保持。

质疑 1：CP 是自然主义的一个核心想法，一旦放弃 CP，自然主义立场就守不住了。兼容论要成立就必须放弃 CP，因此兼容论是错误的。

回复 1：有理由相信，对于自然主义而言，放弃 CP 是合理的。理由是，CP 与当代自然科学的一个基础理论相冲突。这个基础理论就是演化论或演化假说（evolutionary hypothesis, EH）。像 EH 这样的科学理论，在现代科学理论体系中处在十分基础的位置上。尽管在其他方面存在种种争议，然而一个不争的事实是，当代自然主义者普遍相信 EH。EH 告诉我们，自然界中的物种总是在资源有限的环境中生殖繁衍的。出现在某个特定环境中的物种之间存在生存竞争，只有那些适应其所处的环境的物种才能留存下来，并延续下去。不适应其所处环境的物种终将被淘汰。这就是所谓的"物竞天择，适者生存"法则。可见，适应性（适应其所处的自然环境）才是自然演化的唯一追求目标。[①]人类也是在自然界中演化出来的一个物种，人类的科学认知能力也是自然演化的产物。尽管科学认知能力也能帮助我们更加适应所处的环境，但不可否认的是，科学认知能力的一个直接而主要的目标是（以一种特有的认知模式）研究自然界中的各种事物，并尽可能多地了解自然的真相，即真实性是科学认知的直接而主要的追求目标。

然而自然演化史告诉我们，适应性和真实性之间常常不是正相关的。为了追求高适应性（因为这是演化的唯一目标），物种甚至常常会牺牲掉真实性。这样的例子可以找到很多。以蟑螂为例。在自然演化史的绝大多数时间里，人类和蟑螂几乎生活在同样的环境中。然而，蟑螂比人类的适应性强太多，它们能

---

① 注意：这里说的"适应性"特指天然的适应能力，即为适应其所处的自然环境，物种在演化进程中所产生和发展出来的天然能力，而非那些通过非自然的手段所获得的能力。

在很多恶劣的情形中长期生存。例如,在肮脏不堪的下水道中,蟑螂依旧可以长期生存和正常繁衍,而人类则无法做到。就此而言,蟑螂的适应性远高于人类。但是与人类相比,蟑螂的科学认知能力却极其有限。无论如何,蟑螂不理解下水道的真实运作原理,而人类却完全可以。可见,为了追求高适应性,蟑螂"牺牲了"真实性(即了解事物真相的认知能力)。虽然在适应性方面低于蟑螂,人类却演化出了极高的科学认知能力,因此保留了很高的真实性(即比蟑螂能了解到的事物真相要多得多)。

的确,借助于科学的认知能力,我们认识到了越来越多的关于自然的真相,但由此并不能推出,仅借助科学的认知能力,我们就能了解到自然的全部真相。出于以下两个事实,有理由相信,仅借助科学的认知能力,我们并不能了解自然的全部真相:第一个事实是,物种为追求适应性而牺牲真实性的现象,在自然界中普遍存在。上面刚刚提到,适应性与真实性往往不是正相关的。这是因为,在资源有限的前提下,处于演化进程中的物种事实上无法做到真实性与适应性正相关。经验研究一再发现,为了追求适应性,物种常常要以牺牲真实性作为代价。蟑螂如此,其他众多生物亦然。由于演化进程是连续的,作为其中的一个环节,人类为了适应其所处的环境,势必也会"牺牲"一部分了解事物真相的能力。即便牺牲得再少,也会有所牺牲。否则就很难理解,在连续的自然演化进程中,同样是演化的产物,人类何以能成为唯一的例外? 有充足的理由相信,自然演化的连续性不会容许有特例。既然真实性要有所牺牲,人类的科学认知能力就不会是无限的。

第二个事实是,人类的科学认知能力存在无法弥补的天然缺陷。已有的许多针对人类科学认知能力的经验研究表明,人类的科学认知能力还存在着许多天然的缺陷。之所以会存在一些缺陷，是因为人类拥有的科学认知能力总是在局部（local）环境中逐渐演化出来的。这种认知能力势必要适应其惯常所处的局部环境，而一旦局部环境发生变化（尤其是变成了完全陌生的环境），难免就会出现一些不适应新环境的特征。所谓的天然缺陷就是指这些特征。换句话说，人类的科学认知能力很可能是一种适用于自然界中特定环境的局部（local）认知能力，而非一种适用于自然界中一切事物的普遍（universal）认知能力。事实上，至今为止，的确没有任何可靠的证据显示，这种在局部环境中演化出来的认知能力能够无条件地适用于一切自然环境。

当然，就已经发现的那些缺陷而言，或许未来可以通过某种先进的技术手段（例如，AI技术或基因编辑技术）加以弥补。但是，不管怎样弥补，一旦环境发生变化，还是会暴露出一些未被发现的天然缺陷。而对于未被发现的缺陷，是不可能加以弥补的。因为任何弥补行动都需要实施到（现实的或潜在的）"弥补对象"上。如果压根儿没发现任何（现实的或潜在的）"弥补对象"，那么弥补行为是无法实施的。正如我们不可能发动一场不知敌人在何方的战争。

总之，由于科学认知的有限性以及无法弥补的天然缺陷的存在，在演化进程中逐渐发展出来的科学认知能力似乎有着永远无法突破的认知界限，因此，有理由相信，我们原则上不可能仅借助科学的认知能力就了解到自然的全部真相。

质疑2：自然主义认为，一切自然事物都是物理的或者被物理的构成（ON）。这里，"物理的"一词的含义是由科学（尤其是物理学）所提供的。因此，如果放弃CP，那么，势必要承认有无法获得科学解释的自然事物存在。然而，如果承认存在无法获得科学解释的自然事物存在，那么，我们将无法界定自然主义所说的"物理的"一词的含义。

回复2:关于如何界定自然主义(或物理主义)说的"物理的"一词的含义,学界目前存在多种不同看法。按照"斯坦福哲学百科全书""物理主义"这一词条的介绍,三种常见的界定方式引起了多数人的注意(Stoljar,2019,§11—12):一种是基于科学理论(尤其是基础物理学)来加以界定,即把"物理的"理解成是一种基于理论的概念(theory-based conception),一种是基于特定对象(及其所具有的性质或属性)来加以界定,即把"物理的"理解成一种基于对象的概念(object-based conception),还有一种是利用循否法(via negativa)来加以界定。这三种界定方式目前都存在一些争议,学界尚未有统一的认识。其中,后二种界定方式都不需要诉诸科学理论。限于主旨,下文不打算对此展开论述。但不管怎样,至少目前看来,即使我们不诉诸科学理论(尤其是基础物理学理论),仍然是有望对"物理的"一词加以界定的。这里的关键是,如何理解"界定"这个词。也就是说,这里要求的是给出一种关于"物理的"一词的合适界定,而非给出关于"物理的"一词的科学的界定。所谓"合适界定"指的是,那些能够帮助我们恰当地理解该词含义的界定。有理由相信,合适的界定并非都是科学的界定(即基于科学理论而给出的界定)。理由是,基于科学理论给出的界定往往是还原性的分析(reductive analysis),但合适的界定并不总是还原性的分析。事实上,对许多日常概念的解释或界定往往都不是还原性的分析。例如,为了解释或界定"寿司"这个词,我们不需要也不可能给出某种(基于科学理论)的还原性分析。只要诉诸日常的经验或常识来加以解释,往往就可以获得该词的合适理解。正如斯图加(Daniel Stoljar)所言:我们并不需要提供一种关于"物理的"这个概念的还原性分析,毕竟我们对一些概念常常可以有某种"非还原性分

析的理解"（understanding without reductive analysis）（ibid.,
§12.1）。①

质疑 3：放弃 CP，则承认自然中存在某个无法获得科学解释
的物理事件 e，但 e 仍没有资格被当作奇迹，除非导致 e 出现的
原因 c 是神或者不可见的行动者才行。问题是，无论 c 是超自然
的神还是不可见的行动者，自然主义和奇迹都不能兼容。因为，
承认 c 是超自然的神，那么显然 c 的存在会与 ON 相冲突，而承
认 c 是不可见的行动者，由于行动者即便不是超自然的也是非
物理的（non-physical），因此仍会与 ON 相冲突。

回复 3：c 不一定是（本体论上）超自然的，也不一定是非物
理的。理由是，对于坚持 ON 的自然主义者而言，如果承认存在
e，那么依据 CCP，e 的出现一定有充足的物理原因，因此作为导
致 e 出现的原因，c 可以是一个物理事件。其次，又由于可以放
弃 CP，因此 c 也可以是一个无法获得科学解释的物理事件。换
句话说，这里的"不可见的行动者"可以是某个不可感知的物理
事体（physical entity），或者也可以是某个仅由物理事体所形成
的排列 r，r 也是不可感知的。可见，e 的出现即便是由某个不可
见的行动者所引起的，该行动者依然可以是物理的。如果是物
理的，那么它便不会与 ON 相冲突，兼容论就依然可以成立。

质疑 4：在基督宗教的传统意义上，奇迹是指由超自然的神
创造的，或者是指借助（源于超自然的神的）神圣之力所创造的。

_____

① 与当前常见的界定/表述方案不同，我最近给出了一个表述物理主义的新方案。我
论证了，新方案能帮助物理主义避开常见方案目前面临的主要质疑。尤其是，能帮助物理主
义有效应对亨普尔两难并摆脱掉泛心论的困扰（见王晓阳：《物理主义不等于物理学主
义——表述物理主义的一个新方案》，《学术月刊》2020 年第 5 期，第 15—29 页）。

然而,兼容论所容许的奇迹并不源于超自然的神。因此,即便兼容论是可能的,也是一种没啥价值的琐细说法(trivial)。

回复 4:在许多人看来,我们之所以关注奇迹,是因为奇迹被当作了基督信仰"直接而基础的证据"(Butler,1860,p.272)。因而借助奇迹,人们能够产生信仰或坚定信仰。但不可否认的是,既然是证据,那么势必要涉及关于证据的确证过程,而证据的确证过程首先发生在认识论层面。换句话说,从正常的确证程序上看,我们不应该一上来就承诺某个事件 e 的起因 c 是(本体论上)超自然的,而是应该先从认识论层面着手,对 e 进行严谨而细致的调查,从认识论层面来确证 e 是否必定源自基督教的超自然神。如果是,那么 e 当然有资格充当基督信仰"直接而基础的证据",由此再进一步推出,超自然的神存在。如果不是,那么 e 就不仅没有资格被当作这种证据,而且也不能进一步推出超自然的神存在。

因此,在我看来,兼容论至少有如下两点值得我们关注的价值:(1)如果兼容论是合理的,那么就有可能出现某个原则上无法科学地解释的物理事件 e,除非有充足的理由使我们相信,该事件绝不可能是由某个经验上不可感知的自然/物理因素 c 所引起的,否则我们就不应该轻易相信,e 有资格充当基督信仰"直接而基础的证据"。注意,我并没有断言,基督宗教意义上的(源于超自然神的)奇迹不可能存在,而是说,如果有人宣称 e 乃是基督宗教意义上的奇迹,那么他就有责任事先向我们表明,何以不可能发生兼容论所说的那种情形:引起 e 出现的原因是某个物理事件 c,只是由于某种认知局限,我们原则上无法仅凭借科学就可以解释这一点(即科学地解释 e、c,以及 c 如何导致 e 的出现)。尽管如此,我们依然有可能对这一点给出某种合理解释。只是这种合理解释想必不会是纯粹的科学解释,但也不一定非要是某种神学解释才行。因此,e 要被认定为基督宗教意义上的奇迹,无论如何,都需要事先回应兼容论所说的那种情形,否则它就没有资格被当作基督信仰"直接而基础的证据"。毕竟,哪怕是再奇特再稀罕的事情,也不是仅通过(某人或某机构的)宣称,就能够成为奇迹的(无论是宗教意义上的或是其他的都不行)。因为,从概念上讲,一个事件若要成为"证据",它就必定要经历(认识论上的)某种特定的确证程序才行,否则它就只是一个事件,而不是一个作为证据的事件。(2)兼容论若是合理的,它就提供了一种关于自然主义的新见解,那就是:即便承认一切都是自然的,我们依然有理由相信,科学并非是完备的。如上所述,这种新见解才更加符合自然主义的科学观。总之,基于这两点,我们应该有理由相信,兼容论并非是没啥价值的琐细说法。

质疑 5:依据兼容论,作为奇迹而出现的某个事件 e,必定会违反自然律,因此 e 不可能是原则上可重复出现的(repeatable)事件。理由是,如果 e 是原则上可重复出现的,那么 e 的出现就是有自然规律可循的。自然规律一般指的是,某种(认识论上的)恒常联系。只有原则上可重复出现的事件之间才会有这种(认识论上的)恒常联系。换句话说,如果 e 是原则上可重复出现的,那么 e 的出现恰恰确认了(confirm)某条自然律 L,而不是违反了自然律。正如斯温伯恩(Richard Swinburne)所言:"可重复出现的事件(反例)并没有破坏自然律,它们只不过表明,(声称陈述了自然律的)某个命题是错误的而已"(Swinburne,1968,p.320)。由于事件(既包括物理的也包括非物理的)要么是原则上可重复出现的,要么是原则上不可重复出现的(non-repeatable)。仅有这两种可能。刚刚的论述表明,奇迹不可能是

451

前者。因此,(兼容论所容许的奇迹)e 只能是原则上不可重复出现的物理事件。

回复 5:依据休谟的定义(定义 2),如果 e 是奇迹,那么它的出现就会违反自然律。前文(第二节)已提到,在"违反自然律"这个短语中,"自然律"指的是,终极科学或理想科学中的基础自然律。但是请注意,定义 2 中"违反"(transgression)一词的意思并不一定是"破坏"(violate),也可以是"超出"(go beyond)。有理由相信,如果把"违反"理解成"超出",那么 e 则依然可以是某个可重复出现的物理事件。理由就是,e 确认的有可能是某条自然规律 L,而 L 却始终位于科学认知能力永远无法突破的认知界限之外,即 L 尽管也是自然事物之间的规律,但始终是(科学认知能力所能认识到的)终极科学知识体系之外的规律。这里,也许有人会立刻问:自然规律不就是借助科学的研究手段原则上能发现的(自然界中的事物之间的)恒常联系么,因而怎么可能会有始终位于终极科学体系之外的自然规律呢? 对此,我的回答是,如果我们接受关于科学认知能力有限性的说法(即放弃 CP),那么我们也就应当接受关于自然规律的如下区分:一种是"狭义的"自然规律,即我们原则上仅借助科学认知能力就能发现的自然界中事物之间的种种恒常联系。也就是我们通常所说的"自然律"(law of nature,以下简记为 LN)。另一种是"广义的"自然规律,即既包括上述狭义的自然律,还包括那些原则上我们无法仅仅借助科学的研究手段来发现的(自然界中的事物之间的)恒常联系。毕竟,那些原则上无法被我们感知的自然事物之间也可以有某种恒常联系。可见,广义的自然规律囊括了自然界中所有的事物(既包括原则上可感知的,也包括原则上不可感知的)之间的恒常联系,我们可称之为"自然中的规律"(law in nature,以下简记为 LN*)。不难理解,如果 L 属于 LN*(广义自然规律），但并不属于 LN（狭义自然规律），那么我们原则上还是无法科学地解释 e 的出现（因为 e 的出现原则上超出了科学解释的范围）。因此对于兼容论而言，哪怕 e 一再重复地（在自然界中）出现，它依然有资格被当作（休谟意义上的）奇迹。可见，e 可以是可重复出现的物理事件。

六、结　语

本文打算辩护的是一种自然主义与奇迹兼容论，这一辩护思路可概括如下（"自然主义与奇迹的兼容论"论证）：

（1）自然界里的一切都是物理的事件，或者由物理的事件所构成。　　　　　　　　　　　　　　　　（ON）

（2）由（1），如果一个物理事件在时间 t 有（正在发生的）原因的话，那么该物理事件在时间 t 就会有一个充足的物理原因。　　　　　　　　　　　　　　（ON→CCP）

（3）科学知识是完备的，当且仅当原则上科学方法能研究自然界里的一切。　　　　　　　　　　（CP↔MN）

（4）我们是演化的产物，我们所拥有的科学认知能力也是演化出来的，而演化进程会使得这种科学认知能力总是存在界限，因而原则上无法科学地认识到一切，即原则上科学方法并不能研究自然界里的一切。　　　　（EH）

（5）由（3）（4），如果原则上科学方法并不能研究自然界里的一切，那么科学知识就不完备。　　　（*modus tollens*）

（6）由（1）（5），可能存在某个物理事件 e，一旦 e 出现了，就总会违反自然律，科学方法原则上并不适用于它，即原则上我们无法科学地认识到 e。

453

（7）由（2）（6），e 的出现有一个充足的原因 c，c 也是一个物理事件。

（8）奇迹可以是因某个不可见的行动者的干预，而使得自然律遭到违反的事件。　　　　　　　　　（定义2）

（9）由（6）（7）（8），e 有资格被称作奇迹。

因此，

（10）由（1）（9），对于一个（坚持 ON 并接受 EH 的）自然主义者而言，自然界里可以有奇迹。

现在，我们应当有理由相信，自然主义和奇迹的确是可以兼容的。依据这种兼容论，自然主义者仍需要继续坚持"一切都是自然的"这条底线（ON）。然而，是时候放弃"科学知识可以解释一切"（CP）这一不切实际的主张了！放弃 CP，才更加符合自然主义的科学观。也只有放弃 CP，自然主义者才能够发现，原来自然界里一直有奇迹。

让我以奥古斯丁在《上帝之城》中的话来结束本文。在奥古斯丁看来，奇迹是某种特殊征兆（portent），但无论如何，"征兆并非与自然相悖，而只与我们关于自然的知识相悖"（Augustine，p.1061）。[①]

参考文献

Aquinas, T., *Summa Contra Gentiles*, trans. by Rickaby,

[①]　一方面，奥古斯丁认为，自然界是（本体论上超自然的）上帝的造物，而（坚持 ON 的）自然主义者无论如何不会同意这一点，就此而言，两者所理解的"自然"的确存在实质区别。另一方面，如果本文关于兼容论的辩护是合理的，那么，就因某种认知能力的局限而认识不到"奇迹并非与自然相悖"这一点而言，两者的看法又可以是一致的。

S. J., London: Bvrns & Oates Publishers, 1905.

Augustine, A., *The City of God against the pagans*, ed. & trans. by Dyson, R.W., New York: Cambridge University Press, 1998.

Butler, J., *The Analogy of Religion*, ed., by Crooks, G. R., New York: Harper & Brothers Publishers, 1860.

Gibb, S., Closure Principles and the Laws of Conservation of Energy and Momentum, Dialectica, 64(3), pp. 363—384, 2010.

Hume, D., *An Inquiry Concerning Human Understanding*, ed. by Millican, P., New York: Oxford University Press, 2007.

Kim, J., *Philosophy of Mind* (*3rd edition*), New York: Westview Press, 2011.

Kim, J., *Physicalism, Or Something Near Enough*, Princeton University Press, 2005.

Lowe, E. J., Causal Closure Principles and Emergentis', *Philosophy 75*, pp.571—585, 2000.

McGrew, T., *Miracles*, in *Stanford Encyclopedia of Philosophy*, on the web at https://plato.stanford.edu/entries/miracles, Accessed by 2019-03-29, 2019.

Papineau, D., Naturalism, in *Stanford Encyclopedia of Philosophy*, on the web at https://plato.stanford.edu/entries/naturalism, Accessed by 2019-03-29, 2019.

Papineau, D., The Rise of Physicalism, in M. W. F. Stone and J. Wolff, eds., *The Proper Ambition of Science*, New York: Routledge, pp.174—208, 2000.

Stoljar，D.，Physicalism，in *Stanford Encyclopedia of Philosophy*，on the web at https：//plato.stanford.edu/entries/physicalism/♯UndPhyInt，Accessed by 2019-03-29，2019.

Swinburne，R.，Miracles，*The Philosophical Quarterly*，Vol.18，No.73，pp.320—328，1968.

阿奎那：《神学大全》第 1 集第 7 卷，段德智，徐弢译，商务印书馆 2013 年版。

王晓阳：《物理主义不等于物理学主义——表述物理主义的一个新方案》，《学术月刊》2020 年第 5 期。

本文首次刊发于《哲学研究》2020 年第 5 期

后　记

　　长久以来，心—身问题（mind-body problem）都是东西方哲学所共同面临的难题之一，探讨的是心灵与世界之间的关系。或者说，探讨的是意识状态/心理状态与脑神经状态/物理状态之间的关系。

　　不同时代的学者，对于心—身问题的看法（以及可能的解决方案）也会有所不同。然而，**对一个身处科学昌明时代的当代人而言，之所以对这个问题报以关注，往往是出于如下困惑：在一个纯粹物理的世界中，心灵是否还有其存在的位置？或者换个说法，如果确如今天的科学所言，归根结蒂，我们的身体以及周遭世界里的一切都是物理的，那么我们将要如何安放自己的心灵？这个困惑也被称为"安置难题"。**安置难题不仅是心—身问题的当代版本之一，也是当代诸多关注心理现象的哲学研究者和科学工作者所思考和探讨的一个焦点议题。

　　本书收录了笔者的十七篇研究论文以及一篇附录。这些文章具体反映了笔者十余年来（2008—2023）围绕心—身问题及其相关论题的一系列持续思考。尽管这些论文研究的侧重点各自有所不同，但基本上都是从当前心灵哲学以及认知科学领域最为常见的一种立场——物理主义/唯物主义——出发，围绕心—

身问题所进行的具体考察,针对其中涉及的种种困难,一一加以思考和处理。尤其是,对当前处理心—身问题的各种常见理论方案进行了梳理评估,综合比较了这些方案各自的优劣,并尝试在此基础之上搭建一个能够有效应对心—身问题的整体性理论框架。在笔者看来,这一理论框架不仅是非还原物理主义(non-reductive physicalism)的,而且有望避开目前种种常见方案所面临的诸多困境,并进一步加深我们对心—身问题及其相关论题的理解。

这些论文虽说已发表在了专业期刊上,然而,鉴于相关期刊在发表方面(尤其是篇幅)的客观限制,在发表时这些论文大多不得不有所删改。此次收录则是在(完整未删改的)原始版本基础上重新加以修订的,因此与已发表版本均会有所不同。与已发表版本相比,新修版本的一个重要意义或许在于,能更加完整地呈现笔者当时的写作思路和有关的论证细节。

在这次收录时,以上论文和附录被划归到了三个不同的主题/部分之下:本书的第一编"意识与心灵"包括了四篇论文,第二编"物理与心理"包括了十篇论文和一篇附录,以及第三编"他心与世界"包括了三篇论文。简要来说,第一编主要是从经验科学或纯粹哲学的角度探讨了心灵现象或者意识现象的独特之处。尤其是深入探讨了感受质的主观性和现象性等特征。笔者也尝试给出了自己的具体处理方案。本书的第二编则主要处理了当前物理主义(尤其是非还原的物理主义)所面临的种种具体挑战,这些挑战包括(但不限于)知识论证、解释鸿沟、心理因果效力问题等。在这一编中,笔者还具体讨论了早期物理主义与私人语言论证之间的联系,关于(劳尔版)后天物理主义的恰当理解、心—身随附性论题、心—身同一性论题,以及如何恰当地表述物理主义等。并且尝试在这些问题上具体给出了笔者自己的新见解或应对方案。尽管这些问题及其相应的应对方案各不相同，但均可以看作是在物理主义的理论立场下，对心理现象、物理现象，以及心理与物理之间关系的具体探讨。值得一提的是，在这一编的最后一篇文章（即《为什么还是物理主义》一文）中，笔者对学界同仁最近提出的新理论加以了评论。在这一编的附录文章中，笔者就学界同仁对笔者有关论文（即《物理主义不等于物理学主义》一文）的种种评论，给出了最新回应。在这两篇文章中，笔者也对因果关系、心灵的本质特征以及相关论题提供了一些新思考。这些思考是初步的，仍有待日后加以完善。

本书的第三编主要探讨了与心—身问题相关的三个论题，分别是他心问题、灵魂是否不朽的问题，心灵的认知界限与奇迹是否可能的问题。作为心—身问题的一个分支，他心问题不仅在当代哲学也在当代认知科学中占据了很重要的位置，还是当代社会认知理论的基础问题之一。这一编的《为他心辩护》一文中，笔者全面梳理了目前学界处理他心问题的两大主流方案，深入分析并综合比较各自的优劣。然后，结合两大方案各自的优势，笔者尝试给出一个新型的方案（文中称为"复合方案"）。与旧有的两大方案相比，笔者细致地论证了复合方案不但能有效避开现有方案的种种劣势从而有效处理他心问题，而且有望最终使我们获得一种关于他心问题的完整理解。在这一编的《对〈斐多〉篇中灵魂不朽论证的批判性分析》一文中，笔者尝试借助当代心灵哲学与科学哲学的有关研究成果，具体梳理并深度剖析了《斐多》篇中苏格拉底关于灵魂不朽的多个论证。在这一编的最后一篇论文《自然界没有奇迹吗》中，笔者从演化论的角度探讨了人类认知局限性的起源问题，并尝试提出一种全新的主张，以有效调和奇迹与自然主义/物理主义之间长期存在的冲突。

　　笔者的五位研究生参与了书稿的校对工作。他们分别是：樊一锐、胡思扬、林崧驰、张新雨，以及谭桦琳。上海人民出版社的毛衍沁编辑，也对书稿提出了有价值的修改建议。得益于诸位的大力协助，书稿得以顺利完成。在此，衷心感谢诸位！当然，对于本书文字上和内容上可能存在的一切问题，笔者都负有不可推卸的责任。最后，还要特别感谢我的父母与素兰嫂一直以来在生活上给予的悉心关照，感谢爱妻珍慧始终如一的陪伴、鼓励与支持，感谢骏乾宝贝带给我的诸多惊喜。因为你们，我真切感受到了物理世界中的温暖与喜悦。

晓　阳

癸卯年七月十二于沪上

图书在版编目(CIP)数据

心物一如:物理主义视域中的心-身问题/王晓阳
著.—上海:上海人民出版社,2023
ISBN 978-7-208-17944-8

Ⅰ.①心… Ⅱ.①王… Ⅲ.①心身问题-研究 Ⅳ.
①B089

中国版本图书馆 CIP 数据核字(2022)第 169951 号

责任编辑 毛衍沁
封面设计 零创意文化

心物一如
——物理主义视域中的心—身问题

王晓阳 著

出　　版　上海人民出版社
　　　　　(201101　上海市闵行区号景路 159 弄 C 座)
发　　行　上海人民出版社发行中心
印　　刷　上海商务联西印刷有限公司
开　　本　635×965　1/16
印　　张　29.75
插　　页　4
字　　数　343,000
版　　次　2023 年 10 月第 1 版
印　　次　2023 年 10 月第 1 次印刷
ISBN 978-7-208-17944-8/B·1651
定　　价　118.00 元